2019

中国茶叶行业发展报告

中国茶叶流通协会
组织编写

中国轻工业出版社

编委会

主　编

王　庆

副主编

姚静波　梅　宇　肖　星　申卫伟

成　员（按姓氏笔画排序）

刁学刚　于英杰　于学领　王　云　王　昕　王盈峰　王智超　韦克英　方　茵
孔俊豪　司辉清　吕杨俊　朱飞鸣　伍崇岳　江大友　许　多　阮兰惠　孙　冰
苏　峰　李大祥　李叶云　李佳禾　李俊波　李凌羽　李　鑫　杨　力　吴凤鸣
汪　毅　沈周高　沈学政　张士康　张正竹　张玥娟　张海华　张黎明　陈世登
陈勋儒　邵　巍　周春江　周静峰　宛晓春　胡晓云　施维丽　贺　鼎　夏　涛
徐嘉民　高晨生　郭小龙　唐小林　唐锁海　黄鑫磊　梁　晓　焦　佳　雷睿勇
蔡　飞　蔡　军　霍艳平　穆世超　魏春丽

统　稿

梅　宇　王智超　梁　晓

参加单位

组织单位

中国茶叶流通协会

参与单位

山西省茶叶学会
江苏省茶叶协会
江苏省茶叶研究所
浙江省茶叶产业协会
安徽省茶叶行业协会
福建省种植业技术推广总站
江西省茶叶协会
山东省茶文化协会
河南省茶叶协会
湖北省茶叶协会
湖南省茶叶协会
广东省茶业行业协会
广西茶业协会
海南省茶叶学会
海南省茶业协会
重庆市茶叶商会
四川省茶叶流通协会
贵州省绿茶品牌发展促进会
云南省茶叶流通协会
陕西省茶业协会
中国食品土畜进出口商会茶叶分会
中华全国供销合作总社杭州茶叶研究院
安徽农业大学
浙江农林大学
浙江大学CARD中国农业品牌研究中心
德化县陶瓷发展委员会
北京小罐茶业有限公司
厦门醉品春秋网络科技有限公司

支持单位

中国茶叶有限公司
北京张一元茶叶有限责任公司
北京吴裕泰茶业股份有限公司
湖南省茶业集团股份有限公司
湖南省大湘西茶产业发展促进会

前 言

2019年，适逢新中国成立70周年。值此举国欢庆之际，作为中国茶业界的献礼之作，《2019中国茶叶行业发展报告》业已成书，即将付梓。

浏览这部汇聚行业智慧、展现时代风采的著作，回望过往十年中国茶叶流通协会（简称：中茶协）不忘初心、砥砺前行的编撰历程，感慨良多。十年来，我们与中国茶产业栉风沐雨、勠力同行，我们欣慰地看到了产业的繁荣与发展，更要用发展报告记录下产业的创新与提升。十年磨一剑，锋芒初显露。《2019中国茶叶行业发展报告》坚守创新、协调、绿色、开放、共享的发展理念，审时度势、因势利导，适度调整工作方向与节奏，精心组织选题与邀约作者，力求著作内容更实用和更具吸引力、数据更翔实和更全面客观。希望本书能够更加充分地展现中国茶叶行业的年度发展情况。

《2019中国茶叶行业发展报告》共设定综合报告、乡村振兴、品牌发展、一带一路、信用建设、贸易流通、食品安全、科技发展、文化建设、配套产业十个部分以及附录。其中，第一部分综合报告包括4篇报告：第1篇为2019世界茶叶产销形势发展报告，数据主要源自国际茶叶委员会的2018年报告及中国茶叶流通协会的自有数据；第2篇为2019中国茶叶产销形势发展报告，数据来自中国茶叶流通协会综合农业部及国家统计局，对2018年中国茶叶产销情况进行分析与解读；第3篇为2019中国重点产茶县发展报告，根据中国茶叶流通协会主导的行业调查结果，对中国重点产茶县发展情况进行综述；第4篇为2019中国茶叶企业发展报告，则是基于年度行业调查，概述全国茶叶企业发展情况。第二部分乡村振兴为2019中国各主要产茶省份的发展报告（包括18篇），内容为中国大陆除西藏、甘肃以外的17个茶叶生产省份的2018年度产销形势及乡村振兴战略的贯彻实施情况，以及山西省提供的行业发展报告。第三部分品牌发展共包括3篇报告，分别围绕品牌建设、区域公用品牌和茶企自媒体建设进行深入探讨。第四部分一带一路共包括2篇报告，分别介绍中国茶叶的进口情况和出口情况。第五部分信用建设，重点描述与分析参与调查的中国茶企诚信经营的现状。第六部分贸易流通，包括3篇报告，分别针对茶叶批发市场、茶业电子商务与茶叶营销手段进行研讨。第七部分食品安全，聚焦广大消费者最为关心的食品安全问题，较为系统地阐述茶叶食品安全和标准建设的新进展。第八部分科技发展，聚焦茶叶科技创新与智慧茶业两大热点。第九部分文化建设，分别对青少年茶文化普及和茶学高等教育进行分析。第十部分配套产业，针对中国陶瓷茶具产业中的德化瓷分支加以介绍。按照惯例，本书的最后部分依然是附录，列出了2018年中国茶叶行业的重要数据等。

作为中国茶叶行业的重要工具书，《2019中国茶叶行业发展报告》离不开一如既往支持和配合中茶协调研工作的相关单位及参与报告编写的众多单位与专家。在此，中国茶叶流通协会及我本人首先感谢全国各茶叶主产省份的省级茶叶社团组织的大力支持，感谢中华全国供销合作总社杭州茶叶研究院、中国食品土畜产进出口商会、安徽农业大学、浙江大学、浙江农林大学、北京小罐茶业有限公司、厦门醉品春秋网络科技有限公司、德化县陶瓷发展委员会的帮助和相关专家的供稿，感谢京东集团给予的茶业电商数据支持。本书所涉调研及编写还得到了全国100余个产茶县的县级政府与200余家国内茶业龙头企业的参与和支持。此外，还要感谢中国茶叶有限公司、湖南省茶业集团股份有限公司、湖南省大湘西茶产业发展促进会、北京张一元茶叶有限责任公司、北京吴裕泰茶业股份有限公司对本书的出版给予的特别支持，以及中国轻工业出版社有限公司的高效工作。

最后，我们依然要感谢长期关注和支持《中国茶叶行业发展报告》的广大读者。正是你们的肯定与帮助，才使我们能够坚守自己的初心与使命，不断探索发展；正是你们的鼓励与支持，才使我们笔耕不辍、十余年如一日，累计编写300余万字；正是你们的指导与配合，才使我们不断提升格局、推陈出新，竭力提供行业大数据；也正是你们的期盼与希望，才使产业发展报告恪守公正、客观的格局，立体、全方位、多角度地记录中国茶叶行业发展历程。我们有幸与茶界同仁携手，共建中国茶业美好的未来；我们有幸与读者同行，共同见证中国茶叶经济的发展史。

中国茶业的未来之路还很漫长，中国茶叶流通协会将始终服务行业，《中国茶叶行业发展报告》也将继续忠实地记录下这一段段从胜利走向胜利的光辉岁月。

最后，谨以此书向全体平凡而伟大的中国茶业工作者致敬！

中国茶叶流通协会会长 王庆

2019年9月，于北京

目 录

第一部分

综合报告

世界茶叶产销形势发展报告

中国茶叶产销形势发展报告

中国重点产茶县发展报告

中国茶叶企业发展报告

世界茶叶产销形势发展报告

中国茶叶流通协会

2018年世界经济整体增速与上一年持平，除少数经济体的增速保持上升外，大部分经济体的经济增速均出现了回落。全球的失业率保持在低位，充分就业状况和大宗商品价格上涨促使各国通货膨胀率有所提高。同时，世界经济还表现出国际贸易增速放缓、国际直接投资活动低迷、全球债务水平持续提高和金融市场出现动荡等特征。在全球经济增速回落的背景下，世界茶叶生产未受明显影响，全球的茶叶种植面积、产量持续攀升，全球茶业产大于销的局面未明显改善。据国际茶委会统计，2018年全球茶叶种植面积为488万公顷，茶叶产量589.7万吨，全球茶叶总出口量为185.4万吨。

一、产销

（一）生产情况

1．茶叶种植

根据国际茶叶委员会（ITC）统计数据，2018年世界茶园面积达到488万公顷，较2017年增长2%。2009—2018年十年间世界茶叶种植面积增长了133万公顷，2018年比2009年增长了37.5%（图1），年均复合增长率达到了3.6%。

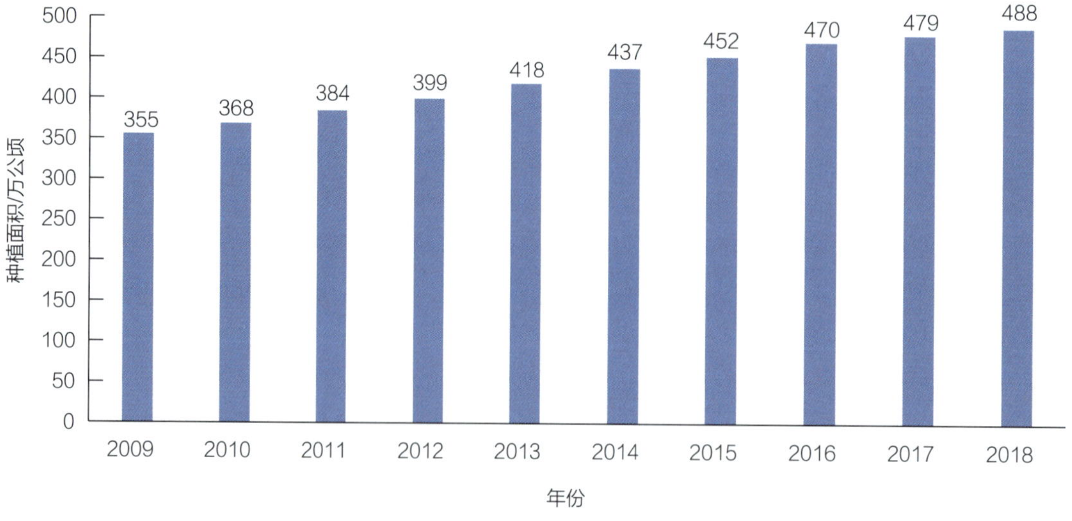

图1　2009—2018年世界茶叶种植面积

数据来源：国际茶叶委员会

其中，全球茶叶种植面积最大的是中国，2018年中国茶叶种植面积为303万公顷，占全球茶叶种植面积的62.1%；其次是印度，茶叶种植面积为60.1万公顷，占12.3%；紧接着是肯尼亚23.4万公顷，斯里兰卡20.3万公顷，越南13.4万公顷，印度尼西亚11.5万公顷（表1）。

表1 2018年世界茶叶种植面积前十名的国家

国家名称	中国	印度	肯尼亚	斯里兰卡	越南	印度尼西亚	缅甸	土耳其	孟加拉国	乌干达
种植面积/万公顷	303.0	60.1	23.4	20.3	13.4	11.5	8.0	7.7	5.9	4.5

数据来源：国际茶叶委员会

2. 茶叶产量

根据国际茶叶委员会统计数据。肯尼亚等非洲茶叶生产国的茶产量明显增长，带动了全球茶叶总产量的增加。2018年世界茶叶产量达到589.7万吨，较2017年增长3.49%。2009—2018年十年间世界茶叶产量增长了187.8万吨，2018年比2009年增长了46.7%（图2），年均复合增长率达到了4.35%。

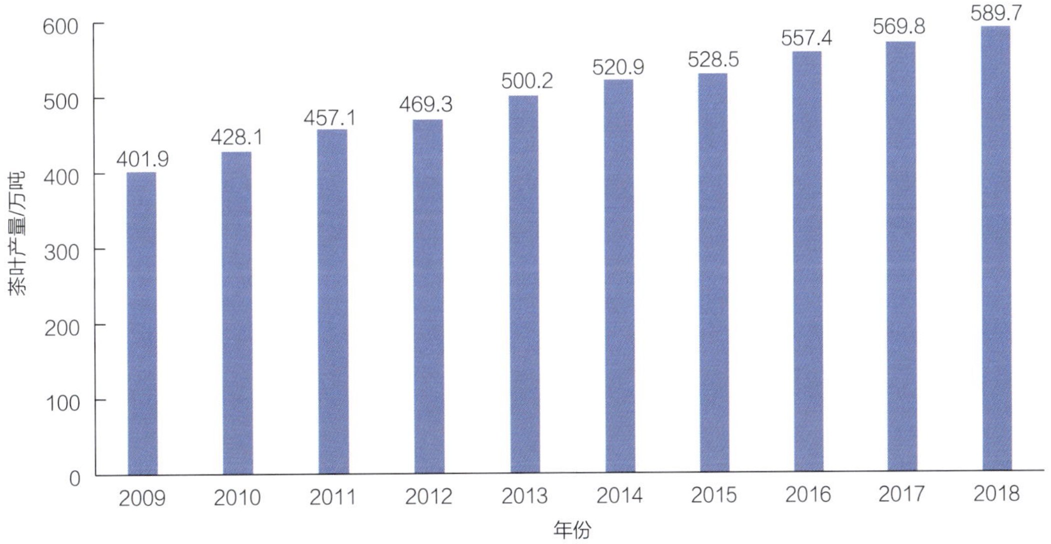

图2 2009—2018年世界茶叶产量

数据来源：国际茶叶委员会

其中，2018年茶叶产量居世界第一位的仍然是中国（261.6万吨），第二位的依然是印度（133.9万吨），排位第3~10位的依次是肯尼亚（49.3万吨）、斯里兰卡（30.4万吨）、土耳其（25.2万吨）、越南（16.3万吨）、印度尼西亚（13.1万吨）、孟加拉国（8.2万吨）、日本（8.2万吨）和阿根廷（8.0万吨）（表2），孟加拉国、日本在2018年产量大幅增长，阿根廷则有所减少，此消彼长下，阿根廷产量滑落到全球第十，其他前十国家顺序没有变化。中、印两国茶叶产量仍分居全球前二，两国茶叶总量达392.8万吨，占世界茶叶总产量的67.1%。

表2　2018年全球茶叶产量

名次	国家名称	产量/万吨	同比增长率/%
1	中国	261.6	4.79
2	印度	133.9	1.28
3	肯尼亚	49.3	12.08
4	斯里兰卡	30.4	-1.21
5	土耳其	25.2	-1.33
6	越南	16.3	-6.86
7	印度尼西亚	13.1	-2.24
8	孟加拉国	8.2	4.03
9	日本	8.2	3.43
10	阿根廷	8.0	2.44
	……		
	全球总产量	589.7	3.49

数据来源：国际茶叶委员会

（二）销售情况

从全球范围来看，根据各主要茶叶出口国（包含主要再出口国）的海关数据统计显示：2018年出口量超过1万吨的茶叶生产国中，斯里兰卡的出口均价最高，为4.99美元/千克；其次是中国，近年来中国茶叶的出口均价上涨较快，2018年达到了4.88美元/千克；排在第三位的是卢旺达，为3.3美元/千克；而肯尼亚茶叶出口量虽然全球最大，但出口均价相对较低，仅为2.9美元/千克。值得注意的是，日本茶叶出口量虽然只有5000多吨，但出口均价全球最高，达到了27.3美元/千克，巴西的出口均价也达到了8.78美元/千克。茶叶消费国再出口均价都相对较高，法国再出口均价为19.75美元/千克，其次是德国，为11.22美元/千克，英国为7.53美元/千克（图3，表3）。

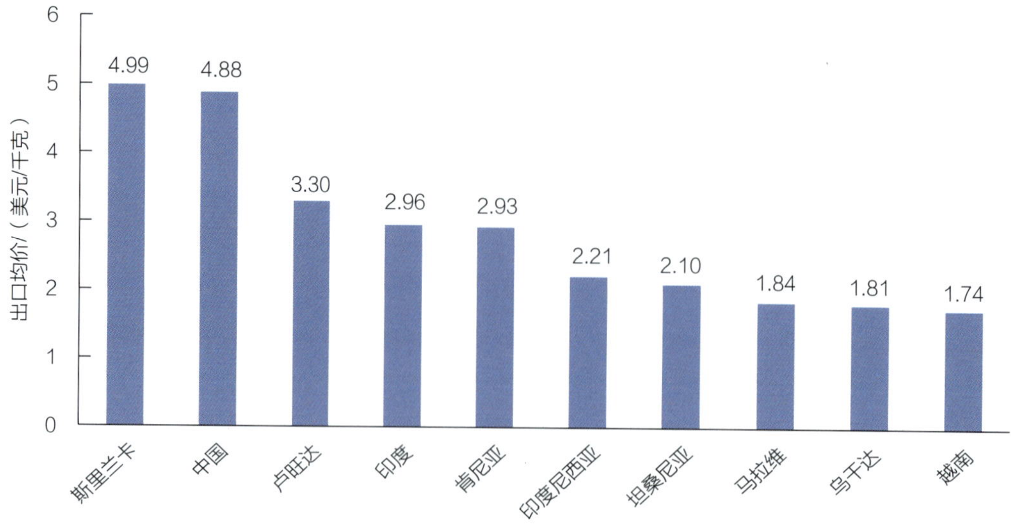

图3　2018年世界主要产茶国的出口均价

数据来源：国际茶叶委员会

表3　2018年世界主要茶叶出口国的离岸均价

国家名称	日本	法国	德国	巴西	英国	斯里兰卡	中国	土耳其	卢旺达	印度
离岸均价/（美元/千克）	27.27	19.75	11.22	8.78	7.53	4.99	4.88	4.81	3.30	2.96

数据来源：国际茶叶委员会

从2018年全球茶叶拍卖市场来看，市场交易仍主要以出口茶叶原料为主。从各大拍卖行的拍卖价格来看，非洲、斯里兰卡等地区的拍卖成交均价较2017年有不同幅度的下滑，印度的拍卖均价保持了稳步提高的态势。具体体现如下。

非洲最主要拍卖市场——蒙巴萨拍卖行的成交均价为243美分/千克，较2017年下滑13.5%。10年来，蒙巴萨的成交均价一直处于波动状态，没有明显提高，价格最高为2012年的188美分/千克（图4）。

印度最主要拍卖市场——加尔各答拍卖行的成交均价为167.4印度卢比/千克，较2018年增长4.4%。10年来，加尔各答拍卖行的成交均价处于稳定上升状态，从2009年的122.9印度卢比/千克提高到167.4印度卢比/千克，年均复合增长率为3.5%（图5）。

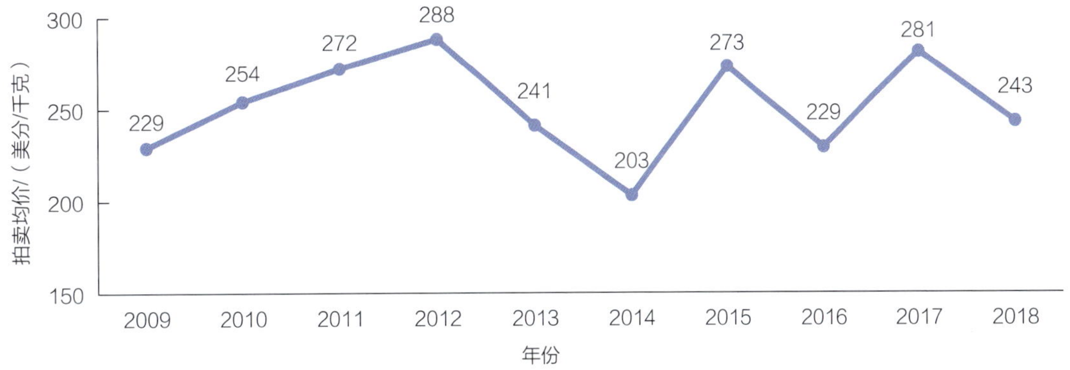

图4　2009—2018年蒙巴萨拍卖市场茶叶拍卖均价

图5　2009—2018年加尔各答拍卖市场茶叶拍卖均价

斯里兰卡最主要拍卖市场——科伦坡拍卖行的成交均价为581.93斯里兰卡卢比/千克，较2018年降低6%。10年来，科伦坡拍卖行的成交均价呈波动上升的趋势，从2009年的362.7斯里兰卡卢比/千克提高到2018年的581.93斯里兰卡卢比/千克，年均复合增长率为5.4%（图6）。

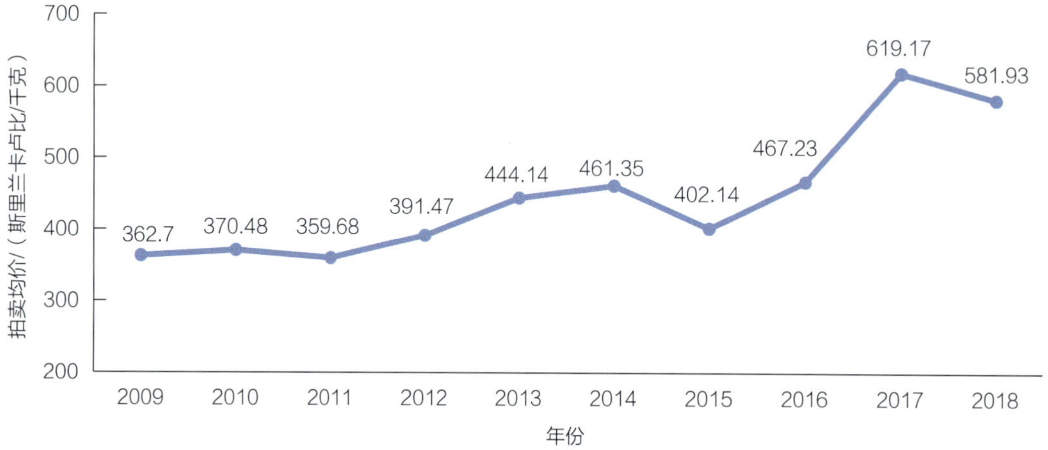

图6　2009—2018年科伦坡拍卖市场茶叶拍卖均价

二、消费

2018年茶叶消费总量最大的国家仍是中国，达211.9万吨，居第二位的是印度，为108.4万吨，第三位是土耳其24.6万吨、俄罗斯16.2万吨、美国12.0万吨、英国10.7万吨、日本10.6万吨、印度尼西亚9.4万吨、埃及9.4万吨（表4）。

表4　2018年世界茶叶消费前十名国家或地区

国家名称	中国	印度	土耳其	巴基斯坦	俄罗斯	美国	英国	日本	印度尼西亚	埃及
消费量/万吨	211.9	108.4	24.6	19.2	16.2	12.0	10.7	10.6	10.3	9.4

数据来源：国际茶叶委员会

在产茶国中，中国和印度是主要的茶叶消费大国，茶叶生产国目前仍然是茶叶主要消费国。非传统产茶国中，巴基斯坦、俄罗斯、美国、英国、埃及均是非常有潜力的消费国。

从人均消费情况来看，2018年全球茶叶人均消费量排在第一位的是土耳其，人均年消费茶叶3.04千克，第二位是叙利亚的2.8千克，第三位是摩洛哥的2.04千克。中国香港、中国大陆和中国台湾均排在人均消费量的前15位，其中中国香港排在第六位［1.52千克/（人·年）］、中国大陆排第七位［1.48千克/（人·年）］、中国台湾排第十一位［1.29千克/（人·年）］（图7）。主要茶叶生产国中，印度、肯尼亚的人均消费量未排进前十五位，仍有很大的消费提升空间。

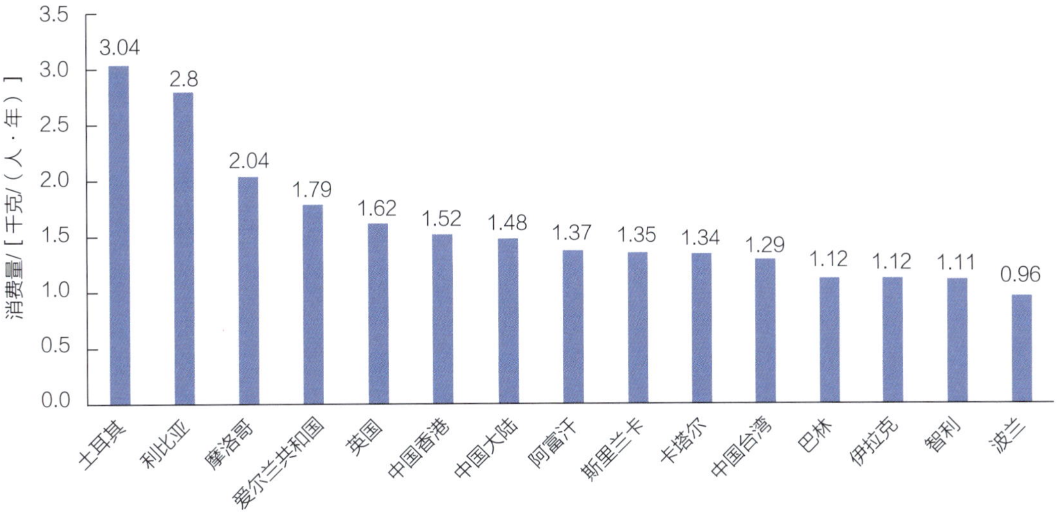

图7 2018年全球人均茶叶消费量前十五位国家或地区

数据来源：国际茶叶委员会

三、国际贸易

（一）茶叶出口

由于全球经济持续低迷，近年来世界茶叶出口市场整体保持在平稳状态，2018年世界茶叶出口量为185.4万吨（图8），比2017年的179.1万吨增加了6.3万吨，增长了3.5%，有较大幅度攀升，已经接近近10年出口量的峰值185.8万吨（2013年）。2018年全球茶叶总出口量占总产量的比重为31.4%，大部分都在茶叶生产国本国内直接消费或贮存。观察世界茶叶出口10年来的变化不难看出，2009—2010年世界茶叶出口有一次大幅度的攀升，此后9年世界茶叶出口一直在180万吨左右徘徊，且占总产量的比重一直呈下降趋势（图9），在全球茶叶产量不断增加的情况下，世界茶叶贸易增长缓慢，较为低迷。

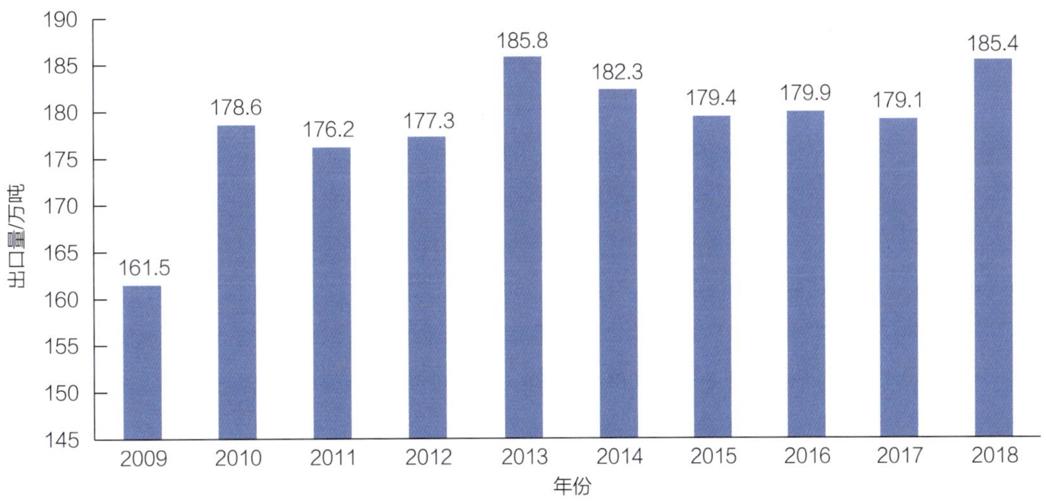

图8 2009—2018年世界茶叶出口量

数据来源：国际茶叶委员会

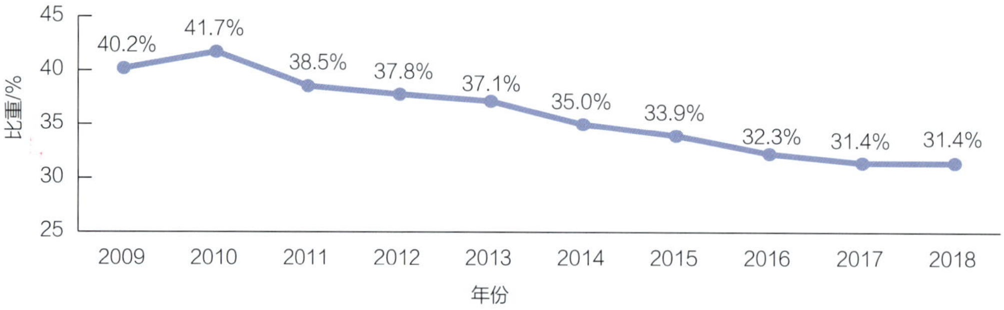

图9 2009—2018年世界茶叶出口量占总产量的比重

数据来源：国际茶叶委员会

从茶叶主要生产国的出口情况来看（表5）：2018年世界茶叶出口量排在第一位的是肯尼亚，达47.5万吨，占25.6%；第二位是中国，为36.5万吨，占19.7%；第三位是斯里兰卡，为27.2万吨，占14.7%；其次为印度25.1万吨、越南12.6万吨、阿根廷7.26万吨（表7）。值得注意的有，一是非洲茶叶主产国茶叶出口量增长明显，其中2018年肯尼亚出口增长率达到14%；二是斯里兰卡、越南和印度尼西亚等南亚、东南亚地区的茶叶出口比上一年都有所减少，越南、印度尼西亚更是减少了近10%。

表5 2018年全球茶叶出口量

名次	国家名称	出口量/万吨	同比增长率%
1	肯尼亚	47.5	14.2
2	中国	36.5	2.7
3	斯里兰卡	27.2	-2.3
4	印度	25.1	1.8
5	越南	12.6	-10.0
6	阿根廷	7.26	-3.1
7	乌干达	6.08	29.5
8	印度尼西亚	4.90	-9.5
9	马拉维	3.48	18.9
10	卢旺达	2.67	1.7
	……		
	全球总产量	185.3	3.43

数据来源：国际茶叶委员会

（二）茶叶进口

2018年世界茶叶总进口量达到173.8万吨（图10），较2017年增长1.2%。2009—2018年十年间进口量与出口量变化趋势类似，近年来基本稳定在170万吨左右。

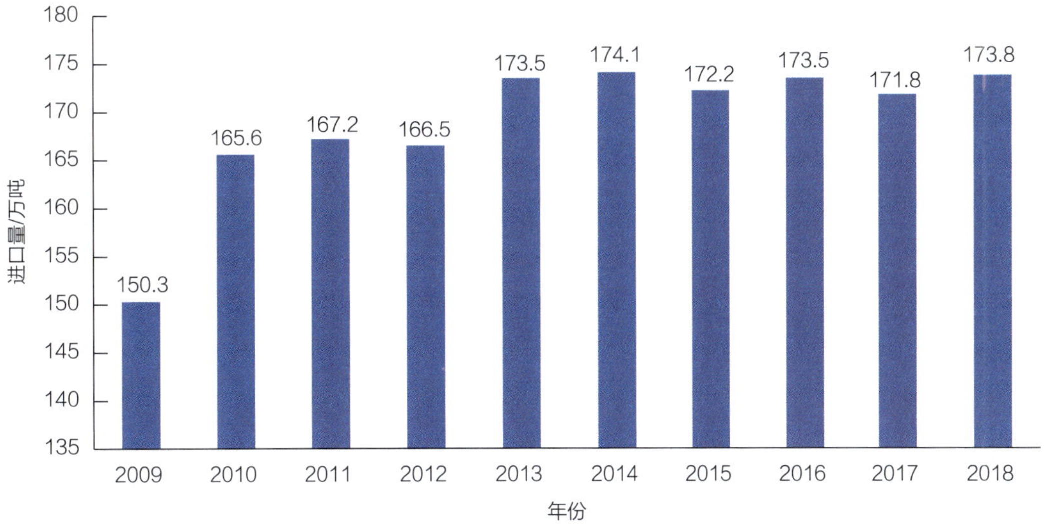

图10　2009—2018年世界茶叶进口量

数据来源：国际茶叶委员会

从进口量情况看：2018年世界茶叶进口量排在第一位的依然是巴基斯坦，达19.2万吨，占11%；第二位是俄罗斯，为15.3万吨；第三位是美国，为13.9万吨；往后依次为英国10.8万吨、埃及8.2万吨、摩洛哥7.3万吨、伊朗6.4万吨、阿联酋6.3万吨、伊拉克4.1万吨（表6）。

表6　2018年全球茶叶进口量

名次	国家名称	进口量/万吨	同比增长率/%
1	巴基斯坦	19.2	9.58
2	俄罗斯	15.3	-6.25
3	美国	13.9	-4.9
4	英国	10.8	-0.45
5	埃及	9.0	2.28
6	摩洛哥	8.2	-15.33
7	伊朗	7.3	3.55
8	阿联酋	6.4	0.96
9	伊拉克	6.3	8.62
	……	4.1	8.38
	全球总产量	173.8	0.61

数据来源：国际茶叶委员会

在各主要进口国中，巴基斯坦2018年茶叶进口量大幅增长，进口19.2万吨，增长9.58%，其红茶进口占比高达99%，主要供应国为肯尼亚，从肯尼亚进口13.9万吨，占比73%；俄罗斯、美国、英国等欧美国家的茶叶进口量在2018年均有不同幅度的下滑，俄罗斯的进口量在2018年减少了近6.3%；此外，埃及的进口量也有大幅下滑，降幅高达15%。

四、结语

综上所述，世界茶叶产大于销的矛盾依然存在，解决这一症结的关键在于扩大全球茶叶消费，这需要全球茶叶行业的共同努力。

（一）构建国际互信互利机制

国际茶产业应建立贸易促进磋商机制，通过定期对话，解决各国茶叶贸易关系中存在的问题，减少不必要的贸易摩擦对正常的茶叶贸易带来的不利影响。各国应主动适应国际消费市场的变化，求同存异，形成一套符合实际的茶叶生产、加工、可持续发展国际标准，消除各国茶叶绿色壁垒对茶叶出口的限制。

（二）搭建产业共享共赢平台

各国茶叶管理机构、企业、科研院所应充分共享最新行业发展成果，及时在国际茶叶界推广应用，不断提升茶叶产品技术含量，从低层次的价格战和广告战中走出来，转向高层次的技术战，缔造更多国际茶叶品牌，引导国际主流茶叶消费市场升级。通过传承发展各国茶文化，共同引导人类科学饮茶、健康饮茶，不断吸引年轻一代的消费者进入饮茶行列，为全球茶业经济不断注入活力。

（三）推动公平贸易与可持续发展

一是加强生产国国内市场拓展：在已开辟的市场中，国际茶产业要不断适应茶叶消费市场需求变化新趋势，通过不断推陈出新，吸引更多消费者，扩大茶在各国国内饮料市场的覆盖率和市场占有份额。二是各国联手拓展全球市场：在非传统饮茶国，要重点研究传统市场与新型市场不同的饮茶习惯、口味和消费需求，有针对性地选择着力点和茶叶推广合作伙伴，从而开辟全球新茶叶消费市场。

（执笔人：梅宇、梁晓）

中国茶叶产销形势发展报告

中国茶叶流通协会

受宏观经济下行压力影响，2018年度市场整体环境不佳，消费升降级彼此博弈。面对内销市场消费不振，贸易壁垒严重阻碍出口，产业效益提升进入瓶颈期的不利局面，中国茶业总体仍然保持稳中有进的态势。具体表现：茶叶生产平稳发展，茶类结构持续优化，质量水平稳步提升，绿色效益初步显现，优势品牌正在形成，产业融合效果明显，国内市场量价稳增，出口量和出口额再创新高。

一、生产平稳发展

（一）茶园面积稳中略增

据统计，2018年全国18个主要产茶省（自治区、直辖市）茶园面积4395.6万亩（1亩≈667平方米），同比增加123万亩，增长率为2.9%，比上年略有下降。其中，面积超300万亩的省份有贵州、云南、四川、湖北、福建（表1）；采摘茶园面积3400万亩，同比增加190万亩。江西、湖北、湖南、四川、云南、陕西等省结合精准扶贫，新发展茶园面积均达到10万亩以上。

表1　2018年中国主要产茶省茶园面积　　单位：万亩

省份	2018年	2017年	增加量	增加率/%
江苏	50.6	50.6	0.0	0.0
浙江	298.8	297.8	1.0	0.3
安徽	254.6	248.2	6.4	2.6
福建	310.8	310.7	0.1	0.0
江西	171.3	156.6	14.7	9.4
山东	33.0	31.0	2.0	6.5
河南	174.5	173.7	0.8	0.5
湖北	449.0	425.0	24.0	5.6
湖南	253.3	233.7	19.6	8.4
广东	93.0	87.6	5.3	6.1
广西	115.6	112.0	3.6	3.2
海南	3.6	3.1	0.5	16.1

续表

省份	2018年	2017年	增加量	增加率/%
重庆	67.3	59.9	7.4	12.3
四川	545.1	534.4	10.7	2.0
贵州	684.3	684.3	0.0	0.0
云南	666.8	656.8	10.0	1.5
陕西	207.0	189.9	17.1	9.0
甘肃	17.2	17.6	（0.4）	（2.3）
总计	4395.6	4272.8	122.8	2.9

数据来源：中国茶叶流通协会

（二）茶叶产量持续增加

2018年，全国干毛茶产量为261.6万吨，比上年增加12.0万吨，增幅4.8%。产量排名前5位的省份是福建、云南、湖北、四川、湖南；增产逾万吨的省份有4个，分别是贵州、湖南、湖北、四川（表2）。全国名优茶产量增加4万吨左右，产业效益稳步提升。

表2　2018年中国各省干毛茶产量　　单位：吨

省份	2018年	2017年	增加量	增长率/%
福建	401620	398628	2992	0.8
云南	398100	390265	7835	2.0
湖北	314453	298878	15575	5.2
四川	295000	280000	14998	5.4
湖南	213626	197476	16150	8.2
贵州	199327	176498	22829	12.9
浙江	186000	184231	1769	1.0
安徽	134922	132203	2719	2.1
广东	96459	91458	5001	5.5
河南	74029	67878	6151	9.1
陕西	73547	66571	6976	10.5
广西	73000	70000	2999	4.3
江西	70900	63367	7533	11.9
重庆	39593	36948	2645	7.2
山东	28848	25665	3183	12.4
江苏	14558	14428	130	0.9
甘肃	1388	1348	40	3.0
海南	632	569	63	11.1
合计	2616002	2496411	119588	4.8

数据来源：中国茶叶流通协会

（三）农业产值稳步提升

全国干毛茶总产值首次突破2000亿元大关，达到2157.3亿元，比上年增加207.7亿元，增幅10.65%。干毛茶产值逾200亿元的省份是贵州、福建、四川、浙江，产值增长超过30亿元的省份是贵州、四川（表3）。

表3　2018年中国各省干毛茶产值　　单位：亿元

省份	2018年	2017年	增加量	增长率/%
贵州	281.00	240.00	41.00	17.1
福建	257.36	237.19	20.17	8.5
四川	246.04	211.68	34.36	16.2
浙江	206.25	200.25	6.01	3.0
湖南	186.17	175.16	11.01	6.3
云南	164.61	139.76	24.85	17.8
湖北	145.96	138.99	6.97	5.0
陕西	140.55	127.31	13.24	10.4
河南	126.32	119.08	7.24	6.1
安徽	118.02	111.33	6.69	6.0
江西	64.88	57.07	7.80	13.7
山东	62.85	57.40	5.45	9.5
广西	56.97	43.80	13.17	30.1
广东	44.34	39.38	4.96	12.6
重庆	26.49	22.03	4.46	20.2
江苏	26.22	26.10	0.13	0.5
甘肃	2.82	2.70	0.12	4.6
海南	0.49	0.46	0.03	7.2
合计	2157.35	1949.68	207.66	10.65

数据来源：中国茶叶流通协会

（四）茶类结构更趋优化

2018年，绿茶、黑茶、红茶、乌龙茶（青茶）、白茶、黄茶产量分别为172.24万吨、31.89万吨、26.19万吨、27.12万吨、3.37万吨、0.80万吨，除乌龙茶外，各茶类产量均有不同程度增长。从产量占比看，绿茶、黑茶、乌龙茶、红茶、白茶、黄茶占比分别为65.8%、12.2%、10.4%、10.0%、1.3%、0.3%，其中，绿茶、乌龙茶产量比重持续下降，白茶、黄茶增长较快，较上年分别增加33.7%、45.5%（表4、图1）。

表4 2017、2018年中国六大茶类产量 单位：万吨

茶叶种类	2018年	2017年	增加量	增长率/%
绿茶	172.24	167.90	4.34	2.6
黑茶	31.89	28.86	3.03	10.5
红茶	26.19	22.68	3.51	15.5
乌龙茶（青茶）	27.12	27.13	-0.01	0.0
白茶	3.37	2.52	0.85	33.7
黄茶	0.80	0.55	0.25	45.5

数据来源：中国茶叶流通协会

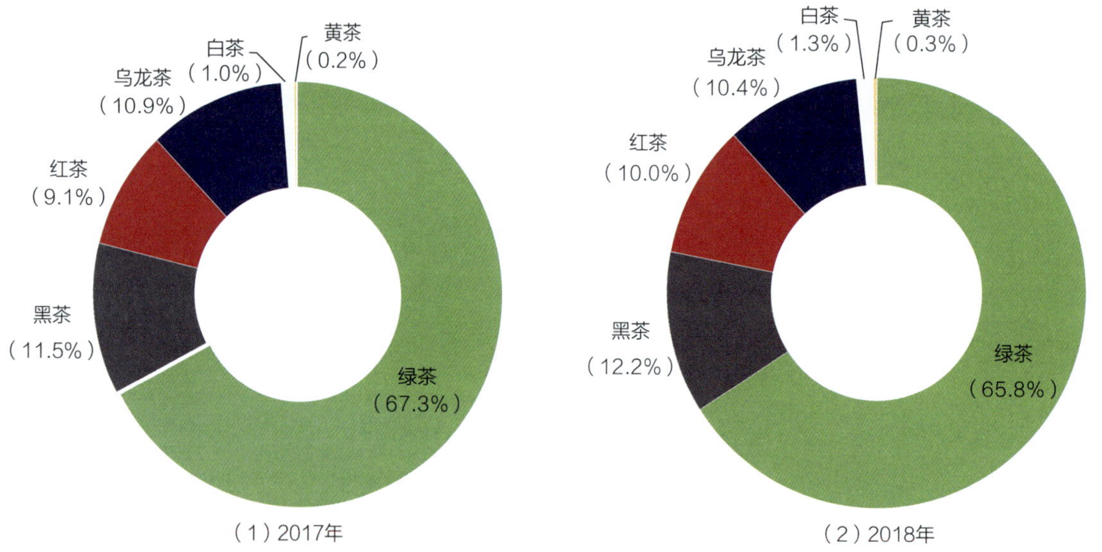

图1 全国分茶类产量占比图

数据来源：中国茶叶流通协会

（五）绿色模式加快应用

各产区以实施茶叶绿色高质高效创建、有机肥替代化肥试点为抓手，加快集成推广病虫害绿色防控、农药减施增效技术、“有机肥+配方肥”以及“茶—沼—畜”等绿色生产模式，创建高标准生态茶园，夯实绿色发展基础。有机茶等认证产品数量上升、供应充足。

（六）优势品牌加快形成

各省多措并举，多层次、多角度、多形式宣传推介，加快打造特色区域公用品牌和企业品牌。湖南省打造“五彩湘茶”，重点推介湖南红茶；江西省整合“四绿一红”区域品牌，形成狗牯脑、婺源绿茶、庐山云雾、浮梁茶、宁红茶联动；贵州省树立“贵州绿茶”“贵州红茶”“贵州抹茶”“贵州黑茶”核心品牌，成立遵茶集团，为产业发展注入新动能。

二、内销稳中有进

（一）国内市场量价稳增

2018年，中国茶叶国内销售量达到191万吨，较前一年增长9.3万吨，增幅为5.1%（表5）；市场内销额达到2661亿元；销售均价为139.3元/千克，同比增长5.2%。

表5　2009—2018年中国茶叶内销总量（不含进口茶叶）　单位：万吨

年份	2018	2017	2016	2015	2014	2013	2012	2011	2010	2009
内销量	191.05	181.70	171.06	167.91	150.25	133.83	124.01	109.61	98.81	89.02

数据来源：中国茶叶流通协会

（二）内销产品结构微调

2018年，内销市场中各茶类板块轮动的局面有所改善，格局相对稳定。绿茶仍是主导茶类，占比为63.1%。黑茶、红茶、白茶发展迅速，其中，黑茶占比已达14%、红茶占比近10%、白茶占比1.5%，并有占据更大市场份额的趋势（图2）。

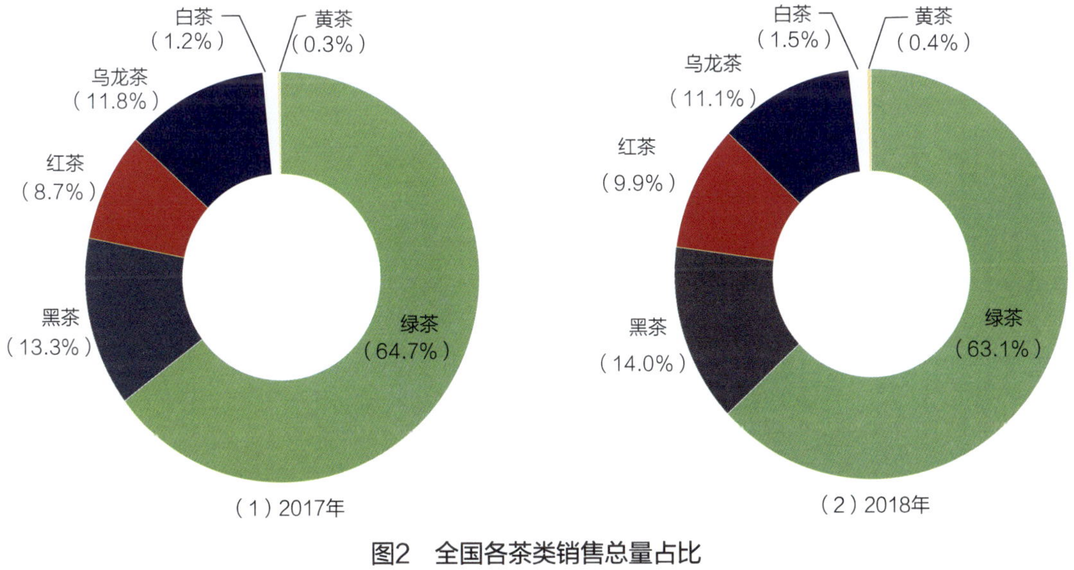

图2　全国各茶类销售总量占比

数据来源：中国茶叶流通协会

（三）进口茶叶继续增加

据海关数据显示：2018年，中国进口茶叶量为3.55万吨，比2017年增长18.84%，进口额为1.78亿美元，比2017年增长19.14%。其中，红茶仍为主要进口茶类，占比83.3%，其次是绿茶和乌龙茶，各占8.9%和6.5%。从进口均价来看，2018年整体均价为5.03美元/千克，乌龙茶和花茶的均价较高，均超过13美元/千克（表6）。

表6 2017、2018年中国进口茶叶量额

进口量额	2017年	2018年	增长率/%
进口量/千克	29830738	35450102	18.84
进口额/美元	149773011	178435023	19.14

数据来源：中国海关

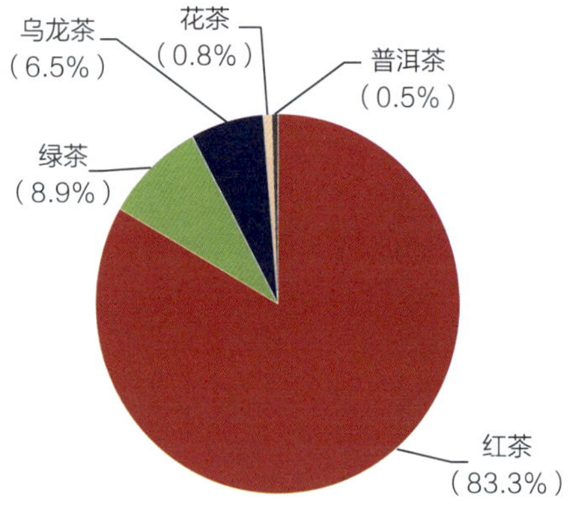

（1）2018年中国进口茶叶量分茶类占比

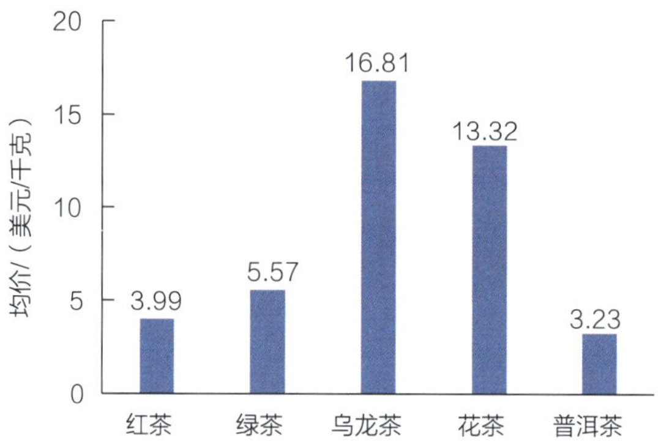

（2）2018年分茶类进口均价

图3 中国进口茶叶分类统计情况

数据来源：中国海关

三、出口再创新高

（一）总量略增，均价大幅提升

2018年，中国茶叶出口总量达36.5万吨，同比增长2.66%；出口均价4.87美元/千克，同比增长7.27%；出口额达17.8亿美元，比增10.1%。

从出口量看，除红茶出口量为3.30万吨，同比减少7.2%外，其他茶类出口量均有不同幅度增长；绿茶继续雄踞榜首，达到30.29万吨；乌龙茶涨幅高达17.2%，居涨幅之首。在出口均价方面，普洱茶是唯一下降的茶类，其均价为9.44美元/千克，降幅为13.0%；而乌龙茶的出口均价则为9.52美元/千克，涨幅高达30.7%（表7、图4）。

表7　2018年中国茶叶分茶类出口情况统计

茶叶种类	2018年出口量/万吨	2018年出口额/亿美元	2018年出口均价/美元/千克	出口量同比增长率/%	出口额同比增长率/%	出口均价同比增长率/%
花茶	0.69	0.66	9.57	12.31	30.09	15.83
绿茶	30.29	12.23	4.04	2.80	7.47	4.55
乌龙茶	1.90	1.80	9.52	17.19	53.22	30.74
普洱茶	0.30	0.28	9.44	9.10	-5.03	-12.95
红茶	3.30	2.81	8.50	-7.21	0.72	8.54
总量	36.47	17.78	4.87	2.66	10.13	7.27

数据来源：中国海关

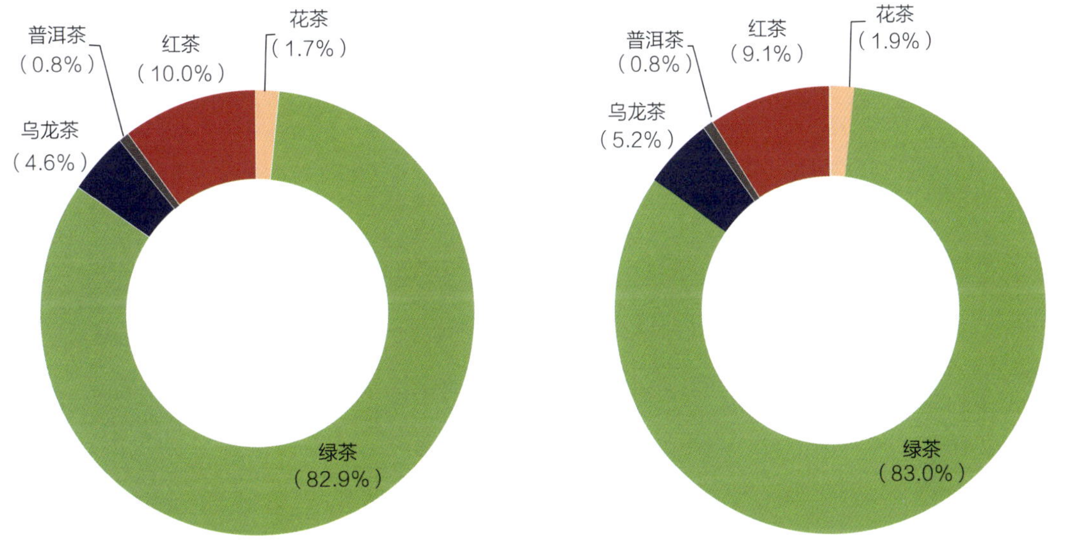

（1）2017年中国茶叶分茶类出口量占比　（2）2018年中国茶叶分茶类出口量占比

图4　2017、2018年中国茶叶分茶类出口统计

数据来源：中国海关

（二）市场稳定，绿色壁垒犹存

2018年，中国茶叶出口至128个国家或地区。进口中国茶叶超过万吨的国家或地区有12个，与去年持平；排名前20位的国家或地区占到总出口量的82.4%，集中度较高。备受关注的中美茶叶贸易并未受到两国贸易摩擦的影响。数据显示，2018年，中国出口到美国的茶叶量额均比2017年度有所提升（表8）。

表8　中国茶叶出口量额情况统计

名次	出口量排名前20位的国家或地区		出口额排名前20位的国家或地区	
	国家和地区	总量/千克	国家和地区	总额/美元
1	摩洛哥	77562486	中国香港	313257069
2	乌兹别克斯坦	24621983	摩洛哥	237062786

续表

名次	出口量排名前20位的国家或地区		出口额排名前20位的国家或地区	
	国家和地区	总量/千克	国家和地区	总额/美元
3	塞内加尔	17868451	越南	101379972
4	美国	15494689	美国	89431178
5	俄罗斯联邦	14938464	马来西亚	77008552
6	加纳	14883085	塞内加尔	74710760
7	阿尔及利亚	14475175	加纳	64534540
8	中国香港	14126183	多哥	62576957
9	毛里塔尼亚	14121328	毛里塔尼亚	60277293
10	多哥	14041910	日本	58988148
11	日本	13355121	阿尔及利亚	50487212
12	德国	10855860	乌兹别克斯坦	47036145
13	贝宁	8703143	德国	44169053
14	喀麦隆	8564137	俄罗斯联邦	41150939
15	巴基斯坦	8094467	缅甸	33901324
16	利比亚	7423873	韩国	31794757
17	泰国	5757117	西班牙	31274272
18	马里	5591195	泰国	29002899
19	法国	4825317	法国	28065922
20	越南	4341746	马里	24115944

数据来源：中国海关

（三）东强西弱，发展空间广阔

2018年，中国茶叶出口量居前5位的省份是浙江（16.85万吨）、安徽（5.92万吨）、湖南（3.64万吨）、福建（2.41万吨）、江西（1.34万吨）。从出口量增减来看，增长量超过4000吨的省份为浙江、福建、江西，浙江的增长量甚至超过5500吨；而上海的出口量则减少了1360吨，湖南出口量也减少了1177吨（表9）。

在出口额方面，排名前5位的省份是浙江（5.23亿美元）、福建（3.46亿美元）、安徽（2.47亿美元）、湖北（1.45亿美元）、湖南（0.95亿美元）。从出口额增减来看，福建增加额超过1亿美元，其他省份的增长额则均在0.3亿美元以下；而广东的出口额减少了2400万美元。受茶类出口均价影响，福建的出口额排名第二（出口量第四），江西出口额排名第八（出口量第五）（表10）。

表9　2018年中国各省茶叶出口量（前20位）　　单位：千克

省份	2018年出口量	2017年出口量	出口增加量	增长率/%
浙江	168469098	162943150	5525948	3.39
安徽	59172003	59702010	-530007	-0.89

续表

省份	2018年出口量	2017年出口量	出口增加量	增长率/%
湖南	36350653	37527568	-1176915	-3.14
福建	24098107	19509915	4588192	23.52
江西	13431861	8919306	4512555	50.59
湖北	12167674	13116436	-948762	-7.23
上海	10507725	11867890	-1360165	-11.46
四川	9366522	10158337	-791815	-7.79
河南	7547549	7073341	474208	6.70
云南	7108184	7757913	-649729	-8.38
广东	6664514	6353417	311097	4.90
重庆	4466359	4000034	466325	11.66
贵州	1597016	2300448	-703432	-30.58
广西	1151380	1329364	-177984	-13.39
江苏	959127	1500223	-541096	-36.07
山东	488226	329686	158540	48.09
海南	440350	308975	131375	42.52
天津	310097	140646	169451	120.48
陕西	233450	207463	25987	12.53
…	…	…	…	
合计	364741807	355251869	9489938	2.66%

数据来源：中国海关

表10　2018年中国各省茶叶出口额变化表（前20位）　单位：美元

省份	2018年出口额	2017年出口额	出口增加额	增长率/%
浙江	523136694	494388188	28748506	5.81
福建	345984906	238960179	107024727	44.79
安徽	246609229	235241648	11367581	4.83
湖北	145205111	123947493	21257618	17.15
湖南	95337311	93169201	2168110	2.33
广东	80958675	105093224	-24134549	-22.96
河南	73364592	46702412	26662180	57.09
江西	68417254	51695388	16721866	32.35
上海	61168458	64852782	-3684324	-5.68
云南	33099638	36893327	-3793689	-10.28
四川	28931856	39770176	-10838320	-27.25
贵州	23670007	24652030	-982023	-3.98
广西	12638820	14883533	-2244713	-15.08

续表

省份	2018年出口额	2017年出口额	出口增加额	增长率/%
山东	9958897	1743716	8215181	471.13
天津	9954566	5207066	4747500	91.17
陕西	5610233	3754260	1855973	49.44
江苏	5306303	22464027	-17157724	-76.38
重庆	3541163	3442006	99157	2.88
新疆	1640049	4609	1635440	35483.62
…	…	…	…	…
合计	1777861336	1609637110	168224226	10.45

数据来源：中国海关

四、相关建议

（一）存在问题

2018年，中国茶业发展中主要存在问题如下。

1．生产方面，绿色发展任务艰巨

尽管绿色防控、统防统治、配方施肥等绿色生产技术加快推广，但多数地区的技术规范落实不到位、产品质量不达标，影响茶叶产品品质的提升；目前，中国25年以上的老茶园约占茶园面积的1/4，这些茶园品种老化、植株郁闭、营养失调，产量较低，品质也较差，加之机械化水平提升缓慢，采工短缺困扰名优茶生产，用工成本增加严重影响夏秋茶等中低档茶叶效益。

2．内销方面，销售压力持续加大

近年来，受宏观经济环境影响，消费提振乏力，部分企业库存增大，而全国茶叶产量逐年增加，产能过剩问题已日益凸显；此外，据农业部门粗估，2018年未开采茶园达900多万亩，未来2～3年将集中进入丰产期，使市场销售面临巨大压力。

3．出口方面，绿色贸易壁垒严重阻碍发展

近年来，中国茶企在出口贸易中遭遇的最突出问题就是各种技术性贸易壁垒，每年受其影响的经济损失高达200亿美元左右；不仅使中国茶叶出口规模明显减少，出口成本增加，更严重影响了中国茶叶产品的形象。

（二）应对措施

鉴于以上情况，建议2019年度茶业工作做好以下工作。

1．生产加工

应以推进农业供给侧结构性改革为主线，加快产业转型升级，促进茶产业高质量发展。稳定茶园面积，巩固提升优势区、发展特优区。推进绿色发展，加快选育适销对路的优良茶树品种，建设无性系良种繁育基地。加快推广绿色防控、有机肥替代化肥等农药减施增效技术，集成组装绿色生产技术模式，促进茶叶生态化种植。推进品牌创建，鼓励各产区创建地域特色突出、产品特性鲜明的区域公用品牌，引导龙头企业创新产品、提升质量档次、塑造核心价值。推进融合创新，积极培育新型经营主体，扶持生产性服务组织，开展种苗统育统供、病虫统防统治、肥料统配统施等服务，提高生产组织化程度。要鼓励发展茶+旅游、茶+文化、茶+电商等新业态、新模式，全力促进产业融合。

2．内销市场

应以市场为导向、消费者为中心、效率优先为原则，加大市场推广与营销力度，树立中国茶叶新营销、新零售的理念，用品牌化思维促进认知、解决方案思维推广文化，突破中国茶复杂、传统、烦琐以及产地品类思维的桎梏，使之简单、时尚、简便而具有品牌思维。要主动进行标准化、品牌化、年轻化的升维思考，借鉴互联网优化社会资源配置的成熟经验，引入先进技术与加工设备，注重软技术的消化吸收和自主创新，推动自动化智能化生产。要注重品牌打造，树立产业形象，提升产业竞争力，在企业品牌与区域品牌发展上下功夫、寻找平衡点，加快推动茶产业品牌向中高端迈进。要加大商业模式创新，为技术创新、产品创新提供续航能力。

3．外贸出口

建议国务院税则委员会增列黑茶、白茶的海关税则号列（HS编码），推动中国全茶类出口的步伐；结合茶业扶贫工作，积极发挥中西部新兴茶区的后发优势，大力推进茶叶出口基地向中西部转移；加快推进中国茶业标准与国际接轨，提升中国茶叶种植专业化、集约化、规范化水平，通过自身发展突破绿色贸易壁垒；坚持扩大开放，搞好双边和多边茶叶经贸关系；加强出口产品宣传力度，树立“中国茶”的正面国际形象，积极开拓国际市场、扩大出口、寻找经济技术合作伙伴，向全世界营销中国茶；发挥行业社团的带头作用，组织品牌企业抱团出海，打造中国茶叶出口“新航母”，既应优势互补、发挥协同效应，又要协调竞合关系，规避内部恶性竞争，并不断增强集群品牌企业共同抵御风险的能力。

（执笔人：梅宇、梁晓）

中国重点产茶县发展报告

中国茶叶流通协会

2018年，中国茶产业供给侧结构性改革不断推进，新产业、新业态、新模式稳步发展，科技创新表现活跃。业内开放共享、交流互助持续加强，县域间协同发展得到了进一步加强。截至目前，我国产茶县共计900余个，虽然在规模与结构方面呈现出各自不同的特点，但是都面临着精细化、智能化、工业化等方面的困境。全国重点产茶县如何根据自身条件打造形成具有一定区域影响力，兼具一定产业资源特色、生产结构特色、品牌营销特色等，是下一步推动茶产业结构变革升级的重要发展方向。

本报告以中国茶叶流通协会（简称：中茶协）开展的“2019全国重点产茶县县域经济与发展情况调查工作”中的基本情况、生产加工、生态环境、工业化建设以及茶旅游建设五个表格为数据支撑，多维度体系视角分析展现重点产茶县发展现状以及茶产业生态圈的构建情况，旨在为各产茶县提供经营发展的建设性借鉴与参考。

一、样本基本情况

（一）数据分布情况

本年度全国重点产茶县基本情况综合采用了重点产茶县样本县域（以下简称：样本县域）中茶叶栽培管理、组织结构、质量认证、技术服务、扶贫攻坚、生态建设、工业建设、产业延伸等多项信息。汇总显示，各申报县基本情况、资源基础、产业规模、品牌建设等值均存在巨大差异。为合理分配各产茶省样本采纳名额，使之切实代表行业整体发展状况并体现产业发展趋势，本报告选取综合实力前111个产茶县作为本年度全国重点产茶县进行分析，共涉及15个省（自治区），其中安徽11个、福建6个、广东2个、广西2个、贵州9个、河南7个、湖北15个、湖南7个、江苏1个、江西7个、山东2个、陕西1个、四川4个、云南25个、浙江12个。

（二）基本情况分析

1. 生产基础条件

根据2018样本县域数据统计，样本县域的县域面积为41708.53万亩，茶叶种植面积为2006.92万亩，占县域面积的4.81%。全国重点产茶县样本茶区海拔分布从30米（江苏省常州市金坛区）到2000米（云南省南涧彝族自治县），根据所处地理位置不同，县域之间由南向北自东向西递升，与我国地形走势基本一致，处于西南部的云南省县均海拔最高。整个产茶县样本地形多为山区丘陵或水蚀地貌，土壤以酸性或弱酸性的红壤、黄壤为主，适合茶树生长与栽培耕作的需求，具备良好的地理环境条件（图1）。

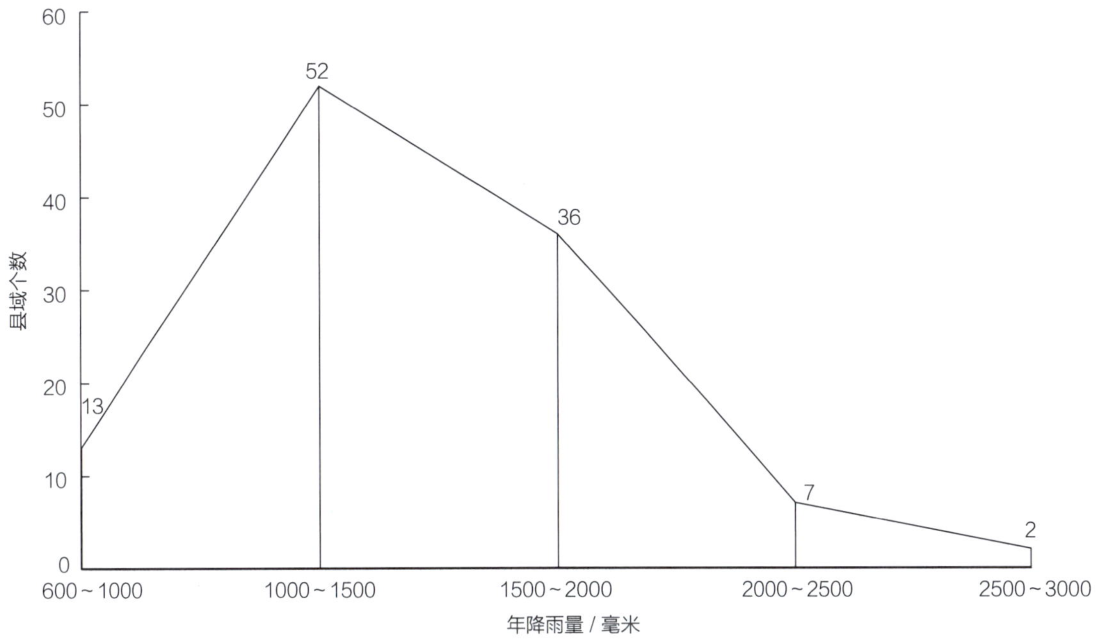

图1　2018年全国重点产茶县样本县域年降雨量分布情况

调查结果显示，2018年样本县域平均温度主要集中在13～22℃，全年平均日照时间在1000～2673小时。大多数产茶县的气候类型属于亚热带温带季风性气候，部分为温带季风性气候（主要集中于山东、安徽、河南等省），森林覆盖率主要集中在42%～88%。平均降雨量在728～2768毫米，平均相对湿度在23%～87%。七成以上的产茶县县内流域面积达到县域面积的40%，与降水量一同组成了各产茶县茶园主要水源（图2）。

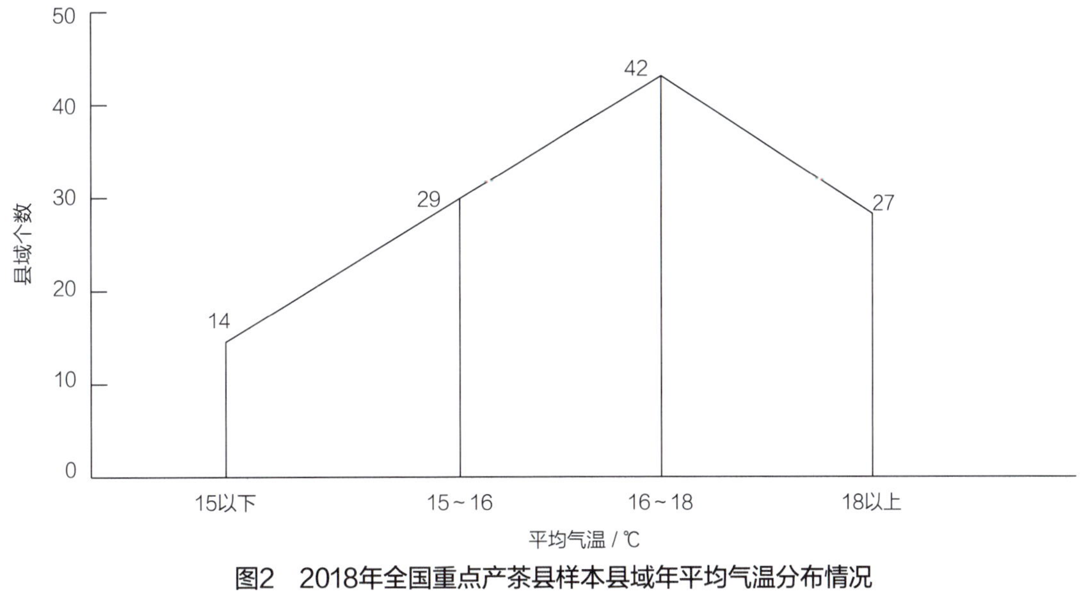

图2　2018年全国重点产茶县样本县域年平均气温分布情况

2. 劳动力基础条件

2018年调查数据显示，样本县域人口总数为5524.88万人，其中农业总人口4136.07万人，占总人口的74.86%；涉茶人口1570.38万人，占总人口的28.42%，占农业总人口的37.96%（图3）。

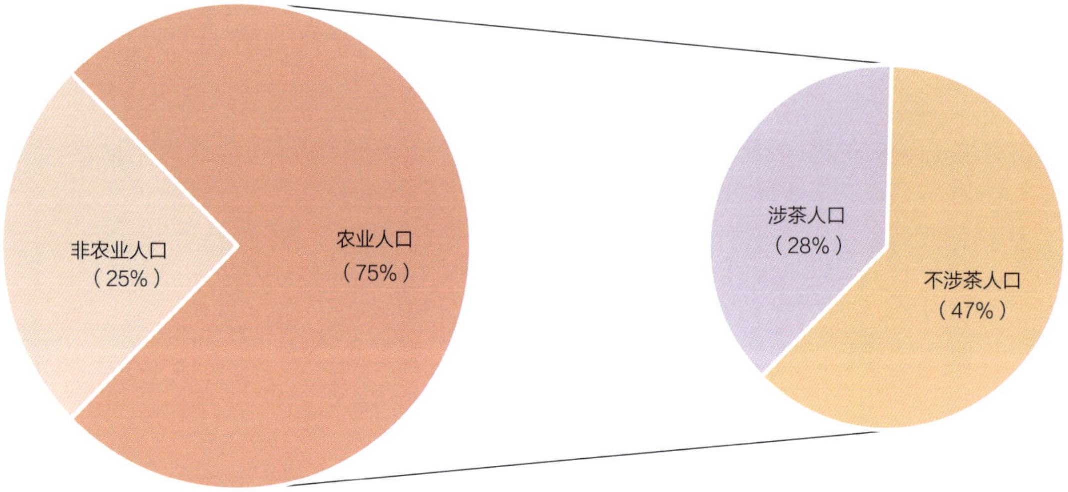

图3 2018年全国重点产茶县样本县域人口组成

3. 经济基础

在经济总量方面，样本县域总国内生产总值（GDP）为21685.52亿元，人均3.92万元，茶叶总产值1835.76亿元；在茶业财政方面，投入总和达到了43.4亿元，县均投入接近3915万元，而年发放茶机补贴金额为1.96亿元，占样整个茶业财政投入总和的4.51%，县均176万元。据统计，年度财政投入过亿的产茶县（市、区）共有8个，分别是安徽省六安市裕安区、贵州省湄潭县、贵州省普安县、湖北省恩施市、湖北省咸宁市咸安区、湖北省英山县、湖南省安化县和广东省英德市。

二、茶业建设情况

（一）茶叶种植与茶园管理

1. 茶叶种植

调查结果显示，截至2018年末，样本县域种植面积为2006.92万亩，占2018年我国整体茶园面积的45.66%，其中年增长率超过10%的产茶县共有12个，涨幅最大的达到104.55%。有27个产茶县维持在2017年原有面积不变；浙江、广东、贵州、湖北、湖南5省各县茶园面积上升幅度较大，均在20%以上；样本县域总体增长率较往年有所下降，云南红河州及德宏州的3个产茶县出现了负增长。据推算，到2019年末全国重点产茶县样本茶叶种植面积将达到2035.86万亩，其中年增长率超过10%的产茶县有12个，29个产茶县将维持原有面积不变，5个产茶县呈现负增长。

2018年，全国茶叶种植面积4395.60万亩，可采摘面积3400万亩，茶园投产率77.35%。调查结果显示，截至2018年末，样本县域茶园可采摘面积为1674.95万亩，茶园投产率占该种植面积的83.71%，略高于全国茶园投产率。其中，43个重点产茶县茶园投产率高于90.00%，江苏、安徽、福建、湖北、湖南、广东、四川、贵州、云南10个省的产茶县茶园投产率较高，超过95.00%（图4）。

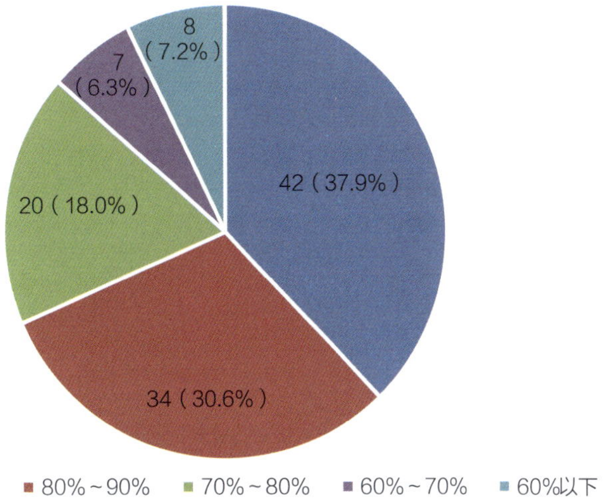

图4　2018年各省全国重点产茶县样本县域茶园投产率分布情况（n=111）

2．茶园管理

（1）绿色及良种情况　调查结果显示，截至2018年末，样本县域中无公害认证茶园面积1599.89万亩，占茶叶种植面积的79.71%；绿色食品茶认证面积393.63万亩，占茶叶种植面积的19.61%；有机茶园面积为201.78万亩，占茶叶种植面积的10.05%；良好农业规范（GAP）认证面积为183.39万亩，占茶叶种植面积的9.13%。同时，在调查中统计到良种茶园面积共计1605.53万亩，总体良种率达到80.08%。其中，有13个重点县茶园良种率为100%，以浙江、安徽、福建、广西、湖北、河南、云南、贵州和四川9个省份普及程度最好（图5）。

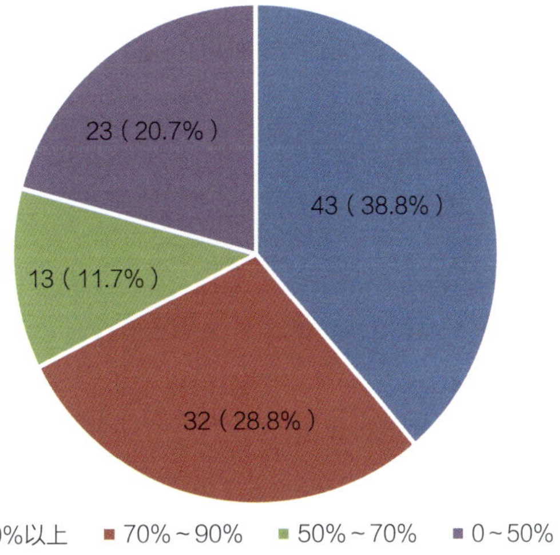

图5　2018年全国重点产茶县样本县域良种化程度（n=111）

（2）茶园管理及灾害情况　2018年样本县域中，实施专业化统防统治的茶园面积共计961.62万亩，占种植面积的47.91%，福建、河南、湖南、云南、贵州等省普及率较高（图6）。而受灾面积达到6.60万亩，总体成灾率为3.30%，其中9个县的成灾率高于10%（图7）。其中，发生病害55次，时间主要集中在4～8月，广东、广西、山东三省区出现概率较高，多为炭疽病、茶饼病、白星病等；发生虫害118次，时间主要集中在4～9月，出现频率最高的害虫是小绿叶蝉、茶尺蠖、茶毛虫；发生冻害76次，主要表现为早春2～3月的倒春寒和高海拔茶园霜冻；发生旱灾29次，主要为6～8月的夏旱，集中在安徽、江西、云南、贵州等省区；其他灾害10次，主要为山体滑坡、台风等灾害。

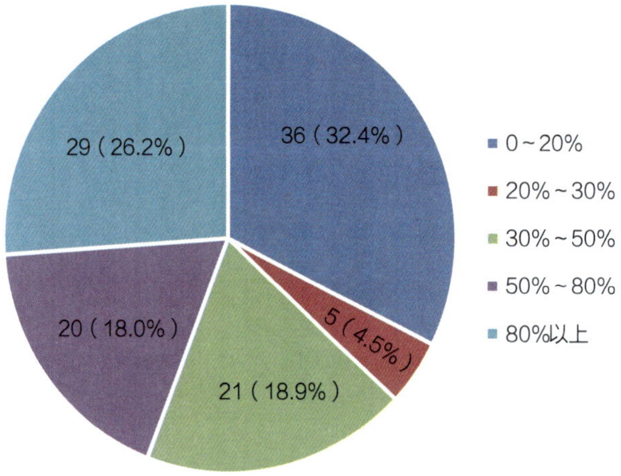

图6　2018年全国重点产茶县样本县域茶园统防统治比例（*n*=111）

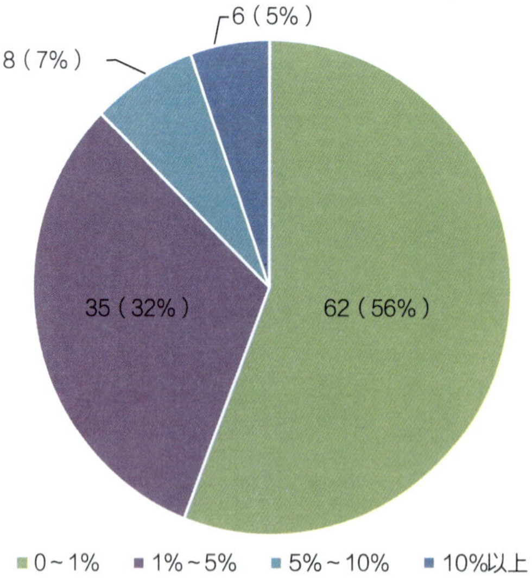

图7　2018年全国重点产茶县样本县域茶园成灾率（*n*=111）

茶叶种植与茶园管理作为整个行业发展的重要因素，在基础与源头管理上是不可轻视的，甚至在原料提供环节上，种植过程对于产品质量、生产方向等都起到决定性作用。但在此环节发展的过程中同样存在着茶行业的痛点，给产业发展造成重大隐患的食品安全、产能过剩等问题也往往根源于此。

综合分析显示，本年度样本县域在茶叶种植与茶园管理部分呈现以下趋势：

第一，茶叶生产能力持续提升。2018年样本县域茶园稳定增加，增长有所率下降；老龄化、低产茶园改造逐步完成，无性系良种普及工作成效凸显；茶园投产率、良种率等多方面小幅领先于全国平均水平，茶叶生产能力持续提升。

第二，茶区认证水平上升。样本县域均不同程度地加大了对茶园认证的支持和农业投入品的管理力度，多个产茶县设立了针对茶园认证的奖励机制，由政府或相关协会主导积极推广进行认证。这种认证明显促进的茶叶单价、茶园产值的高效增长，为后续的建设扩张、提质增效与研发创新打下基础，种植环节的溢价效应逐步显现。

第三，茶园管理水平相对粗放。统防统治在近几年的努力下虽有所提高，但依然处于较低的水平，结合涉茶人口、专业合作社数量等数据来进行分析，多数茶园仍处于“有组织、无纪律”的状态中，限制了茶区种植红利的释放，并为食品安全等方面埋下了隐患。

（二）生产加工情况

1. 茶叶产量

调查结果显示，截至2018年末，样本县域茶叶产量为159.13万吨，占我国茶叶总产量的60.82%，且高于投产茶园的增长率，茶园亩产有所提升（图8）。在各茶类生产中，86.48%的产茶县产量呈增长趋势，其中，湖南省吉首市涨幅最为明显。2018年数据显示，样本县域茶园生产率（茶园生产率=区域茶叶产量/区域茶叶种植面积）达到78.88千克/亩，高于59.5千克/亩的全国平均水平（图9）。

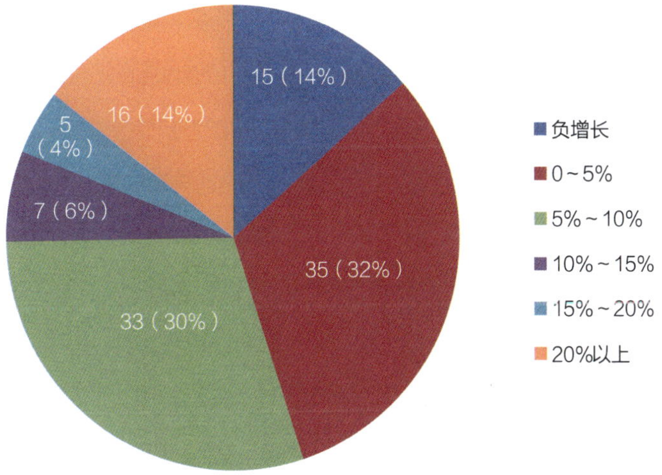

图8　2018年全国重点产茶县样本县域产量同比涨幅（n=111）

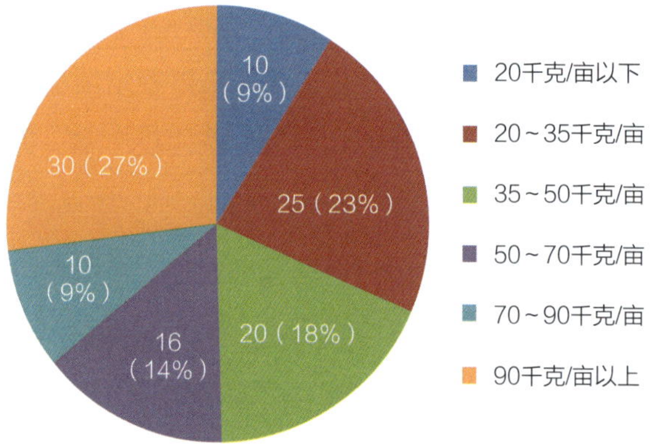

图9　2018年全国重点产茶县样本县域茶园生产率分布情况（*n*=111）

2. 各茶类生产情况分析

2018年样本县域各茶类生产情况如下：绿茶80.69万吨，同比上升5.49%；红茶23.59万吨，同比上涨16.84%；黄茶0.60万吨，同比增长14.53%；青茶9.50万吨，同比下降4.27%；黑茶23.26万吨，同比上涨5.99%；白茶2.99万吨，同比上涨48.08%；普洱茶8.60万吨，同比下降23.6%；花茶9.04万吨，同比上涨7.41%（图10）。

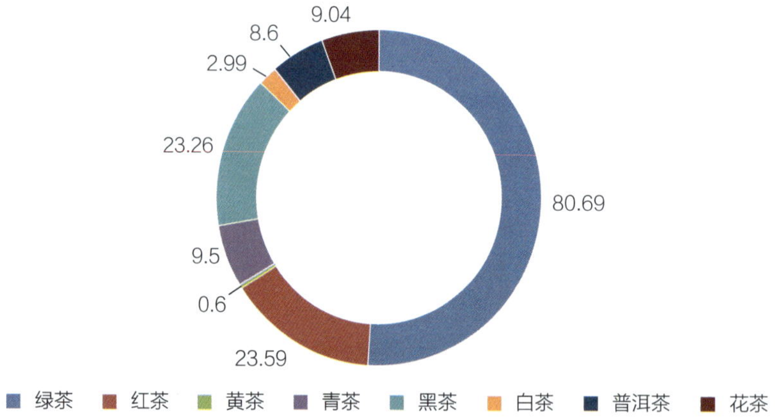

图10　2018年全国重点产茶县样本县域主要茶类产量比例（单位：万吨）

全国重点产茶县样本县域茶叶产值中，绿茶750.86亿元，同比上涨11.75%；红茶241.89亿元，同比上涨13.25%；黄茶5.57亿元，同比上升9.00%；青茶213.42亿元，同比上涨8.86%；黑茶212.81亿元，同比上涨11.43%；白茶30.96元，同比上升29.84%；普洱茶98.10亿元，同比上涨17.11%；花茶82.49亿元，同比上涨18.36%（图11）。

绿茶平均单价93.05元/千克，同比上涨5.93%；红茶102.50元/千克，同比下降3.08%；黄茶92.87元/千克，同比下降4.82%；青茶224.49元/千克，同比上涨13.37%；黑茶91.47元/千克，同比上涨5.13%；白茶103.41元/千克，同比下降12.31%；普洱茶113.94元/千克，同比上涨11.34%；花茶91.21元/千克，同比上涨10.19%（图12）。

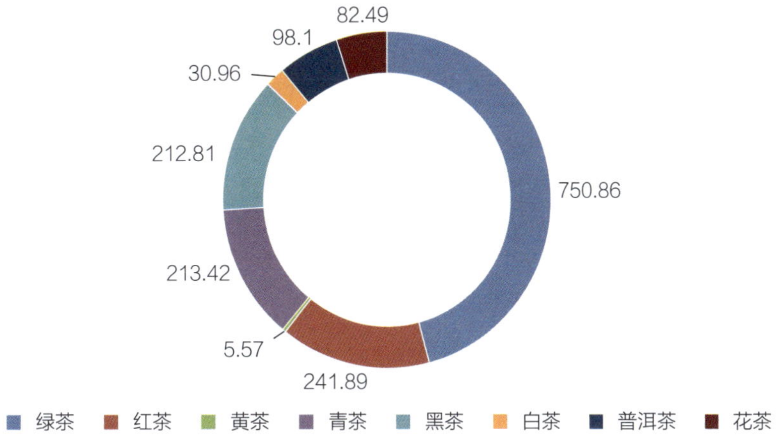

图11　2018年全国重点产茶县样本县域主要茶类产值比例（单位：亿元）

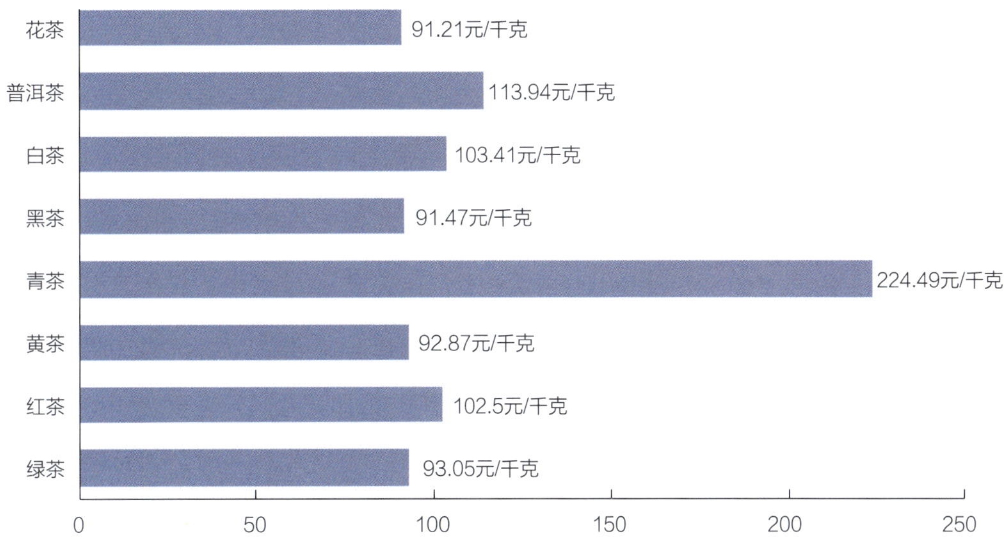

图12　2018年全国重点产茶县样本县域主要茶类平均单价

（1）绿茶　调查结果显示，2018年样本县域绿茶产量达到80.69万吨，占我国绿茶总产量的46.84%，产值750.86亿元，平均单价93.05元/千克。样本中涉及111个产茶县中108个有生产绿茶，覆盖全部15个产茶省，产量占样本总产量的50.97%，产值占45.89%。作为重点产茶县茶叶生产中覆盖面最广、产量与产值比重最大的茶类，绿茶长期处于稳定增长状态，侧面反映了重点县茶叶情况的总体水平。

（2）红茶　调查结果显示，2018年样本县域红茶产量23.59万吨，占我国红茶总产量的90.07%，产值241.89亿元，平均单价102.50元/千克。样本中涉及的111个产茶县中有15个省98个样本重点产茶县生产红茶。

（3）乌龙茶　调查结果显示，2018年样本县域乌龙茶茶产量为9.50万吨，样本产量占我国乌龙茶总产量的35.02%，产值213.42亿元，平均单价224.49元/千克，在各茶类中价格最高。样本中涉及的111个产茶县中有22个生产乌龙茶，分布于8个产茶省中，以福建、广东为主。

（4）黑茶 调查结果显示，2018年样本县域黑茶产量为23.26万吨，产值212.81亿元，但单价为91.47元/千克。样本中涉及的111个产茶县中有10个省47个生产黑茶，主要集中产于湖南、湖北、陕西三省。

（5）黄茶 调查结果显示，2018年样本县域黄茶产量为0.60万吨，产值5.57亿元。样本中涉及的111个产茶县仅中有石门县、吉首市2个县（市）生产黄茶，由于部分产区未提交调研内容，所以统计数据并不完整，但经分析总体规模与往年有所上涨。

（6）白茶 调查结果显示，2018年样本县域白茶产量为2.99万吨，占我国白茶总产量的88.72%，产值30.96亿元，平均单价103.41元/千克，单价优势明显。样本涉及的111个产茶县中有8个省区26个县生产白茶。

（7）普洱茶 调查结果显示，2018年样本县域普洱茶产量为8.60万吨，产值98.10亿元，平均单价113.94元/千克，样本中涉及111个产茶县中的5个云南产茶区县生产普洱茶。产量与产值在持续几年的快速增长后，有所下降，保持平稳态势。

（8）花茶 2018年样本县域花茶产量为9.04万吨，产值82.49亿元，平均单价91.21元/千克，受产品品牌优势影响，略显上行趋势，以福建、四川、广西、湖北三省生产为主。

3．生产机械化程度

2018年样本县域共有茶机装备46.27万台，县均4168.72台，其中茶机装备量在万台以上的重点县共有6个，17.11%的重点县茶机装备量愈千。各县茶机种类较为丰富，包含茶园管理机械、采摘机械、修剪机械、加工机械、筛选机械、包装机械等多种类型，基本涵盖了主要栽培、生产流程（图13）。2018年数据显示，样本县域年度茶青机采总量为292.62万吨（鲜叶），折合成毛茶可制作73.15万吨左右，不足样本总产量的一半，大部分的茶青仍然依赖人工采摘，劳动力依存度未见降低。

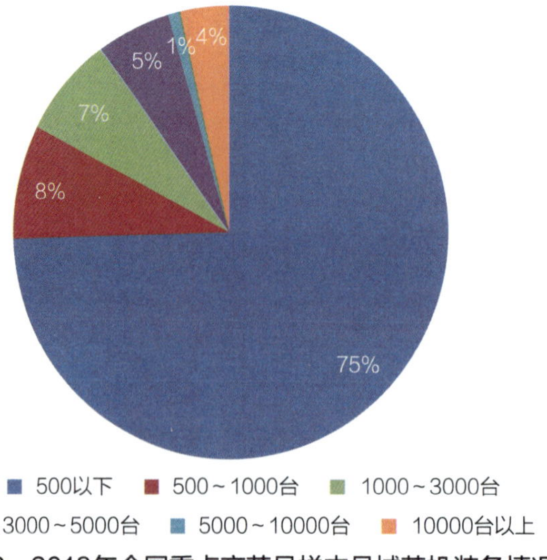

图13 2018年全国重点产茶县样本县域茶机装备情况

生产加工是茶叶生产体系的基础环节，同时也是产业集约化、现代化程度的主要体现环节。生产加工作为流通的前端，是整个行业效率的集中体现。2018年度重点产茶县在茶叶生产加工方面呈现以下趋势。

第一，茶类结构继续调整。绿茶仍占据绝对优势，增长速率与行业增长情况保持一致；红茶整体规模有所回升，但在部分产茶县呈现负增长；乌龙茶生产更为普及，市场逐步降温，区域平稳增长；黑茶增速较快，单价有所上升；在连续数年的普洱茶热后，普洱茶市场逐步回稳；作为新的市场热点，白茶产量依然较小，但单价优势和增速十分明显。

第二，生产机械化程度进一步提高，但仍有上升空间。相对于往年，各产茶县的机械化水平有所提高，但从数据中可以看出，17.11%的样本重点产茶县集中了40%以上的茶叶机械，尚有部分产茶县茶机械低于全国重点产茶县平均水平，仍有进一步的提升空间。

（三）流通环节分析

2018年数据显示，样本县域茶叶产值总数为1446.34亿元，同比增长12.45%，涨势与茶叶产量基本相当。2018年，样本县域各茶类生产中，90.99%的产茶县产值呈增长趋势。根据毛茶产值进行测算，我国样本县域茶叶市场占有率（茶叶市场占有率=样本茶叶农业产值/全国茶叶农业总产值）达到67.04%（图14）。仅据农业生产数据评定，2018年样本县域茶叶农业生产率（茶叶农业生产率=区域茶叶农业产值/区域涉茶人口数量），为10464.55元/人，GDP总量达到21685.52亿元，总人口5524.88万人，人均GDP达3.92万元/人，仅为县人均GDP的1/4，与上一年持平。

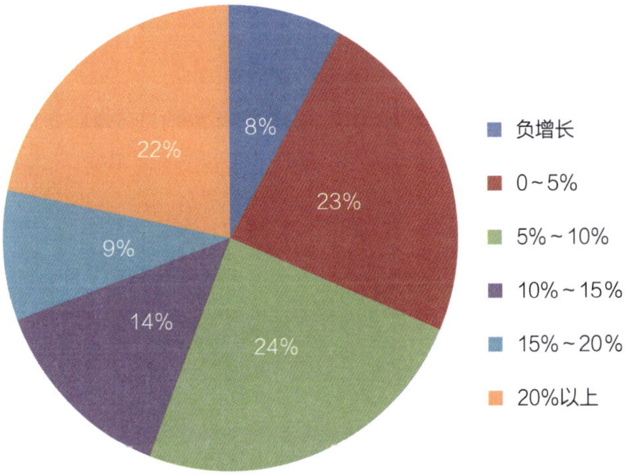

图14　2018年全国重点产茶县样本县域产值同比涨幅

调查结果显示，在平均单价方面，2018年样本县域平均单价为114.11元/千克，同比上涨19.62%。在内销方面，样本县域茶叶内销量189.24万吨，内销金额1427.89亿元，内销平均单价75.45元/千克，低于全国样本重点产茶县干毛茶平均单价。在出口方面，样本县域茶叶出口总量为45.32万吨，出口额17.18亿美元，平均单价3.79美元/千克。与往年相比，由于样本产区及数量的改变，倾向于内销，出口量、出口额和出口均价有所上升。

调查结果显示，2018样本县域更加注重品牌营销与渠道建设。在区域公共品牌建设方面，样本县域中共计注册商标31764个，县均接近286个，与往年相较至少上浮40%，注册商标最多的是福建省武夷山市，达到16079个，其次是福建省安溪县，达到6216个；共有证明商标182个，原产地认证标识88个，区域公共品牌142个。样本中，共有97个产茶县拥有茶叶区域公共品牌，其中46个重点县拥有两个及两个以上区域公共品牌，共惠及8913个具备使用权力单位，相较往年单位集中度有少量提升。在电子商务方面，样本县域的电子商务渠道茶叶交易量达到了17.91万吨，占样本总内销量的9.46%；交易额277.35亿元，占总内销额的19.42%（图15）。

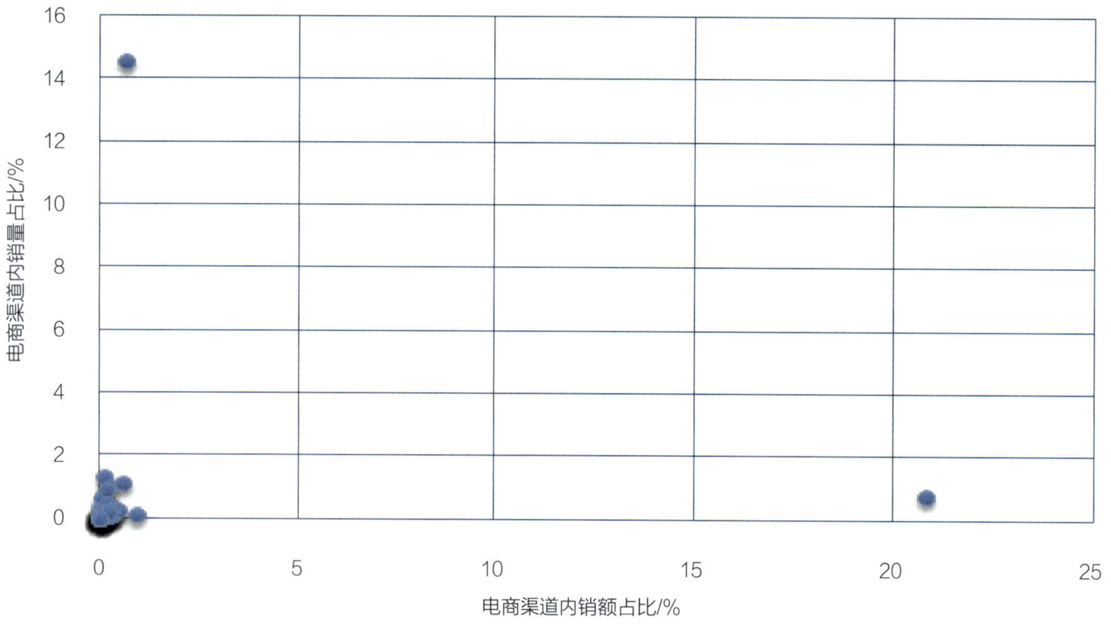

图15 2018年全国重点产茶县样本县域电子商务建设情况

流通环节是现代农业发展的核心标准，也是实现产品价值的重要手段。我国茶产业流通环节作为传统薄弱环节，在近几年有明显的提升，但距离现代化流通依然较大。2018年度重点产茶县在茶叶流通环节呈现以下趋势。

第一，茶叶生产综合能力大幅提升。茶叶总产值相对优势数值突破1，标志着整个产业在农业生产中处于优势地位，优于农业总体发展水平，为产业区域拓展增添了动力。茶园生产率与茶叶农业生产率的增长标志着样本生产效率的提升。茶叶产业对区域经济发展的贡献度偏低，第二、第三产业无优势。

第二，生态建设溢价效应明显，但生产能力有待提升。从平均单价和总产值相对优势上观测，生态建设已经确立发展优势，但是生产效率偏低问题制约了其对产业的拉动能力。但从侧面分析，生态优势反向制约了机械化发展，一方面在于地形和交通的问题，另一方面在于清洁化能源的限制。

第三，区域品牌管理更加严格。重点产茶县区域公共品牌增多，但使用单位相对数量有所减少，侧面反映出公共品牌管理和使用审批的进一步严格，同时也表明了茶产业的逐步集聚。

第四，电子商务仍延续了增长态势。作为新兴渠道，茶叶电子商务仍然增长极快，并俨然成为产业扶贫的重要抓手。但电商渠道多为中低端产品，仍以低价、薄利、广销为主要交易特点，客单价普遍不高，并且部分低价劣质产品对整体市场造成了拉低价格的负面影响。

（四）茶叶生产主体建设情况

1. 茶叶企业

2018年数据显示，样本县域共有规模企业2981家，县均26家，其中拥有规模企业数最多的重点产茶县是贵州省湄潭县，共计457家，同比去年增加了35家，县内茶叶规模企业超过百家的重点产茶县有6个。规模企业产值912.49亿元，占样本茶叶总产值的55.52%，与往年相比基本持平，规模企业产值最高的为湖南省安化县。据统计显示，共有国际标准化组织（ISO）认证企业1063家，县均9家，数量仅为规模企业的35.65%，与往年相比有所上升（图16）；危害分析与关键控制点（HACCP）认证企业共有677家，县均6家，数量为规模企业的22.71%，高于往年水平，分析得出新进规模企业中，进行HACCP认证的企业越来越多。

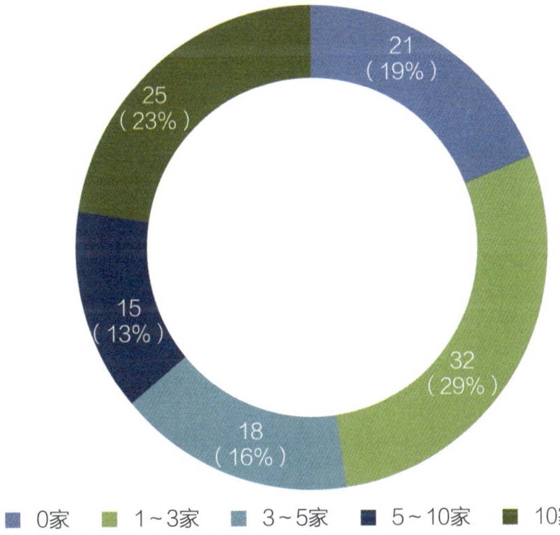

图16　2018年全国重点产茶县样本县域茶叶企业ISO认证情况（*n*=111）

2. 合作社建设

截至2018年末，样本县域中共有茶叶专业合作社12842家，平均每县115家。数据显示，共有345万茶农加入了专业合作社，占样本涉茶人口的21.96%，社均268人。

3. 茶叶市场建设

2018年样本县域共建设有茶叶市场533家，县均5家。市场年交易额达到848.78亿元，占样本茶叶总产值的51.64%，样本内销额的59.44%。

4. 产业延伸

样本县域共有茶叶深加工企业1903家，共创造912亿元的茶叶深加工产值，环比往年有所上升；

共有茶叶新资源食品生产企业共计114家，主要集中在福建、云南、贵州三省，共创造5.79亿元的产值；共有茶机生产企业547家，其中福建省有315家，占总数的57.58%，浙江有123家，占总数的23.21%。茶机年输出总量46.27万台，与往年持平；共有2074家企业可以进行旅游接待，形成成熟茶旅游路线360条，有可观光茶园454万亩，占样本茶园面积的22.62%。2018年接待人次达到1100万人次，茶旅游营业收入达到451亿元，其中因旅游产生的茶叶销售收入为384亿元，带动茶农88万人。

作为茶产业生产和销售的主体，茶叶企业和专业合作社承担着茶产业发展的重要责任。茶产业的现代化进程，受到茶叶主体的思想影响。从2019年样本县域的数据可以看到，茶叶主体呈现以下特征：

第一，规模企业增多，但认证标准不一。相较于往年，我们可以看到各产茶县的规模企业均有不同程度的上升，但这些规模企业的认证标准不同，比较明显的反映就是规模企业产值差距较大，贵州省湄潭县居首位，超过许多拥有百家以上规模企业的县区。

第二，合作社与企业结合更加紧密，协作模式基本形成。随着我国茶叶生产主体结构的逐步完善，以“龙头企业+专业合作社+家庭农场（农户）+基地”为基本构架的生产主体在生产中成为发展主力。这种良性协作模式的形成进一步提升了生产效率，同时，对食品安全也有促进作用。

第三，产业延伸日趋深化，新消费热点逐步显现。由样本数据可以看出，茶叶深加工企业、茶机械、茶食品等延伸产业发展稳定上升，作为第三产业的茶旅游发展迅猛，带动作用极强，不仅提振了产区茶叶消费，而且对茶区基础设施建设的改善有极大的助推。

（五）社会化服务

1. 人力资源

2018年样本县域共有涉茶人员1570.38万人，参加社保的茶农人数达到932.35万人，占涉茶人口的59.37%，较往年有所上升，超七成的茶农的合同签订率在50%以上；统计显示，样本县域中共有62503名农业技术人员，县均563人，茶叶机械化生产服务人员13.03万人，县均1174人。

2. 科技投入

（1）科技培训　2018年数据显示，样本县域全部围绕茶叶产业开展了多项专题培训，共开展茶叶培训63696次，主要集中于病虫害防治技术、茶园种植和管理技术、茶叶加工技术、茶叶营销、电子商务、文化推广等方面，其中茶叶机械化生产培训1020次，涵盖采耕作、修剪、采摘、加工、机械维修等领域。据统计，样本县域中有91个县对未来需要开展的技术培训提出了新的要求，主要集中于茶园综合管理、标准化生产管理技术、茶叶电商、企业管理、品牌塑造、可追溯体系建设、食品安全控制、市场营销等方面。

（2）其他生产性服务　2018年数据显示，样本县域共有食品安全检测实验室1433家、茶叶专用保鲜库房6552座。县内有茶叶示范基地1860个，入驻企业2238家；茶叶产业园175个，入驻企业2156家；茶叶科技园102个，入住企业448家。拥有茶叶生产专利技术2198个，主要集中在浙江、安徽、福建、湖南和贵州5省。

（六）扶贫工作

根据《中国农村扶贫开发纲要（2011—2020年）》精神，按照“集中连片、突出重点、全国统筹、区划完整”的原则，国家在全国共划分了11个集中连片特殊困难地区，加上已明确实施特殊扶持政策的西藏、四省藏区、新疆南疆三地区，共14个片区，其中秦巴山区、武陵山区、乌蒙山区、滇桂黔石漠化区、滇西边境山区、大别山区、罗霄山区7个片区中上百个县区适宜发展茶叶，茶产业成为当地扶贫的核心产业。

2018年样本县域共有茶叶扶贫项目1337个，投入资金25.57亿元，共有209项相关茶叶扶贫政策，涉及产业扶持、技术培训、基础设施建设等多个方面。据统计显示，样本县域共有茶叶扶贫示范点1067个，主要集中于安徽、湖北、贵州、福建、湖南、广西、河南、云南、陕西等省。茶叶扶贫示范点采取产业扶贫、科技扶贫、信贷扶贫的多种扶贫模式结合，依托当地协会、龙头企业，带动相关扶贫示范点脱贫。截至2018年末，样本县域脱贫人口数量为127万人，其中因茶叶产业脱贫的有80万人，占62.99%。

四、发展建议

（一）提升标准，质量兴茶，突出优质安全导向

食品安全事关重大。2015年《食品安全法》修订出台以来，食品监管工作已日趋完善，茶叶质量安全工作将长期处于高压态势。各产茶区政府应加快实施茶业标准化战略，健全标准体系，强化品牌保护，引导企业争取国际有机认证，深入开展农药残留超标治理，严厉打击违禁行为；行业组织应配合市场监管与农业部门共同建立健全互联共享的茶业追溯监管综合服务体系与平台。

（二）稳中求进，培育动能，推进供给侧结构性改革

稳中求进既要防止过快，也要防止过慢；茶业经济向更高阶段演化的过程中，做好实体才是关键；应破除资金“脱实向虚”、扰乱实体经济信心的问题，鼓励多种形式的金融创新，引导资金更好地为实体经济服务，培育壮大新动能；茶产业供给侧结构性改革以“去库存”、控产能为重点；在加大供给渠道疏通力度的同时，激发消费潜力。

（三）促进融合，三业并举，实现协同共享多赢

全行业应共同促进社会资源对产业的提升，推行专业化生产方式，鼓励专业化营销企业、创意企业、管理企业投身茶产业建设；充分发挥乡村各类物质与非物质资源富集的独特优势，以“旅游+”、

“生态+”等模式，推进茶业与旅游、教育、文化、康养等产业深度融合；引导企业相互融通，重点围绕第三产业加大开发力度，提高综合开发能力。

（四）扩大开放，加强合作，推动开拓海外市场

中国正走向世界舞台的中央，政府应完善法治建设，改善投资环境，扩大开放领域，积极吸引外资；应培育具有国际竞争力的中国茶业大企业、大集团，配套出台相关政策与措施，扶助茶叶行业开展对外经贸文化交流，以“一带一路”沿线及周边国家和地区为重点，扎实推进海外推介力度。行业组织应利用自身的社会组织属性优势，搭建国际产销交流平台，加强国际经贸文化合作，积极参与国际贸易规则和国际标准的制定修订，不断树立并强化话语权。

（五）因地制宜，因势利导，打造区域品牌特色名片

纵观全国重点产茶县发展建设，大概可分为生态优先型、工业化优先型和均衡发展型单个主要类型，每个类型均有自身特点。各区域应根据各自资源禀赋、地域特点、产业优势及发展现状等，推动实施优势特色农业提质增效工作，促进茶产业提档升级，开展标准化生产示范，推进茶叶区域公用品牌建设；行业组织应主动作为，承担政府交办的行业管理和品牌推广工作，组织龙头企业，配合地方政府改造提升传统名优品牌、共同打造区域品牌特色名片。

（执笔人：李鑫）

中国茶叶企业发展报告

中国茶叶流通协会

2018年，是中国茶产业深耕转型发展的一年，中国茶叶企业面对着更高的产品标准、更激烈的市场竞争、更复杂的消费环境，在产品结构、流通渠道等方面做出了较大的调整以配合中国社会经济的变革发展，更好地满足人民日益增长的美好生活需要。本报告基于中国茶叶流通协会组织的“2019中国茶叶行业品牌（百强）企业调查”基本数据，对企业的生存和发展情况进行分析。以期通过调研分析企业情况反馈行业发展动态，同时为企业经营决策和建设提供参考。

一、样本分布

“2019中国茶叶行业品牌（百强）企业调查”采取自愿与邀请填报相结合的方式进行调查，最终收取样本147个，其中达标样本134个，共涉及全国19个省市、自治区直辖市，其中北京3个、上海1个、江苏1个、浙江9个、安徽18个、福建23个、江西6个、山东1个、河南14个、湖北14个、湖南5个、广东6个、广西4个、海南1个、重庆1个、四川5个、贵州4个、云南17个、陕西1个。从样本体量及全国茶叶生产体量分析，基本符合全国茶叶经济发展情况，基本可以代表行业整体发展状况并体现产业发展趋势。

本次调查设计由4项表格组成，综合采集了品牌企业的企业类型、渠道建设、质量管理、品牌管理、社会活动、宣传推广、内部培训、生产经营、基地建设、人员构成、连锁经营、电商建设、诚信经营等多种数据。

二、基本情况

据原国家工商总局统计（市场监管总局未出具体数据，故以原国家工商总局统计为准），2017年我国茶叶企业总数约为6万余家，其中规模企业为1600余家，集中在98%以上为民营企业，国有控股或参股企业占比例不足1%，上市股份公司共26家，其中A股、港股4家，新三板22家；农业产业化国家重点龙头企业中茶叶企业共有37家，约占全部国家级龙头企业的3.1%。87家企业总资产超过1个亿，6家企业总资产超过10亿，分别分布于福建、安徽、湖南、湖北、云南、北京等地，其中一家企业资产超50亿元。

（一）规模性质

由“2019中国茶叶行业品牌（百强）企业调查”（以下简称“品牌企业调查”）数据分析，97%企业集中在茶叶产区，只有3%的企业分布在北京、上海两处一线城市。全国20个产茶省份（包括中国台湾）除西藏、甘肃外，所有产茶区均有品牌企业样本分布。而从品牌企业样本区域分布图（图1）来看，福建、安徽、云南三大产茶省则成为茶叶企业最为活跃的地区。江北茶区和江南茶区的品牌企业样本分别占比为37%、22%，成为实力企业分布最为密集的两个茶叶产区。福建省因其广泛生产乌龙茶、红茶、绿茶、白茶及再加工茶花茶等多类别茶类，政府大力支持茶产业发展，福建品牌企业样本数量达23个，位居首位，占全国总数的17%。

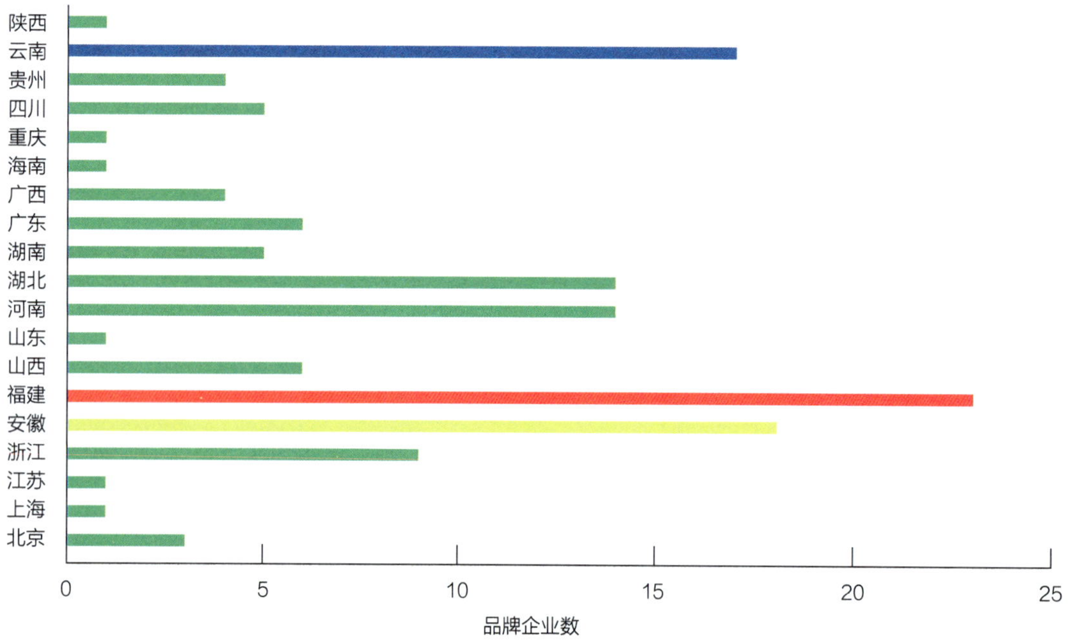

图1　2019品牌企业调查样本分布

企业性质代表着企业的资金组成结构，而性质分类是以市场结构、国家政策为导向的一种分类方式。按照我国的《中华人民共和国公司法》等相关规定，全民所有制企业（即国有企业）、集体所有制企业、联营企业、三资企业、私营企业及其他企业。公司制企业又分为有限责任公司和股份有限公司，其中有限责任公司又分为国有独资公司和非国有独资公司。中国茶叶企业有极少的国有独资公司，这类公司以农垦系统为主，正在改革之中；只有不足1%的国有控股或参股企业。从品牌企业样本的数据中看，民营企业占据94%，依旧是茶企的生力军，而国有控股或参股仅5%，其他形式（三资企业等）占1%（图2）。现今，中国茶叶企业积极走向转型，虽然目前为止中国茶叶企业仍以非股份制为主，但股份改制的茶企日益增多，证明了中国茶叶企业正在走向产权更清晰、权责更分明、政企分开、管理科学的现代企业制度，同时也是为了更多企业能够成功上市融资提供了体制基础及实体资质。同时，我们也可以看到，作为少数派的国有控股或参股企业，其营收、资产、覆盖茶类、辐射范围等指标依然占据领导地位（非控制地位），国有资产的运用有效盘活。

行业龙头企业一直是开拓市场的先锋，也是带动科技创新成果积极转化、茶农有效增收的示范企业。据品牌企业调查资料显示，各级龙头企业共计129家，其中省部级龙头企业82家，国家级龙头企业24家，占全国茶叶国家级龙头企业总数的64.9%（图3）。茶叶行业的企业梯队已见成效，从国家到地方，龙头企业很好地起到了引领、带动、示范作用。各省积极通过政策扶持茶叶龙头企业，重点培养壮大起点高、规模大、带动力强的企业和集群，力求推进龙头企业抱团发展，共同开拓市场。

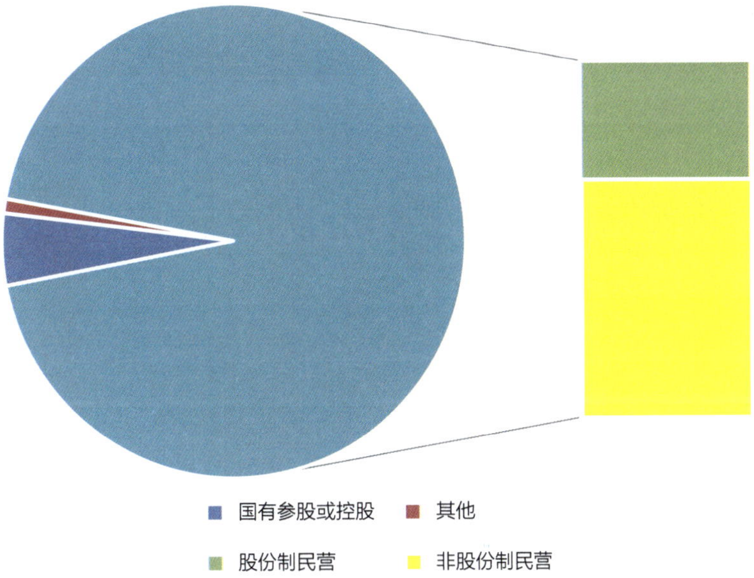

图2　2019品牌企业样本企业性质类别

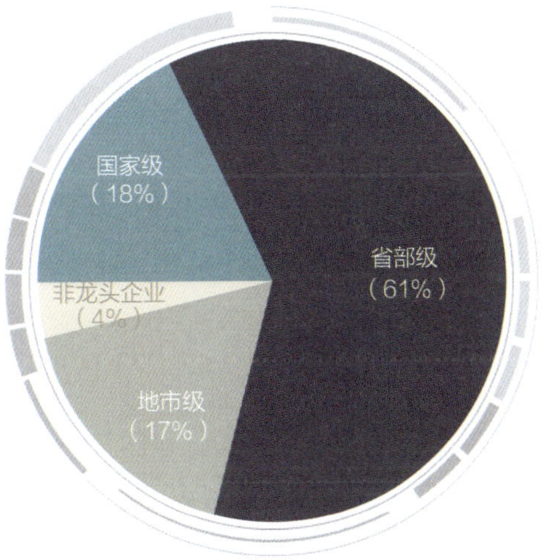

图3　2019品牌企业调查样本龙头企业级别分布

据调查，99%的品牌企业样本是“生产+销售”结合的经营类型，这一比重相比2016年有大幅度的提升。值得注意的是，近年来，北京张一元茶叶有限责任公司等销售型企业开始在产地开设自有工厂，销售企业开始涉足生产等行为代表着茶行业某些固有属性的存在。由于茶叶的特殊商品性质以及消费者对质量安全的诸多关注，使得在源头就掌握资源的“一条龙”企业发展迅速，此种经营类型是实力强大的茶叶企业的首选发展模式。就目前来看，回归产销一体化或许才是最适宜茶企生存、壮大的途径。

（二）质量管理

在国家大力监管食品安全问题的当下，茶叶企业将质量安全放在十分重要的位置，具有一定规模的品牌企业样本更是起到了带头作用。品牌企业样本数据显示，130家企业通过食品生产许可（SC）认证，占全部采样的97%；80家企业获得有机食品认证，占全部采样的60%；45家企业获得绿色食品认证，占全部采样的33.5%；并有部分企业通过了瑞士生态市场研究所认证（IMO）、日本农林标准有机认证（JAS）、欧盟和美国等国外的有机认证。在管理体系认证方面，101家企业拥有ISO9000系列认证，66家企业拥有HACCP认证，24家企业拥有ISO14000系列认证，28家拥有GAP认证。品牌企业样本的质量安全认证水平远超行业平均水平，其变化趋趋势代表着整个行业的发展趋势。

（三）产品形象

品牌企业样本中平均注册商标达37.6个，证明商标平均为2.7个、地理标志产品约为3个，均较往年有所增长。同时，关注企业品牌的荣誉影响力，品牌称号获得中国驰名商标的企业达到55个，省内级别的称号占据多数，达到116家。这有效的证明了，各茶叶企业充分认识到了品牌效应带来的影响，在商标及认证方面不遗余力，从荣誉角度提高品牌认知度。

2019年度品牌企业调查中显示，企业采用自主设计的产品包装的有114家之多（有极小部分产品会委托外聘机构设计），选择采用外聘机构设计的企业有18家，市场采购产品包装的企业仅有2家（图4）。视觉识别对于企业品牌来说是最直观传递品牌理念和价值，巩固认知的手段之一，也是企业把握自身形象和产品定位的重要手段。自主设计的增多反映出企业自我品牌认知的萌发，是品牌建设的重要侧面。

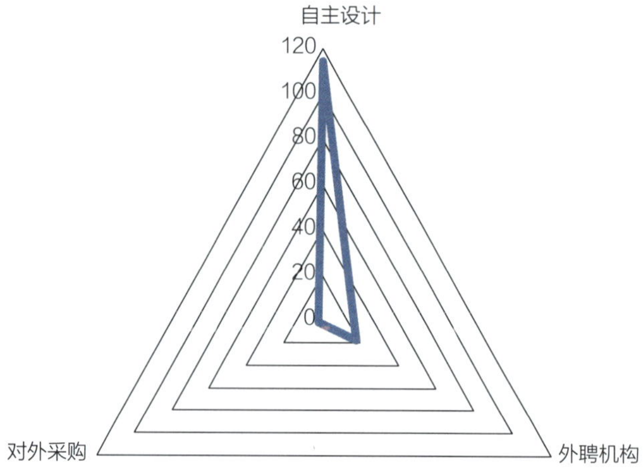

图4　2019品牌企业调查样本包装方式分布

（四）人员结构

2019年度品牌企业样本总员工人数约为73009，企业平均员工数量为544人。其中员工人数过千的企业10家。统计样本数据可知，管理人员占总员工数的10.8%，技术员工占7.5%，生产员工人数占比最多达到54.1%，销售人员其次占21.4%，其他人员6.2%（图5）。2018年，90%的品牌企业样本对全体员工开展了内部培训，周期多以月度、季度进行，培训内容多以管理技能、业务知识、安全教育、企业文化等，仅有部分企业培训内容涉及法律法规。培训实施单位53%选择了科研院所，37%企业选择了大专院校、64%企业选择行业组织，87%企业自有培训部门进行培训（有部分企业多次培训邀请不同单位，故相加超过100%）。茶叶企业人力资源管理方面一直处于薄弱的状态，缺乏人才一直是企业的心头病，据调研结果来看，大部分企业在对于员工培训方面的投入有所增长，近九成企业均有部门分管培训业务，这也和茶叶从业人员所需更多专业知识的要求脱不开。尤其是对于占比较高的生产人员和销售人员来说，培训是一项必要选择。但茶企居高不下的离职率，也使得培训的投入产出效率下降，处于尴尬境地，部分对基层员工培训较好的企业开始逐渐放弃普遍培训，改为升职培训。

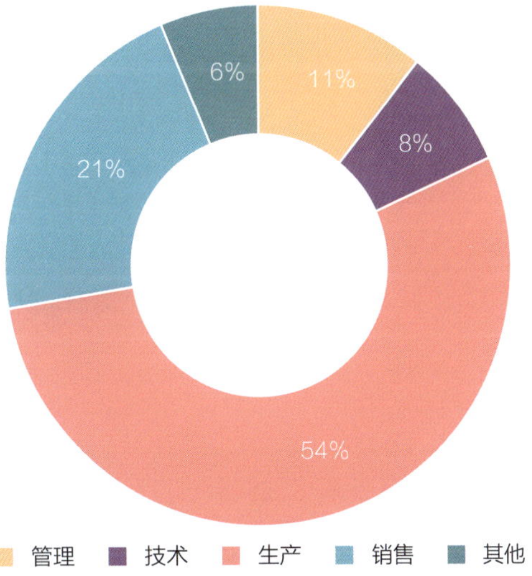

图5　2019品牌企业调查样本人员分布情况

二、资产情况

（一）资产规模情况

据2019年度品牌企业调查显示，77.6%企业总资产超过1亿元，6家企业总资产超过10亿元，4家规模型企业的流动负债平均约为4亿元，4家企业平均净资产超过10亿元。以样本企业来看，整体平均企业平均总资产约为3.84亿元，流动负债金额为9544.5万元，流动资金平均约为1.53亿元，净资产平均约为2.2亿元。可以看出茶叶企业规模不是很大，品牌企业样本的平均总资产不到5亿元，中小型企业依然是行业的主流。品牌企业样本平均资产负债率约为24%，企业流动比率即流动资金比流动负债约为1.74，说明现阶段品牌企业样本的偿债能力有保障。企业流动资金占总资产的43.2%，说明企业资金周转整体运行良好。

（二）利润情况

关注品牌企业样本利润率的变化，可以看出，品牌企业样本利润率集中在小于5%的数量最多，2018年达到42家企业，高利润的企业（即利润率大于15%）企业较少，2018年仅25家。纵览2016—2018三年利润率的变化，可以看到利润率集中在10%以下的企业数量逐渐增加，而高利润的企业数量有波动，较2016年有所减少。行业中利润率小于10%的中小企业占据大多数，但仍有半数企业利润率呈现增长的趋势，增长幅度超过1%的企业有22家，超过2%企业有17家。同时，也有部分企业因为自身的股权改革或生产类型调整，在2018年出现利润负增长，侧面反映了中国茶叶行业在调结构中的阵痛。

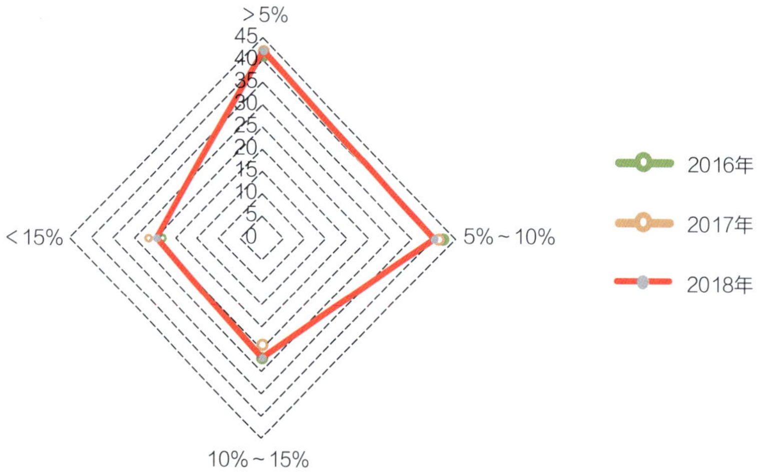

图6　2019品牌企业调查样本利润率公布

（三）纳税情况

关注品牌企业样本的纳税情况可以直接的掌握企业的规模和财资情况，较为客观的掌握行业内企业的发展趋势。据调查，品牌企业样本均为一般纳税人的纳税形式，2018年末利税总额为45.6亿元，企业平均纳税4127.8万元，纳税金额超过1个亿的企业有10家，分布在北京、湖南、浙江、福建、四川等省份，其中3家企业纳税金额超过2亿元。

可以看出，企业纳税金额超过往年调查，主要增长版块在以黑茶、普洱茶为主营业务的企业。由于国家税收政策的变化，根据《中华人民共和国增值税暂行条例（2017年修订）》，茶叶生产应在产生销售后抵扣相应的税额，而非在收购鲜叶的阶段抵扣税额，直接导致黑茶、普洱茶等需要产品陈化的企业抵扣税额减少，财税负担加重。

（四）智慧产权

据统计，企业智力资产明显提高，2019年度品牌企业样本采样共拥有3790个自主知识产权，企均28.3个。自主知识产权多集中在产品外包装、茶叶生产加工机器、生产工艺等发明专利和实用新型专利以及商标等，较少涉及茶叶深加工、风味改良等专利。创新是一个企业发展的不竭动力，只有拥有更多的自主知识产权，才能提高企业核心竞争力。根据品牌企业调查可以发现，2018年的自主知识产权数量超过2017年，企业将创新摆在了十分重要的位置。虽然数量庞大，百强中也不乏高新技术企业，但是这些发明专利对供给侧结构性改革的拉动力量还远远不够，专利实用度高但适应性相对较低，企业还需要创造更多对接市场需求的发明和自主产权。

四、生产情况

（一）茶类分类

从调查中可以看出，中国茶叶企业依旧以生产绿茶、红茶为主，品牌企业样本中涉及红绿两类茶的企业有116家之多，但各家企业并不拘于单类产品生产，对于其他茶类也不同程度的涉猎。黑茶类生产量有迅猛的增长，达到了第三的位置，同时呈现集中度较高的情况，涉及企业达到56家。白茶类、青茶类生产的企业平均为30～50家，受茶类自身产地、产量等原因所限，部分小茶类如黄茶经营的企业较少（图7）。

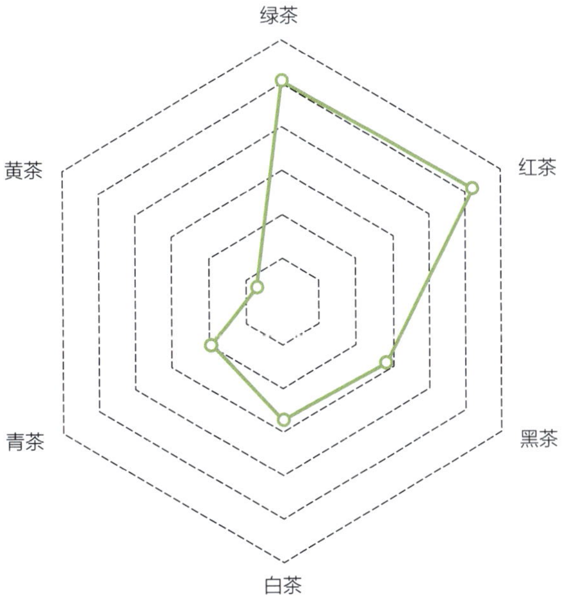

图7　2019品牌企业调查样本茶类经营情况分析

2019年品牌企业样本生产茶叶共计53.1万吨，占我国全茶总产量261.6万吨的20.3%。其中绿茶产量为22.9万吨，占全国总产量172.24万吨的13.3%；红茶产量9.8万吨，占全国总产量31.6万吨的31.0%；黑茶产量为10.95万吨（包含普洱生茶、熟茶），占全国总产量31.89万吨的34.3%；青茶产量2.1万吨，占全国总产量27.12万吨的7.7%；白茶产量为2.5万吨，占全国总产量3.37万吨的74.2%；黄茶产量0.20万吨，占全国总产量0.80万吨的25%（图8）。（本次比较数据为精制茶与干毛茶对比，有一定的不科学性，由于精制损耗，实际情况应略大于此比例）

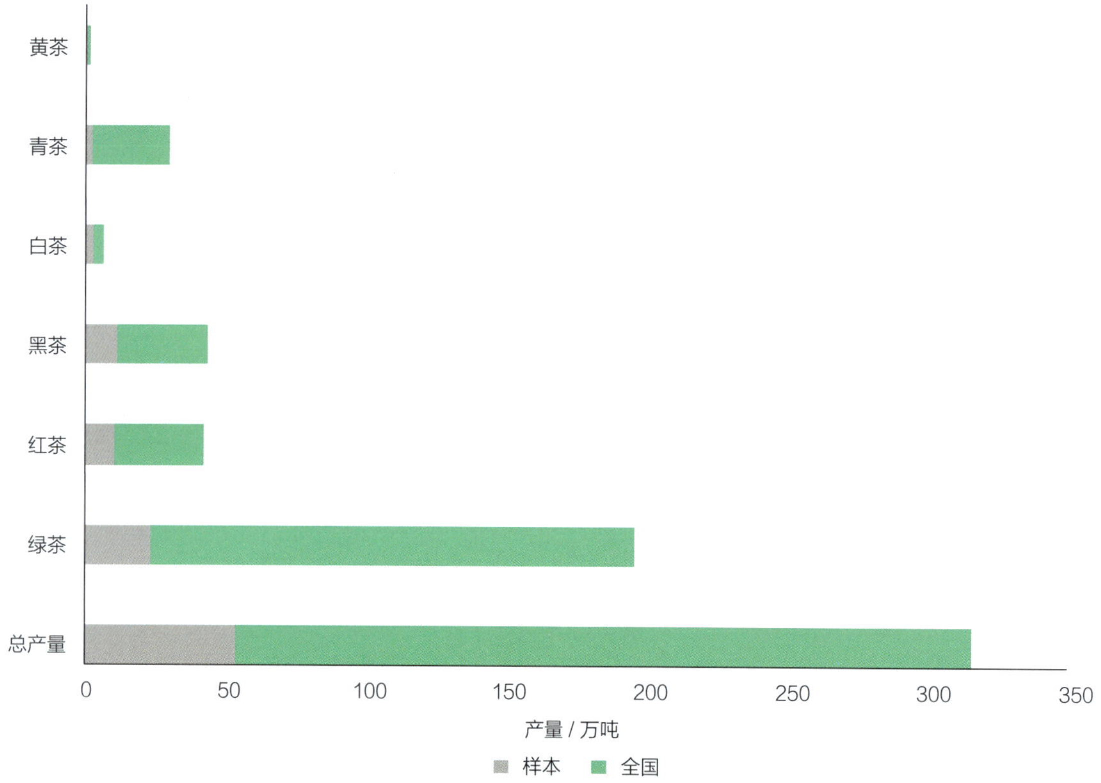

图8 2019品牌企业调查样本与全国分茶类产量对比

（二）涉茶产品

随着中国经济增速放缓，迈入新常态，“刺激消费持续增长，积极创造有效供给”是包括茶叶企业在内的企业都想要达到的阶段性目标。关注2019年度全国茶叶行业品牌企业样本，分析数据可以明显看到，茶叶企业走向全产业链发展的趋势越来越清晰，茶企的经营服务范围不断扩张。2018年品牌企业样本中只经营茶叶而不涉及其他服务项目的企业有17家，2019年调查减小到10家；茶叶企业经营服务项目中涉及最多的是与茶配套的茶具以及大力发展起来的茶园观光旅游，两项附加服务的热度超过样本企业的一半；同时，2019年百强中涉及茶具的企业增加18%，达到71家，涉及茶旅的企业增加10.4%，达到62家。涉及茶馆茶楼的企业有43家，承接茶文化相关业务的企业有45家，聚焦深加工产品的企业有37家，以茶粉及浓缩液、速溶茶、茶食品为多。多元化的产业链使得茶企可以在不同项目单元中发挥自身作用，带动更多就业可能和效益产出，全方位的刺激关于“茶”的消费。

同时，花草茶、代用茶类目也有显著的发展，其中尤其以安徽、浙江两省的企业发展最为迅速，甚至部分企业有取代传统茶叶产品成为主营类目的趋势，仍待继续观察。

（三）基地建设

发展至2018年，茶园面积过万的企业数量达到78家；经过三年成长，共有7家企拥有超过10万亩的茶园；全国品牌企业样本总茶园面积共计375万亩，占全国茶园面积的8.5%，三年来总茶园面积不断增加，企业拥有的茶园面积不断增加，2018年同比增幅达到15%，可见中国的茶叶企业正处于成长上升期，不断扩大茶园产地的规模对企业更准确地把控产品质量安全等方面多有裨益。在茶园供应量方面，调查数据呈现了一个小范围的波动，茶园供应量是体现茶企茶园效率产出的一项指标，2016年品牌企业样本总茶园效率到达一个小高峰，2017年呈现下降的趋势，然后至2018年略有回升。参考单亩茶园的产出可知，2018年品牌企业样本茶园平均亩产达141.6千克/亩，是全国平均水平59.51千克/亩的2.3倍左右（事实上由于企业填报为精制茶产量，农业部门统计为干毛茶产量，因精制损耗，亩产量差距应略微扩大），企业的集中化合理化管控有效地提高了茶园的亩产量和其生产效率（图9）。

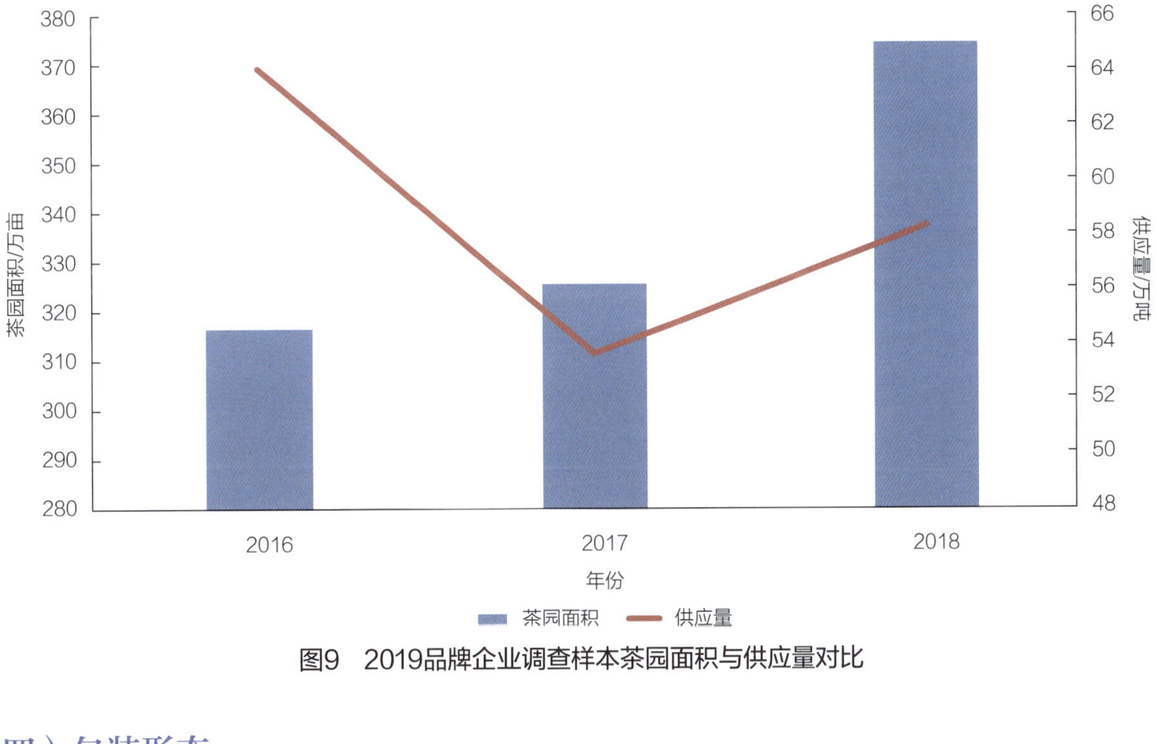

图9　2019品牌企业调查样本茶园面积与供应量对比

（四）包装形态

关注商品茶（包装茶）和散茶的比例可知，全国品牌企业样本生产情况中，商品茶与散茶产量比例约为59.2：40.8。商品茶与散茶销售收入比例约为70.7：29.3，商品茶收入及利润都要大于散茶。商品化程度依旧局限是现阶段茶企发展的重要问题，生产销售大宗茶、散茶仍占据许多企业近半的业务，散茶利润较为微薄，集约度低，对于企业开拓零售大市场及品牌经营方面贡献值较小（图10）。

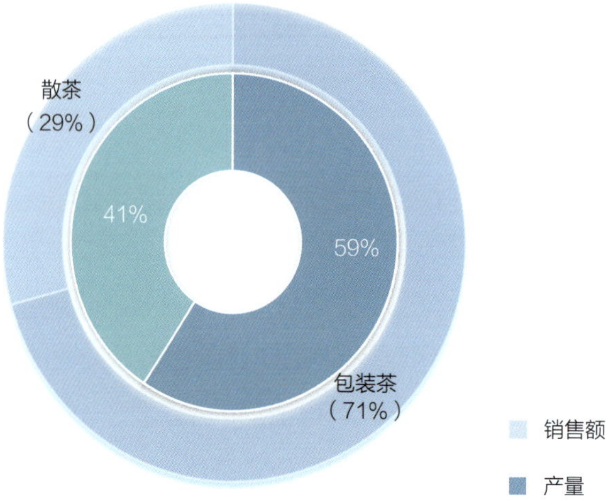

图10 2019品牌企业调查样本产量销售额对比

五、经营情况

（一）销售区域

据品牌企业调查样本显示，82%的茶叶企业将主销区定在了北上广等一线城市，但其中有1.4%的企业仅在一线城市销售，不涉及其他城市；而消费力紧跟其后的各大省会城市也是企业的目标市场，44.8%的企业的销售区域覆盖到了县级及以下城市。县级及以下城市的消费水平及观念不及一线城市和省会城市，这是许多较有实力的茶企不选择将市场投放在人均GDP、工资水平较低的大城镇的直接考虑，另一原因是中国独特的国情，人口普遍向一二线城市密集以形成城市群，故大城市的茶叶消费市场规模也远大于小县城。品牌企业样本中还有36.5%的企业全面覆盖了一线城市、省会城市、地市级及县级以下等城市，这些企业一部分是生产加工地位于生态环境较好但偏僻的县级城市，市场开拓方向是由小及大；另一部分是由于其公司产品定位区间较为宽广，既可以满足高端消费者的需求又可满足普通消费者追求物美价廉产品的愿望。

根据品牌企业样本数据，97.7%的企业在2018年开展了不同程度的调研工作，其中，96%涉及消费市场调研，71.7%涉及生产市场调研，78.2%涉及产品调研。企业对调研的开展持续增加，对市场、消费的敏感度持续增强，这是茶叶行业结构调整的侧面反映。

（二）整体情况

2014—2018年，我国茶叶消费市场呈现较平稳、稳中有升的趋势，品牌企业样本销量、销售收入稳步增长。2018年品牌企业样本总销量约为51.7万吨，销售收入连续三年增长，2018年销售收入共计547.9亿元，但增长率有所下降，较之2017年回落1%（图11）。销售量及收入的增长是一个综合反映数据，说明茶叶企业尤其是行业内的品牌企业样本销售情况有所提升。生产中的茶园面积的扩增、企业涉足经营的茶叶种类的增加、质量安全方面更加严格的要求和把控，均是企业销售看涨的内在原因。

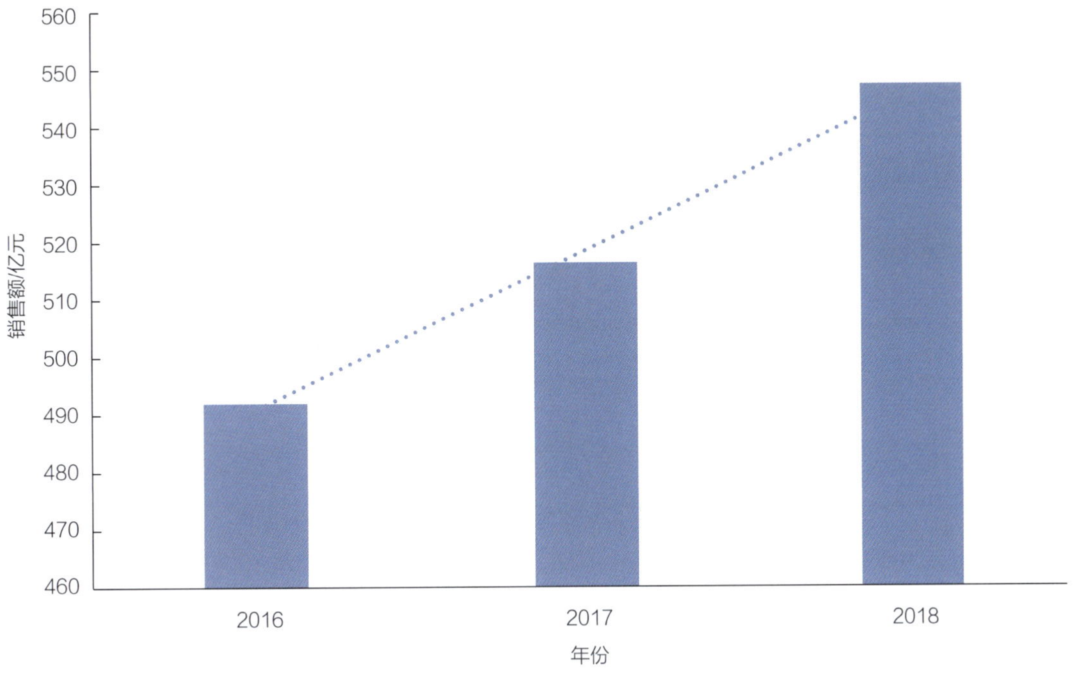

图11　品牌企业调查样本2016—2019年销售额统计

（三）渠道建设

中国茶叶企业销售渠道主要可以分为专营门店（直营+加盟）、专柜、商超专卖、批发市场及电子商务等。专营门店中直营店渠道以平均34%的销售额占比超过其他渠道模式，成为品牌企业样本销售的主力渠道。紧随其后是加盟渠道、批发市场渠道、电子商务渠道、专柜渠道和商超卖场渠道。通过对2016—2018年企业各渠道销售收入占比的对比，可以看到企业批发市场、专柜、商超卖场三个渠道的销售收入占比有所下降，专营门店渠道相对稳定，电子商务渠道有所提高（图12）。

据调查，全国品牌企业样本拥有的直营店和加盟店数量比例约为30∶100，销售收入比例为171∶100，直营店数量虽少但却贡献了更多的销售收入（图12），直营店单店收入平均约为345.2万元，加盟店单店收入平均约为60.75万元，而加盟店面的平均面积是自营店平均面积的近2倍。企业发展加盟店可以进一步扩张市场、扩大占有率，而发展投入成本更高的自营店却能稳收入，大幅提升销售业绩。同时也可以看出，自营店基于企业发展战略进行针对性布局、针对性宣传，对稳定和开拓市场有着极好的作用。

在渠道方面，另外需重点介绍茶叶企业的电子商务渠道发展情况，随着互联网牵万户、电子商务入万家，电商渠道也成为企业重点发展的销售渠道之一。据调查，2018年全国品牌企业样本94%开展了电子商务建设，93%的企业采用公司+电子商务的模式开展这部分工作，83.6%的企业设立电子商务部门专管或自行运营，90%企业采用B2C、B2C的模式充分依托淘宝、天猫、拼多多、京东等电商平

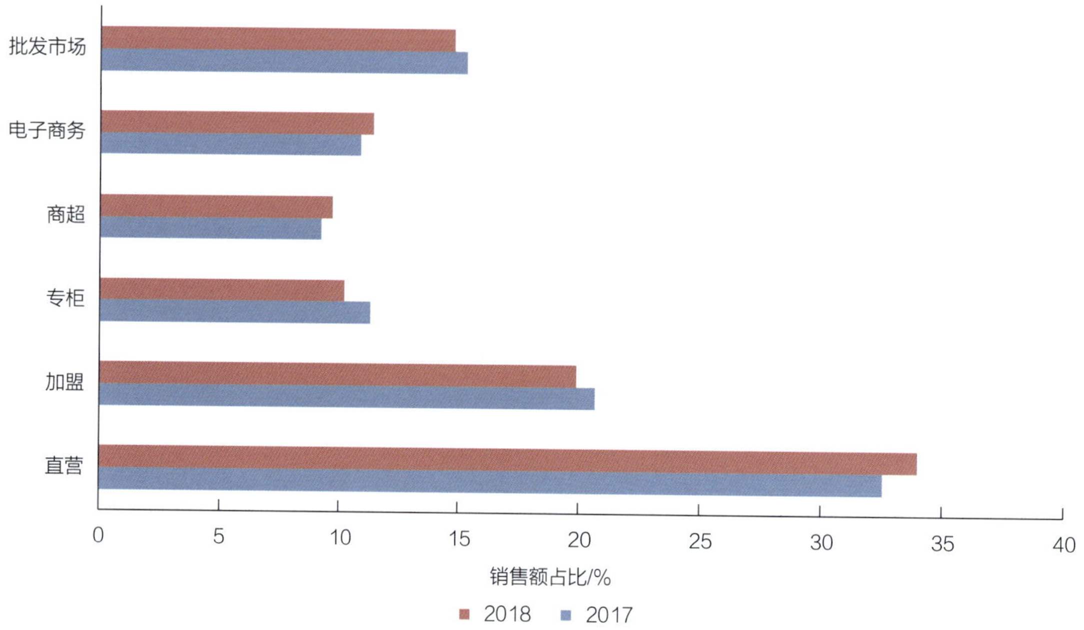

图12 2019品牌企业调查样本渠道销售额占比变化情况

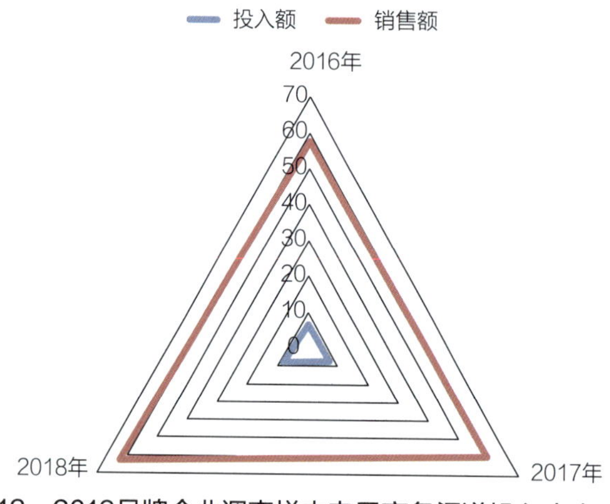

图13 2019品牌企业调查样本电子商务渠道投入产出对比

台，44.7%企业开拓了自主平台经营电商业务。2018年品牌企业样本共计在电商渠道投入了7.9亿元，电商贡献销售额约为62.6亿元，较之往年均有大幅增长。

（四）内外贸情况

中国一直以来都是产茶大国也是茶叶消费大国，国内市场消费潜力巨大，但随着国际贸易的频繁和成熟，茶叶的进出口等外贸交易量逐渐增长。2018年品牌企业样本内销量40.2万吨，内销额465.48亿元；出口量11.5万吨，出口额82.42亿元（按照2018年汇率换算）。2018年品牌企业样本中出口量超过5000吨的企业有11家，其中6家企业出口量超万吨。但从品牌企业调查的整体数据来看，出口销量仅占总销量的21.8%，内销量约是出口的2.5倍。内销远超外销的原因不仅是因为国内市场潜力巨大，还因为国际市场竞争激烈并存在贸易壁垒等客观情况，中国茶要走出国门拓展更多的海外业务，则还需更多的时间和更多的努力。近年来，印度、斯里兰卡等国家的茶叶也逐渐进入国人视野，据调查，2018年品牌企业样本中进口茶约为5.01万吨，进口额约为3.9亿元。

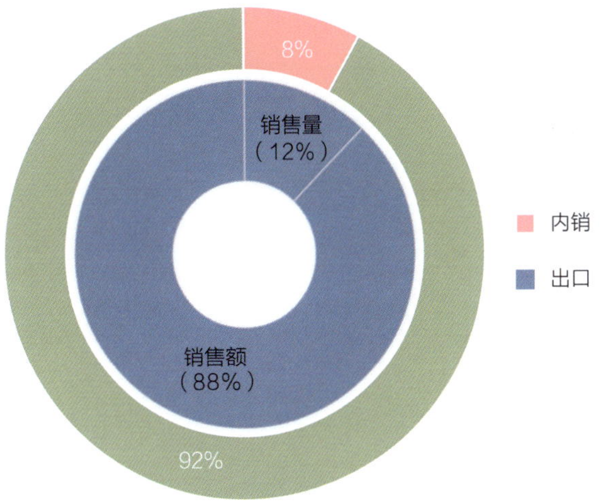

图14　2019品牌企业调查样本内外贸销售量额对比

（五）活动宣传

打造优秀的企业品牌不仅应该在产品质量及口碑上下功夫，还应该拥有健全的媒体宣传渠道和活跃度、曝光度。2019年度品牌企业调查中，各企业主要以品鉴茶会、电视、网络、新媒体以及各大全国性展会为主要宣传渠道。其中，户外渠道111家企业涉及，网络及报纸分别为97家、92家，电视渠道72家企业涉及。线下茶会也成为茶叶企业最常使用的保持客户活跃度的手段，共有98家企业涉及。2018年，品牌企业样本平均在广告及活动上的投入可达1137.1万元，总投入达15.23亿元。另外，参加展会也成为企业推广宣传的主要方式之一，近年来全国各地开展了大大小小的展会活动，企业踊跃参与不仅有益于企业品牌深入地方、深入群众推广，还有利于在展会中拓展渠道商、加盟商，部分企业还借助展会的人气优势，在会展期间同期举办新闻发布会、品鉴会等形式各异的活动，带动宣传推广力度的二次加强。

同时，2018年品牌企业样本中有27家企业参与了国际茶业展会或交流考察活动。但企业参与的活动范围较为局限于行业内部交流或食品、农产品范畴，向外开拓的能力还十分有限。

六、反映趋势

（1）产业集聚依然不足　根据样本数据与全国数据对比，可以发现相较于水果、蔬菜等涉农类目，茶叶的产业分散情况较为明显，未形成有效的产业集聚。

（2）品牌建设渐受重视　由样本数据的包装、宣传、品牌建设等投入来看，茶叶企业开始逐渐重视产品品牌建设，但仍处于摸索阶段。

（3）质量管控严抓死守　由样本数据的质量、茶园等数据可以看出，茶叶企业的源头管理、质量防控等涉及人民健康的方面，严防死守，恪尽主体责任。

（4）渠道融合已成潮流　由样本数据的渠道、宣传等数据可以看出，线上线下互动、多渠道融合发展成为茶叶企业力推的新浪潮。

（5）产业创新仍待加强　由样本数据的自主产权、人员构成等数据可以看出，行业在营销、产品的创新依然不足，自主核心产权意识不够。

（执笔人：王智超）

第二部分

乡村振兴

山西省茶叶行业发展报告

山西省茶叶学会

近两年，山西的茶业发展速度很快，以省会城市太原为中心，辐射到三晋大地，各地市越来越多的茶叶经销商、茶文化爱好者不断涌现，茶行、茶馆、茶文化服务业不断增多，有些地级市还成立了茶叶行业协会，仅太原就拥有大小茶城15个，茶叶店、茶馆近1500家，已逐步形成了我国茶叶市场较有影响的主销区之一。

历史上，山西本地虽然不产茶，但山西商人善于经营，坚持诚信礼义、和衷为贵的茶商之道，曾垄断了一些国内和俄蒙等地方茶叶市场，在明清期间，茶庄是清代至民国晋商经营时间最长、规模最大的行业。晋商沟通了欧亚的商业道路，称作国际茶叶商道——茶叶之路（也称万里茶路），这是晋商开辟的继我国丝绸之路之后又一个伟大创举，为我国茶文化的发展及传播起到了积极推动作用，在中国茶叶贸易史上写下了不可磨灭的光辉篇章。晋商茶道，也为中国的茶商树立了光辉的典范。

近几年来，山西南部一些地区也种植了山东绿茶品种，经过培育已经能够过冬，生产上市。山西种植的茶叶可生产绿茶和红茶两类。绿茶特点：完全采用传统制作工艺，无任何添加剂；产品条索紧实，苗峰显露；冲泡时茶叶迅速沉底，泛起沁脾栗香；茶汁白毫悬浮，色泽碧绿透明；口感圆润清新，入喉味醇香远；叶片厚实耐泡，茶底嫩黄均匀。红茶特点：完全采用传统制作工艺，靠自然发酵而成，无任何添加剂；产品条索均整，略显绒毛；冲泡时透出淡淡果香，令人心旷神怡；汤色金黄清澈，滋味柔和甘爽；回味喉韵悠长，数泡口感不减。

2018、2019年上半年山西茶叶市场销售整体情况趋于平稳，各产区、各品种、各品牌的六大茶类都在山西市场呈多样性分布。绿茶、红茶、青茶、白茶、黑茶、茉莉花茶成为山西市场的主要产品，黄茶相比较其他茶种类少，但是2019年上半年黄茶成为山西消费市场上消费者的热门话题。2018、2019年上半年白茶、黑茶、茉莉花茶有较大幅度上升。结合近一段时间的走访调研情况，山西茶叶市场的情况分析如下。

一、山西茶叶的消费市场的变化

近年来，山西人喝茶也开始讲究茶叶的品种、味道以及品质。从老百姓喝茶的类别来看，品种从单一转为多品种，从大宗茶为主转向名优茶、品牌茶为，主消费结构更趋现代化、多元化。

山西人喝绿茶和茉莉花茶的群体一直在山西茶类消费中保持主导地位，喝绿茶和茉莉花茶的人数保持平稳，茉莉花茶这两年销量相对于绿茶略有小幅度上升，喝铁观音的人数减少，铁观音销售量下降。

山西随着人们生活水平的提高和饮食结构的变化，湖南黑茶、湖北青砖、茯砖、康砖等，因其独特性和保健性，也颇受消费者喜爱，对黑茶的需求也在不断扩大。尤其这两年安化黑茶因其独特的品质特征和特有的香味独受追捧；普洱茶则在山西市场上稳占一定的份额。

过去北方地区很少有人精懂白茶和黄茶，所以市场份额不算太大，只是零散地被少量购买。现在因为白茶的药效性能很好。具有解酒醒酒、清热润肺、平肝益血、消炎解毒、降压减脂、消除疲劳等功效，尤其针对烟酒过度、油腻过多、肝火过旺引起的身体不适、消化功能障碍等，具有独特的保健作用。山西省白茶市场显示了需求和青睐，消费群体也不断地增加，价格也不断上升。黄茶相比较白茶更少些，但是2019年上半年黄茶成为山西消费市场上消费者的热门话题，以前山西喝茶人很多都不了解黄茶，在山西临汾等地区实际上已经有多年饮用的大叶茶的历史了，这种粗枝大叶高火香的大叶茶还是煮着喝，这种大叶茶其实就是黄大茶，主要是霍山黄大茶，采用一芽四、五叶为原料，毛火后渥堆发酵，高火烘干燥，霍山黄大茶作为我国古代至今为数不多的高火茶，独特的加工工艺成就粗枝大叶高火香的独特品质，这种粗枝大叶高火香的大叶茶山西人还是煮着喝，预计近几年会出现上升趋势。

无论是绿茶、红茶、青茶、白茶、还是黑茶，高档礼品茶依然有价无市。以常年热销的西湖龙井茶为例，现在每千克的售价为600~2400元，“西湖龙井”这一品牌，过去每千克的售价为16000~20000元，现在有价无市，今年龙井茶、洞庭碧螺春、黄山毛峰、信阳毛尖、六安瓜片、太平猴魁、湄潭翠芽、山东日照等绿茶品种在山西市场均有市场，但龙井茶依然还是山西消费者的首选春茶，今年高端龙井茶每千克的售价为2000~6000元。

山西茶商也在不断地采取多品种经营、多种营销模式，争取市场份额不缩水，同时积极扩大市场，争取在新增市场中夺得机会。

二、山西茶叶的消费变化

变化一：茶民越来越多，特别是喝绿茶、白茶、黑茶的人越来越多。说起喝茶，人们印象中北方太原人爱喝花茶（茉莉花茶），这是事实，但现在除茉莉花茶外，还有绿茶、白茶、黑茶得到了很多山西人的青睐，红茶、青茶、普洱茶等也有很大的群体，今年黄茶的消费群体预计会逐渐增加。

变化二：茶民喝茶的档次越来越高。这一变化主要表现在消费者对茶叶质量的要求上，具有一定茶知识的人士在购茶时，会对茶叶的等级、新旧等进行审评；平常人士则会选择一些著名品牌的、生产厂家大一些茶叶；一般消费者各有所好，自行选择大宗低档茶叶。茶叶与人的生活如此密切相关，山西蕴含着如此广阔的市场。

变化三：随着消费水平的不断提高，山西人越来越重视茶叶的保健作用，认为“送茶就是送健康”；认为茶叶包装精美拿得出手；茶叶品位高、有文化内涵、不俗气；同时也是生理心理的现实需求上升为保健需求，呈现出茶饮从单一品种转化为多品种，从陈旧包装转化成新理念包装，从大宗茶为主转向名优茶、品牌茶为主，也就是说，注重茶叶的品牌、包装，对品牌茶的质量、历史文化，美感也越来越挑剔。

变化四：茉莉花茶是花茶行业中最主要的茶品种，北方市场历来是茉莉花茶的主要销售市场，也是山西茶叶消费市中主要茶品种之一。近年来茉莉花茶越来越受到山西广大消费群体的关注，过去，总认为山西人喝茶就是喝绿茶、茉莉花茶，所以绿茶、茉莉花茶一直是山西市场的宠儿，绿茶、茉莉花茶销售可以说是占到整个茶叶销售总量的60%以上，而茉莉花茶的销售量这两年也超过在往年绿茶销售中的比重，在价格上，过去山西人所喝茉莉花茶的价格每500克在20～100元，现在喝茉莉花茶的价格在200～800元，高端茉莉花茶的价格在1500～2000元。

三、山西的保健茶（非茶之茶）不断扩大

山西不产茶，也就没有一家一户种植和经营茶树的历史。根据市场调查，发现山西的野生资源很丰富，仅在太行山沿线，百姓根据民间传统的工艺就可以做出多种有保健、养生功能的茶叶。无论连翘、钙果、苦荞、冻绿叶、板蓝根，还是酸枣、沙棘等，都是对天然植物的加工和生产。这些茶叶都有着很深的民间基础和广为流传的口碑，个别茶还赋予了浓厚的情结，比如老人们就把连翘茶称为“神农茶”“延年茶”“不老茶”“长寿茶”等。

连翘茶的成功研发，就是将古老的传统与现代的医学以及炒茶工艺的完美结合。而在民间的深厚底蕴，也让连翘茶有了自己的品牌文化。

绿叶钙茶是一种功能茶。研制者对欧李（钙果的俗称，长在中条山上的一种野生植物，果实可食用）的叶子欧李叶含有18种氨基酸成分，并含有多种对人体有益的天然营养成分。绿叶果木纯天然，叶含高钙氨基酸。钙可强身睡香甜，茶疗保健乐延年。

新产品冻绿叶茶产品研发成功，冻绿叶茶含有茶多酚、总黄酮、游离氨基酸、儿茶素、表儿茶素没食子酸酯、茶氨酸等。无机矿物元素主要有铁、锰、锌、氟、硒等有价值的物资。冻绿叶在我国分布于华东、中南、西南及河北、山西、陕西、甘肃等地。资源十分丰富，在吕梁市交口县境内高庙山当地，百姓祖辈相传在唐武德三年（公元620年）设温泉县，张四姐下凡时常饮古树茶（大叶茶），这种大叶茶就是冻绿叶植物，有“人去留香，仙气常飘，百毒不侵”之说，也有“武将身轻如燕，文士书中飘香”之文人之吟的功效，后在民间百姓流传采摘，饮用至今。民间饮用冻绿叶茶较为简洁，直接采摘，冲泡饮用，据当地人介绍，此茶饮后具有提神聚气，生津止渴，降火败毒，软化血管，可解无名肿毒，疮疽痈疖，疗效甚好。冻绿叶在山西分布于吕梁山脉腹地，交口县境内的桃红坡镇、水头镇、温泉乡、石口乡（高庙山、上顶山、王墓沟、云梦山、莲花掌、神南峪、大九梁、野甘泉）等地。此树种粗壮高大，叶呈椭圆而有尖，五月叶嫩开小白花，秋结籽实，且无病虫害，纯属天然野

生，无人工种植，不涉污染。特有的海拔气候，地理环境及温度、湿度和生态氛围，形成其独特的品质特征，但目前对它的开发利用程度很低，仅有民间少量入药。该冻绿叶茶产品，开辟了新的健康领域。

新产品板蓝红茶产品研发成功，板蓝红茶是指在中医药和茶叶理论指导下。对中药材板蓝根鲜叶进行特殊加工炮制后的成品。其独特的炮制加工理论和方法，无不体现着古老中医的精深智慧。随着板蓝红茶炮制理论的不断完善和成熟，它已成为人们日常保健防病治病的重要手段，为中华民族的健康事业发挥着巨大作用。伴随着人们健康理念的深化、中药文化的传播以及中医理论的全球化推广、板蓝红茶行业的市场地位将持续提升，未来成长空间广阔。根据目前板蓝红茶初试产品的口感和保健作用，市场发展空间巨大。该项目的开发不仅能够带动当地中药材的种植。发展地方环保循环经济，改善当地生态环境。而且将辐射到周边地区，这对全县及周边地区的农业产业化结构调整、发展优质高效农业、增加农民收入、减少资源浪费等方面都将产生巨大的促进作用，从长远来看，有助于社会的稳定和农民的脱贫致富。

苦荞茶叶已经是中国苦荞知名品牌，出口到韩国和日本。

白背三七茶，基地总面积380亩，集种植、研发、生产、销售为一体，实现了规模化经营、专业化生产。

毛建茶以山西省原平市西北地区特有的野生岩青兰为原料，生长在2400多米的高海拔地带，学名毛建草，俗称毛尖，故得名“毛建茶”。据文献记载，“毛建草唇形科、青兰属，多年生草本，具香气味，芳草植物，甘苦、平、入肺，胃、脾三经，是为药用、茶代饮品”。所制茶品具有香醇、味浓、汤色翠绿、清亮、叶片鲜活完整、不浮水，特耐冲泡等特点，尤以健胃、消食、活血、减肥奇特功效，受到广大消费者的青睐，故而被口口相传、赞誉不绝，成为消费者馈赠亲朋好友的健康佳品。

四、山西茶叶市场存在的问题

山西茶叶销售渠道日益增多，茶叶市场的竞争在日趋激烈。相对于传统销售渠道，电子商务平台近年来发展迅猛，微信等电子平台为茶叶销售注入了新的活力。茶叶专卖店、批发市场和连锁超市还是消费者购买茶叶的主要场所，品牌茶和有机茶有望成为茶叶消费的新亮点看。从茶叶产品不断转换来看，从绿茶、铁观音、普洱，到大红袍，现在到福鼎白茶、安化黑茶。从饮茶、买茶的人群特点来看，中老年男性还是主力，40岁以上男性占买茶人的六七成，中老年女性也在逐渐增加。从整体的特点来看，小包装，多品种，突出健康观念。但山西茶叶市场也出现了以下一些问题。

一是无名牌产品。有个别茶商为保证生存不择手段，市场陆续出现了一系列质量问题，人们对茶叶质量出现了前所未有的信任危机，消费者没有“放心茶”购买的地方。现在需要有品牌的茶叶，质量可靠的茶叶。

二是市场混乱、无序竞争、恶性循环。特别是个体、小规模的经营者之间的无序竞争，以次充好、假冒伪劣、盗用品牌现象十分普遍，严重扰乱了茶叶市场正常经营，我们已和政府有关执法部门联系，将制定出台规范市场，打击制售假冒伪劣产品行为的方案和措施，从而为茶叶品牌的发展提供有利的环境。

三是茶城发展无规划。目前太原市就有大小茶城、茶叶一条街、茶文化广场15个，还在无序的继续发展，今后需要多方面科学合理地进行布局。

（执笔人：吴凤鸣）

江苏省茶叶行业发展报告

江苏省茶叶协会　江苏省茶叶研究所

一、2018年江苏省茶产业发展特点

（一）面积稳定，产量和产值略增，部分地区生产增幅明显

2018年，江苏省茶园面积为51万亩，其中开采面积44.7万亩，无性系茶园面积18.4万亩；茶叶总产量1.44万吨，产值25.35亿元，产量和产值分别较上年增0.9%和0.5%；名优茶产量为4061吨，占全年产量的28.2%。

据国家茶产业体系无锡综合试验站对5个示范县调研结果显示（表1），5个示范县全年和春季茶叶产量和产值均较上年有所提高，其中吴中区和高淳区提高幅度最大，春茶产量提高14.16%和13.00%，产值提高15.92%和15.00%，全年产量提高14.16%和16.67%，产值提高15.92%和20.00%；其余示范县产量和产值均为小幅度提高。

表1　2018年江苏各示范县春茶和全年茶叶产量与产值

地区		宜兴	滨湖	吴中	仪征	高淳	全省总计或平均
春茶	产量/吨	725.00	95.00	333.70	525.10	260.00	/
	产量较上年增幅/%	+5.70	+1.33	+14.16	+0.07	+13.00	/
	产值/亿元	2.27	0.23	2.70	1.83	0.92	/
	产值较上年增幅/%	+4.10	+3.14	+15.92	+0.48	+15.00	/
全年	产量/吨	6186.00	165.00	333.70	525.10	420.00	14428.80
	产量较上年增幅/%	+2.60	+0.60	+14.16	+0.07	+16.67	+0.90
	产值/亿元	3.29	0.31	2.70	1.83	0.60	25.35
	产值较上年增幅/%	+3.80	+2.14	+15.92	+0.62	+20.00	+0.52

（二）茶叶整体价格略有提升，传统茶叶生产地区间价格差距较大

对全省和6个产茶地区的茶叶价格进行调研表明（表2），全省名优茶、大宗绿茶和红茶价格分别为445.30、203.30、82.40元/千克，较上年分别提高9.17%、0.44%、0.49%；6个调查区县茶叶名优茶均价在230～1050元/千克，绿茶均价在53.5～826.1元/千克，红茶均价在53～760元/千克，除宜兴绿茶

价格略有降幅以外，其余地区茶叶价格均有小幅提升。

6个调查县市中，苏州吴中区名优绿茶、绿茶和红茶价格均表现突出，分别为1050元、826.1元、760元/千克；宜兴绿茶和红茶价格均为53元/千克，远低于其他调查区县。

表2 2018年江苏各示范县茶叶价格及销售情况

茶类	地区	宜兴	滨湖	吴中	仪征	高淳	锡山	全省平均
名优茶	价格/（元/千克）	278.00	250.00	1050.00	360.00	230.00	320.00	445.30
	较上年增幅/%	+2.20	+3.73	+5.00	+1.40	+2.22	+6.67	+9.17
绿茶	价格/（元/公斤）	53.50	193.00	826.10	348.40	143.00	182.30	203.30
	较上年增幅/%	-2.80	+4.95	+1.30	+0.49	+2.88	+5.50	+0.44
红茶	价格/（元/公斤）	53.00	215.00	760.00	600.00	/	138.00	82.40
	较上年增幅/%	+6.00	+2.38	+2.70	持平	/	+6.15	+0.49

（三）生产成本继续上升，利润下降速度趋缓

江苏是名优茶产区，茶叶采摘主要依靠人工，近年来，劳动力成本逐年上升，茶叶生产利润逐年下降。据调研（表3），2018年，江苏省茶叶采工工价平均为155元/天，较上年增加4.73%，采工短缺15%。调查的6个茶区采茶工价在110～160元/天，较上年增长幅度在3.4%～18.5%，其中苏州增长幅度最高为18.5%，仪征和高淳增长幅度也高于9%；在人工成本增加的同时，物质投入成本也是逐年提高，全省多点调研结果显示，农药、肥料、农机具等物质投入成本，今年比去年增长5%～8%。

表3 2018年江苏各示范县生产成本情况

地区	平均工价/（元/天）	较上年增加率/%	短缺率/%	物质投入率/%
宜兴	145	3.57	10	6
滨湖	160	6.6	15	5
吴中	160	18.5	15	6
锡山	150	3.4	20	6
仪征	110	10.0	30	持平
高淳	120	9.1	20	持平
全省平均	155	4.73	15	8

（四）茶叶批发（交易）市场茶叶交易略有下降，但趋势减缓

通过对5个代表性茶叶批发市场的调研表明（表4），2018年茶叶市场交易量和交易额总体略有下

降，下降趋势减缓，不同地区的市场增减幅度不一。扬州市东方国际食品城茶叶市场和宜兴市阳羡茶文化街交易量和交易额继续下滑，苏州市茶叶市场和无锡市红星茶叶批发市场有限公司交易量和交易额停止下滑并有所增加。

表4　2018年江苏茶叶批发市场交易量统计

批发市场	交易量		交易额	
	量/吨	交易量较上年增加率/%	金额/万元	较上年增加率/%
扬州市东方国际食品城茶叶市场	4700	-1.91	70900	-5.29
宜兴市阳羡茶文化街	398	-5.53	4510	-5.32
苏州市茶叶市场	1050	+1.94	34800	+1.75
无锡市朝阳茶叶市场	390	+2.63	4250	+2.66
无锡市红星茶叶批发市场有限公司	158	+1.94	3250	+1.56

（五）产业结构调整力度加大，茶叶多元化加工利用有序进行

随着供给侧改革的需求，茶叶多元化产品的开发与生产成为茶产业发展的重要方向，江苏茶业在传统茶叶和精深茶产品生产两个方面均有一定调整和发展。

2018年，在保持绿茶生产为主体的基础上，红茶生产迅速扩大，年产量3353吨，同比增长7.42%；乌龙茶和黑茶等有少量生产，碾茶和粉茶生产量加大；据调查宜兴近几年新增19条碾茶生产线，成为我国重要的茶粉原料供应基地。太阳绿宝、融点食品、鑫品茶业等深加工企业的抹茶、茶多酚、速溶茶等多元化精深加工产品市场开发有序进行，市场前景良好。

（六）各级监管力度和服务力度加大，保证茶叶质量安全

茶叶质量安全问题是茶产业健康发展的关键因素，全省质量安全体系的建设有序进行。质量安全技术方面，江苏省茶产业技术体系和省市各级农业技术推广站示范推广茶园无害化绿防技术，保证了茶叶原料生产技术上的质量安全控制；质量安全监管方面，各级质检部门和农业质量安全管理部门的双重监管保障了加工生产和终端产品的安全。

同时加强茶叶“三品一标”的认证工作，据统计目前全省经过无公害认证茶园基地310个，面积25.82万亩，年产无公害茶7900吨；通过绿色食品认证茶园基地93个，面积5.03万亩，年产绿色食品茶叶2778.7吨；经过有机产品认证茶园基地110个，面积4.9万亩，年产有机茶产品658.3吨；通过地理标志产品或农产品地理标志产品认证的有8个。通过三品认证的茶园占全省总面积的70%以上，地理标志认证覆盖了主要的地方特色名优茶。

（七）加大品牌建设，扩大品牌宣传

品牌是产业的名片，是产业的形象代言。推动地方产业的区域品牌和提升企业价值的企业品牌的

双重打造，是提升全省茶产业价值的有效方式。

区域品牌建设方面，通过整合区域特色资源，举办地方性茶事宣传活动，组织参加各级农产品展会，推介强化区域品牌。

2018年“宜兴红”地理标志商标注册成功，并举办了发布会并授权区域内代表企业使用。“无锡毫茶”通过农产品地理标志产品认证，至此“无锡毫茶”受到了地标商标和产品的双重认证保护。江苏省各地区名茶大部分注册了地理标志商标，为品牌建设的后续工作奠定了基础。

苏州吴中、镇江句容，无锡宜兴、常州金坛等地方县市通过开展茶叶文化节、旅游文化节、炒茶大赛等多种形式的茶事活动，宣传地方特色茶，扩大地方区域品牌的影响力。

省市各级部门组织参加农产品展销展示会，推广地方区域品牌。2018年江苏省组织甄选并选送五个名优茶参加第二届杭州茶博会名优茶评比，无锡毫茶、金坛雀舌和茅山长青获得博览会金奖产品称号。2018年组织省内知名茶企赴香港参加国际茶展，举办“江苏（香港）优质名茶推介及贸易洽谈会”，推介洞庭山碧螺春、雨花茶、阳羡雪芽等10多个苏茶知名品牌。

企业品牌建设方面，鼓励企业注册商标，规范企业生产规范标准化，组织企业参加各级展销展示会宣传企业品牌。目前全省茶叶累计工商注册企业（包括合作社）983个，注册商标788个，其中省著名商标44个，省级名牌产品40个，市级名牌产品149个；全省经过SC认证茶叶企业近400家，省级龙头企业23个，市级龙头企业41个。2018年各级政府组织企业参加展会100余次，参加展会企业达500家次以上。

（八）加强科技创新，推广科技成果

科技是产业发展的驱动力，茶产业的发展依赖于科技创新。

2018年江苏省“现代茶叶机械化生产与加工技术创新战略联盟”成立，至此江苏已建有两个茶叶科技创新战略联盟，联合了江苏省主要农业相关高校、科研院所、科技型企业，集合了一批基础和应用科研力量和推广示范平台，有效推进茶叶产业科研的发展。通过茶叶科技创新联盟的推动，开展了夏秋茶综合利用、茶叶功能成分快速检测、茶叶固态发酵等方面的工作，相关成果获得省丰收奖二等奖1项。

江苏省现代茶叶产业技术体系建立完善，设立首席专家1个，育种、栽培、植保等3个岗位专家，建立了8个示范基地，开展了茶树新品种选育与示范、茶树减肥增效技术的试验示范、茶树绿色无害化防控技术以及茶树标准化机械化管理技术等的试验示范与推广工作。体系的建立将科研院校、各级推广部门和茶叶生产企业紧密连接，实现了研究创新、示范与推广同步进行，有利于缩短产业技术研发到熟化的时间。

科技型企业发挥科技先驱的作用，紧抓产业发展机遇，开展现代茶叶产业设备更新、茶园改造、产品开发、新型经营模式等方面的探索。湖父阳羡茶场、芙蓉茶场等企业通过挖掘地方文化、改建老茶园和老厂区等，开展观光旅游、休闲体验、茶艺文化、茶与商业结合等多形式的茶叶休闲观光经营创新。无锡市茶叶品种研究所有限公司通过引进新品种、采用新工艺开发了五色茶系列产品；无锡市茶叶研究所有限公司利用乌龙茶品种结合宜兴红茶加工工艺，开发了“丹凝”系列红茶产品。

（九）提高职业技能，举办茶事活动，弘扬茶文化

加强职业技能培训，提高从业人员职业技能方面。无锡市制定了《综合型茶叶技工职业技能培训业务标准》，为提高和考核茶叶生产技术技能水平提供了依据。随着民间培训机构的兴起和劳动职业技能培训补贴的顺利实施，评茶员和茶艺师技能培训发展较快，初中级评茶和茶艺技能人员成为茶叶消费端健康发展的重要引导力量。

为提高江苏省评茶技能水平，2018年举办了首届全国评茶员职业技能大赛江苏赛区预选赛，评选出绿茶组一等奖2名、红茶组一等奖1名、综合组一等奖3人，二、三等奖若干。为弘扬苏茶文化，传承手工制茶技艺，洞庭碧螺春、南京雨花茶、扬州绿杨春、无锡毫茶产区分别开展了传统手工炒茶技能大赛。

同时江苏省各地通过举办全民饮茶、茶叶节、斗茶会、茶道会、文化交流等方式推广科学饮茶，宣传饮茶文化，促进茶叶消费。

二、2018年茶产业发展存在问题

（一）标准化生产程度不高，标准推进滞后产业发展

标准化生产是树立茶叶品牌、确保品质稳定的重要手段。近十年，江苏省地方名优茶均制定了省级茶叶生产和产品标准，但是由于标准化生产的技术要求以及企业规模限制无法对标准化生产进行有效投入等因素，标准化生产始终无法顺利推进。同时随着产业的发展，新技术、新产品和新标准发展迅速，江苏省标准化发展滞后于产业发展，导致部分产品无标可依，限制了产业发展。

（二）规模化经营和产业组织化程度较低

小而精是江苏省茶业发展的特点，但是随着现代化茶产业的发展，规模化已成为今后茶叶产业发展的必然趋势。

目前全省茶场1000余家，规模多在200～300亩，上千亩的茶场仅少数几家，难以组织产业化经营；龙头企业受规模化等因素的限制，领头作用大大限制；各地产业协会多为松散组织，各方资源较少，无法组织协会成员开展协同发展。“小而精”已不利于开拓市场、品牌建立、技术开发与应用、规范化生产、品质管控等多方面的发展。

（三）生产成本仍在上升，效益空间不断压缩

江苏省茶叶生产仍面临用工难、用工成本高、年龄结构偏大、生产资料价格不断上涨等多重不利因素的影响，在产品销售价格基本平稳的情况下，茶企利润空间不断被挤压。据调查，部分茶企三年前茶叶亩产值达7000～8000元的茶场，亩利润可在1000元以上，而现在基本维持在500元以下，茶叶企业经营举步维艰。

（四）品牌建设有待加强，品牌价值有待提高

江苏省名优茶品类繁多，区域品牌资源丰富，但除洞庭山碧螺春具有较强的品牌价值外，其余地方名茶均为名副其实的“地方名茶”，基本都无法走出地方，走出江苏。同时随着市场流通的发展，大产区茶迅速占领江苏省市场，部分地方名茶生产逐渐萎缩。同时企业规模化竞争力差，企业品牌建设方面也困难重重，市场竞争力较差。如何依托整合现有资源，强化区域品牌建设，打造企业品牌，提高品牌价值将是苏茶发展的重点之一。

三、2019年茶产业发展建议

（一）提高产业组织规模

加大对龙头企业的扶持力度，健全茶园经营权流转制度，制订有力措施，鼓励茶农在自愿、有偿的条件下，将茶园向种茶大户和茶叶龙头企业流转，化零为整，扩大单体茶园经营面积，提高企业组织化程度，实现种植区域化、生产专业化、产品特色化的企业发展之路。

（二）加强质量管理

一是加快质量标准体系建设，组织制定茶叶生产技术规程，形成与全球市场接轨的红茶标准体系；二是加快质量监测体系建设，加强过程控制和质量监督，做到有标可依，违标必究；三是鼓励生产企业建立健全自身质量保证体系，加强茶园管理、采摘加工、包装贮藏、商品销售等各个环节质量检验工作，确保产品质量。

（三）开拓融合发展路径

强化茶业经济与文化交融、茶叶生产与休闲观光结合，利用茶园美好的生态环境，规范建设一批集观光、采摘、餐饮、住宿、销售一条龙的体验式茶园，依托美丽茶园大力发展休闲旅游观光业，将茶区变景区，不断拓展产区功能，推出一批游客参与度高，体验内容丰富的茶旅项目，延伸产业功能，扩大茶产业综合效益。

（四）进一步加强品牌建设

加大江苏省区域公共品牌的管理与建设，不断壮大品牌茶叶规模；注重茶叶专用系列包装设计与开发，塑造鲜明独特的苏茶市场形象；充分利用茶叶博览会、国际茶展等知名平台，宣传苏茶，提高洞庭（山）碧螺春、南京雨花茶、阳羡雪芽、宜兴红茶、无锡毫茶、天目湖白茶、金坛雀舌、茅山长青、扬州绿杨春、连云港云雾茶等苏茶品牌知名度和影响力。

（五）加大政策扶持力度

江苏省茶叶企业经营规模普遍较小，组织化程度较低，建议政府研究制定并出台特色高效农业发展相关扶持政策，对茶产业给予一定的资金补贴等支持。通过政策层面激发企业发展原动力，政府重视积极扶持，培育更多茶业龙头企业、品牌合作社；再通过龙头企业垂范，通过订单收购、技术指导、统一品牌运作等方式，建立企业与茶农的紧密利益联结机制，做强苏茶产业。通过建立股份制经营机制，把各方面的力量联合起来，形成经济利益共同体，充分利用龙头企业的品牌、技术、市场优势，以乡镇或街道为单位积极整合茶产业经营资源，进一步发挥龙头企业及农业经纪人的作用，将个人分散的、小规模的经营单位组建成“联合舰队”，培植成为带动力强、机制活、竞争力强的茶叶企业，积极开展以标准化生产、品牌化建设、统一化营销为标志的市场化整体运作，从根本上解决江苏省茶叶企业多而小、茶叶品牌多而杂、市场竞争较无序状态。

（执笔人：唐锁海、周静峰）

浙江省茶叶行业发展报告

浙江省茶叶产业协会

2018年，全省茶叶生产整体稳定，产品品质提升、销售顺畅，品牌建设、生态茶园、三产融合全面推进。第二届中国国际茶叶博览会的成功举办进一步推动浙江茶产业的提升发展，浙江茶产业正在谱写新的篇章。

一、茶叶生产各项指标连创新高

（一）气候春霜夏宜，产量产值增加

据浙江省茶叶业务主管部门统计，全省茶园面积300.5万亩，同比增长0.33%；茶叶产量18.6万吨，同比增长3.51%；农业产值190亿元，同比增长6.73%；茶园面积、产量、产值均创历史新高。其中名优茶产量8.9万吨，同比增长4.92%；农业产值154亿元，同比增长6%。

茶叶生产呈现五大特点。一是春茶开采推迟。春节至2月底期间气温较低，大部分地区早茶开采普遍推迟1周左右。二是旺采期集中、采摘期短。3月初出现高温，早中品种采摘集中形成洪峰，采工紧张、失采面扩大，浙中、浙南高档名优茶产量减少。3月底又遇高温，春茶进入盛产期。4月初，全省遭遇大范围霜冻，名优茶采摘期缩短10天左右。三是夏秋季天气适宜。夏秋茶季气温略高于往年，雨量充沛，未爆发明显旱情或病虫害，夏秋茶增产。四是茶青质优价涨。去冬因大雪低温，茶树越冬害虫基数减少。茶季冷暖交替，有利于茶叶内含物质积累，早春茶品质较好，浙江省春茶茶青价格同比上涨5.6%，夏秋茶青价格持平。五是茶苗出圃大增。受2017年全国茶叶行情影响，白叶1号和龙井43等浙江良种效益显著，2018年浙江省茶苗共出圃11.17亿株，同比增长一倍有余，近六成输往省外。

（二）全省茶事活跃，品牌效应提升

由农业农村部和浙江省人民政府共同主办的第二届中国国际茶叶博览会于5月18—21日在杭州举办，展会较首届规模更大、规格更高、成效更好。“一带一路”沿线30多个国家和地区以及我国20个茶叶主产省的1540家知名企业参展，国内外专业采购商12517人参观采购，取得了现场交易额1.03亿元、意向交易额42.88亿元的丰硕成果。8月，省农业农村厅在宁夏银川举办2018浙江（银川）绿茶博览会，170多家浙江茶企和宁夏20家农特产品企业参展，实现现场销售505万元、签订意向销售合同5786万元的佳绩。组织15家名茶龙头企业组团参展香港美食节，所携产品基本售完，受到国内外客商

的广泛赞誉。举行以松阳中国茶商大会、新昌中国茶叶大会、温州早茶品牌展为代表的地方茶事活动30余个，为宣传区域优势品牌、提升品牌影响力、开拓市场发挥了积极作用。

（三）多品类、多业态发展态势趋好

小茶类继续保持良好发展态势，花茶、黄茶、红茶产值同比分别增加84%、62%和11%，白茶试制县域从5个增加到8个，浙江茶产品越来越丰富。精深加工业快速发展，全省精深加工企业86家，消纳茶叶16.8万吨，实现产值29.6亿元，同比分别增长62%和44%。衢州市集中开展“活力新衢州、美丽大花园”创建活动，开化“齐溪茶叶特色强镇”通过验收，总投资56亿元的“禾中·开化龙顶”特色小镇以及一批茶文化体验项目有序推进；绍兴市柯桥区南部山区“抹茶客厅”茶产业集聚区建设渐入佳境。2018年，全省茶叶第三产业增值69亿元，同比增长12.25%，其中衢州市第三产业增速33.32%。

（四）生态茶园建设方兴未艾

浙江省农业农村厅发布《浙江省农业绿色发展试点先行区三年行动计划（2018—2020年）》，启动包括生态茶园在内的“五园创建”工程，计划通过三年努力建成150个生态茶园，首批40个3.44万亩省级示范基地建设方案已经确定。生态茶园支撑技术研究纳入2018农业重大技术协同推广计划项目，用三年时间，投入200万元资金对生态茶园技术进行集成和示范，为全省生态茶园创建提供技术支撑和示范典型。

（五）茶园政策性保险全面铺开

自2015年率先在绍兴市和湖州安吉县试行茶叶气象指数保险以来，对浙江省春茶生产发挥了较好的防灾止损作用，重度霜冻年份赔付率达150%，普通霜冻年份赔付率也有80%~90%。首批低温保险试点工作于2017年完美收官，三年累计赔款772.18万元，平均赔付率达106.85%。2018年绍兴市决定继续在全市推进，承保户数增加92.96%。试点结束后，安吉县政府不再承担政策性保费，但经营主体投保热情依然不减，自行投保4.68万亩，与上年基本持平。据不完全统计，2018年各重点产茶县相继加入试点或启动规划，茶园政策性保险向全省各地推开，全省投保面积14.3万亩，保费近2200万元。

（六）产地交易市场交投活跃

产地交易市场茶叶销售量、销售额小幅增长。浙南茶叶市场全年交易量7.91万吨，交易额57.9亿元，同比分别增长2.97%和1.55%；新昌中国茶市全年交易量1.68万吨，交易额51.8亿元，同比分别增长1.5%和1.8%。

二、浙江茶叶出口止跌企稳

2018年，浙江茶叶出口量16.85万吨，同比增长3.39%；出口额5.23亿美元，同比增长5.81%。出口量占全国茶叶出口总量的46.19%，占比略有提高；出口额占全国茶叶出口总额的29.43%，占比稍有下降。

绿茶出口量16.27万吨，同比增长3.68%；出口额4.94亿美元，同比增长5.72%。占全国绿茶出口总量的53.73%，同比提高0.46个百分点；占全国绿茶出口总额的40.42%，同比下降0.8个百分点。占全省茶叶出口总量和出口总额的96.33%和94.56%，均与上年基本持平。红茶出口量2231吨，同比减少3.50%；出口额1111万美元，同比基本持平。乌龙茶出口量1397吨，同比减少10.39%；出口额493万美元，同比减少4.64%。花茶出口量1773吨，同比减少1.88%；出口额1185万美元，同比增长23.18%。普洱茶出口量332吨，同比增长7.79%；出口额103万美元，同比增长7.29%。

2018年，浙江省茶叶出口平均价格为3105美元/吨，比上年提高2.34%，仍比全国均价低36.29%。其中，绿茶均价3037美元/吨，同比提高1.95%；红茶均价4980美元/吨，同比提高3.41%；乌龙茶均价3529美元/吨，同比提高6.39%；花茶均价6684美元/吨，同比提高25.64%；普洱茶均价3104美元/吨，同比基本持平。

2018年，浙江省茶叶出口到91个国家和地区，前13位依次是摩洛哥60616吨，同比增长5.47%；塞内加尔12762吨，同比增长41.88%；毛里塔尼亚11407吨，同比减少10.32%；乌兹别克斯坦8657吨，同比增长0.04%；喀麦隆8362吨，同比减少0.64%；贝宁6667吨，同比增长48.63%；阿尔及利亚5297吨，同比减少1.24%；俄罗斯3845吨，同比增长4.51%；马里3831吨，同比增长7.16%；日本3792吨，同比增长8.77%；巴基斯坦3652吨，同比增长6.04%；冈比亚3118吨，同比减少2.56%；阿富汗3039吨，同比增长12.43%。

2018年，浙江省进口茶叶4427吨，同比增长95.58%；进口额1286万美元，同比增长117.97%。其中，进口绿茶1657吨，同比增长133.38%；进口额403万美元，同比增长212.40%。进口红茶2676吨，同比增长82.79%；进口额841万美元，同比增长100.24%。进口乌龙茶40吨，进口额25万美元。进口花茶2吨，进口额6万美元。进口普洱茶52吨，进口额11万美元。

（执笔人：刁学刚）

安徽省茶叶行业发展报告

安徽省茶叶行业协会

安徽省是全国重点产茶省之一，也是名优茶的重点产区。茶叶多分布在山区，是综合比较经济效益较高的特色农产品之一，而茶区正是农村贫困农户集中的区域。因此，做大做强茶产业是带动贫困地区农户脱贫增收最有效的手段。为此，安徽省人民政府办公厅出台了皖政办〔2018〕7号《关于做优做大做强茶产业助推脱贫攻坚和农民增收的意见》。2018年，安徽省茶产业在省委省政府的重视支持下，在省供销社、省农委的精心指导下，在全省茶人的共同努力下，坚持稳中求进，高质量发展，有效应对外部环境深刻变化，改革创新，攻坚克难，奋力拼搏，保持了产销工作的良性发展，取得了较好的业绩。

一、2018年基本概况

据安徽省农业及有关部门统计，2018年安徽省茶叶面积288.4万亩，同比增长6.81 %，其中开采面积261万亩，无性系茶园面积107.4万亩，同比增长6.97%，新增茶园面积6.39万亩，同比增长12.7%，低产茶园改造面积 1 8.2万亩。全省茶叶产量11.2万吨，比上年同期增长4.3%（安徽省统计局数据）。茶叶综合产值450亿元，较上年有较大幅度增长，其中一产产值135亿元，二产产值152亿元，三产产值163亿元；全省茶叶出口量5.92万吨（位列国内第二），出口额2.47亿美元（位列国内第三），与上年基本持平。

（一）主要特点

1．产量增长

2018年，春茶前期受冻害等天气影响，受灾严重，其中黄山部分山区产量严重下降，且开采时间略有推迟。随着 4 月下旬和 5 月后的气温回升，机采产量有所提升，加之霍山黄茶、泾县乌龙茶和黄山黑茶等茶类在安徽生产有所增加，全年产量保持稳中有升。全省春茶生产形势良好，春茶生产总面积提高到288.3万亩，较上年增11.5%；总产量与上年基本持平。

2．卖价上升

春茶产量、价格稳中有升，名优茶价格继续维持高位运行，特种茶日趋走俏，茶叶市场整体上呈现产业兴旺的格局。全省茶叶中普通茶的价格略减，名优茶价格继续小幅攀升，全省名优茶的产值78.8亿元，较上年增长8.2%。安徽省茶叶生产以春茶为主，春季名优茶价格同上年比较上涨10%左右。

3. 销售看好

第三产业发展较快，茶旅融合发展与茶文化建设有较快增长。从品类上看，宣城的白茶和六安的黄茶增长势头非常明显，尤其是黄茶因为安徽农业大学有关降血糖明显的试验结果的宣传，从往年的无人问津状态逐渐火热，尤其是安徽黄茶在山东等北方市场销售增长明显，市场进一步开拓。安庆市的白茶（安吉白茶）、黄金芽茶面积发展势头强劲，且上市较早，单价高，销售情况继续看好。

（二）具体做法

1. 重视政策引导

2018年3月份，安徽省人民政府办公厅印发《关于做优做大做强茶产业助推脱贫攻坚和农民增收的意见》（皖政办〔2018〕7号）文件，对茶产业发展的任务与措施作了明确的部署，具有较强的指导作用；6月份，省农委与省扶贫办下发了《安徽省做优做大做强茶产业助推脱贫攻坚和农民增收三年行动计划（2018—2020年）的通知》，对各地的茶产业发展进行了任务分配，同时在工作中加强了专项督查。

2. 重视茶园管理

安徽省在抓好现有茶园科学管理的前提下，继续把抓好发展无性系良种和建设生态高效茶园作为重点，全省新增茶园面积6.4万亩，无性系茶园改造老旧茶园18.2万亩，标准茶园90.98万亩，亩效益都在5000元/亩以上。黄山市继续开展全产业链有机化试点示范，在祁门红茶、黄山毛峰等主产区，推广以"有机肥+配方肥"和"茶—沼—畜"技术模式为主的有机肥替代化肥行动，建成生态高效茶园32万亩。

3. 重视"双替代"

安徽省在茶叶生产上注重绿色发展，质量兴农，推动"三品一标"建设，强化茶叶质量安全管理。全省"三品"认证面积244.66万亩，其中绿色认证61万亩，有机认证17万亩，较上年略增。六安市通过加强信息技术利用、抓好主体引领带动、建设绿色农资商店、严格投入品监管、加强行业自律、开展有奖举报、加大抽检力度等多项措施，全面严控茶园化肥、农药使用。

4. 重视培育龙头

安徽省以主体培育示范行动为抓手，加强针对龙头企业的"四送一服"，通过招商引资等手段，大力发展茶叶企业，培育茶叶龙头企业和农民合作社等新型茶产业化主体，提高茶产业发展集约化、组织化水平。全省目前龙头企业发展速度平稳，其中国家级产业化龙头企业 3 家，省级龙头企业58家，市级龙头企业263家，年产值5000万以上的共有84家，1亿以上的有28家，2亿以上的 4 家，在新三板上市的茶企 3 家。

5. 重视品牌建设

安徽省茶叶企业注册商标数1805家，中国驰名商标18家，省著名商标167家。安徽省以 5 月第二届中国国际茶叶博览会（杭州）为主要平台，宣传打造以"生态徽茶誉满天下"为主题的茶展，同时开展“六安瓜片”和“黄山毛峰”等区域品牌展示，共有百家企业参加展览展销，有“天之红”牌祁门红茶和“皖海”牌九华佛茶等10个茶产品获得博览会金奖。开展“徽茶十城北上”系列活动，组织龙头企业、新型经营主体参加西安茶博会、山东济南茶博会，集中展示了安徽省茶叶七大区域公用品牌和优质的茶园生态。

6. 重视宣传推广

安徽省供销社成功举办了安徽省第十二届国际茶产业博览会。黄山市全市组织8场宣传推广活动，组织21家茶企参加“2018北京国际茶业展暨2018北京马连道国际茶文化展”，组织10家茶叶企业参加上海国际茶叶展会。六安市政府3月27日举办了“安徽春茶季·阿里巴巴电商脱贫（六安）”启动仪式，5月与中央广播电视总台央广网、中国工商银行网络金融部在北京联合举行了六安瓜片讲茶会暨电商助农签约仪式，在杭州举办中国茶叶博览会期间，邀请在浙客商举办“六安瓜片全面提升高峰论坛”。安庆市岳西翠兰在2018中国茶叶区域公用品牌价值评估中，品牌价值获18亿元，较上年提升近30%，稳步进入全国前50名。宣城市泾县、广德、宣州区茶叶行业协会和安徽黄魁茶业有限公司等企业参加了合肥、上海、武汉、厦门、武夷山、北京、济南、深圳等地茶叶展示、推介和交流活动。

7. 重视融合发展

安徽省坚持以市场为导向，大力发展茶产业电子商务，引导茶企转变传统经营模式。茶企参加网络销售的965家，销售额近10亿元，其中落户黄山市的北京小罐茶业有限公司运用互联网思维，采用线上线下相结合的模式，并在黄山市打造一流茶叶生产基地，全年销售额达20亿元，上缴税收愈8000万元，领跑全市茶企。谢裕大茶叶股份有限公司通过茶博馆和茶博园等项目，全年旅游人次超过65万，收益3600万元，分别较上年增加63%和89%。祥源茶业祁红文化产业博览园被评为国家4A景区。六安市政府积极谋划筹建六安茶叶博物馆，六安瓜片官方旗舰正式上线试运营，六安茶谷建设以来累计实施各类项目500多个，投资近120亿元。通过发展休闲农业和茶乡旅游吸引了大量的游客来到茶谷，有力地带动了茶叶等农副土特产品的销售，促进了茶叶一、二、三产的有机融合。

8. 重视行业服务

安徽省组织农技推广技术人员，深入企业、乡镇举办各种形式培训班，提升服务能力。各产茶市、县结合基层农技推广项目实施，确保每个茶叶技干联系10户茶农，指导经营主体和茶农购置安装好茶机具，做好茶园管理和绿色防控等技术服务工作。黄山市结合实际，分别选择了1～2个点，推进机耕、机采、机剪试点，大力推广茶园管理机械化，新增推广修剪机3300台，采茶机750台，茶园机采覆盖率达26%。7月8日，六安市委、市政府与省科技厅、安徽农业大学在霍山县联合召开了“合作推进六安黄茶产业发展助推脱贫攻坚会议”，并合作成立了黄茶研究中心，推动黄茶产业发展，霍山县继续开展了“禁晒、禁糖、禁落地”“三禁”专项整治。合肥市重组了市茶叶行业协会，不仅抓茶园等一产建设，也团结全市茶馆等茶叶消费企业，增强全市茶叶的市场影响力和服务能力。

二、2018年主要问题

（一）茶园用工荒和用工贵

由于茶农务茶时间短，生产积极性不高，农村优质劳动力外出务工较多，导致茶园用工难、用工贵的难题短时间难以解决。2013—2018年，黄山市茶叶采工薪酬增长20%左右，日人均工资在130～170元，当地茶叶生产资料成本增长15%左右，茶叶利润逐步压缩。

（二）科技水平不高，深加工受到制约

安徽省茶叶名优茶的产地海拔高，茶园基础设施水平低，交通不便，抗御灾害性天气的能力差，受到低温冻害发生频率高，机耕机采难以实现，影响了夏秋茶开发利用率。全省茶叶精深加工一直滞步不前，茶叶的生产链不能有效拉长，影响全年茶叶加工产量和质量效益。

（三）龙头企业发展较慢，资本引进不足

安徽省茶叶加工企业分散程度高，小、散、弱现象较为突出，茶行业龙头企业规模难以做大做强，全省各地茶叶行业资本引进不足，企业新增数量少，各地培育茶企的政策与营商环境没有较大改观，龙头企业不强，且经营状况不佳，茶叶企业自身扩大再生产能力与意愿不足。

（四）产品单一，省外市场占有率低

安徽省茶叶绿茶占90%以上，大多在省内经销，省外市场份额小，出口也以绿茶为主。绿茶相对难以保存，不耐储运，加之安徽省茶叶在国内外大中城市宣传推介力度有限，与其他茶叶大省相比，整体市场开拓力度相对较弱。

（五）科技人才队伍建设缓慢，服务力度不够

安徽省整体茶产业工作力量不强，无论是省级层面还是市县级层面，茶产业发展的管理与技术人才都较为匮乏，茶产业工作力量薄弱，大多数市县茶叶专职工作人员仅1～2人，技术服务与市场推介力量跟不上茶产业快速发展的需要。

三、加快发展的对策措施

安徽省上下必须深入学习贯彻党的十九大精神，以习近平新时代中国特色社会主义思想为指导，贯彻落实好皖政办〔2018〕7号《安徽省人民政府办公厅关于做优做大做强茶产业助推脱贫攻坚和农民增收的意见》，大力实施乡村振兴战略，坚持精准扶贫精准脱贫，以发展现代农业、促进增收脱贫

为目标，以推进农业供给侧结构性改革为主线，充分发挥茶叶主产区比较优势，做优做大做强茶产业，持续稳定增加贫困户收入，助推宜茶贫困地区脱贫攻坚。

（一）发挥资源优势，挖掘生产潜能

1．加强茶叶基地建设

优化茶叶生产区域布局，巩固皖西大别山区、皖南山区等优势茶区建设，注重向宜茶贫困县、贫困村倾斜，创建一批基础设施完善、品种结构合理、良种良法配套、标准化管理的绿色、生态、高效茶叶生产基地。加强水利、林业、道路、电力和通讯等基础设施建设，改善茶产业发展基础条件。

2．适度扩大生产规模

坚持适区适种，支持在宜茶地区适度发展新茶园，在坡度25度以下的山地和丘陵岗地上，扩大茶叶种植规模，林下发展林茶间作套种，扩大茶园面积，新建高标准无性系良种茶园。鼓励采取多种途径，加强中低产茶园改造，更新改造低产茶园，提高单产水平。

3．提高茶园管理水平

通过现代种业提升工程，在宜茶贫困县建设一批无性系良种茶树繁育基地，努力提高无性系茶叶良种比例。强化茶园科学化管理，大力推广茶园整地、茶树修剪、病虫防治、大宗茶机采等关键环节的实用机具及配套技术，提升茶叶生产机械化水平，努力降低人工成本，提高茶园的产量和效益。

4．加强茶叶新产品开发

在宜茶贫困地区加强夏秋茶的采摘与利用，研发夏秋茶加工技术，生产优质、安全的夏秋茶产品。鼓励开发适合区域市场需求的黄茶、白茶、乌龙茶、花茶和黑茶等特色茶类，积极开发茶食品、茶饮品、茶用品等茶精深加工品，提高茶叶资源利用率和产品附加值。

5．推进茶叶加工升级

提升茶叶初制和精制加工能力。加大对茶叶初制加工企业新技术运用、厂房建设、设备更新等扶持力度。支持龙头企业新建、扩建加工生产线，实现清洁化、连续化、自动化、标准化加工。按照茶叶生产标准，推进标准化分级包装茶叶走向市场。支持茶叶园区建设，鼓励茶叶加工企业向园区集聚。

6．开拓茶叶新市场

支持茶叶主产区在国家西部、东北部和北部地区开展推介展示，培育安徽茶叶的潜在市场。抓住国家推进“一带一路”发展的战略机遇，开展“生态徽茶，香飘丝路”宣传推介活动，扩大安徽茶叶的国际影响力。通过举办国家级大型国际化茶博会和组织龙头企业参加国内外知名茶博会、贸易洽谈会等方式，拓展国内外市场。支持宜茶贫困地区茶叶出口。

（二）加强主体培育，推进产业融合

1．加强茶叶经营主体培育

加快培育茶产业新型经营主体，注重发挥其增收脱贫带动作用。按照“扶大、扶优、扶强”的原则，对茶叶龙头企业给予政策倾斜、重点帮扶。鼓励支持龙头企业通过兼并、重组、收购、控股等方式组建大型企业集团，实现茶企强强联合、抱团发展。培育茶叶专业合作社示范社，引导社会化服务组织、企业、村组、能人大户等兴办家庭茶场，带动宜茶贫困户增收。建立以龙头企业为核心，专业合作社、茶叶协会为纽带，家庭茶场和茶叶大户为基础的茶产业联合体。

2. 发展茶叶新业态

适应茶叶消费新形势，创新流通和消费业态，满足不同群体不断升级的消费需求。支持电商、物流、商贸、金融等企业深入宜茶贫困地区，发展茶叶电商扶贫。推进“茶+互联网”等行动，依托现有的大型电商销售平台，建设富有特色的“网上茶馆”“特产馆”“扶贫馆”等，建立线上线下相结合的营销模式。积极发展直供直销、个性定制、加工体验、茶园认领等互动式茶产业新业态。

3. 加强茶产业融合

引导茶产业与休闲、旅游、科普教育、养生养老等产业深度融合，打造茶叶康养与教育基地，探索建设茶产业创新创业园区。支持建设茶产业特色小镇，实现茶叶采摘、加工与喝茶、品茶、吃茶、用茶、赏茶、茶事体验等相互促进。重点推动“茶旅融合”，结合休闲农业示范县（点）和乡村旅游扶贫重点村创建，打造茶旅精品线路、精品示范点和名茶主题庄园，丰富茶旅产品，推动宜茶贫困地区农产品销售、贫困群众扩大就业，增加产业融合收益。

4. 加强茶文化建设

充分发挥徽茶文化底蕴深厚、历史名茶多的优势，将茶产业发展与徽风皖韵的区域特色文化结合起来，大力开展茶文化活动，培育茶文化精品，鼓励茶文化活动进企业、进校园、进社区，实现茶产业与茶文化相互融合、相互促进，拓宽茶农收入渠道。

（三）提升茶叶品质，强化品牌引领

1. 加强茶叶标准化生产

牢固树立茶产业绿色发展理念，完善茶叶生产技术标准，加快茶叶标准化体系建设，对茶叶种植、管理、采摘、加工、包装、贮运等环节进行规范，提高茶叶标准化生产水平。实施茶园绿色防控，加强农业投入品管理，开展有机肥替代化肥行动，加快建立茶叶质量安全可追溯体系。重点推进茶叶绿色和有机食品认证。

2. 加强原产地认证和保护

支持茶叶主产区加大原产地认证力度，开展茶叶地理标志产品、农产品地理标志和地理标志证明商标认证。已认证的产品和商标，要加强运用、管理和保护，严格规范市场行为，防止商标滥用、冒用，提升原产地茶叶区域公用品牌价值，实现优质优价。

3. 加强品牌建设

鼓励政府、协会与企业以地理标志认证为抓手，打造茶叶知名品牌。加强区域公用品牌保护和建设，进一步提升六安瓜片、黄山毛峰、祁门红茶和太平猴魁等历史“四大名茶”美誉度。鼓励茶企争

创安徽名牌、中国驰名商标和中华老字号，强化品牌营销。

4. 扩大宣传推介

坚持传统媒体、新媒体共同发力，大力宣传安徽茶叶企业、茶叶品牌和茶文化。加强平台建设，加大邀商招商力度，不断提升农产品交易会、茶博会、展销会、茶文化节等展示交易活动实效。在中央媒体宣传推介安徽省茶叶名优产品，支持市县政府、行业协会组织和龙头企业宣传推介优质产品和品牌，大力提升安徽茶叶的市场知名度和影响力。

（执笔人：朱飞鸣）

福建省茶叶行业发展报告

福建省种植业技术推广总站

茶叶是福建的特色优势产业。在省委省政府的高度重视下，福建省围绕“品种引领、品质提升、品牌打造”的总体要求，着力优化茶类和茶树品种结构，大力发展名优茶生产，建设生态茶园，提升产品质量水平，培育壮大龙头企业，打造知名品牌，积极拓展国内外茶叶市场，推动茶产业又好又快发展，茶叶产量、产值和全产业链产值等多项指标均居全国首位。同时，茶产业作为福建乡村产业兴旺新增长点、福建特色现代农业的亮点，作用不断凸显。2018年全省茶园面积382万亩、毛茶产量45万吨，毛茶产值255亿元，茶叶全产业链产值超1000亿元。

一、开展的重点工作

（一）绿色发展，质量兴茶

1. 产业发展政策保障

2月6日，农业农村部在福建省召开了全国推进质量兴农绿色兴农品牌强农工作会议，启动了“农业质量年”行动。为推进福建省茶产业绿色发展，认真贯彻农业农村部会议精神、深入开展调查研究的基础上，结合福建省实际，着手起草推进绿色发展质量兴茶的具体措施。5月20日，省政府办公厅正式印发《关于推进绿色发展质量兴茶八条措施的通知》（闽政办〔2018〕44号），《茶八条》从产业发展思路、建设生态茶园、推进科学种茶、推行清洁加工、强化科技支撑、保障质量安全、提升茶叶品牌、加强政策扶持等方面，提出了促进茶产业绿色发展的具体措施，指明了今后5年福建省茶产业发展的方向和思路。

2. 谋划产业绿色发展

为进一步贯彻落实《关于推进绿色发展质量兴茶八条措施的通知》精神，6月17日下午，福建省举办了茶产业绿色发展成果推介暨茶叶绿色防控技术专题报告会，中国工程院陈宗懋院士做了题为《茶园绿色防控与质量安全》的讲座。各市（县、区）农业（茶业）部门人员、茶叶企业代表等300多人参加。陈宗懋院士从抗病虫茶树品种、栽培技术、物理防治、化学防治、生物防治等方面介绍了茶叶绿色生产中最新的技术成果。6月18日，举办了茶产业绿色发展高峰论坛（中国·福建），福建省副省长李德金出席论坛并讲话，200多人参加了活动。论坛上，福建省农业农村厅聘请中国工程院陈宗懋院士为福建茶产业绿色发展首席顾问，指导福建省茶产业的绿色防控工作。

（二）保护种质资源，确保良种优势

实施种质资源保护与利用，确保茶树品种优良化和可持续发展。2018年，福建省安排省级财政专项资金200万元，扶持福安（福安大白茶）、建阳（福建水仙）、霞浦（四季春）、蕉城（吴山早清明）、周宁（祖龙半野生茶）、安溪（茶树种质资源圃）、大田（大寨山茶）、漳平（官田茶）、建瓯（盖岭林老茶树）、政和（政和菜茶）10个种质资源保护点开展项目建设。每个项目安排扶持资金20万元，资金用于在保护点范围内，完善道路、沟渠、喷滴灌等基础设施以及资源圃整地，设立园内种质资源标识标牌；开展种质资源生化成分分析以及农艺性状、茶类适制等研究；建立和完善种质资源保护档案、资料等。

（三）实施重大项目，推动产业发展

1. 开展茶叶绿色高质高效创建项目

2018年安排周宁县、政和县承担中央农业生产发展资金部级茶叶绿色高质高效创建项目，安排项目资金800万元，用于茶园物化投入、社会化服务和技术推广服务三方面补助。资金于8月底下达，项目县成立了相关项目领导小组，明确分工，组织项目实施。

2. 开展绿色循环优质高效特色农业促进项目

2018年松溪县承担绿色循环优质高效特色农业促进项目，安排项目资金1980万，用于建设核心示范茶园、强化茶园管理以及优化茶园绿色防控等方面。松溪县还邀请陈宗懋院士团队成员及相关专家开展茶叶绿色防控指导工作。

3. 大田、漳平、周宁3个重点产茶县创建省级现代茶业产业园

各创建县由县政府主要领导牵头成立创建工作协调小组，统筹协调现代农业产业园创建工作。

并按照“优化一产、深化二产、强化三产、加强科技支撑、带动农民增收”的要求，找准发展定位，明确功能区布局，补齐短板，打造亮点，提升现代农业产业园发展水平。

（四）积极组织，努力开创品牌宣传新局面

1. 积极组织参加第二届中国国际茶叶博览会

5月18日至22日，为期5天的第二届中国国际茶叶博览会在杭州举办，福建是本届茶博会唯一的主宾省，副省长李德金在第二届中国茶业国际高峰论坛上作了《清新福建·多彩闽茶》主题发言，推介福建茶叶。本届展会，福建省以“清新福建·多彩闽茶”为主题，组织了安溪铁观音、武夷岩茶、福鼎白茶等12个区域公用品牌100多家茶叶企业参展，向国内外嘉宾、观众全面展示福建产茶历史悠久、茶文化底蕴深厚，名茶种类众多、茶叶品质优异的茶叶强省形象。

福建展团荣获“第二届中国国际茶叶博览会组织奖”、安溪铁观音展示馆获“第二届中国国际茶叶博览会设计奖”，在茶博会评出的108个金奖产品中，福建省独占11席，成绩喜人。茶博会上，“安

溪铁观音神州行”还荣获“中国茶事样板十佳”称号，武夷山风景区岩谷花香漫游道和大田东方美人茶园二日游入选全国茶乡旅游精品线路20强。

2．宣传推介，扩大闽茶影响

福建省委省政府在香港举办了闽港合作推介会暨闽港重点合作项目签约仪式活动，期间在推介会上集中展示安溪铁观音、武夷岩茶、福鼎白茶、福州茉莉花茶、坦洋工夫等茶叶区域公用品牌，引起了香港各界人士的浓厚兴趣。参会嘉宾争相品饮福建名茶，福建茶叶种类多、质量好、品质优的良好形象得到了大家的高度赞赏，“清新福建·多彩闽茶”品牌国际影响力得到进一步提升。同时，对评选福建省名牌农产品的企业省厅组织新闻媒体专题宣传报道和做宣传广告牌等。

（五）闽茶海丝，扬帆五洲

为进一步巩固闽茶海丝行活动成果，拓展境外销售市场，福建省8月份组织50家茶叶企业赴香港，9月份组织15家茶叶企业赴希腊、俄罗斯和哈萨克斯坦三国开展“闽茶海丝行”活动，共举办了四场闽茶专场推介会，参加了2018香港国际茶展和俄罗斯莫斯科国际食品展，集中展示乌龙茶、白茶、红茶、茉莉花茶产品，在国际市场打响“清新福建·多彩闽茶”品牌。同时，分别在希腊、俄罗斯、哈萨克斯坦设立了闽茶文化推广中心，并与当地茶叶经销商进行广泛接洽，达成了多项经贸合作共识，圆满完成既定任务，茶叶企业签订合同10.5亿元，取得了显著的茶叶经贸成果，促进了茶文化对外交流。

二、主要经验做法及成效

（一）加大茶树资源保护力度

茶树优异种质资源是国家的宝贵财富，是茶叶生产利用、品种创新和生物技术研究的重要物质基础。福建省是茶树品种资源大省，素有“茶树品种宝库”之称。开展茶树种质资源保护与利用工作，是福建省茶产业发展的现实所需和可持续发展所系，也是各级政府职责所在，具有十分重要的现实和长远意义。近年来，福建省积极推进茶树资源保护，取得了一定成效。

1．设立保护区，实行挂牌保护

2016年和2017年，福建省分别组织开展古树名木资源普查和全国重点保护野生植物资源调查工作，发现散生古茶树25株、野生古茶树3片，在15个省级以上自然保护区分布野茶面积4公顷。根据古树名木保护管理有关规定，古茶树资源均以生长地县级人民政府名义进行挂牌保护；自然保护区内的野茶也按照《福建省森林和野生动物类型自然保护区管理条例》等相关规定进行管理保护。今后，相关林业管理部门、农业农村（茶业）管理部门将强化沟通协作，进一步完善组织和技术保障，确保日常管护措施落实到位。

2．加强科学研究，挖掘品种特色

自2008年，福建省开始组织实施福建省茶树优异种质资源保护与利用工程，截至目前，先后在39个县（市、区）设立茶树种质资源圃6个、保护点67个、基因库1个。各地对列入保护的茶树种质资源进行全面的生物学特性调查、记录、造册，初步建立了福建省茶树生物学特性数据库。今后还将强化茶树种质资源开发和利用，持续优化福建省省茶树品种结构。

3．建立保护开发机制，促进可持续利用

《福建省促进茶产业发展条例》《福建省森林和野生动物类型自然保护区管理条例》等地方法规，对加强茶树种质资源保护工作都已做出了具体规定。并通过广播、电视、网络、报纸等方式进一步加大宣传力度，营造全民自觉保护茶树种质资源的良好社会氛围，扩大社会影响力，推动当地优势特色茶产业发展，助力乡村产业振兴。

（二）加强茶叶质量安全管理

福建省高度重视茶叶质量安全工作，按照“四个最严”要求，大力推广绿色生产，不断提升福建茶叶产品在国际市场竞争力和占有率。一是“最严谨的标准”，重点是推进农业标准化生产，增加优质绿色农产品供给。二是“最严格的监管”，重点是推进风险防控，提升农产品质量安全治理能力和水平。三是“最严厉的处罚”，重点是用好法律武器，坚决打击各类违法违规行为。四是“最严肃的问责”，重点是建立健全农产品质量安全责任制，推动落实地方政府属地管理责任、部门监管责任和生产经营者主体责任。

1．茶园禁用除草剂

农业农村部高度重视除草剂的管理工作，2012年8月1日、2016年7月1日已先后禁止含量在30%以下草甘膦混配水剂和百草枯水剂等除草剂在国内销售和使用。按照《农药管理条例》和《绿色发展质量兴茶的八条措施》，福建省将持续做好以下几项工作。

（1）强化安全风险监测　加强对已登记除草剂的安全性和有效性的风险监测，发现问题及时上报农业农村部，把除草剂使用风险降到最低。

（2）强化农药市场监管　加强对禁用除草剂的监督检查，严厉打击无登记证或假冒（伪造）登记证生产除草剂、非法添加（或搭售）隐形成分等违法行为，严守茶叶质量安全底线。

（3）强化宣传培训　组织省、市、县三级科技服务团队，通过“技术团队+科技人员+示范基地+田间学校”推广模式，指导茶叶企业按照《福建省茶叶绿色发展技术规程》建设不用化学农药绿色示范茶园，着力提升生产经营主体绿色发展理念和绿色生产技术水平。

2．推广使用有机肥

福建省深入开展化肥减量化行动，在安溪、武夷山、福鼎、蕉城等茶叶主产区组织实施茶园有机肥替代化肥项目，加快转变施肥方式，优化施肥结构，实现减量增效。福建省着力做好“替”“减”两篇文章，采取政策优惠、资金奖补、项目扶持等举措，鼓励茶园施用有机肥，大力推进有机肥替代

化肥，促进茶叶提质增效。

3．建设智慧茶园提升原料品质

2018年，福建省重点扶持建设了2个省级现代农业智慧园、5个茶叶物联网应用基地，通过集成应用智能传输、视频监控、智能滴灌、环境感应、地理信息、虚拟现实等信息化新技术和新装备，强化对茶园生产基地、加工车间、清洁包装、产品销售等环节的信息化管控，健全完善茶叶“一品一码”质量可追溯体系，有力地提升了茶叶企业质量安全水平。

4．发展茶园管理规范化服务组织

福建省以农业农村部绿色高质高效创建工作为抓手，在武夷山、政和、周宁、福安等项目县积极构建“全过程”社会化服务体系，扶持培育了一批设施装备先进、服务能力强的病虫统防统治、肥料统配统施新型服务组织，为茶企茶农提供全程社会化服务，初步总结了以整村整乡建制推进的“五统一”生产管理模式，即统一种植品种、统一肥水管理、统一病虫防控、统一技术指导、统一机械作业，实现良园、良种、良法、良机、良制配套，起到了较好的示范带动作用。福建省在实施特色现代农业“五千工程”、现代农业产业园等项目中，重点推广“五统一”等生产管理模式，进一步提升福建省茶产业社会化服务能力和水平。

5．组建茶产业联合体

在福建省茶产业发展过程中，“龙头企业+专业合作社+农户”等模式的出现，有力助推了茶叶产业化发展进程。2018年，福建品品香茶业有限公司和30多家茶叶合作社、家庭农场共同组建现代茶产业联合体，发挥龙头企业的示范带动作用，与合作社、小农户建立紧密利益联结关系，带动茶农分享茶产业链增值收益。福建省结合实施新型农业经营主体培育工程，加快培育专业合作社、家庭农场、种植大户等新型经营主体，总结推广现代茶产业联合体典型经验，推进规模化种植、标准化生产、产业化经营。

（三）推动茶产业科技转型升级

1．制定开放金融政策助力产业转型升级

福建省委省政府高度重视优化茶叶企业发展环境，出台了关于降低企业成本减轻企业负担的意见、福建省企业研发经费投入分段补助实施办法等产业扶持政策，大大激发广大茶叶企业的发展活力。2018年11月，按照中央和省委省政府关于实施乡村振兴战略的决策部署，福建省制定下发了《关于发展普惠金融助力乡村振兴战略的意见》。未来5年，建行福建省分行将提供不低于3000亿元的意向性贷款，重点围绕打造包括茶叶在内的十个特色农业产业，实施特色现代农业提质增效“五千工程”，建行福建省分行以“互联网+大数据+全产业链”模式，创新线上、线下相结合的涉农信贷产品，持续推出闽茶等“闽”字号系列融资产品，全力推进农业全产业链整体金融服务，助力乡村振兴。

2．构建技术辅助辐射体系加快科技成果转化

福建省不断创新科技服务机制，促进茶叶科技成果推广应用，为茶产业高质量发展提供支撑。坚

持“请进来，走下去”相结合，聘请陈宗懋院士担任福建茶产业绿色发展首席顾问，举办专场报告会，推介最新科技成果和模式，组建福建省茶叶产业技术创新联盟，强化现代农业（茶叶）产业技术体系，举办“农民茶园学校”，开展技术培训，推动茶叶科技成果快速精准转化应用，科技贡献率不断提高。

3. 整合优势资源布局产业科技战略

福建省高度重视茶产业创新工作，采取政策优惠、资金奖补、项目扶持等举措推动茶叶企业购置新设备、开发新产品。支持茶叶企业新建、扩建连续化自动化标准化精制加工生产线和购置茶叶精深加工设备，充分发挥大闽集团、天福集团、武夷星等茶叶龙头领军企业的示范带动作用，鼓励品牌茶叶组织开发适应市场需求的新式茶饮料、袋泡茶、富硒茶等茶叶产品和茶器具、茶包装，提升产品档次；提取利用茶多酚、茶多糖、茶色素等茶叶功能性成分，加大茶保健品、茶食品、茶日化品开发，促进产品结构多元化发展，提升市场竞争力。

（四）提升茶业品牌价值

福建省高度重视茶叶品牌发展工作，采取优惠政策措施，鼓励有条件的茶叶企业和农民专业合作组织争创驰名商标、著名商标，推进区域品牌和企业品牌相互促进发展，目前全省茶叶类品牌中有中国名牌产品或名牌农产品6个，23个产品获中国驰名商标称号。“安溪铁观音”“武夷岩茶”被评为中国茶叶十大区域公用品牌，“福鼎白茶”被评为中国茶叶优秀区域公用品牌，有97个茶叶产品获得福建名牌产品称号。

1. 加强顶层设计

福建省按照《中共福建省委实施乡村振兴战略领导小组关于加快实施乡村振兴战略十条措施的通知》、福建省政府《绿色发展质量兴茶八条措施》和《福建省乡村产业振兴专项规划》等文件精神，立足福建茶产业发展实际，统筹规划，制定福建茶品牌发展规划，坚持抓龙头、建基地、强品牌，促进一二三产业融合发展，重点围绕“清新福建·多彩闽茶”“闽茶海丝行”等主题推介活动，着力提升安溪铁观音、武夷岩茶、福鼎白茶、政和白茶等茶叶区域公用品牌影响力和知名度，打响绿色品牌。

2. 构建实施方案

福建省围绕做强做优做大十大特色产业，实施特色现代农业“五千”工程（即培育1000个以上省级以上农业产业化龙头企业；支持建设1000个优质农产品标准化示范基地；建成1000个农产品产地初加工中心；新增“三品一标”农产品1000个；培育“一村一品”特色农业产业示范村1000个），建成一批特色农业大镇，打造一批特色产业产值超百亿元农业产业强县，茶产业发展是其中的重要内容。《福建省特色现代农业“五千工程”实施方案》已印发各地组织实施，福建省将强化工作指导，督促各地将工作落到实处，促进茶产业提质增效。

3. 明确执行机构

提升茶品牌价值是一项系统工程，需要省直部门、地方政府、行业协会、茶叶企业的多方合力。

按照“政府搭台、企业唱戏”的原则，根据具体项目情况，采用政府购买服务等多种方式，充分发挥好海峡两岸茶业交流协会、福建省茶叶学会、福建省品牌建设促进会等社团组织和科研院校、新闻媒体的资源优势，共同推进福建省茶品牌提升工作。

4．加强经费保障

省级财政按照福建省委省政府的工作部署，通过调整优化省级特色现代农业专项资金的支出结构，不断加大投入力度，强化资金监管，采取有力措施支持茶产业进一步加快发展，支持茶行业品牌价值提升工程有序进行。

（五）促进茶旅产业融合

1．增强辐射效应，发挥拉动作用

随着近年来福建茶产业转型升级发展，涌现出了武夷山印象大红袍、天福茶博园、新坦洋天湖茶庄园、安溪国心绿谷茶庄园、武夷山香江茗苑等一批茶文化旅游产品，茶文化特色旅游产业集群已初具规模。今后，福建省将继续以现代茶业产业园项目为抓手，推动茶庄园建设，设计、打造福建茶文化旅游线路，“以旅兴茶，以茶促旅”，形成良性互动发展模式。

2．突出地域特色，加强品牌建设

福建省紧紧围绕品牌农业发展目标，实施以区域公共品牌为基础、企业自主品牌为主体的茶叶品牌战略。一是在国内外开展“清新福建 多彩闽茶”系列主题宣传活动，扶持壮大安溪铁观音、武夷岩茶、福鼎白茶等重点区域公共品牌；二是鼓励和支持重点龙头企业通过电视、广播、报刊和互联网等新型媒体扩大品牌影响力。积极组织茶叶企业参加第三届中国国际茶业博览会（杭州）、香港国际茶展、海峡两岸茶业博览会等国内重要茶叶展会，加大以“清新福建·多彩闽茶”为主题的茶叶区域公用品牌、企业品牌、产品品牌宣传推介力度，进一步提升福建茶叶在全国乃至世界的知名度。

3．着力培养人才，提高服务质量

福建省主要从两个方面入手：一是着力提升产业发展科技水平。牵头组建福建省现代茶产业技术体系，以“三农”（省农业农村厅、福建农林大学、省农科院）协作为基础，聘请中国工程院陈宗懋院士为福建省茶产业绿色发展首席顾问，共同研究与集成生态茶园建设配套综合技术、不同土壤类型类别的高产优质技术等茶叶优高生产模式，开展茶叶病虫害绿色防控技术研究与应用等一系列茶叶生产、加工技术，有效促进福建省茶业科技成果转化应用。二是加大茶农培训力度。各级农业农村部门高度重视茶企、茶农的培训工作，将茶叶种植、加工、营销等内容纳入新型职业农民和返乡人员培训、农村实用人才带头人素质提升工程等，据统计，2018年全省共举办茶叶培训班150多场、累计培训6万多人次，有力提高了福建省茶叶生产经营主体绿色发展理念和绿色生产技术水平。

4．完善配套设施，加强基础建设

在学习借鉴法国葡萄酒庄园生产模式的基础上，福建省在全省组织实施茶庄园建设项目，重点围绕基地建设、质量管理、流通管制、品牌提升、文化弘扬等方面内容，着力打造集“生产、加工、营销、品牌、文化、旅游”为一体的茶庄园，推动茶叶企业突破传统农业的生产模式，由单一生产功能向综合功能发展的态势，展示生态、旅游茶业之路，实现经济效益与社会效益的统一，引领福建省茶业转型升级。福建省将按照省地方标准《茶庄园建设指南》要求，进一步规范茶庄园建设，完善茶庄园基础设施，打造福建茶庄园的整体良好形象。

（六）推动茶产业融入“一带一路”国家战略

1．积极培育和建立茶叶现代物流市场，建设茶叶研发中心

目前，福州、安溪、武夷山等地正在筹备组建茶叶商品交易中心。福建省积极促成茶叶商品交易中心的落地，充分发挥交易中心在茶叶定价和资源配置方面的功能，将其打造成中国茶产业信息发布、产品交易、产品交割、资金结算和清算、质量监督、风险监控和物流仓储平台，积极助推“闽茶”取得全国市场的定价权，引导社会资本投资福建茶叶种植、加工和贸易等产业各个环节，快速壮大福建茶叶企业规模，增强闽茶品牌影响力，扩大市场覆盖面。

2．积极推介和宣传中国茶文化，推动福建茶产业融入“一带一路”

2016年以来，福建省农业农村厅持续组织重点茶叶企业赴“一带一路”沿线国家开展“闽茶海丝行”经贸活动，3年共在12个国家和香港特别行政区举办15场闽茶专场推介会、设立10个闽茶文化推广中心，福建名茶还多次亮相“茶叙外交”，提高了“多彩闽茶”的知名度和美誉度。今后，福建省将重点持续做好以下工作。

（1）持续开展“闽茶海丝行”活动，鼓励和支持重点茶业龙头企业拓展海外市场，在“海丝”沿线国家和地区重要城市设立茶叶营销和推广中心、品牌专卖店、茶艺馆等，提升闽茶和闽茶文化在海外的影响力。

（2）创新“走出去”模式，充分利用“闽茶推广中心”的平台，设立茶艺、茶文化课程，以茶为载体推动中华文化宣传普及。

（3）打造茶文化精品旅游线路，推进茶庄园、茶博物馆建设，吸引世界各地游客前来福建，感受深厚历史文化底蕴，有效推动茶产业、茶文化产业、旅游业的协同发展。

（执笔人：于学领、王昕、苏峰）

江西省茶叶行业发展报告

江西省茶叶协会

江西茶，香天下；振兴赣茶，江西自信！

江西省是我国著名的产茶大省，赣茶文化历史悠久、底蕴深厚。据统计，全省有近70个产茶县，以盛产名优绿茶、大宗绿茶和红茶而闻名。江西省自然条件、生态环境优越，特别是降雨量、气候、土壤等适宜茶树的生长种植，优秀的自然环境孕育出了高品质的江西茶。

2018年是全面贯彻党的十九大精神开局之年，是改革开放的40周年。在党中央、国务院和江西省委的坚强领导下，江西省茶叶协会深入学习贯彻习近平新时代中国特色社会主义思想和党的十九大精神，从更高层次贯彻落实习近平总书记对江西工作的重要要求。江西省委省政府高度重视茶产业发展，出台了一系列扶持政策，扶持江西茶产业的发展，在各级政府、茶行业主管部门、行业协会组织和江西茶人们的共同奋斗、努力下，江西茶产业紧紧围绕茶叶品牌建设主线，以整合、宣传、提升为着力点，加快茶叶发展方式转变，努力提高质量效益，全省茶产业初步完成由自产自销向组织化、品牌化经营的转变，综合实力显著增强，产业升级步伐不断加快，茶叶品牌影响力大幅提升，成效明显，实现了稳步前进的良好发展态势，各方面发展均取得了阶段性成效。

一、2018年江西茶产业发展概况

（一）茶叶生产与产品质量水平保持增长态势

江西省委省政府高度重视茶产业发展，出台了一系列扶持政策，扶持江西茶品牌发展。江西是个产茶大省，其中遂川、婺源、浮梁、庐山、修水、都昌、武宁、彭泽、上饶、萍乡、宜春、资溪、靖安、宜丰、于都、兴国、信丰、会昌、龙南、定南、全南、上犹、崇义、南康、宁都、瑞金等60多个涉茶县市，都是江西重要的产茶区，是江西茶品牌的重要构成部分。

2018年江西茶叶生产总量稳步增长，有效克服了名优茶市场下滑、生产成本攀高等不利因素影响，全省茶区继续保持较快发展势头。全省茶园面积172万亩，较上年增14.8%；预计2018年干毛茶总产量7万吨，较上年增9.6%；干毛茶产值62亿元，较上年增11.8%；“四绿一红”狗牯脑茶、庐山云雾茶、婺源绿茶、浮梁茶、宁红茶优势产区进一步扩边，庐山云雾茶、宁红茶实现跨县域整合，“四绿一红”产区茶叶总面积90万亩、总产量4.4万吨、干毛茶总产值27亿元，较2014年的61.5万亩、3.02万吨、19.8亿元分别增长46%、45.7%和36%。江西茶产业坚持整合、提升主旨，根植质量创新品牌。

全省无性系茶园占比达50%以上，有机茶园认证面积在全国各产茶省份中位居前列，江西把发展绿色有机茶作为打造茶叶生产的重要内容，推行标准化、绿色化茶叶生产。

（二）品牌建设、企业实力快速发展

新时代，迎来新风貌，更要有新作为。2018年江西省茶产业紧紧围绕茶叶品牌建设，坚持绿色、有机发展理念，努力提高质量效益和品牌竞争力，茶产业发展和茶叶品牌建设均取得了阶段性成效，创新发展新气象取得了新突破。

现阶段江西茶叶品牌建设发展迅速，除现有的几大传统历史茶类品牌和部分区域公用品牌外，更有一大批知名茶企、品牌在不断涌现和被市场认知，江西茶产业生产、种植、销售、管理等产业链各领域新思想、新模式推陈出新，快速发展，极大地推动了江西茶叶行业的发展。

江西省政府办公厅印发《关于推进全省茶叶品牌整合的实施意见》（赣府厅发〔2015〕22号）。全省上下确立了“以市场为导向，以区域品牌整合为基础，以企业实施为主体，以品牌提升为目标，五年内打造1～3个全国茶叶知名品牌”的工作思路。2018年江西全省茶产业有国家级农业产业化龙头企业3家、省级50家、市级151家，省级、市级较2014年分别增长4家和30家，茶叶出口额6030万美元，较整合前增30.7%，婺源县获评中国茶叶出口第一县，有机绿茶出口占欧盟市场半壁江山。2018中国茶叶区域公用品牌价值评估中，庐山云雾茶品牌价值为23.15亿元，位列第19位；浮梁茶品牌价值为21.36亿元，位列第25位；狗牯脑茶品牌价值为19.63亿元，位列第32位；婺源绿茶品牌价值17.34亿元，位列第41位；宁红茶品牌价值14.04亿元，位列第51位。相比2017年“四绿一红”的品牌总价值（81.39亿元），今年“四绿一红”品牌总价值（95.52亿元），增加了14.13亿元，增长了17.36%。同时浮梁茶被评为“最具品牌资源力”的三大品牌之一，狗牯脑茶被评为“最具品牌经营力”的三大品牌之一。值得一提的是，江西宁红茶被认定为第18届亚运会官方唯一指定茶叶，是我国20个合作品牌之一和唯一入选的农业品牌，也是江西茶叶首次登上亚运会官方舞台。

在由中国茶叶流通协会举办的“第十四届中国茶业经济年会”活动中，江西省涉茶获奖单位代表及个人共百余人参加。江西省婺源县、遂川县、修水县、浮梁县、庐山市、铜鼓县、上犹县、铅山县荣获“2018年度中国茶业百强县”称号；江西宁红集团有限公司、江西省武夷源茶业股份有限公司、上犹犹江绿月食品有限公司、婺源县鄣公山茶叶实业有限公司荣获“2018年度中国茶叶百强企业”称号；同时，来自上犹犹江绿月食品有限公司的田春兰女士荣获“2018年中国茶业年度人物奖”；江西宁红集团有限公司荣获“2018年度中国茶业最受消费者认可十强企业”称号；江西省上犹县荣获“2018年度中国茶旅融合竞争力全国十强县（市）”称号。江西茶品牌在全国公用品牌影响力逐步增强。

中央一号文件公布，要全面部署实施乡村振兴战略，文件中提出了“实施乡村振兴战略、大力发展乡村休闲旅游产业”的精神。江西省茶叶行业市场在新时代积极开拓茶产业发展新思路、创新经营新模式，积极推进茶产业和旅游文化产业融合发展，促进地区美丽乡村建设和经济发展。在市场消费升级、传统文化振兴、一二三产大融合的发展趋势下，江西茶产业在茶叶生产、销售、空间服务、文化教育、休闲旅游、健康食品等领域间的互相合作、发展、演变、促进、融合，推动了江西茶产业保持不断创新，在新时代塑造和创造新的价值。江西茶馆、茶教育、茶旅游、茶文化等茶相关行业都取得了长足的发展，诞生了许多富有创新力的品牌，江西茶品牌不断创新价值能力，实现了蜕变式的发展，增强了影响力与竞争力，壮大江西茶产业。

二、江西茶产业发展的创新思路

（一）加快生态茶园建设，着力打通绿水青山与金山银山双向转换通道

经过多年不懈努力，江西茶产业发展不断迈上新台阶，已进入新的历史阶段。江西省在茶产业发展方面进行积极探索，为进一步推进产业转型升级打下一定基础，但江西茶产业供求结构失衡、要素配置不合理、资源环境压力大、茶农收入持续增长乏力等问题仍很突出，增加产量与提升品质、成本攀升与价格低迷、库存高、销售不畅、小生产与大市场等矛盾亟待破解。

江西茶产业的发展必须顺应新形势新要求，坚持问题导向，深入推进茶产业供给侧结构性改革，加快生态茶园建设，充分释放绿色发展红利。大力推进省级生态示范标准茶园建设，着力打通绿水青山与金山银山双向转换通道，以更高标准打造“江西茶”样板。依托产业化龙头企业带动，聚集现代生产要素，建设“生产+加工+科技”的现代生态茶园，发挥技术集成、产业融合、创业平台、核心辐射等功能作用。发展设施茶业、精准茶业、精深加工、现代营销，带动新型茶业经营主体和茶农户专业化、标准化、集约化生产，推动茶产业全环节升级、全链条增值。

坚持质量兴茶，突出优质、安全、绿色导向，健全茶产品质量和食品安全标准体系，引导茶企业争取国际有机农产品认证，健全茶产品质量和食品安全监管体制，强化风险分级管理和属地责任，加大抽检监测力度。建立全程可追溯、互联共享的追溯监管综合服务平台，全面提升江西茶产品质量和食品安全水平。

（二）创新江西茶产业流通新动力，促进产销结构平衡发展

中国是茶叶生产大国，江西是茶叶生产大省，茶叶种植生产历史悠久，诞生了许多知名的地域性公共茶品牌。江西好山好水出好茶，有着得天独厚的优秀自然环境。但是产品好不一定意味着市场就能好，现在的市场是“茶香也怕巷子深”。我们中国国内的茶，据不完全统计有上千种，市场上常见的知名茶也有近百种；目前国内大多数地域性茶叶品牌还处在于本县知名、本省知名的瓶颈上。

近年来，江西省委省政府、各市县级政府高度重视茶产业的发展，出台了一系列扶持政策发展江西茶产业，推广建设江西茶品牌，为国人认识江西茶、了解江西茶以及江西茶品牌走出江西做出了卓有成效的贡献。但江西茶品牌的奋进发展，出类拔萃于国内上千种地域性茶叶品牌之路，仍然面临着严峻的市场竞争考验。江西茶品牌发展之路，需要政府、行业、企业各方之间的共同努力，要充分调

研和总结国际、国内茶产业消费市场，认识江西茶在市场上的差异化特点，制定正确的品牌发展定位和市场运营办法，创新性地让江西茶走出一条独特、突出的蓬勃发展之路。

（三）推进茶产业新业态建设，促进茶产业一二三产健康融合发展，拓展茶产业新价值链

茶文化内涵丰富，江西有着深厚的茶文化底蕴，茶文化与旅游相互促进、相互交融，有助于形成一二三产融合发展的良好局面。利用“旅游+茶”“生态+茶”，推进茶与旅游、教育、文化、康养等产业深度融合，是将茶叶生态环境、茶生产、自然资源、茶文化内涵等融为一体进行开发。将茶产业与旅游业结合起来，综合山水、民宿等其他产业，不仅有助于中国传统文化继承与发扬，又大大提升了人们的旅游品质，丰富茶与旅游业态，可谓前景大好。

要加强旅游基础设施建设，从交通道路的修建开始，为偏远地区的茶园修建平整的道路，以便于游客出行游玩；符合茶旅景区的特色基础设施全面完善，让游客时时感受到茶文化的细节与韵味；尽力完善茶园山区的通信设施，尽可能地将网络通信覆盖到每一区域内，使不同片区的茶园能在全域内实现信息的即时共享。通过发展茶文化旅游，能够给当地的农民带来更为客观的经济收益，也是实现乡村振兴的非常有利的推动者。

促进江西茶产业健康有序发展的工作，必须从供给侧入手、在体制机制创新上发力，以推进农业供给侧结构性改革为主线，推动发展冲关过坎、克难前行，实现发展动能转换、动力接续，开辟现代化发展新境界。为供给侧结构性改革提供新力量，为茶产业经济发展注入新动能，为社会就业增收开辟新渠道，为城乡融合发展增添新途径，以延长产业链、提升价值链、完善利益链为关键，以改革创新为动力，增强江西茶产业经济发展新动能，开辟江西茶产业现代化发展新境界。

（执笔人：黄鑫磊）

山东省茶叶行业发展报告

山东省茶文化协会

2018年山东茶园总面积据不完全统计为67万余亩，比去年增长了3%。其中日照作为茶叶生产加工主产区占75%，约47万亩，临沂地区占13%，青岛地区占8%，济南、泰安、诸城、海阳等其他零星产地总共约4%。茶业产量共计约3.5万吨，总产值约60亿元。

一、消费形势与现状

（一）主要消费茶类情况

花茶仍是山东茶叶消费的主力军，占据消费市场半壁江山，主要消费群体是中老年人群和各下县村镇等地，近年来消费量一直保持在50%左右，2018年花茶消费量大约为3.2万吨，较往年稳中有降，其主要原因是随着其他茶类的不断宣传和推广，各自都分流了一部分饮用人群。市场上花茶销售以中低档为主，平均消费价格在50～100元/斤（500克），较同期增长6%。高档手工花茶有一定的销售份额，但是需求量不高。价格上涨原因主要是由于鲜花原料、物流环节、人工费上浮所致。绿茶销售情况与往年相比基本维持不变，随着整体市场行情的转型，福利茶、礼品茶等高端产品逐渐淡出消费主流，大部分经营者大都面临客户少，类型单一集中，指向冲突等问题。今年山东在3月初收到降温影响，春茶下茶时间偏晚，以日照地区尤为突出，产量大幅下降，业户前期春茶经营受到不小冲击。夏秋茶的生产和制作方面与往年持平，红茶的销售较前几年呈明显下降趋势，但是市场还是占有一定的份额，价格从几十元到数百元不等。由于红茶市场前几年的风靡，也拉动了发酵茶类的市场，如岩茶、黑茶等都开始受到消费者的喜爱，这也与媒体的不断宣传和推广有很大关系。受消费市场的影响，山东诸多茶企也已经开始研发出红茶产品，各产地纷纷推出日照红、泰山红、沂蒙红等新产品，而且产品生产成本相对较低，价格又不输于绿茶，为茶叶加工企业能带来一部分收益，并且对山东省茶叶生产和创新也有一定的推动和促进作用。

（二）其他茶类的消费情况

山东作为全国大的茶叶销区，最大的特点是包容性强，几乎各种茶类都可以找到自己的饮用人群。从2018年的茶叶消费类别来看，白茶仍然稳居市场销售之首，而且呈继续攀升之势。福建白茶以良好的药理保健功效为卖点从2015年开始逐渐成为市场主流产品，加上产区政府非常重视，把白茶的推广作为重要工作推向全国，各大展会上均为主推产品，并且通过媒体多方位跟踪报道，受到了消费者的广泛关注，消费量从2015年的10%上升到35%，而且这一效果还将会持续下去。

（三）新产品的推荐活动逐渐增多

近年来，随着各产茶区政府对茶叶的不断重视，陆陆续续地开始走出去。而山东是全国茶叶的主销区，因此2018年在山东举行的各产茶区茶品推介活动明显增多，贵州遵义、湖南湘西、广西横县、福建政和、湖南安化、广西梧州、广东新会等地都专门来山东各地级市做过多场产品推介会和品茗会，均取得了不错效果。另外，在今年山东各大茶博会上的参展企业均高于去年同期水平。

二、山东茶产业发展存在的问题

（一）优质茶园规模小，基础设施不完善

山东省70%的茶园是20世纪90年代以后发展起来的，良种化水平较低。目前山东省无性系良种茶园面积不到总面积的40%，普遍低于其他茶区水平。在茶园基础设施管理上也不到位，特别是茶园喷灌及配套水利设施、道路交通等环节问题突出，以至于茶园抗灾抗风险能力薄弱，影响了茶叶的产量和质量。

（二）品牌多而杂，高端品牌缺乏

山东省茶叶品牌近1000余个，呈现“多、杂、小”的局面。由于多数茶企经营负责人都是茶农出身，世代种茶，没有很高的思想觉悟及品牌意识，导致企业市场竞争力下，收益低且发展难。虽然随着近些年的不断宣传，“日照绿茶”有了一定的知名度，但是企业品牌共享意识差，整合难度大，优势品牌茶不够突出。

（三）茶企加工技术水平参差不齐

目前据不完全统计，半数以上的茶企业存在加工设备、加工技术相对落后的问题，离标准化、清洁化、自动化、智能化的差距较大。茶企生产效率低，而且还有一部分手工作坊式的小厂更是在产品质量和卫生条件上难以达标，大大限制了山东省茶业品牌化发展的速度。

（四）政府指导作用有待加强

由于茶业在山东省GDP中所占的比例不大，政府指导性的支持与规划力度不足，对茶叶生产投入的水平不够，对国际性的茶事活动兴趣不足，缺经验，少交流，在调动茶企茶农茶叶生产积极性上没有发挥足够的引导作用。

三、关于产业发展的若干建议

（一）推进品牌建设

加强企业与品牌的宣传和形象塑造，提高知名度和美誉度，鼓励和支持企业争创省著名商标和名牌产品，提升品牌的影响力和竞争力。发挥产品地理标志的作用，积极打造区域特色公共品牌，同时加强茶叶品牌商标、标识、域名的监管和依法保护力度，维护生产者和消费者权益。

（二）加强科技力量投入

山东茶叶生产加工比较晚，加之环境与气候的因素，技术水平相对比较滞后，要加强茶企与各大专业院校间的合作，扩大良种育苗面积，提高栽培与加工技术，尤其是搞好越冬防护管理，争取向规模化、机械化的方向发展。

（三）加强政府领导

加大政府对茶产业的扶持力度，构建“政府引导、企业主体、部门联动、社会参与”的茶叶产业发展推动机制。认真落实扶持政策，加大资金整合力度，突出支持重点，尤其在良种繁育基地、茶园基础配套设施、技术改造等环节上应重点投入。

（四）开拓思维，多方位发展

由于市场大环境的影响，茶叶流通市场疲软，给许多经营者带来冲击。在新的市场环境下，要创新思变，发展多元化的销售渠道。在互联网、电子商务、茶文化领域进行突破革新，争取走出传统的销售模式，多方位探索，来找出新的思路。

（执笔人：蔡飞）

河南省茶叶行业发展报告

河南省茶叶协会

河南省种茶历史悠久，茶文化底蕴深厚，是我国茶叶主产区之一。“十三五”以来，河南茶叶规模化、区域化、产业化格局基本形成，主要集中在大别山、桐柏山和伏牛山，信阳、南阳、驻马店3市茶园面积和产量之和占全省的98%以上，生产主要以春季绿茶为主。据业务部门统计，截至2018年底，全省茶园面积240万亩，茶叶总产量6.8万吨。其中，信阳市茶园面积达210万亩，占全省茶园面积88%，茶叶产量达6.6万吨，占全省产量96%。南阳市茶园面积23.65万亩，茶叶产量2400吨，茶叶总产值6.8亿元。驻马店茶叶种植面积近2万亩，年产干茶370吨，产值达0.83亿元。信阳毛尖、信阳红、桐柏玉叶和桐柏红成为河南省茶叶区域公用品牌。2018年，信阳毛尖品牌价值达到65.3亿元，位居中国茶叶区域公用品牌价值第二位，被誉为“绿茶之王”。

一、河南省茶产业基本情况

河南省历来重视茶产业发展，为认真落实十九大报告提出的乡村振兴战略布局，着力打好“四张牌”，以发展优势产业为主导推进产业结构化升级，结合《河南省茶产业发展规划（2011—2020）》的目标要求，各产茶市、县政府把茶产业作为一项生态、健康、富民产业，出台政策，强化措施，大力扶持，有力地推进了河南省茶产业持续快速发展，河南省茶园面积已连续多年位居全国第10位。

（一）茶产业实现了平稳较快发展

在河南省委省政府的领导下，茶区各级党委、政府把茶产业发展放在重要位置，茶产业发展步伐进一步加快，茶产业规模不断壮大，茶产业效益显著提升，河南省茶产业实现了平稳较快发展。截至目前，河南省茶园面积达到240万亩，采摘面积170万亩，茶叶总产量6.8万吨，总产值110亿元。信阳、南阳、驻马店等地茶园面积和产量占河南省的绝大部分，大别山、桐柏山、伏牛山三大茶区已经形成，呈现出规模化、产业化、区域化发展的新格局。茶产业已成为河南省茶农收入新的增长点，成为区域经济发展的新亮点。

（二）茶产品结构不断丰富优化

长期以来，河南一直以生产信阳毛尖、桐柏玉叶等单一绿茶产品为主。随着“信阳红”红茶的开发生产，改变了河南省单一生产绿茶的传统格局，带动了三门峡、济源、洛阳等地茶产业的新发展，也促进了各类茶产品的开发利用和茶产业链条的不断延伸，形成了以绿茶、红茶为主导，黑茶、青茶、白茶、花茶等茶类多元发展的良好局面。茶产品结构的优化、产业链条的延伸，向茶叶加工深度进军，一批茶饮料、茶食品、茶药品、茶化工产品等高附加值产品相继问世，大大提高了茶叶综合利用率和经济效益。

（三）茶市场培育方兴未艾

河南省地处中原腹地，既是重要的茶产区，又是茶叶的主销区，具有诸多的独特市场优势。随着人民生活水平提高后饮食结构的变化，茶叶消费进入了“全民时代”，中原茶叶市场方兴未艾。据统计，目前郑州茶叶市场已发展到29个，年销量达4万吨，年销售额达80亿元。2014年4月份郑州唐人街茶城开业，同年9月份郑州凤凰茶城隆重开业，2017年10月28日首届中原茶文化节暨国香茶城乔迁庆典仪式在郑州市管城区的国香茶城举行。已有来自台湾、福建、四川、云南、贵州、湖南、湖北、江苏、安徽等茶产区1500余家厂商入驻经营，“南茶北销、国茶外销、外茶联销”的交易服务平台建设初具规模。目前，中原已形成郑州、信阳为中心，辐射周边城市和北方省区的茶叶集散地，有效地带动了茶经济的繁荣与发展。

（四）茶文化进一步得到传承弘扬

弘扬茶文化，一方面加大宣传力度，普及茶知识，倡导茶为国饮、科学饮茶，并充分利用信阳国际茶文化节、郑州茶业博览会及各种茶事活动，丰富茶文化内涵，提升茶文化的价值，促进茶文化发展。另一方面，根据中原茶文化资源丰富、优势突出的特点，以挖掘保护研究开发为重点，先后对济源卢仝茶文化、开封宋茶文化、茶馆文化等进行了考察和调查，并成功举办了宋茶文化研讨会、卢仝茶文化研讨会，促进了卢仝茶文化历史遗存在保护和修复，推动了宋茶文化资源的开发和利用，茶文化传承创新取得了新成果。

二、河南省茶产业发展存在问题

“十三五”时期，随着我国经济发展进入新常态，河南省茶产业发展也步入了新常态。认真贯彻落实党的十九大精神必须树立和践行绿水青山就是金山银山的理念，形成绿色发展方式和生活方式，坚定走生产发展、生活富裕、生态良好的文明发展道路，建设美丽中国，为人民创造良好生产生活环境，为全球生态安全做出贡献，茶产业发展传统的拼资源和要素粗放的量的高速增长方式已难以为继，必须逐步调整转变为靠品质品牌、科技人才和文化传承创新等核心竞争力的提升的发展方式。为此，河南省茶产业必须坚持问题导向，努力破解以下发展瓶颈。

（一）消费需求与产品供给之间的矛盾

党的十九大报告指出：建设生态文明是中华民族永续发展的千年大计，必须树立和践行“绿水青山就是金山银山”的理念。近年来，国内外茶叶市场需求发生深刻变化，特别是我国经济发展和作风建设进入了新常态，对茶叶的生产和消费产生了重要影响。2018年以来，随着作风建设的落地生根，中央八项规定精神得到坚决落实，党的纪律建设全面加强，腐败蔓延势头得到有效遏制，反腐败斗争压倒性态势已经形成，不敢腐的目标初步实现，不能腐的制度日益完善，不想腐的堤坝正在构筑，党内政治生活呈现新的气象，我国的经济发展步入了新常态，全国茶行业的发展已进入新常态，即国际市场日趋饱和稳定，国内市场需求发生明显变化。茶叶消费更加多元化，各茶类消费热潮不断变化，高端市场继续萎缩，中低端市场不断扩大，茶叶消费两极分化的现象更加明显。随着科学技术、信息传播以及大众生活水平的日益提高，人们对自身健康日益重视，对饮茶保健的理念也越来越认同。虽然目前广大茶企茶农意识到了市场形势的变化，但转型升级，调整产品结构，适应市场形势变化还需要一个过程，市场消费需求与产品供给之间还存在一定的矛盾。

（二）茶价回落与生产成本走高之间的矛盾

近年来，河南省各茶区劳动力短缺现象明显，采茶成本上涨，茶青下树率低等现象持续出现甚至越演越烈，影响了茶园效益的充分发挥和提升。以信阳为代表的茶区，是劳务输出大市，大量的农村劳动力向城市转移。同时，河南又以生产名优茶为主，茶叶生产从茶园管理、采摘到炒制、精加工诸多环节主要还靠人工完成，劳动效率低，生产成本高，市场竞争力低。另一方面，随着茶叶市场消费趋于理性，高端茶市场明显萎缩，茶叶价格逐步回落，进一步压缩了茶企茶农尤其是大型茶企的利润空间，直接影响茶企茶农的效益。

（三）质量安全硬约束与产品质量安全存在隐患的问题

近年来，伴随茶产业规模的不断壮大，河南新发展茶园中浅山丘陵茶园和“稻改茶”平地茶园面积增多，病虫害发生概率增大。随着信阳红茶、黑茶、乌龙茶等茶类的兴起，夏秋茶的采制逐步增加，如何控制鲜叶农残应需引起重视。河南省大部分茶区仍以分散种植、茶农自产自销为主，茶叶清洁化、标准化安全生产任重道远。受全球气候异常、茶园小环境因素影响，茶园种植管理环节病虫害综合防治技术急需加强，茶树病虫害绿色防控技术需要大力推广。

（四）传统营销消费模式与电商新业态新消费模式之间的互补融合问题

长期以来，河南省茶叶营销模式主要是生产企业成立营销队伍，建立销售网络，通过直销、代理、连锁、加盟等方式，设立品牌形象店、展示展销店和批零专卖店，或是通过茶叶经销商、茶叶经纪人来实现产销快速对接，也有部分消费者走进茶乡购买，实现产销直接见面，减少流通环节，还有少量是实现订单生产销售。近年来，随着O2O模式的广泛普及，越来越多的品牌茶企开始在天猫、淘宝、京东、1号店等第三方电商平台开设旗舰店，电商化已成为品牌企业拓展销售途径的新方向。茶叶电子商务发展已呈井喷之势，网络销售不仅能够降低交易成本，而且能够快速扩大市场，引领消费潮流。如何引导茶企业认真研究并充分利用电商这一营销新业态，鼓励和扶持更多的企业和品牌利用全国知名的电商平台，发展电子商务，做到传统营销消费模式与电商新业态新消费模式之间的互补融合，是摆在面前的一个重要课题。

三、河南省茶产业发展新方向

党的十九大报告指出，要坚持农业农村优先发展，按照产业兴旺、生态宜居、乡风文明、治理有效、生活富裕的总要求，建立健全城乡融合发展体制机制和政策体系，加快推进农业农村现代化。就河南省茶产业而言，就是要认真贯彻落实以上要求，着力适应发展新常态，做到“四个转变”，即增长方式由依靠面积扩张、管理粗放模式向质量效益提高、精细化管理集约方式转变，生产方式由劳动密集型小生产向技术人才密集型标准化生产转变，消费方式由生产引领型产品导向向市场引领型品牌导向转变，发展方式由传统农业向一、二、三产融合的现代农业转变。

（一）大力调整产品结构，有效解决供需矛盾

近两年，茶叶市场出现了一些波动，少数茶企出现茶叶滞销、茶价下降、经营困难现象，本质是茶叶消费需求发生了变化。从这个意义上讲，茶叶消费需求深度调整是茶产业发展的历史必然，茶叶作为绿色健康饮品，将会受到越来越多的消费者的欢迎，总体消费需求呈刚性增长的趋势将不会改变，但茶叶产销形势将不断回归理性。中低端品质好、性价比高价格实惠的大众茶将成为消费的主流。为此，河南茶产业必须认清形势，坚定信心，主动适应市场需求新变化，大力调整产品结构，生产更多更好市场潜力巨大面向普通消费者的中低端茶叶产品，努力开发生产性价比高价格实惠的茶叶新品种、新产品，满足大众消费需求。可以预料，同全国其他茶区一样，河南省茶叶产销形势的深度调整才刚刚起步，这将是今后一个相当长的时期里河南茶界面临的重大课题，也是对广大茶企、茶农和茶叶生产经营者的一大考验。

（二）大力推进生态茶园建设，从源头上化解质量安全隐患问题

打造生态茶产业基地，是在新常态下的转型升级中实现茶业增效、茶农增收的有效途径。河南省地处中原，属于我国的江北茶区，也是我国的北方边缘茶区，打造生态茶产业基地既有独特的自然条件，又有良好的生态优势，更有坚实的产业基础。2011年以来，河南省制定并实施了《河南省茶产业发展规划（2011—2020）》，把生态茶园建设作为重要内容。备受“三农”行业关注的2018年中央一号文件发布全文，这是新世纪以来第15个关注“三农”的一号文件。国家支持做大做强茶叶优势特色

产业；扩大茶叶国际贸易；大力发展茶旅游产业；提升茶业质量安全。近年来，信阳市出台了关于茶叶质量安全法文件，还与中国农科院茶叶研究所开展“市所战略合作”，实施了生态茶园绿色防控“三年行动计划”，大力推广茶树病虫害绿色防控技术，加快建立茶叶质量安全可追溯体系建设，推进有机、绿色、无公害生态茶园建设，切实提高河南省茶叶质量安全管理水平，确保茶叶从茶园到茶杯中的质量安全。

（三）大力发展茶叶电子商务，努力开拓城乡消费市场

茶叶销售电商化是信息化条件下互联网、物联网快速发展带来的茶叶营销模式的创新，不仅信息量巨大、消费便捷，彻底实现了产销直接见面，而且还能大大降低营销成本，引领消费潮流，让消费者随时可以购买到价廉物美、称心如意的茶叶产品，同时也契合了茶叶消费群体日益年轻化这一趋势。近年来，茶叶营销模式也在不断创新。随着网络化、信息化水平的不断提高，茶叶传统的营销模式已不能适应当下千变万化的市场形势，茶叶电子商务营销模式已成为新常态下茶产业发展的新方向。茶叶电商是茶叶营销的新业态，是茶叶传统营销模式的创新发展，是信息化互联网时代茶叶产销领域的一场巨大变革，必须认真研究分析并紧紧抓住这些营销新业态，引导鼓励企业积极参与，在不断创新营销模式中，努力开拓城乡消费市场和大众消费市场，让茶叶真正走进千家万户。

（四）大力发展茶文化旅游，积极拓展茶产业发展新空间

茶文化内涵丰富，有着深厚的文化底蕴，茶文化与旅游相互促进、相互交融，是一项重要的特色旅游资源。茶文化旅游作为一种文化旅游内容，不仅可以增强茶产业的生命力，提高经济效益，还能够带动相关产业的发展，获得更多的经济回报，同时对于弘扬传统茶文化，提升城市品位具有重要作用。随着近年来我国茶产业的不断发展壮大和旅游业的不断升温，茶文化旅游吸引了越来越多的游客，茶文化旅游在经济、政治、环境、文化及社会等各个领域发挥着积极的促进和引导作用。目前，河南省充分发挥河南省深厚的历史文化底蕴和丰富的旅游资源优势，进一步做强做优茶产业，传承弘扬茶文化，以产业兴盛、文化繁荣推动河南省茶文化旅游的快速发展，努力打造特色茶文化旅游名片。

（五）创新发展方式，大力发展现代茶产业

1．大力推广机械化生产，降成本提高劳动生产力

充分利用国家实行购置农机补贴政策，积极引进国内外先进的茶园管理机械和生产机械，大力推广茶叶机采机械，不断提高茶叶管理、生产和采摘机械化采摘水平，努力实现茶叶加工生产的清洁化、连续化、自动化，不断降低生产成本，提高劳动生产力，提升产业效益。

2．大力实施标准化生产，树品牌提升品质质量

研究制定并不断完善茶叶产制标准及技术规程，将标准化生产贯穿到基地建设、茶园管理、生产

加工、市场销售等各个环节，建立健全茶叶标准化生产体系，努力构建“生产有标准、产品有标志、经营有品牌、质量有检测、认证有程序、市场有监管”的标准化格局，不断提升茶叶的品质和质量。

3．大力推进产业化经营，育龙头培育市场主体

要按照集聚发展和“扶优、扶强、扶大”的原则，继续培育壮大茶产业集群和茶产业集聚区，重点培育扶持一批产业基础好、辐射带动能力强、品牌影响力大的龙头企业，大力发展茶叶专业合作社和茶叶家庭农场，发展壮大茶叶经纪人队伍，培育市场主体，努力提升产业化经营水平，不断提高茶产业的市场竞争力。

4．大力推行社会化服务，建体系实现合作发展

随着新型工业化、城镇化、信息化和农业现代化的快速推进，“谁来种茶，怎么管茶”的问题日益突出。探索建立健全专业化的生产保障体系、市场化的社会服务体系和合作化的互利共赢体系，专业化的生产保障体系可从良种繁育、测土配方施肥、绿色生态茶园建设、病虫害科学防治、毛茶加工、质量安全可追溯、绿色环保包装的设计制作等方面提供技术人才服务。市场化的社会服务体系可通过茶园流转、代管、托管等方式，将茶园田间管理、机械化采摘修剪、病虫害统防统治、毛茶精制加工、运输包装、仓储物流及宣传推介、市场开拓等业务全部推向市场，以购买服务的方式实现服务社会化。合作化的互利共赢体系就是通过“龙头企业+基地+农户”、茶叶专业合作社、产业联盟等模式，实现教科研、产加销、贸工农之间更紧密的利益联络，通过全产业链联合合作、订单生产、社会化分工，达到双赢多赢。

四、结语

河南省茶产业目前正处于转型发展的关键时期，发展茶产业既有独特的自然禀赋、悠久的历史文化、良好的交通区位和人口大省的市场潜力大等先天优势，又有国家粮食生产核心区、中原经济区、郑州航空港经济综合实验区“三区”联动发展的历史机遇，更有国家支持大别山革命老区发展振兴和脱贫攻坚战等政策机遇，充分利用“一带一路”的自身优势，积极发展对外贸易，给河南省茶产业的发展带来了重大机遇，但也面临产区发展不平衡、瓶颈制约多、市场竞争激烈、转型压力大等困难和问题，可以说是机遇与挑战并存。展望“十三五”，要实现产茶大省到茶产业强省的目标，一定要认真学习贯彻落实习近平总书记在党的十九大报告中指出的“创新、协调、绿色、开放、共享”五大发展理念，在提质增效、转型升级上迈出新步伐，在支撑农业、富裕农民、繁荣农村方面取得新成效，在建设生态文明、美丽河南的进程中实现新突破，努力将河南打造成为全国茶产业发展新高地、全国重要的茶叶集散地和全国重要的茶文化活动中心，为实现中原崛起、河南振兴、富民强省做出茶产业应有的贡献。

（执笔人：李凌羽）

湖北省茶叶行业发展报告

湖北省茶叶协会

一、2018年湖北茶产业发展状况

（一）基本情况

最新统计部门数据资料表明，2018年湖北省茶叶总面积为482万亩，同比2017年（下同）的424万亩，增长率13.5%，茶园种植面积发展速度出现陡增现象，主要由于统计部门更新调整近几年产业基数，其实全省茶叶种植面积还是呈现放缓平稳发展。2018年全省投产茶园面积为349万亩，同比增长14.7%；茶叶总产量32.98万吨，同比增长8.8%；茶叶农业总产值168.54亿元，增幅为18.24亿元，增长率为12.1%；茶叶综合产值达到600亿元，增幅达50亿元以上；全省无性良种茶叶面积328万亩，增幅为24万亩，茶树无性良种化比例达到68%；全省有机茶园生产面积31万亩，同比增长3%。总体来看，全省茶园种植发展规模在扩大、质量在提升、速度在放缓。全省茶叶总面积、总产量、农业总产值仍然保持在全国前四位左右的排位水平，茶叶大省地位稳固。

（二）产业优势

1．产茶历史悠久

湖北是我国最为古老的产茶区之一。十九世纪中后期，汉口就已成为内陆最大茶叶转出口口岸之一，在中国茶叶发展重要历史阶段，汉口、赤壁羊楼洞、宜昌和襄阳等地，曾是茶马古道、马邦进京入俄的“茶叶之路”及“万里茶道”重要历程截点。

2．生态环境优势明显

湖北省地势大致为东、西、北三面环山，略呈向南敞开的不完整盆地之地貌，呈现亚热带向暖带过渡的气候特征，地跨经纬幅度大，地貌特征显差异化，非常适宜茶树生长并显现品质差异化特性。

3．茶树良种资源丰富

特别是古老的武陵山茶区、秦巴山茶区地方茶树品种较多，现已有宜昌大叶茶、宜红早、鄂茶1号、鄂茶5号4个茶树品种被认定为国家级茶树良种，宜昌大叶茶和鄂茶1号至鄂茶12号系列、金丰、金香等15个茶树品种被认定为省级茶树良种。

4. 茶类资源丰富

湖北茶叶品类齐全，优势产品突出，产品涵盖全部六大茶类。宜红茶、青砖茶、各地方名优茶和各种出口茶一直是湖北茶类主导产品。

5. 茶叶市场空间大

湖北一直是华中地区最大的茶叶交易省份并且产销兼容，由于独特交通条件，武汉已是华中地区茶叶贸易中心城市和最大茶叶交易大市场。在武汉之外，还有宜昌三峡国际旅游茶城、宜昌采花茶城、五峰西南茶叶市场、恩施硒都国际茶城、恩施武陵山茶叶交易市场、恩施硒茶交易市场、英山大别山茶叶广场等市（州）产区茶叶交易市场，已形成了从产区到销区的市场网络体系。

6. 茶叶科技力量实力雄厚

省级和地市级茶叶科研机构、湖北省各类院校茶学专业、援口合作对接的省外科研及院校机构等是湖北省茶叶科技力量主体。产区相应设立的各项科技工作站逐年增多，全省累计达到64个，其中茶叶院士工作站、院校工作站数量已有17个，县级以上茶叶科技工作者人才储备实力雄厚，专业从事科研与推广、专业教育、科技服务、生产经营等基础科技工作团队人员达600多人，近几年全省各地大力开展茶叶职业技能竞评和茶叶职业技能培训工作，涌现出了一大批骨干技术创新好手和茶叶工匠典型人才，全省茶叶科技基层队伍实力渐增。

（三）产业规模进一步壮大

1. 优势区域凸显规模效益

在湖北省71个产茶县（市）中，茶园面积达到10万亩以上的产茶县（市）已有19个，其中恩施市、鹤峰县、夷陵区茶叶种植面积都已超过和接近30万亩，茶叶产量过万吨的产茶县（市）有8个，茶叶农业产值过10亿元的产茶县（市）有7个。已被中茶协认定的全国重点产茶县（市）累计达到18个，“全国十大生态茶叶示范县”“全国十大茶产业升级示范县”“全国十大茶旅示范县”“全国十大茶产业扶贫示范县”等产业区域功能评定，湖北省都显示出了茶产业特色区域优势，另外还有一大批产茶县（市）和茶叶乡（镇）被中茶协、农业部和其他相关机构授予认定为“中国名茶之乡”“中国青、米砖茶之乡”“中国绿色生态茶叶示范区”“出口茶示范基地”等称号。目前全省优势茶产业集群逐步集结，已形成鄂东大别山名优绿茶区、鄂西武陵山及宜昌三峡富硒茶和宜红茶茶区、鄂西北秦巴山高香绿茶区、鄂南幕阜山青砖茶茶区这四大优势茶叶主产区。

2. 茶类资源丰富、结构更趋合理、质量更为安全

地处江南、江北两大茶区的湖北一直是我国各类商品茶重要生产省份，产品极具区域特色，茶类资源丰富。湖北茶叶品类齐全，优势产品突出，产品涵盖全部六大茶类。宜红茶、青砖茶、各地方名优茶和各种出口茶一直是湖北茶类主导产品。湖北茶类产品的丰富不仅表现在六大茶类都有生产，而且在茶类级别上、茶类新产品延伸开发方面都有别于其他产茶省份。各类传统名优茶、名优黑茶、各档次工艺白茶、抹茶、出口类乌龙茶等产品都有企业在大量开发生产，湖北茶叶产品种类优势明显，

级价结构合理。其茶类产量统计情况见表1。

表1　2015—2018年湖北茶类产量　　单位：万吨

年度	产量						合计
	绿茶	红茶	黑茶	青茶	黄茶	白茶	
2015	20.11	3.32	3.77	0.36	0.13	0.48	28.17
2016	21.21	3.12	4.35	0.15	0.17	0.60	29.60
2017	21.58	3.63	5.16	0.22	0.02	0.79	31.40
2018	22.63	3.72	5.37	0.27	0.10	0.89	32.98

从数据上看，湖北是绿茶生产大省，2018年绿茶产量要占全省茶叶总产量的68.7%，在绿茶生产方面，商品名优绿茶占比达到50%左右，有近40%的产品为各档次原料绿毛茶、再加工绿茶原料以及出口绿茶原料；在其他茶类方面，黑茶产量仍保持大幅度增长态势，2018年全省黑茶产量达到5.37万吨，是近5年来产量增速最快的茶类，黑茶生产规模稳居全国前3位；在红茶生产方面，由于受黑茶产业板块以及市场需求方面的影响，产量有小幅减缓态势，但商品名优红茶产量继续增加，传统出口红茶产量继续下降；黄茶生产由于受市场及产地因素影响，其生产经营规模仍然不大；值得一提的是湖北工艺白茶产量增幅稳定，其原因可归结为当前白茶热的市场驱动、福建白茶原产地内外销白茶产品成本因素、湖北产地资源因素以及科技开发等方面也促进了湖北省近几年工艺白茶的生产发展；在其他茶类方面，如各类花茶、青茶、抹茶等茶类也在被重视开发，特别是出口系列的各级白茶、乌龙茶、系列代用茶类等倍受国际市场青睐。因为湖北省茶资源优势，国内外许多茶商深入各茶叶产区进行所需茶类产品生产开发，也在促进湖北省茶类结构发生变化，产品结构更显市场导向趋势的合理性，产品种类更为丰富，地域特色更为鲜明。由于大力推行绿色生态防控生产技术，加上多部门齐抓共管茶叶生产质量安全方面的重点环节工作，湖北各茶类产品的质量安全性也在逐年提升。

3．品牌建设快速发展

现阶段湖北茶叶品牌建设发展迅速，除现有的几大传统历史茶类品牌和部分区域公共品牌外，已有一大批知名茶企品牌和知名区域公共品牌在不断壮大并为市场所认知，截至2018年，全省已有22个茶类商标被认定为“中国驰名商标”，85个茶类商标被认定为“湖北省著名商标”，其中被授予“中华老字号”茶品牌1个，“湖北省老字号”茶品牌17个。在茶叶产区有夷陵区、邓村乡、五峰县、英山县、大悟县、竹溪县、谷城县、恩施芭蕉乡、利川毛坝乡、赤壁市10多个县、市（乡）被分别评为“中国名茶之乡”“中国有机茶示范基地”“生态茶旅示范县”等称号，还有9个省重点茶企入围2017—2018年度中国茶行业百强，这些都极大地巩固和提升了鄂茶品牌市场地位和知名度。另外，在区域公共品牌打造方面也有突破发展，一方面各茶叶产区相关职能部门加大了对地方茶类优质品牌资源的重视与保护，并通过一系列品牌经营措施，把更具地方特色品牌产品推向市场风口；同时在公共品牌运营上，不断加大扶持力度，从基地建设、品牌宣传、产品市场开发等重要环节，都逐步成为地方茶产业品牌生力军并显现市场竞争优势，各地茶类公共品牌产品更具标准化、市场化和规模化。

4．国内外市场并举开发推进

在国内市场开拓方面首先立足本省茶叶市场渠道建设，通过强化提升各级茶叶专业市场运营功能和综合服务实力，完善茶叶仓储物流、茶文化、茶旅游、茶馆、茶餐饮等方面实效经营体系，多渠道支结茶叶销售市场网络，来进一步加快扩大湖北省茶叶产品对省内外各渠道的输出规模。作为传统销售根基的各档茶叶交易市场，茶叶年度交易量仍相对稳定，其交易总量几乎为全省茶叶销售总量的25%，加之近几年茶叶电子商务工作快速发展，三产融合方面的大范围投入，也激发了湖北茶叶国内市场占有率的快速樊升。在茶叶出口外销方面，湖北茶叶出口持续稳步提高。由于全省各级职能部门和各地茶叶出口管理机构对茶叶外销出口工作高度重视，通过采取“走出去 、引进来”的发展方式，借助“一带一路”机遇政策和“万里茶道”历史资源财富，加大了鄂茶品牌对外宣传力度，并出台许多优惠政策鼓励企业积极开拓国外茶叶市场，湖北出口茶资源得到进一步利用发挥。2018全省茶叶出口量16505吨，比2017年的17719吨减少了1214吨，减少率为6.9%，出口茶产量居全国第5位；茶叶出口货值为16789万美元，比2017年的14413万美元增加了2376万美元，增加率达16.5%，出口货值居全国第4位（表2）。目前全省共有47家出口茶企，省内出口茶基地备案面积总计已超过200万亩，出口茶货值过千万元的企业有17家，其中出口茶货值过千万美元的企业有3家。湖北茶叶出口贸易已呈现发展新局面。

表2　2015—2018年湖北省茶叶出口数据

年度	出口数量/吨	出口货值/万美元	出口单价/（美元/吨）
2015	12169	10659	8759.14
2016	13913	12315	8851.43
2017	17719	14413	8134．21
2018	16505	16789	10172.07

5．三产融合快速发展

借助湖北茶文化底蕴优势，在深度挖掘各地特色历史茶文化资源的同时，积极展开三产融合工作，促成各地茶叶产业链不断延伸，一方面通过加大生态示范茶园，生态旅游茶园的建设夯实了茶叶基地基础，茶叶健康引导和文化宣传又扩大和满足了消费增长需求，更重要的是加大了湖北茶产业链及消费层次延伸。至2018年已有20多个产茶县（市）相继完成了茶旅融合发展项目建设规划，全省旅游观光、生态养生等形式茶园面积已达到60万亩，已有30多个单位茶园获相关等级评定，其中获“全国最美生态旅游茶园”称号有9个，“最美茶旅之乡”称号有7个，开辟茶旅专线近30条；湖北夷陵区、五峰县、保康县、谷城县还被中茶协评定为“全国十大茶叶生态旅游示范县”，这都为湖北省今后茶旅开发累积了优势。

6. 茶事活动助推产业发展

为助推产业发展，全省各地广泛组织开展了形式多样的茶事活动，梳理2018年系列茶事活动和茶事件，以下方面值得总结回顾。

（1）湖北“一红一绿”融入武汉东湖国事叙茶活动环节　4月28日，国家主席习近平和印度总理莫迪在武汉东湖茶叙时欣然同品湖北“恩施玉露”和“利川宜红”，鄂茶“一红一绿”因其独特品质和悠久历史闻名遐迩，迅速飙升为风靡大江南北的“网红茶”。5月16—20日，第23届联合国粮农组织（FAO）政府间茶叶工作组会议在杭州举行，湖北“恩施玉露”和“利川宜红”成为会议指定用茶。7月12日，“恩施玉露”和省茶业集团的“青砖茶、米砖茶、宜红茶”系列品牌亮相外交部蓝厅，举行了湖北茶全球推介活动。湖北宜红、恩施玉露已成为湖北国礼茶新名片。

（2）首届中国茶旅大会在五峰县隆重召开　4月13—15日，由中茶协与五峰县政府联合主办、以“乡村振兴、茶旅先行”为主题的首届中国茶旅大会暨2018五峰春茶旅游节在渔洋关镇隆重举行，会议活动期间召开了首届中国茶旅专业委员会会议，举办了茶旅融合发展论坛及茶旅工作经验交流，发布了中国茶旅线路及茶旅宣言。本届大会为推动全国茶旅工作、促进茶产业融合发展具有重大意义。

（3）鄂茶品牌方阵亮相第二届中国国际茶叶博览会　5月18日，由农业农村部、浙江省人民政府主办的第二届中国国际茶叶博览会在浙江杭州开幕，时任湖北省副省长周先旺出席开幕式并作主旨演讲，隆重推介湖北茶，在省内外引起巨大反响。茶博会期间，湖北省农业农村厅组织40家企业代表，积极宣传推介湖北茶品牌，弘扬湖北茶文化，举办了湖北青砖茶、武当道茶、英山云雾茶、恩施硒茶等4场品牌专题推介活动，树立了“生态湖北茶，健康千万家”的品牌形象，为湖北茶叶“走出去”拓展了市场空间。

（4）湖北省茶叶品牌建设座谈会在武汉召开　10月12日，以“聚焦品牌建设 打造千亿茶产业”为主题的全省茶叶品牌建设座谈会在武汉召开。中国茶叶流通协会会长王庆，中国茶叶学会理事长、中国农科院茶叶研究所副所长江用文，省农科院果茶所副所长、省茶叶学会副会长兼秘书长龚自明，省茶叶协会常务副会长兼秘书长孙冰等专家应邀出席会议，省果茶办调研员、省茶叶学会会长宗庆波为全省茶叶品牌建设顶层设计谋篇布局。与会领导、专家、各市州、县市茶叶主管部门负责同志及茶企负责人代表结合全国茶叶品牌建设的成功经验，针对湖北茶产业现状积极建言献策，针对湖北茶叶品牌发展问题，提出了今后品牌建设工作的思路、目标与举措。

（5）一批涉茶重大项目获得立项资助　根据省委省政府和省农业农村厅相关文件精神，2018年湖北省级茶叶特优势区创建项目安排政策支持资金近5000万元。茶叶“三增三减”健康栽培技术协同推广项目奖励资金100万元。湖北省农业科技创新行动首批实施计划项目奖励资金150万元。省现代农业产业技术体系茶叶减肥减药项目奖励资金100万元等。一批涉茶重大项目获得立项资助，体现了省委省政府对茶产业发展的高度重视。

（6）部省级茶叶绿色生产模式及配套技术培训活动在湖北成功举办　6月13—15日，由全国农业技术推广服务中心主办、湖北省果茶办和恩施市农业农村局承办的全国茶叶绿色生产模式及配套技术培训班在湖北恩施举行。7月份，在宜都市召开全省茶叶绿色生产模式技术培训班。中国农科院茶叶研究所和省农科院果茶研究所的知名专家都到会做了专题报告，培训活动通过技术讲解与现场交流相结合方式，进一步夯实了绿色生产的技术基础，让与会代表受益匪浅。11月4—10日，省农业农村厅、省农科院、华中农大联合举办“2018年现代茶叶生产新技术研修班”，省、市州农科院茶叶科研人员，茶叶重点示范县农技推广及企业技术人员64人参加培训。在以上系列培训活动中，茶叶专家们针对当前湖北省茶叶科技与产业面临的瓶颈问题都做了解难答疑与传经送宝，为湖北省茶产业可持续发展提供智力支撑。

（7）湖北省茶叶论文征集工作全面启动　为鼓励广大茶叶科研工作者及企业代表聚焦茶产业热点难点，积极开展科学创新，切实加强产业调研，多出成果，多出人才，加快建设湖北茶业科技强省步伐，全省启动开展征集评选优秀茶叶论文活动。活动共征集论文84篇，经专家评审和省茶叶学会七届常务理事审议，70篇论文获“优秀论文”，其中特等奖10篇、一等奖23篇、优秀奖37篇。

（8）湖北青、米砖茶唱响东莞和新疆　6月上旬，在第十一届东莞国际茶业博览会期间，由湖北省农业农村厅主办、省茶叶学会协办的“品茗千年 醇香青砖”湖北青-米砖茶品鉴会，在东莞会展国际酒店隆重举行，在专场推介活动中，湖北茶企代表、东莞湖北商会、广东茶界和有关新闻媒体100余人参加了品鉴会。8月下旬，由省农业农村厅主办，省茶叶学会、省茶叶协会协办，组织企业赴新疆开启“湖北青-米砖茶 健康新疆行”系列活动，在乌鲁木齐市、博州两地举行品牌专场推介活动。通过以上一系列推介活动，全面宣传了湖北青砖茶的悠久历史、品饮特点和保健功效，博得了岭南和新疆广大消费者的好评。

以上活动都很好地展示和宣传了湖北茶文化，茶资源和茶品牌，为鄂茶拓宽国内市场渠道，加快茶产业发展步伐有重要助推作用。

二、湖北茶产业发展问题分析

当前湖北茶产业还面临许多发展平颈问题，如何提升鄂茶品牌市场影响力，如何寻求解决卖茶难难题来破解产能过剩现象，如何改善茶产业供给侧结构性障碍问题，仍是湖北茶产业今后的工作重点，当前最为直接影响产业发展也必须尽快改善的产业发展问题主要表现在以下方面。

（一）产能过剩问题

湖北茶产业所面临的产能过剩现象问题仍十分严峻，主要表现在以下方面：①全省茶园种植规模大，但茶园投产率低，投产率为72.4%，低于全国平均水平；茶树鲜叶转换利用率低，全省茶叶单产为60千克/亩，也低于全国平均水平。②茶叶产量持续增长，但内需拉动幅度仍显不足，茶叶产品库存积压严重或低价亏损销售现象持续。③因为茶产品结构性能方面问题而产生茶类竞争引发市场滞销的现象比较严重。④出口茶产能利用效率低下。⑤湖北茶产业所存在的投入大、产出小、性能低、产能外泄等现象仍是困扰全省茶产业发展多年的顽疾。

（二）品牌建设问题

湖北茶叶品牌资源丰富，但茶类品牌水平参差不齐，极为缺乏能叫响全国乃至全球的知名品牌。①湖北省品牌建设工作力度明显不够，主要是在宣传力度方面与外界有差距，存在品牌低质化和同质化现象又削弱了整体品牌竞争实力，加上近几年时有发生的商标权属纠纷、品牌地方保护倾向、品牌争议、产地区域模糊、品牌商标投诉等事件，都对湖北茶叶品牌形象造成了负面影响。②在区域公共品牌建设方面，品牌资源优势作用发挥不尽如人意，有些地方过分强调公共品牌的主导而忽略地方品牌集群建设，导致部分公共品牌商标形同虚设，难以体现和发挥市场价值作用。③普遍存在重内轻外现象，缺乏让品牌走向世界，参与国际大市场的竞争意识。四是品牌标准保护意识不强、标准体系建设工作亟待加强。

（三）产业成本问题严重

行业间的不平衡发展，众多经济因素等在引发全国茶产业成本危机。随着全社会城镇化继续推进，从业农业人口减少，专业人才缺失、劳动力人员缺失、社会人口老龄化现象严重、经济通货膨胀问题、交通运输物流成本问题、能源问题、税费问题、原材料成本上升现象等，都严重影响了湖北省茶叶产业链成本结构，也困扰着企业生产发展，削弱了湖北茶类产品在市场流通环节上的竞争优势。

（四）茶叶质量安全问题

食品安全是消费者最为关心的问题，农副产品质量安全已是关乎国计民生重大事项，从两大市场来看，茶叶品质问题和农残安全问题是目前茶行业最为敏感和热点话题。湖北省各级政府和相关职能部门针对当前食品安全面临的风险挑战，持续加强监管力度，加大绿色生态防控技术推广应用，尽管如此，部分产区滥卖滥施滥用违禁农药、肥料现象仍然存在，各种质量安全投诉事件和质量安全异议时有发生，特别在出口外销方面，农药残留超标、重金属污染、违规非法使用添加剂等质量安全事件时有曝光，这些都反映出部分企业存在主体责任不落实、风险防范措施不到位的问题，结果是给经营企业带来了损失，也给湖北茶产业形象造成了不良的影响。另外外部环境因素导致的各种不明污染现象也给茶叶生产经营企业造成极大困惑，加上一些不符合实际的质量健康安全方面的负面报道，也会影响消费者对茶产品的安全认知度而降低消费信心。

（五）茶叶出口贸易壁垒难题待解

抛开当前国际金融风险、逆全球化、贸易保护思潮、地缘政治冲突等不稳定问题因素，国际茶叶市场技术壁垒现象十分严重，对中国茶叶进口所采取的壁垒措施越来越多，特别是对茶叶产品农药残留量的限制更为苛刻，农残检测科目每年都在不断增多，现在已受常态检控的农残含量科目多达466项，而限量标准年年不断更新变严，且各国标准执行不统一，还有部分茶叶进口国，农残限量标准不进行任何评估和标准参照，法规标准变动提高幅度大，也给湖北省出口生产经营企业带来了极大影响，作为出口方，我们又缺乏自主话语权，加上因为其他国家政策因素而单方所采取壁垒措施也转压在湖北省优势出口茶类产品上，给湖北茶叶出口带来困难与困惑。

（六）产业政策问题

加强领导、增加投入是茶产业可持续发展的根本保障，各级政府要进一步加强对茶叶产业扶持重视力度，各地财政也要相应规划设立茶产业发展专项资金，加大对重点出口龙头企业和重点茶叶品牌的培育扶持。但与外省相比较，鄂茶品牌宣传力度明显不够，在茶叶基地建设、加工设施改造升级方面，相关的配套政策扶持资金在萎缩，目前众多企业所面临的生产成本问题、税负问题、农残控制问题等都很难得到行之有效的解决方案。如何充分调动广大茶农和茶叶经营企业参与全省茶产业发展工作的积极性，值得深思探讨。

三、主要措施

（一）合理控制茶园面积增加

遵循市场经济规律和自然规律，从茶叶种植源头控制茶叶产能过剩。按照淘汰一批、改造提升一批、高标准建设一批的思路发展茶园，进一步加大完善茶园基础设施建设，稳步推进生产基地提档升级，实现基地良种化、机械化、标准化、信息化、生态化。

（二）促进加工提档升级

提升湖北茶类产品市场竞争力，加工技术实力提升是关键。要在严格落实茶叶质量安全法规和加工标准前提下，科学合理升级完善加工设施，提高企业对茶叶产品自主研发水平，进一步突出清洁化、标准化生产模式，扶持投建一批具有品牌策动力又具备现代规模加工实力的经营企业，在重点茶叶产区，可按照“新建一批高标准加工厂，改造提升一批加工厂，淘汰一批作坊式低产能小厂”的办法进行布局改造升级，并对具有高科技含量、高附加值的加工型龙头企业加大支持力度。

（三）加大品牌宣传力度

进一步实施“走出去、引进来”战略。抢抓机遇，充分利用“一带一路”发展政策和“万里茶道”历史文化资源，做好品牌宣传活动、全民健康饮茶日活动、茶文化展示宣传活动等，加强鄂茶品牌策划、品牌宣传，鼓励企业抱团走出去挺进主销区，通过开设专卖店、连锁经营店等方式，促进湖北名优品牌在全国重点消费区域落地生根。善于培养和扩大懂湖北茶、喝湖北茶、爱湖北茶的消费群体，提高湖北茶叶品牌的知名度和市场竞争力。着力创新“互联网+”模式，线上线下进行市场宣传拓展，加强互联网茶叶精英团队建设和鼓励创新与差异化品质竞争，积极引导和提高年轻消费群体对茶叶的兴趣。

（四）强化科技创新引领作用

强化政策激励，培育和造就一批茶产业科技领军人物、学科带头人和创新团队，为建设茶业强省提供人才支撑。加强新型职业农民培训和茶叶产业链全程科技渗透，培养一大批专业种植大户、采茶能手、加工技师、优秀星级员工、评茶员、茶艺师和市场营销等专业人才队伍，逐步完善并坚持开展相关领域的各项技能大赛，广泛科普茶知识来全面提高从业人员专业素质水平，加强公益性茶叶技术推广服务体系建设，充分发挥湖北省科技资源优势作用，引领全省茶产业健康可持续发展，进一步加强产业科技示范园建设和高标准的茶叶基地备案工作，确保全省茶叶产品品质全面提升。

（五）加强茶叶标准化体系建设

提升湖北省茶叶品牌市场影响力，抓好产品质量是关键。茶叶标准化体系建设是贯穿整个产业链重要活动。首先要严格推行和利用好现行的各项标准来指导茶产业各环节工作，确保湖北茶产品体系质量安全，另外要在标准更新、立标、推标工作方面下足功夫，针对部分优势茶叶产区和部分优势茶类产品，要尽快执行标准保护，彻底改善当前茶叶生产加工经营环节中存在无标乱象和有标不执行现象，鼓励企业和协会组织积极参与地标和团标建设工作，通过科学制定一系列专业性、实用性、可推性强的各类标准，把全省茶叶生产推向标准化，把产品品牌做到安全化。

（六）加快推进三产融合发展

立足湖北省茶资源优势现状，科学建立茶产业、茶文化与旅游业融合发展模式，鼓励和支持集生产、加工、营销、品牌、文化、旅游、体验为一体的现代茶业示范园区和企业的投资建设，坚持开展最美茶乡宣传活动，打造一批茶旅融合景点和观光线路。随着多形式的茶事宣传，茶叶健康属性会被广大消费者认知，茶叶消费量也将逐步扩大。

（七）加强组织领导，加大产业扶持力度

在坚持“创新、协调、绿色、开放、共享”五大发展理念前提下，构建“政府引导、企业操作、部门联动、社会参与”的茶产业联动发展机制。各级政府部门要把发展茶产业与促进农民增收、推进精准扶贫、强化生态建设等多项民生工作广泛结合展开，及时解决茶产业经济发展过程中的困难和问题，维系和引导众多茶企牢固树立可持续性发展经营理念，共同营造好湖北茶产业大环境，在一系列茶产业推进工作中，要充分发挥政府职能，通过产业政策导向，加大对重点龙头企业和重点茶叶品牌的培育，加大鄂茶品牌宣传力度，加大对茶产业财政支持力度，充分调动广大茶农、茶企积极性，举全省之力推动湖北茶产业快速发展。

（执笔人：孙冰）

湖南省茶叶行业发展报告

湖南省茶叶协会

据统计至2018年底，全省茶园面积达到260万亩、增长7%，茶叶产量28万吨、增长11.55%，出口4.7万吨，创汇1.6亿美元（含边贸和代理出口）实现茶业综合产值796亿元、增长11.6%，其中农业产值186.17亿元、二产加工业产值353.72亿元、三产销售及服务业增值256.11亿元，一二三产业进一步优化。面积、产量、出口数量、出口金额、综合产值、分别位居全国第七、第五、第三、第五、第四。在全省五大主产茶类中，黑茶综合产值近250亿元、绿茶综合产值350亿元、红茶综合产值90亿元、黄茶综合产值近40亿元、白茶综合产值达5亿元。全省正呈现出“三湘四水五彩茶香”的发展格局，湖南茶产业逐步走向大品牌、大产业发展态势。

一、省委省政府更加重视茶产业，投入加大

2018年湖南省委1号文件明确提出“重点发展油茶、茶叶等7个千亿产业”的意见，湖南省政府湘政发〔2018〕3号文件进一步做出了“继续支持‘安化黑茶’品牌打造，重点支持资源整合打造红茶品牌”的决策部署。在两个文件的精神指导下，相关部门和各级党委政府提高了对茶产业的认识，相继出台了相关的政策文件，明确了发展方向与既定目标，制定了扶持政策措施，加大了茶产业投入和支持力度，为湘茶跨越式发展、实现千亿目标提供了坚实基础和新的支撑。2018年湖南省农业农村厅“百千万工程”专项资金支持茶产业近3亿元，湖南省发改委投入大湘西茶产业1亿元；湘西州决定每年投入1亿元打造湘西茶谷、长沙市每年投入3000万元打造“长沙绿茶”、株洲市每年投入3000万元建设湖南红茶产业核心区、怀化市每年投入3000万元打造“碣滩茶”、衡阳市投入2000万元打造“南岳云雾”、岳阳市投入2000万元支持岳阳黄茶产业发展、邵阳市投入2000万复兴红茶产业等，同时引导全省各市县涉农资金、扶贫资金扶持茶叶产业3亿元，吸引社会资金投入10亿元以上，总计年投入近20亿元。

二、品牌建设强势推进，成效显著

在湖南省委省政府“品牌强农”政策的推动下，“湖南红茶”资源品牌整合、统一品牌建设工作在省农业农村厅直接领导下正在稳步推进，品牌宣传推介力度加大，并在杭州、香港、长沙、北京刮起了一股旋风，“花蜜香、甘鲜味”创新型“湖南红茶”品质深受消费者喜爱和追捧，全年综合产值突破90亿元、增长54%；成功崛起的“安化黑茶”进一步辐射带动了安化周边桃江、资阳、赫山、桃

源、沅陵等县黑茶产业的发展，全年全省黑茶综合产值达到245亿元、增长14%；大湘西“潇湘”茶在省发改委的大力支持下，大湘西茶产业发展促进会通过实施“一三七”工程，即打造一个品牌——“潇湘牌”、实施三大计划、强化七项保障，转变发展方式、优化资源配置，组织并带领大武陵山区茶企抱团闯荡市场，在全国各地广泛宣传、强力推介，着力打造“生态、安全、有机、优质”的“潇湘”品牌特色茶，提升发展质量和效益，取得了良好的业绩，实现综合产值350亿元；“岳阳黄茶”市场继续扩大，据估计全年综合产值近40亿元、增长15%以上；张家界以创新的“桑植白茶”为公共品牌的聚合力增强，全年产值达5亿元、增长70%。全省正呈现出“三湘四水五彩茶香”新的的发展格局，湖南茶产业逐步走向大品牌、大产业发展态势。

三、市场营销创新，扩大了湘茶内外销市场

由湖南省农业农村厅、省供销社、省发改委等联合举办的“2018 中华茶祖节开幕式（品茗思祖活动月）暨湖红·新化红茶推介会湖南春茶展”，带动了全省20多个节会、展销会的开展，促进了春茶的销售，新茶空库、价格平均上涨15%；举办的“2018 第十届湖南茶业博览会暨湖南红茶·宜章莽山红推介会”和湖南千亿茶产业“十强县”“十强企业”“十大创新产品”及“湖南红茶”系列产品展示展销及品牌推介活动和“2018 湖南评茶员技能大赛”，创新了湖南省茶叶营销方式；湖南省茶业协会联合全省相关的茶叶行业组织共同推动全省形成了“政府引导、部门联动、品牌联盟、跨域合作、协会服务、企业主体、社会参与”的大茶业发展机制；全省茶叶企业抱团出击，先后参加了北京、上海、广州、西安、济南等地举办的 30 场次茶博会及20多场次品牌推介会省内各地举办的茶文化节、斗茶赛、论坛、对接会、经销商大会以及香港、美国、俄罗斯、哈萨克斯坦、非洲等境外市场品牌茶、专卖店、合资合营、跨境电商等出口营销模式的创新，与此同时“基地+ 农户+专业合作社+龙头企业”的利益联结机制持续推广，集茶叶休闲、养生、观光、体验、旅游为一体的新型经营发展业态不断拓开，扩大了湘茶影响力和知名度，扩大了湘茶的内外销市场。

四、“湖南红茶”整合取得辉煌成绩，构建起千亿产业新增长极

“湖南红茶”整合取得辉煌成绩，构建起千亿产业新的增长极。在省政府和省农业农村厅的领导、支持下，为打造湖南红茶品牌，加快千亿湘茶产业发展步伐，湖南省茶业协会联合省茶叶学会、大湘西促进会、省茶叶研究所、湘茶集团、湖南中茶等相关部门成立了湖南红茶品牌发展促进会筹委会，制定了发展规划和标准体系，确立了“湖南红茶”“花蜜香、甘鲜味”的独有品质特征，制定了“湖南红茶”标样和表样产品系列，构建了“湖南红茶”品牌VI体系，编撰制作了“湖南红茶”画册、通俗图书、宣传片，组织湖南红茶品牌企业组团、以统一的形象先后参加了（杭 州）中国国际茶叶博览会、香港澳门国际茶展、湖南茶业博览会、中国农交会暨中部国际农博会、（茶陵）国际茶文化

研讨会暨首届茶祖节、湖南优质农产品（北京）产销对接会的展示展销活动，并在展会期间举办了规格高、规模大、内容丰富的“湖南红茶”品牌推介会，在全国引起了极大反响，并刮起了 一股旋风，仅在杭州、香港、长沙、北京展会和推介会现场成交就达13.89亿元、签订协议购销合同68.73亿元，取得了卓有成效的战绩，“湖南红茶”品牌影响力快速攀升。为此，贵州、湖北、安徽、浙江等产茶省主管部门、行业组织相继联系、派人来湖南省茶业协会学习“湖南红茶”品牌建设经验。

五、龙头企业持续壮大，产业集群逐步形成

2018年湖南省茶叶龙头企业阵容继续扩大，现有湘茶集团、湖南华莱、湖南中茶3家国家级重点龙头企业，省级龙头企业则增加到52家，市级、县级龙头企业已突破200 家。目前已形成以国家级重点龙头企业湘茶集团、华莱生物等为核心，带动、形成了生产加工企业集聚的省、市、县茶叶产业园区32个，销售收入50亿元以上的茶叶企业2家（湘茶、华莱）、10亿元以上的企业5家、1亿元以上的企业28 家，正组成以国家级、省级、市级、县级茶叶龙头企业集群组成的茶叶湘军集团军；同时，随着重点龙头企业全产业链的拓展，茶叶产研销、文旅养综合产业综合体集团化企业不断涌现，其带动面扩大，强势龙头企业的带 动效应日益突出，并涌现了茶叶综合产值100亿元以上的县1个、茶叶综合产值50亿元以上的2个、茶叶综合产值20亿元 以上的县6个、茶叶综合产值10亿元以上县15个。全省正在朝着打造 300 亿元湖南红茶产业集群、400 亿元潇湘绿茶产业集群、300 亿元安化黑茶产业集群、100亿元岳阳黄茶产业集群、50亿元的白茶产业集群集聚区、产业带目标稳步挺进，实现千亿湘茶产业。

六、加强了科技与文化对茶产业的支撑，成效显著

湖南省茶叶研究所“湖南特色茶树种质资源收集与创新利用研究”等3项课题列入省重点研发项目、“一种提高果香红茶品质的新工艺”等10项获得国家发明专利；湘茶集团研发的臻溪活力饮成为国家保健食品，轻轻茶“万人健康计划”正式实施等。2018 年湘茶科研成果可谓丰硕。同时，省茶叶学会成立的湖南省职业技能鉴定专家委员会茶叶专业委员会为全省茶叶职业培训与技能鉴定开展理论研究并提供了技术咨询、技术支持和技术服务；举办的2018湖南茶业科技创新论坛积极探索湖南茶产业创新发展与提质增效途径；举办的2018湖南省茶行业高级技能人才研修班，加强了湖南省茶艺师和评茶员师队伍建设等。中华茶祖节品茗思祖活动月活动的开展、（茶陵）中国国际茶文化研讨会暨湖南红茶推介会的成功举办，提升了湖南茶、茶文化地位；潇湘茶号、白沙溪号安化黑茶高铁等 3 列将启动，提升了湘茶整体形象；全省独具地域文化特色的茶文化节会和《湖南红茶》《五彩湘茶》等书的出版进一步丰富了湘茶文化内涵；全省 2018年培训茶叶生产加工、经营、茶文化等实用人才1.5万人等，为湘茶产业可持续发展提供了技术、文化及人才支撑。

（执笔人：伍崇岳）

广东省茶叶行业发展报告

广东省茶业行业协会

广东是我国重要的产茶省和出口口岸，是最大的消费市场，茶叶生产历史悠久，茶文化底蕴深厚，六大茶类均有，茶业经济繁荣兴旺。2018年广东茶产业深入贯彻习近平总书记对广东“四个走在全国前列”重要指示，认真贯彻农业供给侧结构性改革和实施乡村振兴战略要求，努力探索全产业链绿色发展，全面提升茶产业的经济价值、社会价值、生态价值和文化价值，推动一二三产业融合发展的现代农业发展之路，茶产业在不断调整和优化中稳步发展。

一、广东茶叶产业基本情况

2018年是广东茶叶产业发展产销两旺的一年，茶叶种植面积、产量稳步增长，加工水平和品牌影响力也逐步提升。

（一）面积产量有所增长

近几年茶叶生产平稳较快发展。据广东省统计局统计，2018年全省茶叶种植面积达到90.23万亩，比上年增长6.28%，总产量9.78万吨，比上年增长5.3%，按收获面积计单产达到105.29千克。

（二）布局结构逐步优化

在产区布局方面，茶叶生产逐步向优势产区发展，目前主要分布在粤东西北地区。重点集中在潮州、揭阳、梅州、河源、清远、湛江、肇庆、韶关、云浮9市，这9个市的茶园面积占全省92%，茶叶产量占全省94%。在产品结构方面，茶类结构根据市场需求不断调整优化。全省茶叶绿茶占38.24%、乌龙茶占46.90%、红茶占6%、其他茶占8.9%。近年绿茶类占总产量比重不断下降，而乌龙茶比重大幅上升，红茶占产量比例近年也有上升的趋势；各种茶类中名优茶、地方特色名茶不断增加。

（三）广东茶叶生产区域特色明显

广东省有近80个产茶县，逐步形成了广东名优茶区域特色：粤东地区主要生产以单丛茶为主的特色乌龙茶，产区主要有潮州、梅州、揭阳、汕尾；粤北地区主要生产以“英红九号”为主的特色红茶，产区主要有清远、韶关；粤西地区主要生产大叶种绿茶兼顾红茶和特色乌龙茶（台湾种为主），主要产区有湛江、云浮等；客家绿茶产区主要有梅州、河源、韶关等。特色茶异军突起，围绕江门市新会区陈皮柑产区的特色柑普茶、柑红茶发展势头迅猛，深受消费者青睐。

广东最大的产茶市——梅州市，2018年种植面积达24.96万亩，占全省茶园面积的25%，年总产量1.97万吨，同比增长增长17.3%。全市主要经营茶叶种植、加工、流通的市级以上龙头企业有63家，其中省级25家。

单丛茶原产区揭阳2018年茶叶产量1.84万吨，增长2.9%，潮州茶叶总产量1.84万吨，增长6.4%。

清远市2018年茶叶产量0.81万吨，增长13.1%；其中英德红茶发展形势良好，英德市作为红茶主产地，茶园面积达到12.3万亩，干茶产量0.8万吨，其中红茶产量0.77万吨，茶叶从业人员达到12万人，茶叶企业达到274家，其中清远市级重点农业龙头企业20家，省级农业龙头企业达到9家。连续8年被评为“全国重点产茶县”，“英德红茶”获评“中国优秀茶叶区域公用品牌”，2018年品牌价值达20.78亿元，全市有8个企业共11个茶样入选中国茶叶博物馆名茶样库。

粤西主要产区湛江2018年茶叶产量 0.65 万吨，增长 5%，云浮茶叶产量 0.33 万吨，增长 3.4%。

粤北韶关市2018年茶叶产量0.62万吨，增长4.1%。

近年来柑普茶、小青柑等的流行，对新会陈皮产业起到非常大的带动作用。2018年，新会区新会柑种植面积达8.5万亩，产量约10万吨，新会柑茶的产量约1万吨，产业链产值达60亿元，吸引企业新增投资10多亿元。农户种植新会柑直接收益达10亿元，在新会柑种植环节、陈皮及陈皮柑茶加工环节劳务收入共6.6亿元，带动农民户均增收7.5万元。

（四）产业政策助力茶产业发展

乡村振兴，产业振兴是基础。“十三五”时期，广东省茶叶产业在发展思路按照“公司+农户”的组织形式，坚持“优质、高效、安全、生态”的可持续发展方向。广东规划2018—2020年，省财政支持粤东粤西粤北地区建设150个现代农业产业园。2018年分三批公布了当年的50个省级现代农业产业园建设名单，省级财政对每个产业园建设补助资金5000万元，并要求珠江三角洲地区各市自筹资金自行建设产业园，引领带动全省现代农业加速提质增效，打造若干千亿产值、国际竞争力的现代农业产业集群，形成“百园强县、千亿兴农”的农业产业兴旺新格局。全省推进的150个现代农业产业园中，就批准建设茶叶现代农业产业园5个；全省推进的“一村一品、一镇一业”，3000个一村一品、200个专业镇中，很多也是以茶叶为主题。

广东省农业农村厅在首届广东茶叶产业大会上提出：“要抓住人民群众消费转型升级的机遇，用好农业农村部的支持政策，借全省乡村振兴战略发展富民兴村产业的‘东风’，自觉践行新发展理念，跨越茶叶做强茶业，拉长产业链，拓展价值链，补强科技链，丰富文化链，全面提升茶产业的经济价值、社会价值、生态价值和文化价值，让广东茶美名远扬、风行天下，让世界爱上广东茶。”

（五）经营形式不断创新

茶叶产业化生产和集约化经营不断发展。表现在以下几个方面。

（1）龙头企业带动　目前全省拥有国家级重点农业龙头企业（茶叶）1家，省级重点农业龙头企业（茶叶）31家，同时还培育了一批市级龙头企业。

（2）引进外商、外资办茶场（主要是台商、港商）　例如，肇庆怀集引进香港企业、河源引进台湾企业在当地办茶场。

（3）民营资本参与茶产业开发　近年新发展的茶园很大一部分是民营资本投资开发的，不少老板在其他领域赚到钱后投资办茶场（如湛江的廉江、清远的英德、韶关的仁化等），而且都实行规模化种植。这是一个突出的亮点。这种以企业经营茶园，以“公司+农户+基地”的经营模式，带动农户脱贫致富，也有效促进茶叶生产向规模化、集约化、产业化发展。

另外，还有一些茶叶流通企业投资租赁或承包国营茶场，对原来的茶园进行改造，实现低成本扩张、实现从产品经营到品牌经营。

（六）创新能力不断加强

（1）良种推广加快了步伐　近十年新发展的茶园实现无性化，平均每年新种或改植换种无性系茶树良种茶园2.58万亩。

（2）茶叶优质高效生产适用技术在重点茶区得到普遍应用　由于茶叶生产逐步向企业和生产大户集中，而茶叶生产企业、生产大户往往对技术的需求比较迫切，生产技术措施也比较到位。

（3）标准化生产加快推进　2018年“广东生态茶园建设标准”发布，推广“广东生态茶园绿色防控技术”，推广标准化生产技术，结合国家开展的园艺作物标准园创建，近年广东省创建茶叶标准化生产示范园26个。

另外，国家茶业产业技术体系广东团队，在茶树品种的选育、良种良法的示范，特别在产品的创新与开发方面取得新的进展，对改善茶园的生态环境、提高茶叶品质、推动广东省茶叶的科技进步发挥了积极的作用。

（七）优质安全生产和品牌培育逐步得到重视

茶叶生产经营者，特别是生产企业对质量安全意识不断增强，重视无公害生产、质量认证及品牌培育，使全省茶叶产品质量安全水平进一步提高。据不完全统计，目前广东省无公害茶叶产地认证企业49家，涉及茶园5万多亩、茶叶产量约7000吨；绿色食品（茶叶）认证企业30家，监测茶园面积3.33万亩，批准产量3275吨；获得广东省名牌产品（农业类）称号的茶叶产品已达到78个；获得国家地理标志保护产品有8个；区域公用品牌3个。

广东省茶企以品牌建设为抓手，积极培育新型经营主体，促进“茶业+互联网”“茶业+旅游”“互联网+先进机械化制茶”、茶叶闭环品控体系溯源等深度融合。不少茶企已开始重视“区域公用品牌+企业品牌”双品牌战略；创新产品、定制产品层出不穷；以“喜茶”为代表的新式茶饮和传统茶饮同台共舞；新零售模式在摸索中渐露商机；茶商触网、线上线下融合已成必由之路；产业链条不断延伸。

（八）市场与流通不断发展

广东是茶叶消费大省，估计年消费量在20万～25万吨，排名全国第一。广东茶叶市场发达，据有关统计，每年茶叶流通量近20万吨。近年来广东加强茶叶市场建设，特别是珠江三角洲地区建设了一批茶叶专业市场，形成了以珠三角为主体的茶叶市场网络，拥有一批庞大的茶叶流通队伍，是全国茶叶销售重要集散地。其中芳村是全国最大的茶叶专业市场之一。目前芳村有20多个茶叶专业市场；经营商户达6000多家（最多时达10000家）；芳村茶叶市场目前年交易量80多亿，六大茶类均有，其中最大量的是普洱茶，占交易量大约70%。已形成以批发为主的完整产业链。商品远销欧美和东南亚等地，以芳村为核心，辐射全国全世界，是规模最大、商户最集中的大型茶叶集散中心。依托茶叶行业社团组织，每年在广州等城市举办的各种大型的茶叶会展，为企业搭建展销与宣传平台，助推广东省茶业经济的发展。

（九）进出口市场稳定发展

1．出口方面

据广东海关统计，2018年广东省茶叶出口量为6665吨，同比增长4.9%，出口金额约5.35亿元人民币，与去年同比下降25%。出口茶类主要为绿茶、红茶、乌龙茶、普洱茶及花茶。特别是普洱茶的出口，广东一直占全国出口量将近50%，占据很大出口优势，总体来看，茶叶出口贸易格局继续保持稳定。“健康”“养生”是未来全世界的主旋律，茶叶因其突出的健康属性，在世界茶叶市场中有很强的潜在消费力。

2．进口方面

据广东海关统计，2018年广东省茶叶进口量为5417吨，同比上升18.7%，进口量增速趋势明显。进口金额约为1.62亿元人民币，与去年同比下降25%。进口茶叶主要为红茶、花茶、绿茶及少量的乌龙茶和普洱茶。其中，红茶及其他半发酵茶进口量为5106吨。

3．进出口市场分析

从以上数据可以看到，广东省茶叶的出口量和进口量基本持平。更值得关注的是，大量的茶叶进口，特别是红茶的进口量已超过4000吨，而且价格低廉，主要为散装茶。这将冲击广东自产红茶，因此应引起有关部门及行业的重视，做好市场调控。

总的来说，近年广东茶业发展呈现新趋势。生产目标上：从注重总量增长，向更加注重茶类总量平衡、结构优化和优质安全并重转变。组织方式上：从分散农户的小生产，逐步向企业为主发展的规模化生产经营转变。经营理念上：从注重经营产品，向更加注重经营品牌和品牌文化、企业文化转变。产业功能上：从单一的食品饮用功能为主，向食品、保健、文化、旅游等多功能的一二三产业融合发展转变。交易方式上：从现实的“有形”市场，逐步向“互联网+茶叶”的“无形”市场拓展。这些发展趋势，标志着广东茶叶产业进入新的发展时期，真正到了从传统生产向现代化发展跨越的新阶段。

二、存在的主要问题

近年广东省茶叶生产虽然保持良好的态势，但也存在一些问题，目前广东省茶叶生产存在的主要问题有以下几方面。

（一）茶叶产业链条过短，科研成果利用率有待提高

广东省茶叶加工企业．主要是从鲜叶到成品茶初级的简单加工型企业，深加工产品还发展不快，茶叶产业链条相对较短，导致附加值低。科研院所等创新主体成果真正落到实处转化为生产力的比例偏低。

（二）销售渠道亟待变革更新

专家预测，未来3～5年茶叶需求量会稳定下来，市场“天花板”现象逐渐明显，面对内销和出口显现颓势的局面，处于开放的前沿的广东省茶商茶企更是首当其冲。同时，广东省茶商茶企多以实体店销售等传统销售模式为主，而新媒体时代消费方式越来越多样化，以淘宝、阿里巴巴、京东等为首的电商平台对传统茶叶销售渠道冲击也越来越大。传统茶叶流通渠道已经不适应当前的形势，产业模式处于破旧立新关键时期。

（三）品种结构仍欠合理

尽管广东省地方茶树品种资源十分丰富，但一些茶区品种还是比较单一。如乌龙茶区以岭头单丛占绝大多数；红绿茶区仍以云南大叶群体种和地方有性品种为主，产品难以满足优质化、多样化的市场要求，生产效益难以提高。

（四）茶农组织化程度低，生产经营分散

广东茶农组织化程度仍不够高，竞争力不强，利益欠缺保障，不利于提高茶农的生产积极性，制约茶产业发展。个体农户经营的茶园，80%以上的生产缺乏标准，质量不统一，不能够适应国内、国际大市场的要求。

（五）生产成本上升导致竞争力下降

由于农村劳务工工资普遍上涨，很多农民工又外出打工，造成采茶工十分紧缺。由于采茶工紧缺，无法及时按标准采收，对春茶产量及品质有一定影响。同时，由于茶区茶树品种仍较单一，导致采茶期高度集中，使采茶工紧缺问题更加突出。广东省采工普遍薪酬在110～130元/天，潮州市则高达150元/天，全省平均采工薪酬比去年上涨了14.16%。加上农资、化肥、燃物料等物化成本增加，人工成本上升，使茶叶生产成本不断提高。

（六）茶叶库存量在增大，应引起业内高度重视

茶叶生产增速仍高于消费与出口，茶叶产量的增长过大导致了茶叶的严重过剩。据统计，2017年茶叶库存约 30 万吨 ，估计今年至少不会低于30万吨，这些库存茶叶应该是留在茶叶生产企业手中的茶，而不包括经销商手中的茶叶（红茶、黑茶、白茶）。按目前的生产水平，现有的茶园在未来3年全部投产，届时茶叶产量将达到 300 万吨以上。而由于内销增长的迟缓，外销的困境，每年的库存会以更高的比例增加，应该引起业内高度重视。

三、推动茶产业高质量发展的主要措施

习近平总书记指出："产业兴旺，是解决农村一切问题的前提"。近年来，广东省茶产业链已成为农民脱贫攻坚，农村绿色发展的重要抓手。为进一步落实习近平总书记："一片叶子成就了一个产业，富裕了一方百姓"的重要指示，下一步，广东省茶叶产业在发展思路上，将按照"企业为主、带动农户"的组织形式，坚持"优质、高效、安全、生态"的可持续发展的方向，加强规划指导，立足区域优势，优化产业布局，加快科技进步，创新经营机制，拓展产业功能，促进产业融合发展，构建现代茶产业体系，提升产业竞争力。

发展原则：一是坚持因地制宜，突出特色。充分发挥区域自然条件与产业基础优势，突出区域特色，合理安排品种布局和茶类生产，扬长避短，提升产业竞争力。二是坚持规模经营，集约发展。因地制宜选择适合当地实际的规模经营实现路径，扶持培育新型茶叶生产经营主体。引导茶叶企业建立良好的产业化经营机制，以企业发展带动产业基地建设，促进茶产业向规模化、专业化、产业化方向发展。三是坚持市场导向，多方参与，充分发挥市场配置资源的基础性作用，以市场主导推动茶业发展。正确处理政府、企业、科研单位和农民的关系，发挥相关主体的积极性，创新发展机制，增强茶产业发展动力。四是坚持兼顾生态、科学发展。遵守自然规律和经济规律，合理利用和有效保护资源，科学规划山地茶园建设，注重水土保持，禁止盲目开荒毁林种茶，实现经济、生态、社会效益和谐统一。着力推进以下几项工作。

（一）努力优化产业发展布局

稳定茶园面积，巩固提升优势区，发展特优区。因地制宜，新建一批区域特色强的高标准茶叶生产基地。以推进农业供给侧结构性改革为主线，加快产业转型升级，促进茶产业高质量发展。引导茶叶产业向优势区域聚集发展，打造优势产业带，加快推进茶叶现代农业产业园建设和"一村一品、一镇一业"特色产业发展，推进茶叶专业镇、专业村建设，促进茶叶产业规模化、集约化发展。目前全省已批准建设茶叶现代农业产业园5个，将立项建设茶叶专业村镇一批。在品种布局上，要突出地方传统与特色优势，注重继承发扬与提升创新，巩固和发挥全省茶产业整体优势。

（二）着力提升茶园管理水平

依靠科技进步，推进茶园科学管理，提升生产水平，挖掘增产增收潜力。打造广东茶叶产业联盟平台，着力推进广东生态茶园建设，已发布生态茶园建设团体标准，27家企业申请成为首批创建单位。重视和大力推广采茶机械化，大幅降低成本。

（三）大力推动经营主体创新

加快培育一批具有较强竞争力、带动力的茶业龙头企业等新型经营主体。积极引进和鼓励外资、民营工商资本参与茶产业开发，创办高标准茶园。鼓励企业通过兼并重组、参股控股，打造一批大型现代茶业企业集团，增强广东省茶业竞争力。针对“85后”“90后”为代表的年轻茶客人数快速增长的现象，特别要关注以“喜茶”为代表的新式茶饮的崛起；关注年轻群体消费习惯和趋势的变化；主动契合了新一代消费者的购买需求，推动经营主体新零售模式不断创新。

（四）积极改善茶叶加工条件

按照茶叶市场准入制度的要求，加强旧茶厂改造，完善配套设施，改善加工环境，健全茶厂质量管理制度，提升茶叶加工质量水平。积极开展茶叶新产品开发和精深加工，延长产业链，提升附加值。

（五）切实推进茶叶品牌建设

引导和支持茶叶企业开展技术创新，建立具有自主知识产权的产品体系。推进茶叶标准化生产，加强企业与品牌的宣传和形象塑造，鼓励支持强大品牌整合弱小品牌，打造重点知名强势品牌。发挥产品地理标志和原产地保护的作用，积极打造区域特色公共品牌。构建以政府和行业组织为支撑，规模企业为主导，合力打造以区域公共品牌为基础结构、企业自主品牌进行有效填充的产业品牌综合体系。实施“区域品牌+企业品牌”的双战略，发挥新型经营主体和龙头企业带动作用，实现品牌产品规模经营，扩大市场占有率，做大做强广东茶品牌。打造一批消费者喜爱、国际竞争力强的标志性粤茶品牌；提升粤茶品牌的知名度和影响力。

（六）不断拓宽茶叶流通渠道与产业功能

广东省农业农村厅将联合地方市政府举办第二届茶产业大会，弘扬岭南茶文化，打响广东茶品牌。同时，还将大力发展电子商务、配送代理、邮购等新型流通业态。鼓励茶业龙头企业在省内外大中城市构建茶叶营销网络。积极发挥茶叶社团组织的作用，加强茶文化的研究和挖掘弘扬，广泛开展多形式的茶事、茶文化活动，扩大广东省茶叶产品的市场影响力。结合当地旅游资源，稳妥开发茶园旅游业，拓展茶业功能，提高产业综合效益。

（七）高度重视茶叶质量安全体系建设

茶园要推广有害生物的绿色防控技术，用生态的角度去管理茶园，做到科学、高效、绿色管理。加工要推进茶叶标准化生产，确保产品质量相对稳定。批发零售市场要坚决逐步推进茶叶食品安全管理体系建设，提高行业准入门槛，确保茶产品饮用安全。使用生物农药或物理方法来防止茶园病虫害，对所有农药实行实名用药可追溯。使茶叶生产向标准化、无公害化和绿色食品方向发展。

（八）重视发挥行业社会组织的作用

茶行业是完全市场化的竞争行业。各级政府作为茶行业发展的领导者、政策法规的制定者，更要高屋建瓴、政策指引、宏观管理。以茶业行业协会为代表的规范性社会组织，是独立的非营利性社会主体。以会员为纽带广泛联系行业各领域。将同类别、同性质、同地域、同利益诉求的群体联合起来，代表行业利益，是党和政府联系茶行业的桥梁和纽带。在规范市场秩序、开展行业自律、组织行业调查、制定行业标准、调解贸易纠纷、维护行业稳定、减少非理性行为等方面已经成为市场经济体系中不可或缺的力量。要加大对规范性社会组织的支持力度，在重大决策、行业调研、制定标准、承接政府职能转移和购买服务等方面发挥行业社会组织的重要作用。共促茶叶产业快速健康发展。

（九）建议将“茶为国饮”提升到国家层面

茶产业发展最终要通过市场兑现价值，茶叶要“种得出来，卖得出去”。要切实改变重茶业生产、茶园发展，轻茶叶销售的倾向，提倡“茶为国饮”“全民饮茶”，扩大全社会茶叶消费。习总书记以及国家领导人在出访和接待外宾时多次“茶叙”。为中国茶向世界做了最好的广告。建议将“茶为国饮”提升到国家层面，确立中国茶的国家名片地位。

四、重大事件

（一）广泛开展“全民饮茶日”活动

广东省茶叶学会与广东省茶业行业协会联合主办的2018年第十届“全民饮茶日”广东区域活动启动仪式5月1日在国茶荟举行。主会场组织了专家现场咨询、紫砂茶器DIY、茶诗书画现场挥毫、茶道花艺、“一茶一书香”读书分享会、现场绿茶炒制、首届无我茶会等，吸引了众多茶叶、茶文化爱好者参与。“全民饮茶日”活动得到全省各地市茶行业组织、大专院校、专业市场和茶企业的热烈响应和积极配合，分别在韶关市、佛山市、珠海、中山、深圳、东莞、英德市、湛江、潮州、番禺区、河源、连平、东源县、紫金县、广东科贸学院职业学院、广州生态工程职业学院、城市职业学院、昊展茶业、振兴茶城、海珠湖、问山茶业及金帆茶叶等举办了“全民饮茶日”活动，本次活动的特点：内容丰富多彩、茶知识和茶文化普及性强、影响大，民众的参与度高，特别是年轻人的积极性和热情度很高，对弘扬中华茶文化，倡导“茶为国饮”，促进茶叶消费和构建和谐社会起到了良好的推动作用。

（二）首届广东茶叶产业大会胜利召开

由广东省农业农村厅、清远市人民政府牵头主办、广东省茶业行业协会等单位协办的首届广东茶叶产业大会于5月11—13日在清远市举行。该大会是广东省实施乡村振兴战略的重要举措，将深入推进农业供给侧结构性改革，推动质量兴农、品牌强农、绿色发展，促进广东茶产业健康发展，进一步推进广东茶产业发展更上一层楼，让广东从茶叶消费大省、交易大省向强省迈进。发挥广东茶产业所具有的茶文化、茶消费市场、区域生态三大优势，重点推进做优茶品质；唱响茶品牌；拓展茶市场；弘扬茶文化；分享茶红利。

首届广东茶叶产业大会评选了“广东十大好春茶”和广东最美茶园；举办了广东茶叶产业发展高峰论坛；广东茶叶产业发展成果展、茶叶企业风采展；全民饮茶日活动。组织参观了广东首家红茶博物馆、生态茶园建设、茶叶加工自动化、茶园机械化现场演示、茶树品种资源库，体验了英德红茶文化。为推进实施乡村振兴战略，落实绿色发展理念，促进茶叶产业健康发展，打造广东好茶起到积极作用。

（三）成功举办2018中国茶产业发展报告会

穆有为会长在会议上作了《中国茶业与世界茶业》贸易发展专题报告。从中国茶与国际茶叶市场的关系、中国茶的综合现状、中国茶走出去的历史机遇和如何推动中国茶走向世界等四个方面与我们分享了中国茶业与世界茶业发展趋势。广东省茶业行业协会副会长、华南农业大学园艺学院副院长曹藩荣教授在会上作了《茶产业发展趋势及广东茶企业应对策略》的专题报告。从广东茶叶生产发展趋势、茶叶消费发展趋势以及应对策略等4个方面详细分析了省内外茶叶发展及消费趋势，并就存在问题提出了许多宝贵的意见和建议。

（四）深入开展茶产业行业调研

组织专家到潮州、梅州、清远、湛江、江门等茶叶主产区实地考察及指导工作，为企业提供咨询和技术支持，并在产区举办茶文化节、茶产业发展论坛，支持产区茶事活动。开展了2018年广东春茶调研；开展“全国重点产茶县调查”“中国茶叶百强企业”情况调查。掌握了第一手基础数据，促进产地间的交流合作与协调发展，推动中国茶产业持续可协调发展。中国茶叶流通协会在第十四届中国茶业经济年会正式发布了2018中国茶叶行业调查的最终结果。由广东省茶业行业协会调查推荐的广东茶叶进出口有限公司、广东省大埔县西岩茶叶集团有限公司、广东茗皇茶业有限公司、广东凯达茶业股份有限公司荣获“2018中国茶叶百强企业”称号；英德市、大埔县荣获“2018中国茶业百强县”称号；广东省英德市荣获“中国茶业品牌影响力全国十强县（市）”称号。

（五）2018春（秋）季中国（广州）国际茶业博览会圆满举办

经国家商务部批准由中国茶叶流通协会、广东省茶业行业协会主办，广州益武国际展览有限公司承办的最受业界关注的茶业盛会——2018春（秋）两季中国（广州）国际茶业博览会圆满举办。展会以市场为创新导向，企业展品涵盖了整个产业链，茶文化内涵深厚。茶博会已成为国内外茶叶产品及品牌、科技、文化、信息等展示交流与合作的最佳平台。

（六）广东省茶业行业协会组织会员赴迪拜、俄罗斯“一带一路”茶经贸考察交流活动圆满结束

为更好地了解、开拓国外茶叶市场，加强与俄罗斯等国家同行的沟通交流与合作，进一步落实“一带一路”发展战略，推进广东省茶产品走出去。广东省茶业行业协会成功组织会员、相关茶品牌企业、茶叶生产加工及贸易企业家共50多人赴迪拜、俄罗斯进行茶经贸、市场及文化考察。加深对迪拜、俄罗斯茶消费市场的了解，加强业界合作、联通人脉、开阔视野、搭建茶文化经贸交流桥梁。

（七）打造“广东省茶艺师职业技能大赛”品牌项目

由广东省人力资源和社会保障厅主办，广东省茶业行业协会承办的2018广东省职业技能大赛——广东“国茶荟杯”茶艺师职业技能竞赛成功举办。参赛总人数达694人，经激烈的技艺大比拼，共有565人通过了本次竞赛考核。广东省茶业行业协会承办的广东省职业技能大赛——广东茶艺师职业技能竞赛，历经13年，已成为广东省最具专业性、权威性、公正性和广泛性的品牌职业技能大赛之一，同时也是广东省备受业界关注的一张亮丽的茶文化名片。为广东省培养了一批素质优良、技艺精湛的茶艺师技能人才队伍。

（八）努力发挥茶行业组织社会职能作用

2018年广东省茶业行业协会被广东省社会组织总会评为“广东省优秀社会组织”（全省20个）；全国茶叶权威媒体《中华合作时报·茶周刊》从“会员服务质量、茶文化推广、行业活跃度、区域品牌推广、业内口碑”这5个因素作为标准，对2018年茶行业的各产茶区和销茶区的业内组织进行综合评定。广东省茶业行业协会被评为“2018十大省级茶叶行业组织”。

（执笔人：张黎明、邵巍）

广西壮族自治区茶叶行业发展报告

广西壮族自治区茶业协会

一、基本情况

广西共有14个市84个县（市、区）种植茶叶，种植面积最大的三个市依次为百色、贺州、柳州，面积之和占广西总面积的65%以上。全年干毛茶产量超10000吨的市有3个，依次为柳州、百色、钦州，产量之和占广西干毛茶总产量的51.44%，其中柳州市干毛茶产量达14345.2吨，占广西总产量19.85%；全年干毛茶产量5000吨以上的市有2个，依次为贺州市、桂林市；全年干毛茶产量4000吨以上的市为3个，依次为贵港市、南宁市、梧州市。在县域产茶区中，年产量超500吨的主要产茶县有24个，其中年产量高于2000吨的茶叶生产大县有10个，前四位分别为三江侗族自治县、灵山县、昭平县和凌云县，占广西总产量的49.25%，其中三江县干毛茶总产量13279吨，占广西总产量18.38%。

二、主要品种及产业结构

（一）主要品种

广西茶树品种资源丰富，地方群体品种有凌云白毫茶、六堡种、宛田种、龙脊种、灵山中叶种等，自主选育的无性系品种有桂绿1号、桂香18号、桂香22号等，引进的外省无性系品种主要有云南品种、福建品种、浙江品种等，引进品种种类繁多，种植布局可待优化。茶树种植面积最大的三个市，百色市主栽品种是广西地方有性系群体种凌云白毫茶、凌乐白毛茶和广西自主选育的无性系良种桂绿1号、桂香18号、桂香22号，贺州市主栽品种是福建品种福云6号、福云595、元宵绿和浙江品种乌牛早等，柳州市主栽品种是福建品种福云6号、福鼎大毫、金观音、梅占和浙江品种龙井系列、乌牛早、安吉白茶等。

他山之石可以攻玉，近年来茶树品种选育成果丰富，安吉白茶、黄金茶、黄金芽等外省优良茶树品种经济效益凸显，广西也有积极引进，以期较快带动一方茶业经济发展，助推产业扶贫。

（二）产业结构

1．良种推广率提高

通过扩大自主选育的桂绿1号等7个品种和从其他省新引进的乌牛早、安吉白茶等品种种植面积，进一步调减广西有性系茶树品种凌云白毫茶的种植面积，2017年广西无性系良种茶树种植面积80.8万亩，比2016年的72万亩增长12%。

2．产品结构优化

2017年绿茶、红茶仍是主导茶类，调减绿茶产量，占比由2016年的45%下降到2017年的43%；扩大红茶产量，占比由2016年的42%上升到2017年的44%。六堡茶产量1.35万吨，茉莉花茶产量6.5万吨，茉莉花茶产量位居全国第一，占全国的80%以上。百色市发挥地方特色茶树品种资源优势，开始复兴白茶生产，增速达235%。2017年广西名优茶产量38700吨，占毛茶总产量的53.75%，比2016年增长5%；产值32.5亿元，比2016年增长16%。

三、2018年茶叶生产和销售情况

（一）生产情况

2018年广西茶叶主产面积123万亩，同比增长4.13万亩，增3.48%。广西干毛茶总产量约61560吨，产值56.307亿元，名优茶总产量18406吨，产值26.9282亿元，茶叶生产种类包括绿茶、红茶、乌龙茶、黑茶、白茶5类。主要集中生产区为百色市、柳州市、贺州市、梧州市，共计生产面积约87.06万亩，占广西生产面积的70.78%。其中，百色市茶叶生产面积约36.48万亩，干毛茶总产量约12571吨，产值7.7768亿元，名优茶总产量2388吨，产值3.3492亿元，茶叶生产种类包括绿茶、红茶、乌龙茶、黑茶、白茶5类；柳州市茶叶生产面积约22.69万亩，干毛茶总产量约14800吨，产值15.78亿元，名优茶总产量5900吨，产值9.46亿元，茶叶生产种类包括绿茶、红茶、乌龙茶、黑茶4类；贺州市茶叶生产面积约18.39万亩，干毛茶总产量约9278吨，产值10.55亿元，名优茶总产量628吨，产值1.236亿元，茶叶生产种类包括绿茶、红茶、黑茶、白茶4类；梧州市茶叶生产面积约9.5万亩，黑茶总产量约13500吨，产值14.8亿元。

（二）销售情况

广西生产茶叶历史悠久，品质较高，销售主要以广西市场为主，大的企业在市区拥有直销店，品牌对销售的带动效应不明显，市场营销的观念和手段落后，大多数还是以“人情茶”“关系茶”“礼品茶”为主。为解决茶叶销售难题，各市持续引导企业加强现代市场营销理念，引进专业营销人才，新的营销手段如企业网站、电子商务、物流配送等也在逐步建立。今年广西实行“走出去，引进来”策略，已组织各大茶叶企业组团“走出去”，参加杭州茶博会、昆明茶博会、上海茶博会等大型国际性茶博会；同时，通过举办南宁茶博会、2018中国茶业科技年会等，借机大幅提升广西茶品牌知名度，促进广西茶叶销售。目前，广西名优茶价格一般在260～6000元/千克，春茶均价200元/千克以上，夏茶均价80元/千克以上，秋茶均价60元/千克以上，极品名优茶1万元/千克，最低价40元/千克。

四、产品品牌

目前，广西茶叶各类注册商标289个，梧州市的“三鹤”“茂圣”，昭平县“将军峰”“象棋山”“故乡”，三江县“布央”“多耶楼”“侗美仙池”等茶叶商标通过广西著名商标认定。

根据《2018中国茶叶区域公用品牌价值排行榜》，广西横县茉莉花茶、六堡茶、桂平西山茶分别名列第20位、29位和75位，品牌价值分别为23.07亿元、20.17亿元、8.69亿元。在《2018年中国茶叶企业产品品牌价值评估报告》中，广西共有广西梧州茂圣茶业有限公司的“茂圣”商标（第39名，价值3.25亿元）、广西梧州茶厂的“三鹤”商标（第42名，价值3.2亿元）、广西农垦茶业集团有限公司的“大明山”商标（第51名，价值2.71亿元）、广西金花茶业有限公司的“金花”商标（第71名，价值1.67亿元）、广西南山白毛茶茶业有限公司的“圣种”商标（第83名，价值1.33亿元）、广西金花茶业有限公司的“人间壹香”商标（第96名，价值0.876亿元）5个企业品牌入榜前100位。

2018年中国质量认证中心评定“横县茉莉花”区域品牌价值为251.21亿元，成为广西最具价值的农产品品牌。

广西茶产品在各类茶叶评比中均获得较好的荣誉，2018年第二届中国国际茶叶博览会上，横县的大森牌森茗雪芯花茶、梧州的茂圣牌六堡茶910717、柳城县的伏桥牌伏虎金毫3款茶叶获评为金奖产品。

五、“三品一标”情况

2018年茶叶类“三品一标”产品共157个，其中14家企业申请中绿华夏认证中心有机茶认证，认证产品77个，认证面积1.15万亩，有机茶产量0.3万吨；12家企业通过绿色食品茶认证，认证产品22个；33家企事业单位开展无公害茶认证，认证产品49个；凌云白毫茶、南山白毛茶、桂平西山茶、覃塘毛尖茶、昭平银杉茶、开山白毛茶、金秀红茶、桂林桂花茶、龙脊茶9个地方茶产品通过农业农村部农产品地理标志登记。此外，六堡茶、三江茶等多地市通过国家市场监督总局认证地理标志保护。

六、先进典型

（一）横县——国家级茶叶三产融合示范区

国家财政部、农业农村部第一批11个创建国家现代农业产业园，横县现代农业产业园是广西唯一入选园区，成为一二三产深度融合发展的范例。全县10.3万亩茉莉花全部实现无公害栽培。近年来，横县茉莉花生产质量安全关键技术到位率、病虫害统防统治覆盖率，茉莉花、茶质量的抽检合格率均达到100%。横县茉莉花和茉莉花茶均成为中国与欧盟互认的地理标志产品，已有20多家花茶企业获得该地理标志使用资质。中华茉莉花现代农业产业园区内，建有金花茶业、顺来茶业、北京张一元等内外知名的生产加工基地以及全国最大的茉莉花及花茶原料市场——西南茶城。这片花海，还有一个名称为“一带两区三园”，即茉莉花种植标准化示范带，产品加工区、创新创业区，中华茉莉园、电商产业园、商贸物流园。花田建工厂，推动了一二三产融合发展，形成茉莉花茶产业集群。2018年横县地区GDP为3159909万元，按可比价计算比上年增长7.1%。其中，第一产业增加值748253万元，比上年增长4.0%；第二产业增加值1197281万元，比上年增长4.8%；第三产业增加值1214375万元，比上年增长11.9%。三次产业的比重为23.7：37.9：38.4。按常住人口计算，人均地区生产总值34707元（现行价），按可比价计算比上年增长6.4%。

（二）三江——产茶大县和首个自治区级茶叶生产示范区

广西茶叶产量最大的生产大县是三江县，2018年，三江县茶园面积18.2万亩，新种茶叶6740亩，全年干茶产量1.41万吨，产值14.27亿元，有6.5万户农户种茶，从业人员25万人，茶叶成为三江贫困农民收入主要来源，茶产业是三江县的支柱产业、脱贫产业和致富产业。近年来，三江县被评为“中国名茶之乡”“全国十大生态产茶县”“全国重点产茶县”，三江茶被列为国家地理标志保护产品。“布央”“多耶楼”“侗美仙池”等子品牌被评为广西著名商标。

三江茶产业（核心）示范区是自治区首批入选五星级现代特色农业（核心）示范区，示范区位于三江县西北部的八江镇布央村，距县城20公里，距离桂三高速（在建）出口只有8公里；布央村是三江县规模化种植茶叶最早的村屯，该村是“广西侗茶村”、柳州市十大美丽乡村、全国一村一品示范村。示范区核心区括布央、美地、程牛三个自然屯，涉及农户604户，人口2430人。示范区主导产业是茶叶产业，辅导产业是旅游服务业，核心示范区年产值（包括茶叶、旅游等）达到3000多万元；核心区农民人均纯收入为4082元，农民人均增收400元；比拓展区农民人均纯收入高16.6%以上，比辐射区农民人均纯收入高22.5%以上，比全县高33.55%以上。核心区农民全年人均纯收入12731元，比全县农民人均纯收入高25%。三江茶产业（核心）示范区为三江县提供了脱贫攻坚的蓝本：“家有一亩茶，脱贫不困难”。

（三）百色——茶叶生产大市

百色市茶园面积36.48万亩，占广西总面积33.16%。其中投产面积28.4万亩，鲜叶产量5.48万吨，产值5.07亿元，干茶产量1.24万吨，占广西总产量17.22%，产值7.26亿元，占广西总产值16.13%。产品主要以绿茶、红茶为主，分别占比63%、30%，兼有黑茶、白茶、乌龙茶生产，其中以白茶发展较快，增速达235%。名优茶生产比例小，但产值高，产量2329.4万吨，占全市干茶产量18.83%，产值达31495万元，占全市干茶总产值43.37%。

全市通过三品认证茶园面积 4.47 万亩，其中：有机茶园3.37万亩，绿色茶园0.22万亩，无公害茶园0.88万亩，茶园面积位居广西第一。百色市是“凌云白毫茶”的故乡，也是中国目前唯一集中连片种植且面积最大的“凌云白毫茶”生产聚集区，是广西规划的优势茶叶种植基地——桂西凌云白毫茶区。

全市有茶叶企业341家，龙头企业19家，获得QS/SC认证的企业27家。“百色红茶”于2016年3月通过农产品地理标志登记，目前已有9家企业申请授权使用“百色红茶”农产品地理标志公共标识。2017年第十二届“中茶杯”全国名优茶评比（第一阶段）中，百色市金埌福茶业有限公司、正道茶业有限公司、凌云县大石山岩茶开发有限公司、凌云县老山源茶叶特产有限公司、广西八桂凌云茶业有限公司、广州乐活生物科技有限公司（靖西乐村）等7家茶企业10个产品获奖，其中红茶特等奖7个、红茶一等奖2个、白茶一等奖1个。第十二届“中茶杯”全国名优茶评比（第二阶段）中广西凌云县大石山岩茶开发有限公司、广西广茗投资有限公司、广西金埌福茶业有限公司三个公司共4个产品获奖，其中红茶特等奖1个、红茶一等奖2个、黑茶一等奖1个。广西八桂凌云茶业有限公司2个产品获“中茶杯”全国名优茶评比银奖。

七、广西茶叶行业发展的主要措施

（一）制定发展规划及相关政策

深入认识广西发展茶叶产业的重要意义，重视发展茶叶产业，制定广西茶叶发展中长远发展规划，出台茶叶产业发展给予相关扶持政策、加大资金扶持力度。

（二）加强人才队伍建设，完善茶叶品牌发展的机构

加大培养、引进茶叶专业技术人才，充实现有茶叶产业技术队伍；完善行业主管协会，促进行业的协调发展。

（三）实行标准化生产和“三品一标”认证

坚持标准化生产，是创建精品名牌的基础，是提高产品市场竞争力的关键。所有的茶园都严格按照无公害茶叶生产技术标准和国家绿色茶叶、有机茶叶生产技术标准进行组织生产，高质量、高标准地抓好新茶园创建和现有茶园的改造建设，对品种、苗木、园址的选择到开垦、栽植、肥水管理、病虫害防治及采摘、加工、储运、销售等各环节，都要进行严格的监控检测，狠抓茶青生产的质量，保证所有产品均达到无公害茶、绿色食品茶、有机茶标准。

（四）成立茶苗良种繁育基地，优化品种结构

适应市场需求，成立茶苗良种繁育基地，抓好茶树品种结构调整和优化，既要适当扩种适合加工中档茶品种，又要积极引进推广能制作高档茶的良种和地方特色品种；重点发展早春茶和晚秋茶。

（五）提高茶叶产品加工水平

注重制茶工艺与设备的改进与更新，引进先进制茶技术及茶叶加工设备，提高茶叶产品的制作水平。既要生产传统的茶叶产品，生产不同茶类、不同档次茶叶，又要加强研究茶叶的综合开发利用和深度开发，抓好产品品种结构调整和优化，研制加工速溶茶、茶饮料和茶多酚等茶叶提取物产品。

（六）促进各大茶叶企业着力创建、培育茶叶品牌，扩大茶叶品牌影响力

一是抓好茶叶生产、加工，保证茶叶高品质；二是多次参加区内外有关部门举办的茶叶评比大赛，为公司的茶叶获取荣誉，增加影响力；三是积极参加有关部门组织的有影响力的名特优新农副产品展，到展会广西公司茶叶产品，联系供销商，建立稳定的销售体系；四是发掘、整理、宣传广西茶历史文化及特色茶叶。

（执笔人：韦克英）

海南省茶叶行业发展报告

海南省茶叶学会　海南省茶业协会

2018年国家全力支持海南建设自由贸易区（港）和逐步探索推进中国特区自由贸易区（港）的政策落地实施，为海南茶产业发展带来了强大动力，2018年海南茶叶生产积极性高涨，茶园种植面积，规模，产值及经济效益等各项指标有了较大的提升，茶文化氛围日益浓厚，海南茶产业发展呈现良好态势。

一、海南茶产业发展现状

（一）基本情况

海南茶叶种植主要集中在白沙县、五指山市、保亭县、琼中县、定安县、万宁市等县市。2018年全省茶叶种植面积29400亩，其中，可采摘茶园面积14200亩，种植面积比2017年增加了7600亩，增幅达35%，琼中茶区新增种植面积近6000亩。2018年全省总产量653吨，由于气候等原因影响，总产量出现小幅回落，比2017年减少2.5%，其中，海南省主要产茶区白沙县第一季度持续低温天气的影响，产量减产10%以上；五指山茶区2018产量达98吨，同比增长18%。2018年茶叶总产值1.57亿元，同比增长7.5%，出现了减产不减收的现象。

海南省种植的茶树品种主要有海南大叶、云南大叶、福鼎大白、福云6号、奇兰、水仙、毛蟹、金萱、紫鹃、英红九号等。2018年主要加大了海南大叶种茶种植，同时引进氨基酸含量高的茶树品种黄金茶。新增茶园均按无公害生产茶园标准种植。

海南省茶叶生产企业（含合作社）近50家，2018年新增加茶企7家。主要茶叶商标及品牌有白沙绿茶，白马骏红、金鼎红、椰仙、水满红韵、五里路、海岛红、芳香村、苗绿香、妙自然、陨坑、薄沙、母瑞山等。海南农垦五指山茶业集团公司是海南省最大茶叶种植、生产加工、销售为一体的省级农业龙头企业。其茶园面积、产量及产值约占全省茶叶生产企业总量的65%。在全国农垦同行茶企排名第一。

（二）海南茶叶发展优势

1. 产茶历史悠久

海南茶叶有近千年的发展历史，自古就有黎族人民采摘五指山野生大叶茶治病的传说，明代便有海南早期茶事的记载。在《正德琼台志·土产》中就有关于海南茶叶的记载，野茶《外纪》："产昌化，即江南所谓黄连茶，一名靈茶。其树合抱，叶初吐如莲臆鼠齒而稍大，炒黄清香，属薦茶佳品，故亦谓之茶。"北宋诗人苏轼被贬儋州时期，作了一首关于海南茶叶的诗词《汲江煎茶》，诗中描写了苏轼在月夜江边汲水煎茶的细节。

海南茶叶大力发展始于20世纪50年代末期，1959年根据国家计划，在海南建立红茶出口货源基地，1988年国家专门拨放茶叶生产基地贷款1047.6万元发展茶叶生产。至1993年全省拥有大小茶厂50多个，其中国营农垦种茶农场就有37个。茶园面积达12万亩，年产干茶8000多吨，是海南省茶叶生产的鼎盛时期。茶叶以生产红碎茶为主，少量绿茶。红茶几乎全部供应出口，远销欧美、东南亚、中东等30多个国家和地区，为国家换取了大量外汇。当时，五指山茶场、南海农场就荣获了国家对外经贸部授予的"出口生产基地企业创汇百万美元"荣誉证书。

但是进入20世纪90年代中期，由于国家实行外贸体制改革，取消了出口补贴，茶叶市场全面开放，加上国际市场茶叶价格变化，红碎茶出口受阻，由国际市场转为国内市场的过程中，产品单一，市场销路受阻，茶叶生产出现萎缩，茶叶产量和茶园面积逐年下降。到2016年海南投产茶园面积不到1万亩，干茶总产量降至561吨。

2．地域生态优势得天独厚

我国当代茶圣吴觉农先生的著作中曾对海南岛的茶叶发展有过这样一段描述："海南岛位于我国南端，地处热带，四季常青，土地肥沃，雨量充沛，自然条件得天独厚，有'南海明珠''祖国宝岛'之称"。海南地属热带季风气候区，光照、温度、湿度等自然条件优越，特别是五指山山区平均海拔300～800米，光照时长年平均日照为2000小时左右，为低纬度、低丘陵山区（坡度一般在10～20度），非常适宜茶叶种植和茶树生长，且土壤中富含对人体有益的微量元素硒，同时作为全国唯一可以四季采茶地区，海南早春茶比内地产茶区早上市3个月左右，季节优势突出，有着华夏"第一早春茶"美誉。

3．资源优势丰富独特

海南原生大叶种茶树遍布海南各山脉，1984年被认定为国家茶树良种"华茶16号（GSCT16）"，海南茶叶内含物质丰富。2004年9月，原农业部食品质量监督检测中心随机抽检检测结果报告，成茶水浸出物为43.2%，水溶性灰分为71.4%，大大超过国家标准34%和45%的指标。并且海南茶叶中的茶多酚含量高，一般可达35%～40%，比内地茶叶高出10～15个百分点。生产出来的茶叶有香气高郁，滋味浓、强、鲜、爽、回甘持久，汤色亮等特点，吴觉农先生对海南红茶的评价"色如琥珀、香若芝兰、味同醇醪"。中国农科院茶叶研究所沈培和回忆对海南茶叶的印象时说："海南绿茶最大的特点：一是产茶早；二是浓度好。"浙江大学茶学系龚淑英教授在审评时说："海南茶香气持久，滋味浓厚，市场空间很大，发展有机茶园基础很好"。

4．政策支持有力

海南茶产业项目的实施符合国家级海南省产业发展方向，符合《海南省人民政府关于加快转变农业发展方式做大做强热带特色高效农业的意见》，有海南省财政厅现代农业生产发展资金的支持。

2018年海南省政府把茶叶列为海南省十大调优增效特色农产品之一，计划在未来五年内新增茶叶种植面积8万亩。海南茶产业发展具有了明确的政策指引和支持。

5. 市场容量巨大

据不完全统计，全省每年茶叶消费量约8000吨，海南本省茶叶产量完全不能满足市场的需求，特别是海南建设自由贸易区（港），经济文化交流频繁，茶叶消费增加，茶叶市场空间可观。中国科学院陈宗懋院士曾经说过中国只有海南还可以大力发展茶叶生产。

6. 文化氛围浓厚

海南居民历有饮茶的习惯，已经形成了海南特有的饮茶习俗，海南人民爱茶喝茶也融入了市民的生活。流传至今的“老爸茶”是海口、文昌、琼海、三亚等市县的一道风景线，街巷里随处可见：一壶茶，一碟花生，或一两个面包，可以从上午一直喝到下午。老爸茶起源于西方，西方人喜欢喝点加上糖或者淡奶的红茶，配以西点。后来这些习惯传到了新加坡、马来西亚等国家及香港等东西方文化结合的地方，而在这些地方，当时聚集着许多从海南出外谋生的海南人，在回乡时也将这些生活习惯带回海南。当今人们倡导喝茶为一种健康生活方式，越来越多的人通过各种雅集、培训、论坛、赛事等活动参与到茶文化宣传队伍中。

（三）茶产业发展劣势

1. 茶叶产业化和组织化程度不高

20世纪90年代海南省茶叶生产最鼎盛时茶园面积达12万亩，年产干茶8000吨，而现在产量不足千吨，除了农垦系统外五指山市、白沙县、琼中县等主要茶叶种植园地区，总体来说茶园规模小，组织化程度低，茶园管理水平落后，大部分的茶园种植、采摘、生产方式还属于自然农业，小农经济，基础设施薄弱，种植零散，亩产量低和本土优质茶树品种资源没有得到充分开发利用。

2. 宣传力度不够，优势产品没有充分发挥

海南红茶曾经远销欧美30多个国家地区，是我国重要的红茶出口生产基地，现在“远洋”“环球”等传统知名品牌已退出历史舞台，虽然在市场上海南茶叶品牌多，但是多而不精，经营生产分散，缺少全国性具有一定影响力的品牌，除了白沙绿茶、五指山红茶等在省内具有影响力，在省外尚未形成在全国有影响力或具有竞争力的品牌。海南红茶特有优势没有得到充分发挥。

3. 对茶叶历史文化发掘的“深度”不“深”

海南茶叶有着上千年的历史，但是长期以来缺乏系统研究和整理代表着海南本土特色的茶文化资料，不能让消费者在喝茶时品味到海南独特的茶文化底蕴。

4. 发展资金短缺，阻碍茶叶规模化生产

目前，茶叶产业是一个劳动密集型、建设投入大的朝阳产业，但受地方财力限制，对茶业投入、必要的扶持引导及招商引资力度不够，有的茶企还在使用20世纪60年代的茶机进行加工生产，厂房设备改造升级难度大，难以扩大生产规模。

5. 茶产业专业人才缺乏

茶文化与茶产业的融合密切度尚有不足，目前海南省没有一家专门研究茶叶的科研机构，并且在高校中没有茶学专业，其他一些院校在旅游管理或酒店管理专业方面虽然有开设茶艺服务课程，但大多是一些选修课程，或者是纯粹的针对考证而设的服务技能培训。茶产业研究和产业发展后备军人才缺乏。

二、海南茶产业发展主要措施

（一）政府高度重视、积极引导和大力扶持，激发茶叶发展潜力

2018年海南省政府把发展茶产业作为脱贫攻坚、乡村振兴重要抓手，出台了一系列政策和配套资金，补贴扶持扩大茶叶种植面积和茶叶加工设备的改造升级。如海垦茶业集团利用财政补贴落实2018年省级调整优化农业种养结构补助资金（第二批）的使用，同步建设白沙绿茶精制加工车间改扩建项目、母瑞山茶叶加工厂设备配套技术改造项目。利用“现代农业生产发展资金”2340万元，2018年完成了白沙改扩建项目和母瑞山茶叶加工生产线改造并试产。2018年完成琼中6500亩茶叶种植基地项目开荒定植约5800亩。使海垦茶业集团茶园面积从组建初期的8850亩扩大到15745亩。

五指山市、白沙县等主要产茶市县相关单位设立专门机构管理茶负责茶产业规划指导和协调管理工作，出台发展茶产业相关政策。白沙县政府2018年投入巨资在白沙农场建设了近10000平方米现代化厂房，引进先进智能的加工设备，拟打造集加工、观光体验、购物休闲于一体的三产融合产业基地；五指山市政府继续实施种植茶叶面积达1亩以上或茶企、茶叶合作社年产干茶量达1500千克以上的将给予奖励，2018年五指山市新增茶园面积800亩。

（二）着力品牌战略建设，夯实品牌推广渠道

2018年在海南省政府部门的大力支持和指导下，主要茶区企业积极转换发展思路，采取多种方式，大力开展品牌建设。①在省农业农村厅的支持下，首次在具有影响力的海南冬季农产品交易单独设立海南茶文化馆，集中省内近20家茶企参展，通过展示宣传茶叶精品，产品推介、茶文化演绎等活动扩大了茶品牌影响力。②五指山市委市政府高度重视已获得国家农副产品地理标志认证的五指山红茶的推广工作，充分利用2018年博鳌亚洲论坛年会，国际茶业及茶艺博览会等国际平台，努力做好五指山红茶推广工作，将“五指山红茶”展示给国内外观众。每年组织举办一次“中国（海南）五指山第一早春茶”采摘节。借此平台，以茶为媒，广交天下茶友，在更宽领域和更高层次深入与岛内外茶业界的交流与合作，全力加快五指山茶叶品牌国际化步伐，打造成全球高端旅游商品做出积极的贡献。③白沙县政府通过一年一度的“三月三”少数民族节日举办各种茶事活动，努力宣传和打造具有特色的茶叶产品，提升茶叶品牌影响力，五里路茶叶专业合作社通过邀请摄影记者、网红等名人在茶

园采风、茶品代言、茶树认养等多种形式宣传企业品牌。④海垦茶业集团积极推进“品牌强垦”战略，在线上与南海网战略合作，组织网络大咖、摄影大师到四大茶园采风，通过南海网、农垦网、UC头条等各大网络平台讲述海垦茶故事，扩大海垦茶朋友圈。线下茶业集团“百城千店”品牌专营店2018年新增25家，累计已推广60家。继续坚持参加专业展会进行产品展示与品牌推广，先后参加了中国国际茶叶博览会等23次大型展销活动。海垦茶品牌知名度不断提升，并在“国饮杯”等全国性评茶比赛中获奖。

（三）持续推进产品良种化，标准化，加强质量监控，增强核心竞争力

加强标准茶园建设，推广绿色高效关键技术，制定统一标准。①重点培育一批优良茶树品种，提高茶叶的品质保障，改造低产衰老期的茶园，如海垦茶业集团积极推进低产茶园的改造，新增茶园按无公害标准种植。②大力发展高产、优质、生态茶园及绿色有机茶园建设，推广有机肥替代化肥，减少农药的使用量，推进茶叶科技创新，提升茶叶综合生产能力，如白沙五里路茶叶合作社坚持发展有机种植带领贫困农户劳动致富，取得了良好的社会经济效益。③推进标准化种植生产，通过统一制定标准、统一提供茶苗、统一种植管理、统一收购茶青、统一加工、统一销售6个统一确保产品质量的稳定。为了提高涉茶人员种、管、产等技术水平，五指山市政府和茶协在2018年先后多次邀请国内茶叶专家对涉茶人员按照五指山红茶地理标志认证产品的标准进行种植、加工等技术培训。

（四）优化产业结构，延伸产业链，提高产业附加值

茶叶产业是三产融合、精准扶贫的重要优势产业，结合海南国际旅游岛的建设，五指山市、白沙县、琼中县作为海南重要的茶叶生产基地，积极推动茶产业与旅游业融合式发展，促进茶产业发展与扶贫开发相结合，依托海南全域旅游，不断完善茶园基础设施，政府投资修建茶园观光栈道、新建茶产业小镇，海垦茶业集团以白沙茶园、南海茶园茶旅为试点，积极开展自驾游、亲子游等“旅游+茶”体验活动，通过让游客亲身体验茶叶制作的整个过程，亲子采摘茶青、加工、品鉴和带走自己制作的茶叶。游客从整个过程中体验到茶带来的乐趣，同时开发茶苗盆景、订制茶等茶旅产品，深受到广大游客喜爱。2018年两地茶园累计接待超万人次旅客。茶旅结合增加了茶农收入，拉动了地方经济的发展。

（五）大力培养茶叶职业技能型人才，实现茶产业高质量发展

茶叶技能型人才培养是茶产业高质量发展的关键，2018年海南省农业农村厅首次举办了标准化生产培训班，特别邀请了来自中国茶叶科学研究所、华南农业大学的专家就茶叶绿色标准化生产，推广机械采茶及机采茶加工技术等方面进行了培训，全省来自40多家生产企业一线技术管理人员50多名参加了培训。2018年海茶两会也举办了多场次茶艺师、评茶员等职业技能培训班。

（六）开展多种公益活动，宣传科学健康饮茶知识，促进茶产业发展

海茶两会充分发挥行业组织优势，2018年组织了多场次的科普公益活动，组织开展2018年全民饮茶日活动，通过茶企展示免费赠饮、发放科学饮茶知识小册子、现场知识问答、炒茶体验及茶艺歌舞演绎等多种形式宣传中国茶文化，现场参加人数近千人；组织以茶为媒“七夕”相亲活动，通过茶文化平台，以茶结缘，让更多的年青群体加入到喝茶、喜茶、爱茶的氛围中；组织各种亲子茶会，通过简单的茶知识的了解，简单的冲泡流程的体验，让茶文化进入家庭，真正做到茶文化宣传从娃娃抓起；为企事业单位开展多场职工茶艺讲座活动，大力宣传科学饮茶，倡导健康生活方式，提高广大群众文化素养。

（执笔人：陈世登）

重庆市茶叶行业发展报告

重庆市茶叶商会

重庆是我国茶树生长最适宜地区，农业农村部规划的“长江上中游特色和出口绿茶重点区域”。重庆市有37个区县（自治县）生产茶叶。近几年，重庆市政府高度重视茶产业发展，多次召开重庆市茶产业发展专题会，重庆茶产业依靠政策投入，全员努力，在茶叶基地的完善、重庆茶叶加工技术、渝茶品牌的创建与市场培育、茶科技引进与转化等方面都取得了长足的进步，并进入了一个渝茶产业稳步发展的新阶段。

一、茶叶生产情况

（一）茶叶生产

据农业部门调查统计：重庆市茶叶种植规模呈现稳步增长态势，截止到2018年末，重庆市茶园总面积达85.76万亩，其中：投产面积达56.52万亩，分别较去年增9.38%、9.17%；茶叶总产量达到3.96万吨，较去年增7.15%；茶叶总产值达到28.43亿元，较去年增19.63%，南川、秀山种植面积突破10万亩。

重庆市茶叶茶类结构进一步优化调整，除以传统绿茶为主外，红茶、沱茶、砖茶、茉莉花茶全面恢复、开发生产。永川、万州、秀山大力推进夏秋茶的机采、机制，开发出口绿茶和香茶的生产，万州区夏秋茶的机采、机制生产出口绿茶220吨、创汇50万美元，秀山利用夏秋茶生产香茶300吨，销往四川，拓展了重庆茶叶的市场、扩大了消费人群，提高了茶叶产业的总体效益。

（二）2018年渝茶产业发展主要工作

重庆茶产业在市农技总站的指导下，大力发展，高效推进。

1．新品种新技术的引进、示范、推广工作，加强技术培训指导

（1）加快品种改良　开展新品种的引进、示范，引进中黄1号、中黄2号、黄金芽等茶树新品种并成功进行了新产品试制。

（2）推进重庆市茶叶绿色发展　重点示范、推广市农技总站制定的茶叶主推技术，包括“现代生态茶园生产技术”“茶园蓄梢留养技术”“茶园化肥减施增效技术”“工夫红茶加工技术”等。通过开展茶叶配方肥、脲甲醛缓释肥、天敌友好型粘虫色板、茶园水肥一体化技术试验、示范，加快化肥农

药减施、有机替代施肥技术示范推广工作；引进茶园割灌除草两用机、翻耕管理机、微耕松土机、修边机、茶树枝条粉碎机、吸虫机、小型农用三轮车等全套山地茶园全程机械化管理装备和技术，开展农机、农艺相融合的配套装备、技术引进示范；推广茶-林、茶-草（肥）、茶-果、茶-菌等复合型栽培模式，幼龄茶园覆黑膜栽培技术，茶园蓄梢留养技术，对提高重庆生态茶园建设和提高茶园管理机械化水平起到了重要的推动作用。同时，加强工夫红茶加工技术创新、加工工艺等重大关键技术攻关，集成引进组装高效优质、资源节约、生态环保的工夫红茶加工关键设备及配套技术，提升重庆工夫红茶加工技术水平。

（3）加强技术培训指导　配合市科技特派员协会、市农广校、总站体系科、茶叶产业体系，在重庆市重点茶区开展茶叶专业技术现场示范与培训，积极开展了“茶叶绿色生产模式及配套技术”“现代生态茶园生产技术”“山地茶园的机械化管理及装备”等一系列茶叶科技培训；深入生产第一线，对茶叶企业的产品定位、厂房建设、设计、设备选型、加工工艺技术进行现场指导，指导南川、巴南、万州、梁平开发生产工夫红茶。全年科技培训达6次，培训人员达600人次，提高茶农科技种茶制茶水平。

2．市站科技力量为支撑，实施科技项目，推进茶叶标准化生产工作

（1）抓好农业农村部绿色高质高效创建茶叶建设项目　市农技总站配合市农委特经处在南川区北部生态农业园区，开展2018年南川区茶叶绿色高质高效创建项目。全面推进“一模式两减三改”经营管理模式和关键技术。

①推行茶叶绿色高产栽培技术：开展南川大树茶品种选育及扦插繁育工作，在德隆镇、合溪镇带动扦插繁育南川大树茶苗100万株。大茶树扦插成活率达到82%、提高15个百分点，出苗率达到70%，选育出性状优良的单株10个。示范推广无性系茶树新品种储叶齐、金观音、黄观音、梅占等无性系茶树良种，开展有机肥替代化肥、茶园绿色综合防控技术示范推广，2018年新建无性系茶园面积4000亩，发展专业合作社9家，龙头企业4家。

②茶产品清洁化、标准化生产：建成了瑞草茶叶公司名优绿茶生产线、金山湖农业开发有限公司南川大树茶红茶生产线；同时恢复性试生产了“南川红碎茶”；加快推进大观茶业沱茶生产线建设及金山湖农业开发有限公司红碎茶加工线建设，合理利用夏秋原料，发展优质红茶、沱茶等。

③开展绿色高产技术服务：组织开展培训2次，培训人数100人次，解决加工技术难题3个。

（2）开展重庆茶区化肥农药减施技术试验示范项目　市农技总站承担了2018年重庆市现代山地特色高效农业（茶叶）产业技术体系巴南区综合推广试验站任务工作。2018年以来，市农技总站以巴南区综合推广试验站为平台，先后在重庆市玉琳茶业有限责任公司、重庆市二圣茶业有限公司、重庆聚缘川秀茶叶公司等示范点开展重庆茶区化肥农药减施技术试验示范。项目实施过程中市农技总站严格按照政府采购管理办法完成项目生产物资的招标工作并及时配送到示范点，配送茶叶配方肥、脲甲醛缓释肥26吨，天敌友好型红黄色板3000张，茶园管理机械设备11台（套），推广生物防治、物理防治等绿色防控技术，减少化学农药用量，实现化肥、农药使用量零增长。大力推广茶园整地、

茶树修剪、病虫防治、大宗茶机采等关键环节的实用机具及配套技术，促进农机农艺深度融合，提升茶叶生产机械化水平。项目完成茶叶产业技术创新体系安排的技术示范任务3项，指导新发展茶园2000亩，示范推广技术茶园面积达5000亩，辐射面积达20000万亩，取得了预期的社会、经济、生态效益。

（3）推进茶叶标准化生产工作　以市站科技力量为支撑，加快茶叶标准制定，完善茶叶标准体系框架，制定茶叶产品和生产技术标准。先后完成《重庆沱茶生产技术规程》的编写、评审和报批工作工作；制定了《秀山毛尖产品标准》《秀山毛尖名优茶加工技术规程》《秀山毛尖生产技术规程》；编制的《现代生态茶园建设技术规程》地方标准，已通过市质监局组织专家的审定并颁布实施。

（三）存在问题

（1）农村劳动力缺乏，采茶人员不足，采茶成本上涨，在春季生产阶段，重庆地区茶园鲜叶下树率依然偏低，夏秋茶利用率低，因此，茶园效益不能充分发挥。

（2）重庆是中国山地茶园的典型区域，茶园的坡陡、连片性差、茶园机械化管理程度不够，科技示范推广需进一步加强。

（3）重庆市龙头企业产业带动力偏弱，在产业发展中，龙头企业作用发挥有限，目前，国家级龙头企业只有1家。专业合作社、家庭农场规模小，市场适应能力、安全生产能力、仓储加工能力、营销推介能力及抗风险能力较弱，推动茶业发展的能力有待加强。

（4）渝茶文化的塑造还需要进一步挖掘，除永川、巴南、万州、南川等区县外，区县级举办茶文化主题活动较少，规模较小，影响力低，茶艺馆、茶文化社团发展、茶文化研讨活动、茶文化旅游为主体的茶文化现象滞后云贵川，宣传推介力度弱，社会影响不大，没有很好地利用茶文化活动现象，搭建好茶叶生产与茶叶消费的纽带，制约了对本区域茶叶生产的拉动作用。

（四）主要措施

（1）继续按照重庆市委市政府农业农村工作总体部署，结合《重庆市茶业振兴计划》和《重庆市茶业十三五规划》整体框架，以新农村建设构建产业支撑，调整、优化区域布局。加强永川、秀山、万州、巴南、南川等地在重庆茶产业的引导作用，以“渝西特早名优茶、武陵山区高山名优绿茶、三峡库区生态（有机茶）”三大茶叶优势区域的茶叶为特点，优化产品和品质结构，突出以内抓名优绿茶、红茶、沱茶，外抓出口茶为重点，提高质量，扩大批量，形成规模效益，共建渝茶特色。

（2）引导产业基地向优势企业集中，加快推进高产优质、具规模化和集约化水平的标准茶园创建速度，大力提升优势产区的综合生产能力和整体竞争力，建立形成以龙头企业为中心、市场为导向的茶产业发展共同体。建议进行合理的品种搭配以及加快茶园管理机具（特别是名优茶采摘设备）的研发，同时，多引进国内先进茶叶科技，加快夏秋茶的开发与利用。

（3）在种植加工技术方面，加强现代生态茶园、名优绿茶、工夫红茶等生产技术的推广应用，建设优质茶叶原料基地，建设标准化加工基地，积极组织各级技术培训，提高茶叶生产、加工技术水平。全面提高渝茶产业的生产、加工技术水平与从业人员的安全生产意识。

（4）各级政府可加大对优势区域重点项目的扶持力度，整合部门资金集中投放，重点用于茶叶标准园建设、品牌培育、市场拓展、茶文化乡村观光旅游等项目建设。

（5）龙头企业加强自身建设，重视茶叶品牌的宣传、举办茶事活动，提高地方品牌知名度，政府倡导统一打造市级区域公用品牌，增强渝茶市场竞争能力。并积极支持与带动农村专业合作经济组织建设，充分发挥他们在产业服务、行业自律等方面的作用，提高农民的组织化程度，增强抗御市场风险能力，构建产业合力。

（6）强化科技支撑，以龙头企业为核心，实施茶园统防统治，加强茶园的标准化管理水平，加强现代茶叶科技的引进与转化，加强绿色综合防控技术、名优茶连续化、清洁化加工制作技术、测土配方施肥技术、GAP良好农业规范可追溯制度、茶叶深加工技术以及茶叶现代化生产管理模式等关键技术的示范推广与开发力度。

（7）整合渝茶资源，统一形象，统一发展，集中资源打造重庆知名品牌，全面实施品牌化建设，提高产品知名度、市场竞争力和市场占有率，共筑渝茶产业特色。进一步健全市场机制，重点培育茶叶专业市场和有销售能力的茶叶销售大型企业，建立茶叶产销信息共享平台，支持茶叶专业销售门店（柜）、茶叶电子商务的快速发展，完善茶叶流通体系建设，促进茶叶消费，加快渝茶资源线上线下一体化建设。

（8）重视渝茶文化体系建设，大力引导和发展茶叶生态观光旅游和茶文化产业，把深厚的巴渝茶文化底蕴融入培育重庆地方强势品牌之中，举办以不同背景和不同主题的茶文化活动，以此提升重庆茶叶的知名度和影响力。

二、渝茶产业流通及品牌打造

（一）渝茶产业销售情况

重庆现有专业茶叶流通公司约30余家，以自加工茶和经销茶叶为主，年销售额在3000万元以上的企业有7家。如重庆茶业集团、长城茶业、重庆翠信茶业、苗品记茶业四家企业总计年销售重庆本地茶叶3000吨左右，年销售收入3亿左右。零售茶叶主要有大型国有商场、大型超市、专业零售店、综合性副食商场和零售店等，重庆主城区年销售茶叶约5亿元。

1．茶叶销售持续增长

重庆市茶叶市场发展较快，现有重庆茶叶专业批发市场、重庆石生国际茶城、重庆天月茶城、重庆九村国际茶都等四个大型茶叶专业市场，总建筑面积达12万平方米，入住商户总共达700余户，年交易额9亿元左右。重庆现有专业茶叶流通公司约30余家，以自加工茶和经销茶叶为主。重百、新世纪等大型国有商场、超市依然是茶叶消费的品牌窗口。此外，重庆茶叶销售市场中以茶叶专业零售店、综合性副食商场等形态大量涌现。如盘溪农产品市场。2018年重庆市茶叶销售额与2017年相比稳中有升，初步统计约27亿元。

2. 茶叶消费趋于合理

重庆消费茶叶以名优绿茶、沱茶和普洱茶、花茶、红茶等为主，其中：40%为名优绿茶，25%为沱茶和普洱茶，25%为花茶，10%为乌龙茶、红茶等特种茶系列。从总体来看，重庆茶叶消费结构将由低、中、高向中、高、低转变；花茶减少，绿茶、红茶增长，工夫红茶基数低但上升较快，乌龙茶增速减缓；礼品或高档茶销量与去年持平。

重庆茶叶在国际贸易中出口绿茶220吨、创汇50万美元。其他主要是对巴基斯坦和俄罗斯出口低档次红碎茶，据不完全统计2017年荣昌区出口红茶4800吨，实现创汇450万美元，出口产量产值较去所有所增长。

（二）茶叶区域公用品牌发展情况

重庆现有茶叶区域公用品牌主要为“永川秀芽”“金佛玉翠”“南川大树茶”“云阳相思茶”“三峡牌”“秀山毛尖”以及准备从新恢复“重庆沱茶”等。这些茶叶区域公用品牌主要通过企业科技创新发展模式，壮大产业规模；整合项目资金，增强发展动力；加强科技支撑，提高产品质量；建立完善市场，规范交易行为来做强做大。“永川秀芽”获“第二届中国国际茶叶博览会金奖”，重庆茶叶整体形象脱颖而出，扩大了国内外影响，极大地提高了重庆茶叶的知名度。永川、南川、秀山、万州等地开展采茶节、斗茶大赛、手工制茶比赛等多种形式的具区域特色、形式多样的茶文化旅游活动，促进茶产业与休闲、旅游相互结合，促进一、二、三产业融合发展。通过重庆电视台最美乡村宣传重庆茶产业及茶叶区域公用品牌发展。

同时，区域品牌在发展壮大过程中也暴露出一些问题：缺乏大型龙头企业的支撑；市场营销网络缺乏，宣传力度还不够。针对区域品牌发展瓶颈，提出以下建议：

（1）政府扶持，体制创新，壮大龙头；

（2）科学规划，合理布局，加快良种繁育体系、茶叶标准化基地建设；

（3）整合品牌，打造名牌，提高重庆茶叶综合竞争力；

（4）加快科技创新，实现茶叶优质化生产，提高茶叶产品质量；

（5）建立完善茶叶市场，规范茶叶交易行为；

（6）加强茶叶标准化生产与茶叶质量体系的建设；

（7）突出特色，做好宣传，打响品牌。

三、渝茶产业社会活动

重庆市茶叶商会是经重庆市民政局批准成立的具有法人资格的社团组织，是政府与会员单位的重要链接纽带。2018年，在商会会长的带领下，围绕“加强自身建设”“推动重庆茶业发展”两个工作重点。本着“依托会员，服务会员”的宗旨，以“振兴渝茶”为目标，实实在在的开展各项工作，有力地推动了重庆茶叶产业的发展。其主要工作如下。

（1）2018年期间，重庆市茶叶商会联合重庆市茶叶学会，共同举办了三峡杯名优茶和大宗茶评比活动，本着公平、公正、公开的原则，由专家和企业代表组成了评审团对参评茶样进行了严格、认真的密码审评，共评出重庆第十二届“三峡杯”绿茶类名茶金奖18名、银奖19名；红茶类金奖8名、银奖3名。评出大宗红绿茶和花茶类特等奖11名，一等奖10名，新产品开发创新奖1名。

（2）商会与学会、市经贸中等专业学校联合举办了首届全国评茶员职业技能竞赛重庆预选赛暨“巴渝工匠”杯首届重庆市评茶员职业技能竞赛，这次竞赛活动在重庆市经贸中等专业学校（永川）举办，共有25支队伍109人参赛，最终评出了一等奖5个，二等奖10个，三等奖15个，优胜奖34个。

（3）在渝茶产业推广方面，重庆市茶叶商会2018年期间组织会员单位参加了华巨臣春季茶博会（春季、秋季）、中秋展销会两大展销活动；并组织会员单位参与了国内多场茶行业活动（杭州、四川、贵州、云南等）和茶文化交流活动、行业培训。

（4）重庆市茶叶商会茶产业技术服务部牵手国内优秀的食品安全管理服务平台，联合举办了有关茶叶流通安全管理、食品标签管理及有效应对职业打假等方面培训；并组建了茶叶专家团队，长期为会员单位提供产业技术指导、茶叶产业化项目咨询等工作；重庆市茶叶商会茶文化推广部举办了多期茶艺师、评茶员的培训，2018年期间累计培训茶艺师、评茶员500人次以上。

（5）2018年12月，重庆市茶叶商会联合重庆市茶叶学会，在南川成功举办2018年重庆市茶业科技与经济年会，全市茶叶相关部门领导、专家学者、企业负责人近300人参加会议。会议期间，不仅汇报了商会、学会的2018年主要工作与重大成绩，还成功组织了《重庆茶区减肥减药增效技术》《企业的管理问题》《茶叶安全生产与流通经营管理》的专题报告，并召开了南川区大树茶品牌策划与茶产业发展座谈会。本次年会，得到领导、会员单位的高度认评价。

（6）商会开办的重庆市茶叶网站（www.cqtea.com.cn）以渝茶产业、渝茶文化两大板块为核心，大力发挥宣传价值，为上百家会员单位服务，构建了会员单位交流、互动的平台。重庆市茶叶商会主办的《重庆茶叶》杂志由原来的季刊变更为双月刊，为会员单位提供了更多的宣传窗口，并整合了网媒部，实现了杂志、网络、公众号一体化运营。

四、结语

2018年间，随着东部沿海地区工业化、城市化发展加快，农村劳动力转移加速，劳动密集型的茶叶生产面临着用工短缺的沉重压力，推动了茶叶生产由福建、浙江等传统沿海产区向中西部地区，特别是西南地区转移，西南地区逐步成为全国茶叶生产最集中的区域，贵州、云南、四川茶叶规模分别跃居为全国的第一、二、四位，重庆应抓住“东茶西移”的机遇，打造出渝茶特色，推动重庆茶叶产业较快发展。加之重庆“十三五”茶产业规划的深度推进，重庆茶产业正处于处于快速发展的大好时期。

（执笔人：贺鼎、汪毅　统稿人：司辉清）

四川省茶叶行业发展报告

四川省茶叶流通协会

茶叶是世界上三大传统饮品之一，被世界卫生组织和中国预防医学组织列为全世界六大天然保健饮料之首，是四川的主要特产和传统出口创汇产品，也是四川省特色优势产业和农民增收的骨干支柱产业。

一、四川茶叶发展的现状

四川是茶树原产地之一，也是人类饮茶、种茶、制茶的发源地，是我国主要产茶省份之一。四川茶叶历来以数量大、品种多、分布广、品质好、声誉高而著称，自古就有“蜀土茶称圣”的美誉。据史料记载，早在唐朝时期，川茶产量就位居全国之首。

截至2018年，四川省共有130个县产茶，占全省183个县的71.04%。乐山、宜宾、雅安、成都为主产区，形成了川西名优绿茶、川南优质早茶、川东北富硒茶三大优势产业带，其面积、产量、产值均占全省总面积的90%。全省优势产茶县32个，茶叶面积20万亩以上的大县18个，产业集中度达80%以上。全省茶园面积为545万亩，比上年增加5.41万亩，增长了1.09%，其中良种面积达398.41万亩，比上年增加5.41万亩，增长了1.38%，良种茶园面积占总面积的79.68%；茶叶产量29.5万吨，比上年增加1.53万吨，增长了5.8%，其中名优茶产量17.07万吨，比上年增加0.83万吨，增长了5.0%，名优茶产量占总产量的61%，大宗茶产量11.76万吨，比上年（10.92万吨）增加0.84万吨，增长了7.7%，工夫红茶、黑茶、茉莉花茶继续保持增长势头，与上年度比分别增加23%、15%和29%；茶园面积居全国第4位，茶叶产量居全国第3位，分别占全国的11.18%和11.40%，茶叶综合总产值为726.0余亿元，比上年增长80.0亿元，增长了14.55%，其中，毛茶产值242.0亿元，比上年增加20.0亿元，增长了10.53%，茶叶总产值居全国第4位。其中名优茶产值161.7亿元，比上年（144.04亿元）增加17.66亿元，增加了12.26%，占总产值的77%。百万元以上的加工企业达1750余家，规模以上茶叶企业614家，其中，销售收入500万元以上的有377家、产值千万元以上157家、500.0万元以上的有80家，逾亿元的企业有20余家，市级以上龙头企业147家、省级重点龙头企业62家，省级示范合作社77家，国家级龙头企业6家，中国驰名商标16个，中国地理保护标志28个，中国名牌农产品企业5家，四川省著名商标68个，四川省名牌产品42个，2017年“蒙顶山茶”被农业部评为“全国十大区域品牌”，2006年、2012年和2017年四川省产生了首届、第二届和第三届“四川省十大名茶”，40多家企业名优茶产品获得了提名或被评为“四川省名茶”，有5家企业获得GAP认证，40多家企业600多吨产品获有机产品认证。建成了川西、川南、川东北三大优势茶叶产业带。大宗优质茶价格升幅较大，较上年增加15%～25%，500万茶农实现人均茶叶增收近412元。

值得一提的是，近20年来，四川省良种茶园面积和名优茶产量呈快速增长势头，其发展速度和增幅居全国各产茶省市之首，茶叶企业不断发展壮大，优势龙头企业集群已渐显现，其企业的规模、形象、加工设备及技术水平堪称全国一流，四川已成为我国西南地区乃至全国的茶叶优势产区和茶叶生产标准化、清洁化、机械化、集约化的重点示范区。

二、2019年四川茶业发展趋势分析

（一）茶园面积将适度增加，其茶园良种化程度进一步提高

茶叶产业被四川省委省政府列为全省第一大优势特色产业，特别是2014年2月底，省政府出台了“关于加快川茶产业转型升级，建设四川茶业强省意见”的1号文件，2014年底相关厅局相应出台了5个具体实施方案，从而推动了各级政府对茶产业的高度重视，加之茶叶比较效益高，省市县各级政府及茶农一直十分重视该产业的发展，各产区发展新茶园的积极性空前高涨，因此，面积的增加已成必然趋势。2019年将突破550万亩。

（二）茶叶产量有所增加，预计将增产15%

最近5年新发展的茶园将陆续投产，加之新技术的应用推广，使茶园单产逐年提高，故5年内茶叶产量将年均增产15%以上。

（三）政府及企业更加重视品牌的宣传运作和打造

近5年来，四川省委省政府高度重视茶叶品牌的培养和打造，尤其2014年后，省委主要领导对川茶品牌的打造多次提出意见，并多次做出批示，省发改委、省农委、省农业农村厅等主管部门多次召开会议研究川茶品牌打造的思路和方案，目前，已制定出品牌打造的规划和具体措施，并成立了四川省茶叶品牌促进会，四川将重点打造“天府龙芽”大区域品牌，同时，打造“峨眉山茶”“蒙顶山茶”两大区域品牌和“竹叶青”“峨眉雪芽”等企业品牌，相关市县政府紧密配合省委省政府的决策，倾力打造各自区域品牌。此外，由于企业老总的观念改变，大中型茶叶企业更加重视企业品牌的运作和打造。

（四）茶叶产品的安全卫生质量将进一步提高

随着政府对食品安全监督监控的进一步升级和市场对食品安全的要求，茶农及茶叶生产企业更加重视茶叶病虫害的绿色和有机防控技术的应用及产品安全，因此，茶叶产品的卫生安全质量将进一步提高，农残超标率将进一步下降。

（五）更加重视茶叶新品种、新技术、新成果、新模式的应用推广

随着茶叶从业人员对科技促进产业发展重要性认识的进一步提高，全省茶产业将更加重视茶叶新品种、新技术、新成果及新模式的应用推广，以达到产业和企业转型升级、提质增效的目标。

（六）企业更加重视产品终端市场的开拓

在目前大环境下，茶叶市场竞争十分激烈，尤其是高端茶叶市场难以拓展，在这种形式下，谁拥有了市场谁就拥有生存和发展权，并立于不败之地，因此，经营企业更加重视自身产品终端市场的开辟。

（七）政府更加重视对茶叶产业的投入，特别是对基地建设、技术改造、新产品开发、品牌宣传运作等项目资金的投入将大幅度增加

由于各级政府更加清楚地认识到，对茶产业必要的投入将促进产业的发展和素质的提高，加之党的十八大提出的改变农业经济增长方式和促进农民增收等一系列政策措施，将加快农业科技发展作为2019年经济工作和“三农”工作的重中之重，势必促使各级政府加大对农业科技及优势产业发展的投入。

三、川茶发展主要做法及经验

（一）领导重视力度不断加强

一是彭清华书记、尹力省长、史哈常委等多位省级领导先后对茶产业发展做出重要批示多达15次，要求各部门要充分发挥各自职能，通力协作，共同加快推进茶产业转型升级。二是史哈常委和铭晖常委主持召开了茶产业发展省级联席会议第四次会议，研究决定川茶产业当前和今后一段时间的重点工作，形成了会议纪要，明确把茶叶标准化机采基地建设作为重点。三是12月21日，史哈常委、斯丹副省长主持召开了的第五次川茶产业发展联席会议，明确提出今后三年新增10个茶业重点县，达到30个；继续安排财政专项资金1.2亿元支持“天府龙芽”省级品牌打造。

今年已整合资金近3亿元支持茶产业发展，其中安排“天府龙芽”省级区域大品牌专项经费4000万元。

（二）基地建设标准化，提高茶园安全水平

一是“两带两区”建设正在有序推进。即300万亩川西南名优绿茶产业带、200万亩川东北优质富硒茶产业带、10万亩川中茉莉花茶集中发展区和工夫红茶集中发展区。二是加大力度推广机采技

术。现已建成标准化机采基地20万亩，比上年增加10万亩，增长了1倍，单位产量达56.27千克，比上年增加4.8千克，增长了9.32%，高出全国亩产量3.5千克，首次超过全国水平。三是加快茶树优新品种的选育和推广。今年又有3个茶树品种通过省品种委员会审定，近5年来，自行选育茶树优新品种达17个，全省良种推广率达79%，高出全国22.5个百分点。四是强化茶园质量安全。推广生态综合防治技术控制病虫害，引入环境保护、生态安全的友好型茶叶生产模式，全省茶园绿色防控面积364.78万亩，其中无公害茶园面积361.2万亩，绿色食品127.3万亩，有机基地5.95万亩，质量追溯面积12.3万亩。

（三）产品结构逐步优化，提升茶叶产品质量

一是“一主三辅”产品结构调整不断推进。绿茶产量20.91万吨，红茶产量1.23万吨，黑茶产量2.82万吨，茉莉花茶产量2.62万吨，分别占总产的74.46%、4.4%、10.07%和9.36%，绿茶仍处于主导地位。二是夏秋茶原料利用率提高。将机采鲜叶通过分级处理后加工，大幅提高了大宗产品质量，降低企业加工成本。据业务统计，名优茶产量16.24万吨，大宗茶产量11.76万吨。三是深加工产品有了新进展。川茶集团的超微绿茶粉及茶食品已开发成功，正积极占领市场；雅安藏茶研发的藏茶精华液“天路”已成功投放市场。四是积极参加省内外名优茶评选。芽芝春茶业、巴山云顶7个产品在“国饮杯”评选中获奖，犍为清溪茶叶的清茗香在“2016全国茉莉花茶质量评选”中获奖，巴山雀舌、巴蜀玉叶等产品在北京茶博会上“第二届亚太茶茗”名茶评比中获奖。

（四）培育经营主体，做强产业支撑载体

一是成立承载川茶大区域品牌的“四川天府龙芽股份公司”。由四川省茶业集团股份有限公司、成都农业发展投资有限公司、四川金典藏茶股份有限公司等企业组建的天府龙芽股份公司已注册成功，并正式运营，他将承载川茶大区域品牌带领四川茶企抱团发展，将“天府龙芽”品牌走出四川，走向世界。二是围绕品牌茶企推进基地建设。即“公司+基地+农户”或“公司+专合社（种植大户、家庭农场）+农户”的经营模式。竹叶青茶业自有基地2.2万亩，产量达1000吨，辐射带动基地24余万亩，产量达12200吨；川茶集团订单基地达38万亩，精制茶达10772吨。三是加快标准化茶厂改造和设备改进。提升名优茶加工水平和生产能力。万源市引进了一条红茶全自动生产线和一条绿茶连续化生产线，年加工能力达1000吨，大大地推进了万源市茶叶加工现代化进程。四是加大力度扶持龙头企业壮大资本化运作。鼓励抱团发展，茶叶企业在新三板挂牌企业1家，即雅安茶厂，成都（川藏）股权交易中心挂牌14家。

（五）加大宣传推广，提高品牌影响力

2017年7月四川省制定出台了《川茶品牌引领川茶产业供给侧改革战略研究方案》，加大了品牌的宣传推广力度。一是“天府龙芽”隆重亮相。省级区域大品牌“天府龙芽”在第五届、第六届、第

七届四川国际茶博会暨天府龙芽茶文化节上隆重亮相，并与中央电视台联合举办了“天府龙芽川茶区域品牌高峰论坛”，邀请省内外知名专家，论川茶产业在“天府龙芽”统领下的发展之路。二是成功举办第五届四川国际茶博会暨天府龙芽茶文化节。各主产区区域品牌和企业品牌得到充分展示，多元化的茶类产品得到展现，该届茶博会总交易额12.48亿元，比上届增长15.8%。三是各地举办各种形式宣传活动。乐山、雅安、成都、纳溪、旺苍等主产茶区，在本地或异地纷纷举办形式多样的茶事活动和评选活动，宣传区域茶产业、茶经济。犍为县、万源市、雨城区被评为第五届“中国名茶之乡”。达州市在央视七套《农业气象》栏目和全国300多个动车候车室投放“四川达州富硒茶”广告宣传。四是组织走出去。积极组织茶企参加川货全国行、万货出国门、俄罗斯茶博会、香港茶博会等展示展销活动。“天府龙芽”系列产品在英国、俄罗斯、香港、北京等地展露，品牌知名度唱响国内外。

（六）构建营销体系，拓展国内外市场

一是推进交易市场建设。四川省有大型茶叶专业市场7家和蒙顶山茶叶交易所，有效带动了茶叶的市场交易、信息聚集和仓储物流发展。简阳大华国际茶城在9月，举办了中国黑茶高峰论坛和中国茶技能大赛，邀请陈宗懋院士出席，大大提高了茶城知名度。二是推进渠道建设。茶叶龙头企业在全国设立品牌店、连锁店、加盟店及进超市、卖场，构建省外营销网络。米仓山茶业在乌鲁木齐和喀什举办了“米仓山茶”推介会，现场交易额1300万元，设立了3个专卖店。三是推进电子商务平台建设。电子商务规模快速增长，线上交易竞争激烈。目前四川省有三分之一的企业开展了电子商务。今年川红集团电商交易额达0.85亿元，已拥有传统电商平台活跃用户达50万，微信平台有赞商城累计46000多个分销商，近5万忠实粉丝，淘宝、京东、苏宁、工行等线上平台服务评分平均9.63，与行业相比高8.21%，企业排名、营业额又一次的提高。四是农业厅、商务厅等部门加大对出口茶的支持力度，利用“一带一路”和“丝绸之路”，组织川茶企业拓展国际市场。

（七）推进茶旅融合，培育茶产业新的增长点

一是推进茶旅游。充分挖掘茶文化和旅游资源，将名茶与名山、名水、名人有机结合，利用小长假和大长假等假期，为消费者设计茶旅游精品项目，推进一二三产业融合发展，使茶文化旅游成为茶产业的新的增长点。二是推进茶体验。建设茶文化风情体验园，拓展茶叶现代园区功能，展示茶叶从采摘、加工、质检、包装到品饮的整个过程，介绍茶叶基本知识，同时游客也可自己采摘、加工，亲自尝试制茶工艺，体验茶农之乐。纳溪区按照“一地一景观”和“一庄一特色”的原则，成功打造了白节瀚源茶庄、护国凤岭茶庄和梅岭茶庄等5个示范园区，并被评为“2016年度全国特色茶旅游资源区”荣誉称号。三是推进精深加工。将茶风味特色食品如茶饼干、茶月饼、茶饮料等、茶日用品如犍为茉莉花精油等、茶文化商品如茶具、相关书画、用茶制作的纪念品、茶微电影、茶歌曲等，让游客在旅游中可看、可听、可饮、可食，感受参与茶文化，促进茶产业发展。川茶集团在金秋湖景区，设立了茶食品销售，茶树资源展示等；蒲江县制作的微电影在第五届茶博会上播放。

（八）完善服务体系，提升产业整体水平

一是制修订标准。省农业厅牵头修订了《川红功夫红加工技术规程》，引入了最新的科技发展成果，对规范企业生产，确保产品品质，具有指导性、操作性和代表性。宜宾市制定了《宜宾绿色茶产品生产技术规范》9个系列地方标准。二是开展培训。在不同季节、不同区域、针对不同茶产品开展生产加工技术培训，今年8月在沐川县举办了全省机采鲜叶加工技术现场培训会，培训达200余人，全面提高茶农和加工工人的技术水平；博茗茶技能培训中心和四川农业大学、宜宾学院等校内高等院校专业培训中心近10个，培训评茶、茶艺茶道专业人员1000余人次，为千亿茶产业的可持续发展提供了技术和智力支撑。三是完善服务中介组织。川茶品牌促进会、省茶叶学会、茶叶行业协会等茶叶行业专业服务体系，积极参与行业自律、市场协调监督、科研协作、人才培养、产业宣传、茶文化传播等工作，为政府职能部门决策当好参谋，推动全省茶产业健康快速发展。

四、四川茶叶发展存在的主要问题

（一）茶叶产品结构不合理，企业品牌意识差，缺乏大企业大品牌

主要表现在：①中低档茶产量过大（占40%以上），而品质好的高档茶和适销对路的特种茶产量还不大（占50%左右）；②四川省一些茶叶企业仍存在无标准生产或有标不依以及加工工艺技术不规范的现象。据统计，目前茶叶企业约有30%未制订产品质量标准，50%的企业无生产、加工技术规范。从而导致加工粗制滥造，产品质量不稳定；③品牌意识差。不太重视茶叶产品的宣传、包装和灵活多样的促销手段，不善于培育茶叶品牌，企业往往只重视一般产品的销售活动，其历年的茶叶产品多是以散茶形式低价卖给省外商贩（省外客商经过包装后又重新进入四川省市场），而缺乏自己的品牌和包装，故商品的市场竞争力弱、市场占有率低、价值不高，经济效益差。

（二）茶叶精深加工滞后，茶叶利用率低，其附加值不高

四川茶叶精深加工及综合利用十分落后，才刚刚起步，茶叶的综合利用价值仅为40%左右，尚有60%的原料被浪费掉。这些浪费掉的原料完全可以通过精深加工提取茶多酚、儿茶素、茶氨酸、茶色素、茶多糖、茶皂素等生化产品。经试验研究和生产实践证明，每10～15千克低档茶或加工副产物通过进一步深加工可提取1千克茶多酚，售价达300元左右，比原始初产品单价提高了3.17～5.25倍。保守估计，全省茶叶产值就可达到190个亿。精深加工产品在扣除原料及加工成本后，其利润率可达40%～60%。

（三）茶产业规模大，但经济效益不高

以四川省茶叶产业基地的效益与福建安溪县的茶叶产业基地效益对比为例。四川省现有茶园面积500万亩，年茶叶产量28.0万吨，毛茶产值210.0亿元。茶园年平均亩产值3253.21元/亩（其中重点茶区在5000～7000元/亩），比上年增加418.19元/亩，投产茶园亩产值达4294.31元/亩，茶农户均年收入在0.5万～15.0万元（名山县最高，一般在4万～15万元）；而福建安溪县现有茶园面积虽然只有100余万亩，但茶叶年产值高达150余亿元，茶园年平均亩产值高达15000.0元/亩，茶农平均每户年收入15万～40万元。由此可见，尽管四川省茶叶基地面积大、规模大，但茶叶经济效益不高，全省茶叶总产值与福建安溪一个县的产值相当。

（四）产品市场竞争力差，出口量下降，国外市场有待拓展

多年来四川一直是我国茶叶出口的主要省份。1986年自营出口茶叶（包括重庆市）1.13万吨，创汇1275万美元，其中出口红茶1.05万吨，出口绿茶213吨、普洱茶452吨、乌龙茶50吨、花茶50吨、沱茶54吨。加上当年调供省外的5076吨出口量达1.64万吨，约占全国茶叶出口量的9.6%，占当年四川省茶叶产量的30%。但是，进入20世纪90年代以来，四川省茶叶出口直线下滑，到2001年，全省（不包括重庆市）自营出口茶叶只有316吨，创汇42万美元，仅占当年全国茶叶出口量的0.1%，占全省茶叶生产量的比重也很小（内销为主）。2016年全省茶叶出口量9015吨，排名全国第16位。2018年全省茶叶直接出口量1670吨，排名全国第13位（15个出口省）。四川省出口的茶叶品种，也主要是绿茶、红茶和少量的特种茶（花茶、黑茶）。

（五）茶文化宣传和茶文化活动重视不够，附加于茶叶产品的文化价值不高

目前，四川省茶叶企业在重视企业的产品文化方面还做得很不够，如产品的设计、命名、包装等缺乏文化特色，太一般，也不善于产品的宣传和运用各种营销手段，尤其不重视参与国内外大型产品展销及茶文化活动。

近20年来，笔者在国内外多种大型产品展销和博览会上见到的产品多是浙江、安徽、福建、河南等省生产的，而四川每次仅有二、三家企业的产品参加，有时只有1家甚至1家也没有，如2015、2016年4月份的北京茶博会，2014、2015的广东深圳茶博会等川企参展的都只有1家，且展位设计、产品装潢、文字介绍等远不及省外企业的大气壮观和精美华丽。此外，笔者在市场考察调研中还发现，北京、天津、上海、内蒙古等省外大型茶叶市场其经销的产品也多是浙江、福建、安徽、广西、湖北等省区的企业生产的。另外，一些全省性的大型茶文化活动如茶道、茶艺表演，茶与经济、文化、艺术、宗教、礼仪及与人体健康等方面的研讨宣传活动、茶文化知识的宣传及茶艺培训活动在四川省也较少开展，人们的茶文化消费观念及意识较为淡薄，这在很大程度上影响和制约了四川省茶叶产品的经营销售和茶叶经济的发展。

究其原因，主要是四川省茶叶生产仍处于封闭半封闭的小农生产状态，茶农和企业往往只重产，不重销，更不重宣传。茶叶经营主要靠守株待兔，坐地等客上门，卖出的产品多是初级产品或原料，且自我感觉良好。这种小农经营方式极不符合当前市场经济发展的要求，这也是导致四川省茶叶企业经营效益差的重要原因。

五、四川茶产业发展思路及措施

（一）树立“以质取胜”的观念，狠抓产品质量

当前，我国尤其是世界正在由产量型向品质型转移。企业轻质必然失去市场，失去顾客，失去竞争；相反，将占有市场，赢得顾客，拥有竞争，这已成为不以人们的意志为转移的客观事实。从国内市场销售趋势看，名优茶供不应求，高中档茶紧俏，卖价高。相反，低档茶销售下降。

目前，我国一些茶区绿茶有一定积压，技术和设备落后的小茶厂纷纷倒闭就是轻质受罚的例证。因此，我们应真正在质量上下功夫，树立“以质取胜”的观念。为此，建议企业要积极实行全面质量管理：①制定茶叶产品标准，使企业生产的各种产品从产地、生态条件、原料质量、加工工艺、产品质量、卫生状况、贮藏条件等都要制定出严格的标准，以标准规范茶叶采制工艺和产品质量，结束以前那种企业无标生产的状况，真正树立以质量求生存、求发展，向质量要效益的观念；②结合开展名优茶评比活动，加强质量监督和管理，对生产、经营名优茶的企业、商家进行经常性的产品质量抽查和监督，对发现的问题，如质量名不符实，以次充好，以陈充新，以假冒真，掺杂使假以及商标侵权等行为予以坚决制止和惩罚，做到奖优惩劣、打假扶真，从而规范茶叶市场，营造创名牌、出名牌、奖名牌产品的良好市场环境。

（二）大力开发茶叶特色产品

通过科技创新，进一步改进和完善四川省名优茶加工工艺技术，开发生产优质特色的名优茶产品，尤其要采取独特的工艺技术，研发高香型、高鲜型、花香型等风格独特，并具有较强市场竞争力的名特优产品，大力提高川茶的科技含量和市场竞争力，满足广大消费者的不同需求。

（三）开展茶叶精深加工，大力开发高附加值的茶叶精深加工产品，延伸产业链

目前，四川省茶叶的综合利用价值也仅为40%左右，尚有60%的原料被浪费掉。这些浪费掉的原料完全可以通过精深加工提取茶多酚、儿茶素、茶氨酸、茶色素、茶多糖、茶皂素等生化产品。经试验研究和生产实践证明，10～15千克低档茶或加工副产物通过进一步深加工可提取1千克茶多酚，售价达200～300元，比原始初产品单价提高了3.17～5.25倍。保守估计，全省茶叶产值就可达到190个亿。精深加工产品在扣除原料及加工成本后，其利润率可达40%～60%。

茶叶精深加工和综合利用是一个正在兴起的新产业，不但拥有巨大的增值潜力，也拥有巨大的市场潜力。其产品用途广、市场需求量大，广泛用于食品、医药、化工、保健、饮料、建筑等诸多行业，其增值空间较大，如以茶末和下脚鲜叶为原料进行茶多酚提取，3000元/吨的原料，经加工，可获取价值为1.5万元的茶多酚制品，最高可达5万元，有数倍甚至十倍以上的增值空间。

（四）实施名牌精品战略，狠抓品牌建设，培育知名大品牌、大企业

当前，全国茶叶市场总的说来不景气，属买方市场，其市场竞争十分激烈。任何一个产品要想在市场竞争中取胜，必须打好质量这张牌，实施名牌精品战略，努力实现产品优质化品牌化。品牌是企业的形象，更是企业的无形资产。

企业创名牌的过程，就是企业苦练内功的过程，是企业无形资产的增值过程，也是企业塑造自身形象，强化市场竞争力，实现经营目标的全过程。福建省安溪县茶园面积不到四川的六分之一，但因其铁观音产品品牌运作力度大、开拓能力强，全县茶叶产值高达150亿元，接近四川全省的茶叶产值（210亿元）。因此，企业要在市场竞争中求生存、求发展，必须实施名牌战略，狠抓品牌建设。

（1）企业要增强商标意识，努力创立和培育商标，并依法使用和保护商标。同时，要改进包装，强化宣传，努力提高产品的市场占有率和潜在的附加值。

（2）以优势产品为龙头，规划名优茶生产基地，要以联合的方式或组建企业集团，统一经营、统一发展名优茶。即按茶类品种统一质量、统一包装、统一品牌、统一宣传、统一销售，并集中推出2～4个在国内外知名度高、市场影响大、产品覆盖面宽、经济效益显著的名牌产品，以增强四川省名优茶的整体形象和整体实力，从而改变四川省目前无知名大企业、知名大名牌或有之甚少的局面。

（3）在名牌产品的培育和发展过程中，有关部门（财政、税务、金融等）应给予积极鼓励的扶持政策。

（五）积极疏通国内外茶叶销售渠道，努力提高四川省茶叶产品在国内外市场的竞争力和占有率

拓展国际国内茶叶市场，必须坚持以市场为导向、以质量为重点、以卫生安全为核心、以企业为主体，充分发挥绿茶优势，积极出口。企业要积极研究市场、开拓市场、不断创新，生产适销对路的产品。

从四川省茶叶出口大起大落的历史经验教训来看，首先要提高企业出口的积极性，一方面要致力于茶叶生产企业的主体队伍的不断扩大，培植龙头企业，另一方面，要加强人才的培训，还要让茶叶企业懂得为什么要出口，如何搞出口。要加快培养一批既懂外贸业务，而且会外语，又熟悉国际贸易法规，熟悉茶产品国际贸易质量、卫生和环保标准的复合型外贸人才；按比较优势原则，优化资源配置，发展有市场竞争力的产品。

我国绿茶在国际市场上具有明显的优势，绿茶出口量占世界绿茶出口总量的85%。近十年，国际

市场上绿茶需求量明显增长。我们要充分利用国际上关于饮绿茶更有益于健康的研究成果，引导和促进绿茶消费，开拓绿茶消费新市场，重点是欧美市场，扩大我国绿茶出口。

（六）依靠科技进步，振兴川茶经济，努力提高四川省茶叶综合品质和效益

“科学技术是第一生产力”是实现农业两个根本性转变和可持续发展的重要保证。茶叶作为技术性较强的产业和商品，其发展和增长方式主要靠科技，四川是一个科技大省，茶叶方面拥有大批的科技人才和大量的科技成果。

新中国成立后已取得科研成果100多项，仅省农科院茶科所就获得科技成果70余项，其中60余项获部省级重大科技成果奖，有7项获省部级以上科技进步二等奖，有2项获省部级科技进步一等奖，新育成国家级茶树良种11个、省级茶树良种20余个，其中，近20年来，我所新获得四川省科技进步一等奖2项、二等奖7项、三等奖7项，选育国家级茶树良种2个，省级以上茶树新品种10余个，获国家发明专利1项、实用新型专利1项，研制国际、国家级及省级获奖新产品30余个，制定省级技术标准20余部，发表学术论文100余篇，出版专著10余部。

政府应加大科技创新和成果转化的经费投入，充分利用好这些先进成熟的技术、成果和优势，同时还要积极应用推广茶树无土栽培技术，生物农药、生物肥料的应用技术，茶园平衡配方施肥技术，高效低耗生态茶园建设技术，茶园机采、机剪技术、大蓬覆盖、遮阳网应用技术，机制名优茶技术，茶叶冷藏保鲜技术，茶叶功能性生化成分提取技术，茶饮料、茶食品、茶药品、茶用品等茶叶综合利用及开发技术，红外、远红外及微波干燥技术，茶叶电子商务技术等高新技术，充分发挥科技第一生产力的作用，使四川茶叶得到更快更大的发展。

（七）加强人才培养

各级政府应加大力度，通过各种渠道和方式积极培训和培养技术人才、管理人才、市场营销和策划人才，尤其要重点培养市场营销和策划人才，切实解决制约四川省茶产业快速发展的人才瓶颈问题。

总之，四川茶叶资源的综合利用与茶叶经济的发展一定要以市场为导向，以效益为中心，依靠科技，合理布局，发挥特色，优化结构，优质高产，适销对路，突出重点，持续稳步发展，提高茶叶整体素质和综合效益。在茶叶产品结构的调整上，要坚持适度发展面积、提高单产、着重提高产品质量和综合效益的原则，不要在数量上做文章，要突出优质，提高产品的附加值和经济效益。此外，还要因地制宜，因市场需求而调整，决不能搞“一窝蜂、一边倒”，使全省茶叶向着优质、高效和可持续的方向发展。

（执笔人：王云）

贵州省茶叶行业发展报告

贵州省绿茶品牌发展促进会

2018年，全省茶行业深入贯彻落实《贵州省发展茶产业助推脱贫攻三年行动方案（2017—2019年）》（黔府办发〔2017〕48号）、《中共贵州省委 贵州省人民政府 关于加快建设茶产业强省的意见》（黔党发〔2018〕22号）等文件精神，根据全省农业产业结构调整与农村产业革命的有关安排部署，以农村产业革命“八要素”为总要求，以市场为导向，以促进农民增收为核心，严防死守质量安全，狠抓扩规模、调结构、闯市场、强龙头、带农户等关键环节，扎实推进茶叶标准园建设、茶园投入品管控、茶园病虫害绿色防控、茶叶加工机械化清洁化标准化、市场拓展和宣传推介等关键环节，促进全产业链提升，全省茶产业继续保持快速发展态势，规模质量效益不断提升，市场竞争力不断增强。

一、2018茶产业情况

截至2018年底，贵州省茶园面积50.13万公顷（其中投产面积37.4万公顷），产量36.2万吨，总产值394亿元。茶产业带动贫困户人口45.2万人，脱贫人数8.9万人。涉茶人员年人均收入达到9287.5元，其中涉茶贫困户的人均年收入达到4388.2元，较非涉茶贫困户人均年收入高2109元。

（一）质量安全方面

1. 强化茶园投入品的管控

参照欧盟及日本标准，在国家茶园禁用农药54种的基础上，提高到了118种，全国率先禁用水溶性农药及草甘膦。在茶园核心区域建立禁用农药宣传板、宣传栏，向社会公布违规使用农药的举报电话。在43个主产县244个茶园面积超0.067万公顷的乡镇和重点龙头企业建立农药和肥料等茶园投入品的专营店（专柜），严格台账管理，建立可追溯制度；严控塑料袋、塑料盆、生活垃圾等进入茶山，在茶旅融合茶园核心区域建设垃圾桶定期清理茶园管理人员和游客带入的垃圾，净化茶园环境，从源头上保障生产资料质量安全。

2. 推广病虫害绿色防控

依托贵州大学宋宝安院士团队、省茶叶研究所植保团队、省植保植检站等专家技术力量，研究集成以生物防治和物理防治相结合的茶园病虫害绿色防控技术，在全省茶园的核心区、出口基地、专用基地、茶旅基地、高速公路沿线茶园基地，张贴黄蓝板、安装杀虫灯、使用性诱剂，投放尺蠖螨等茶树害虫天敌。鼓励支持各茶区和大型茶叶企业充分与专业社会化服务团队合作，开展茶园病虫害统防统治。以套种方式，在茶园行间和茶园主干道、步道规划种植杉树、石榴树、苦楝树、桂花树、樱花树等树种；在茶园行间和空地推广种植白三叶草、百脉根、羽扇豆等草种，优化茶园生态系统。组织专家分赴茶区以现场观摩、专家培训、典型交流等形式开展茶园病虫害绿色防控技术推广，全年辐射推广面积21.37万公顷，占茶园总面积的42.6%。

3. 推行清洁化生产

以茶叶加工企业在制品不落地为前提，以机械化生产为基础，以质量管理体系认证为突破口，推行茶叶清洁化生产。推动茶叶加工企业对茶叶加工关键控制点进行深入研究和技术应用，开展SC、ISO9001、HACCP等认证，全省通过SC认证企业672家（其中新增68家），通过ISO9001、HACCP质量管理体系认证企业164家，获对外贸易经营资格106家，新增27家。

4. 加大安全监管力度

茶办、质安处、质安站、植保站等组成工作组，根据春风行动、夏秋攻势和冬季充电的安排部署，深入茶叶主产县茶园、茶叶加工点、茶青市场、茶叶批发市场、农资专营店，开展质量安全督促检查。春茶生产季节，重点查处冠以“强力催芽剂”“催芽先锋”等字样未经登记审批的叶面肥施用；夏秋茶生产季节重点查处违禁农药与草甘膦的施用。敦促各茶区、茶企开展质量安全自查。全年省督查以及各地自查达50次，分别查处晴隆县东风镇使用催芽素的情况，湄潭县兴隆镇农户在自有茶园使用草甘膦的行为。2018年省农产品质量监督检验测试中心抽检茶样660个，农药残留及重金属合格率100%。湄潭、凤冈、正安、松桃、雷山、思南、普安、余庆、瓮安等9个县成功创建“国家级出口茶叶质量安全示范区”，占全国示范区总数的1/4。60家企业上线的省茶叶质量安全云服务平台运行正常，121家企业录入贵州省农产品质量安全追溯系统。今年11月6日在上海举办的中国首届进口博览会上，陈宗懋院士继续点赞贵州茶：“贵州茶叶干净安全，大家放心喝”。云南省对标贵州茶叶质量安全管理，开展“普洱茶放心消费”专项行动。

（二）基地方面

1. 认真落实农业产业结构调整，扎实推进新建茶园

全年新建茶园2.47万公顷，以规模化和集中度为核心，集中规划布局，把新建茶园与投产茶园连点成线、连线成面，进一步推进茶园向主产县、核心乡镇、专业村集聚，打造产业带与产业走廊，形成黔东北、黔西北、黔东南、黔中、黔西南五大产业带。全省现有茶园面积在2万公顷以上的县4个、1.33万～2万公顷县8个、0.67万～1.33万公顷县19个、1.33万公顷以上的乡镇230个、1.33万公顷以上的村86个。组织贵州大学、省茶叶研究所等专家技术力量，撰写《新茶园建设技术要点》，通过“黔茶资讯”“贵州茶香”等微信公众号刊发，督促各茶区开展新建茶园技术学习。同时，在今年2～3月和11～12月各地种茶季节，专门组成技术指导小组，多次赴普安、晴隆、沿河、德江、思南、江口、都匀、贵定、雷山、黎平等茶区开展技术指导。普安县和沿河县，依托浙江安吉捐赠白叶一号茶苗，打造“白叶一号”工程，普安县规划种植茶园0.33万公顷，已完成0.067万公顷；沿河县规划种植茶园

0.067万公顷，已完成100公顷；石阡县探索“四个集中”（集中规划产业、集中流转土地、集中建管、集中利益联结）和“五机制”（建利益链接机制、建安全监管机制、建品牌选树机制、建融合发展机制、建共享引领机制）模式做大做强茶产业，全县规划种植茶园1.133万公顷，已完成种植0.233万公顷；晴隆县规划新植茶园0.2万公顷，已完成533.33公顷；金沙县以恒大扶贫公司和露笑金沙贡茶公司为龙头，按照“集团+公司+村集体股份经济合作社+农户”的模式，集中流转土地，去冬今春经第三方验收的新植茶园0.633万公顷；七星关区、金海湖新区依托恒大帮扶，各规划种植茶园0.133万公顷，已分别完成333.33公顷、400公顷。此外，湄潭、凤冈等发展较早，产业较为成熟的茶区，茶农和企业种茶的意愿已经由“要我种”成功转变为“我要种”，企业和茶农纷纷自行采购茶苗，利用曾经种植玉米等农作物的耕地新建茶园，掀起了发展茶产业的新一轮热潮。

2. 提高茶园管理水平

以实施标准园建设为抓手，集成推广先进适用技术，重点推广茶叶专用肥，茶园病虫害统防统治，机械化管护与采摘技术，促进茶园提质增效。大力推广瓮福、粒满丰、茅台茶叶专用肥，组织茶农施好肥、施足肥、合理施肥、科学施肥，全年推广茶叶专用肥施用面积5.953万公顷；0.067万公顷乡镇全面推广茶园管护机械化综合配套技术，推广茶园管理机械的大范围使用，降低茶园除草人工成本过高的问题；以肥培管理为突破口，针对茶园肥力不足、管护不到位、近些年灾害天气多发频发等问题，组织技术人员深入茶区培训茶园冬季管理技术及倒春寒预防、补救措施。鼓励支持茶区开展雨林联盟等国际认可的认证，遵义等茶区开展雨林联盟认证培训12场次，认定茶园面积0.2万公顷。目前，全省在有效期范围内的“三品一标”茶园认定面积42万公顷，其中无公害39.13万公顷、绿色0.733万公顷、有机2.133万公顷。

3. 茶旅融合基地建设

推动茶产业与旅游、农产品加工、沼气能源、林下养殖、小杂粮、中药材、林木产业等深度融合，建成茶下养鸡、茶下种植、茶旅等产业互动融合茶园以及出口基地4.353万公顷。实现旅游景区与茶叶园区建设互融互通。推进湄潭茶海休闲度假旅游景区、湄潭翠芽27°景区、七彩部落、凤冈·茶海之心、余庆二龙山、道真关子山、普安江西坡茶文化旅游区、都匀毛尖镇、贵定云雾镇、平塘大射电科普茶旅、瓮安欧标茶之旅等一批含茶文化内容景区及茶旅线路的建设。

（三）加工方面

1. 推进企业集群集聚

推动在茶叶主产县核心乡镇和茶叶专业村，按照茶叶初制就近加工，布局茶叶初制加工企业，扩大茶叶初制加工企业规模，形成大中小并举的企业集群。2018年贵州省注册茶叶加工企业及合作社达到4990家，其中国家级龙头企业7家，占全国总数37家的近五分之一，省级龙头企业228家（2018年新增42家），市级龙头企业397家。推动茶叶企业以收购兼并、联合重组等多种方式，组建企业集团（联盟）。以省重点品牌和主打产品为核心，推动在各大品牌茶叶核心产区的产业园区、物流园区、茶叶批发市场等区域建立茶叶精制拼配中心，目前已在贵阳保税区、清镇、湄潭、凤冈、正安、西秀区、江口、都匀、黎平主要产区建立精制拼配中心36个，推动了贵州茶产业初精制分离和跨区域、跨季节、跨品种拼配的数据化、智能化。

2. 加强标准宣贯

为贯彻落实国家新出台的行业标准，联合省质监局修订“三绿一红”4个产品标准，水浸出物、水分含量、7项农残和重金属指标均高于严于国际标准；制订全国第一个抹茶地方标准《贵州抹茶》。省级示范，督促地组织茶叶主产市县、核心乡镇，通过加工技能提升培训、制茶技能大赛、采茶能手大比武等活动，开展不同层次和不同形式的全产业链技术培训及标准宣贯1360余场次，共培训101500余人次，促进加工技能提升、标准宣贯加强。督促各个茶区、茶叶重点品牌、茶叶企业按标生产、对标检验、按标销售。以标准的执行引导和推动各茶区一芽一、二叶为原料的优质春茶大规模生产以及夏秋茶机械化采摘和加工。

3. 优化茶产品结构

引导以绿茶为主体，推动红茶、黑茶等多种茶类的开发与生产，提高茶青资源下树率，提高茶园的综合效益。2018年，贵州省各类茶叶总产量36.2万吨，其中绿茶、红茶、黑茶和其他茶类产量分别为27.9万吨、5.8万吨、2.1万吨和0.4万吨。今年，依托贵州贵茶公司在全省建成碾茶生产线23条，在建12条，生产抹茶300吨，铜仁作为中国抹茶之都正在加快形成。引导支持茶叶产业链条延伸，大力开发茶叶精深加工产品，提高产业链附加值。培育了紫日科技、南方嘉木、陆圣康源等一批茶叶精深加工企业，开发车用茶枕、茶籽油、茶酒等茶叶精深加工产品。全省现有精加工企业318家，深加工企业28家。

（四）市场拓展方面

1. 巩固提升本地市场

引导支持品牌企业在贵州省内开设旗舰店、形象店、专卖店，进入各类商超连锁系统建专柜、代销点。支持各个茶区利用贵州旅游的井喷式增长契机，推动茶叶进入各类景区建立门店、销售窗口，开发茶旅游商品；推动茶叶进入各类旅游酒店、特色餐饮系统。截至年底，省内旗舰店、形象店、专卖店、专柜、代销点等10182个，其中专卖店1286个、店中店2609个、专柜1264个。加快推进湄潭中国茶城、贵阳太升茶城、都匀毛尖茶城、安顺大明茶城、黎平侗乡茶城等一批产地茶叶批发市场改造升级。鼓励茶企进入商超，已进入沃尔玛、北京华联、永辉超市等商超系统2531家，进一步提高黔茶销量。

2. 拓展省外市场

鼓励各市（州）、茶叶主产县到上海、宁波、苏州、大连、广州、深圳等对口帮扶城市开展茶叶推介和招商引资活动。围绕目标市场，以嫁接渠道为主，促进渠道落地。支持企业到32个省（市）建立营运中心，支持企业到北京、上海等地抱团宣传，促进贵州茶落地，开设旗舰店、形象店、专卖店、代销点等15888个，其中产品进入吴裕泰、沃尔玛等大型商超系统9050个销售网点。贵州茶在华北、华东、华南等目标市场份额日益扩大，在北京马连道茶城、上海丰庄茶城等全国性批发市场占比不断提升。

3．积极探索出口渠道，加快电子商务建设

支持瓮安、余庆等县，铜仁全市整体推进欧标茶园基地建设，今年新增欧标茶生产基地0.587万公顷。积极鼓励支持企业参加目标市场的各类茶叶博览会、贸易洽谈会等，积极对接国际市场，搭建出口通道。积极鼓励企业开展培训，遵义市针对出口企业和各县茶叶技术人员开展雨林认证培训。出口产品有绿茶、工茶和黑茶，出口国家从传统的中东向北欧、东南亚、美国转移。推进茶叶电商全网覆盖。目前，在淘宝、天猫等电商平台销售贵州茶叶店铺，销售单品近万个，茶叶企业网络销售前三强湄潭兰馨、黔茶商城、侗乡福网络平台年销售额3000万元以上。湄潭、凤冈等茶区建设茶园直供电子交易平台、网上商店，打造茶旅路线、主题餐厅、主题酒店、主题公园、专属茶园、品牌体验店等，线上线下联动，推动茶产业与电商融合发展。

（五）品牌宣传方面

1．聚焦品牌抱团出击重点宣传

聚焦"贵州绿茶""都匀毛尖""湄潭翠芽""绿宝石""遵义红"省级重点品牌，组织省内企业赴北京、上海、广州、深圳、武汉、沈阳、杭州等省外目标市场和对口帮扶城市，开展茶文化交流、茶产业茶推介会和万人品茗活动，累计组织540余家企业到14省21个城市开展46场茶产业宣传推介活动，此外，贵州贵茶公司、贵州七茶公司、凤冈仙人岭公司、湄潭一丫翠片公司、贵阳黔品记公司等一大批茶叶企业自主到省外主要目标市场以参加茶叶展示展销等多种方式开展市场拓展和宣传推介200余场次。5月18日，农业农村部在杭州举办的第二届中国国际茶叶博览会上，黔南州作为主宾州，贵州省组织贵阳、黔南、铜仁、黔西南、黎平、雷山、凤冈等地48家企业及茶叶主管部门组成290余人的参展团，由省政协副主席蒙启良带队，租赁994.5平方米场地，搭建了5个展区，集中展示贵州茶文化茶产业。全国人大常委会副委员长武维华、农业农村部副部长屈东玉亲临贵州展团视察，为贵州茶产业点赞。成功创建"贵州绿茶"国家级农产品地理标志示范样板。

2．省内先后举办多项茶类活动

2019中国·贵州国际茶文化节暨茶产业博览会、2018都匀毛尖（国际）茶人会、2018首届贵州梵净山国际抹茶文化节、全省茶艺大赛、全省秋季斗茶赛、制茶技能大赛、贵州冲泡大赛、黔茶摄影大赛、全省茶叶科技年会、第七届贵州茶业经济年会、中职院校评茶技能大赛、中日韩茶文化交流、"十一"景区万人品茗活动等等，做到月月有活动。5月5—8日在遵义湄潭举办的茶文化节及茶产业博览会，来自全国各地的知名专家、国内外知名茶企负责人及涉茶外宾等共2000余人参会，省长谌贻琴出席开幕式并作重要讲话，现场签约项目21个，投资金额达46.58亿元。9月19—20日在黔南州都匀市举办的都匀毛尖国际茶人会，来自国内外的茶界知名专家学者、茶叶知名企业负责人、行业协会负责

人以及国际友人1000余人参会。10月18—19日，2018首届贵州梵净山国际抹茶文化节开幕式在江口举行，来自日本、韩国等国内外茶行业组织、科研机构、茶叶企业负责人、经销商代表及省内有关部门和企业代表共400余人参加，副省长吴强出席开幕式并讲话。

二、茶产业形势研判

（一）贵州茶产业迎来新的历史机遇

随着社会经济的发展、消费结构的升级和国家“一带一路”战略的实施，国内外饮茶人群和茶叶消费量都将会大幅增加，饮茶人群也将会由传统的从“中老年男性为主”向各类人群扩散，年轻的城市消费者将会成为增长最快的市场细分客户，茶叶消费也将由饮料式的单一模式向更加多元化的方向延伸，人均茶叶消费量和茶叶总量均会大幅提升。根据联合国粮农组织的报告估计，到2027年，全球绿茶的产量和消费量将由现在的550万吨增加到800万吨以上，红茶和绿茶的消费占比将由目前的70%和20%逐渐调整为50%和40%。这意味着，未来十年，绿茶的销量将会有巨大的提升，对坚持绿茶主战略的贵州来说，无疑是一个崭新的历史机遇。

（二）贵州茶产业已经具备迎接市场的基础

经过近十多年的高速发展，贵州始终坚持绿茶主战略，致力于夯实原料中心的地位，强力推进茶园种植面积上规模上集中度，全省茶园总面积已达50.133万公顷，连续六年居全国第一，以铜仁、遵义为核心的武陵山区成为中国绿茶新的金三角；致力于推进茶叶质量安全，让天下人喝上干净茶，铸造贵州茶产业的核心竞争力，成功创建“国家级出口茶叶质量安全示范区”9个，占全国总数的1/4，茶界唯一的工程院院士陈宗懋先生多次点赞贵州茶，树立了全国茶叶质量安全标杆；致力于推进中国茶世界茶的贵州原料、贵州制造，贵州茶叶加工初具规模，全省茶叶加工企业2960家，国家级龙头企业占全国总数的近五分之一，形成了大中小并举的茶叶加工企业集群，大企业顶天立地、小企业铺天盖地的发展目标正在逐步实现；以贵茶集团、黔茶联盟等为代表的贵州茶叶企业不断在市场竞争中崭露头角，贵州茶不断得到经销商和消费者的认可，“贵州绿茶”成为农业农村部认定的全国唯一一个以省为单位的地理标志保护登记产品。英国太古、联合利华等大量的国际资本以及贵州贵民投资、浙茶集团等金融资本和社会资本不断涌入贵州茶产业，有力夯实贵州茶产业基础。

（三）贵州茶产业的不足

贵州茶产业的发展面临重要战略机遇期，基地规模、质量、茶叶加工、市场拓展和品牌知名度等方面都取得了长足的进步，但总体上仍处于还处于攻坚克难的关键阶段，还存在诸多阻碍茶产业发展的问题。一是全省茶产业还没有完全步入食品工业发展的快车道，尚未完全按照食品工业的发展理念，部分茶区依然高度重视手工茶，故步自封，思想禁锢，不符合新时代的市场需求；二是茶园管理机械化进程缓慢，劳动力紧张的问题依然存在，一些茶园山高路远，茶园基础设施不完善，茶园管理成本高；三是茶叶精制加工发展滞后，贵州建立的茶叶精制拼配中心辐射范围小，离实现贵州跨品种跨区域跨季节数字化拼配的发展目标还有不小的差距。

三、2019年全省茶产业发展思考

落实黔府办发〔2017〕48号文件、黔党发〔2018〕22号文件精神以及全省农业产业结构调整的目标要求，以春风行动、夏秋攻势和冬季充电为抓手，进一步在强化茶叶质量安全、扩规模、提品质、闯市场上下功夫，促进茶产业高质量发展。全省投产茶园面积稳定在38.67万公顷，形成茶叶企业及合作社5000家以上，茶叶年产量40万吨，茶产业产值450亿元，贵州作为中国优质茶原料基地、最大的茶产品加工基地、最大的茶产品出口基地加快形成。重点抓好以下几项工作。

（一）绿色发展

优化茶园生态系统，新种或改种茶园行道树、防护林，套种杉树等树木，推行茶园行间和空地种草，构建“林—灌—草”立体生态系统，推广面积3.33万公顷。开展绿色防控6.67万公顷，在核心保护区、出口基地、专用基地、产业融合基地、茶旅基地、高速公路沿线茶园基地张贴黄蓝板、安装杀虫灯、使用性诱剂，开展病虫害统防统治。针对茶叶生产重点时段，重点在基地规模大、夏秋茶产量多的重要区域组织开展茶叶质量安全专项检查。省茶办组织开展专项检查5次以上，以零容忍的态度，坚决查处使用催芽素、除草剂、水溶性农药等行为，发现一处，查处一处。推动以质量安全云服务平台为重点的质量可追溯体系建设，实现茶叶主产县全覆盖，促进各类追溯平台互联互通和监管信息共享。

（二）适度扩规模

一是扩大投产基地规模。在适宜种植和发展茶产业，有基础有条件的地区，继续把茶产业作为农业产业结构调整的主导产业来抓，优化新建茶园或投产茶园品种结构，重点推广白叶一号、黄金芽、中黄3号等优良特色品种以及石阡苔茶、贵定鸟王种、黔茶1号、黔茶8号等地方自主选育品种，使投产茶园面积稳定在38.67万公顷以上；二是扩大加工企业规模，吸引省外优强企业、省内工商民营资本进入茶行业，新增茶叶加工企业250家，推进企业集群集聚。依托贵州贵茶公司、智慧黔茶联盟等企业集团，以及凤冈、石阡等茶叶主产县的国有融资平台，建立精制拼配中心，通过初精制分离和数据化拼配提升茶叶加工产能。推动精制拼配中心与上游初制加工企业建立稳定的利益联结机制，实现初制精制的专业化分工，增强企业集团的辐射带动能力。

（三）高品质发展

大力推广瓮福、茅台、粒满丰、开磷、金正大等茶叶专用肥面积6.67万公顷，在高效茶园推广肥水一体精准施肥模式，提高茶园肥培管理水平，为提升茶叶品质夯实原料基础。促进茶园标准化、专业化建设，支持遵义、铜仁及黔南开展欧盟认可的雨林联盟、国际互世认证（UTZ）等国际认证，努力打造中国出口茶叶优质原料基地，打造欧标茶生产基地3.33万公顷。加强贵州绿茶产品标准的宣贯，加大对各茶叶主产县符合标准的企业授权使用贵州绿茶品牌的力度，增加授权使用企业200家。加大区域品牌使用企业的授权力度，都匀毛尖、湄潭翠芽、遵义红、梵净山茶、凤冈锌硒茶、石阡苔茶、瀑布毛峰等区域品牌授权企业数占到区域企业总数的40%以上，推动授权企业执行贵州绿茶和相应区域品牌标准，按标生产、对标检验，同一品牌授权企业，实施“同线同标同质”工程。推动产茶县春茶、夏秋茶生产前，完成对所有采茶工的采摘标准和技术轮训。推动办理SC，开展ISO9001、HACCP等质量管理体系认证。

（四）闯市场

一是出口增速，鼓励支持出口企业抢抓市场深度调整机遇，主攻欧美、日本、摩洛哥、中东、非洲等出口市场，研究市场消费习惯，对照国际标准，研发生产颗粒形绿茶、眉茶、煎茶、碾茶、片茶、抹茶、红条茶、红碎茶等出口产品。依托太古芬利、联合利华、盾安、中粮、湖南茶叶、浙茶集团、安徽茶叶等国内外知名出口企业以及省内贵茶、茗之天下、怡壶春等一批本地出口企业，推动出口企业与上游形成紧密的利益联结机制，加快贵州茶叶走出去步伐。鼓励支持省内企业和企业集团利用“一带一路”发展机遇，参加目标市场的各类茶叶博览会、农产品交易会、贸易洽谈会等，积极对接国际市场。

二是巩固本地市场，支持茶叶全面进入贵州酒店、特色餐饮、高速公路服务站等渠道。以茶叶主产县为主，贵州茶全面植入贵州3A级及以上旅游景区，建立贵州茶营销窗口。支持茶和水一体化产品开发和销售。

三是积极开拓省外市场，以茶叶主产县为重点的茶区企业抱团到北京、上海、广州、深圳、重庆、西安、济南、青岛、太原等城市寻找经销商、代理商或建立营销窗口，每年新建黔茶营销窗口100个。嫁接中信国安、沃尔玛、华润万家、吴裕泰等大型连锁渠道，每年新增营销网点。推进贵州茶进入贵州酒、贵州烟的省外营销渠道。四是加快电子商务建设。加大与阿里巴巴、京东、苏宁等知名品牌电商合作力度，推动“黔货出山”，进入全国大中城市并走出国门、走向世界。支持农经网、黔茶商城、贵农网等电子商务平台建设，促进线上线下融合。

（五）聚焦品牌

组织引导贵州绿茶省重点品牌和主要区域品牌到中央电视台等媒体，目标市场主流媒体开展广告宣传；在省内主流媒体开设茶叶专题栏目、专刊等长期宣传茶叶品牌。推动各茶叶主产县和省重点茶品牌和主要区域茶品牌，实施多种宣传途径，把高速公路沿线、主要茶区、旅游景区、宾馆和餐饮企业等建成宣传推广黔茶品牌的重要窗口。多形式组织举办茶事宣传活动，办好省内的茶博会、茶人会、抹茶节、斗茶赛、茶艺大赛等省级茶事活动；开展“五一”“十一”等节假日景区品茗活动；支持各茶叶主产市、县办好不同层次的茶事活动。支持以省、市（州）、主产县为单位，组织企业参加中国（杭州）国际茶博会、上海茶博会、北京茶博会、广州茶博会、深圳茶博会、武汉茶博会、济南茶博会、沈阳农博会、农产品加工业投资贸易洽谈会等活动，开展“丝绸之路·黔茶飘香”推介活动，举办北京玉渊潭和上海顾村公园品茗等推介活动。支持各茶叶主产县到省外主要目标市场人流量集中的公园、茶城、社区、商业广场等地开展品茗推介活动。鼓励各市（州）、茶叶主产县到上海、杭州、宁波、苏州、大连、青岛、广州、深圳等对口帮扶城市开展茶叶推介和招商引资活动。开展不同层次的茶文化“六进”（进机关、进学校、进企业、进军营、进社区、进乡村）活动，营造良好的饮茶氛围。开展贵州绿茶冲泡大赛，在各市（州）、主产县政府的大型会议、活动等场合，推行茶水分离的贵州冲泡方法。加快各类茶馆建设，发挥茶馆在引导茶消费、繁荣茶文化方面的窗口作用。

（执笔人：雷睿勇、杨力、徐嘉民）

云南省茶叶行业发展报告

云南省茶叶流通协会

2018年，云茶产业紧紧围绕中共云南省委省政府打造世界一流“绿色食品品牌”的部署，全面贯彻落实《关于推动云茶产业绿色发展的意见》精神，以培植“千亿云茶产业”为目标，强化政策引领，立足转型升级、提质增效、创新发展；坚持稳面积、抓质量、重品牌、强标准、拓市场、促流通；着力生态、绿色、有机茶园建设；突出“普洱茶”“滇红茶”两大区域公共品质，既坚守好传统加工工艺，又顺应市场要求，生产适应消费者需求的新茶品，打好云茶“绿色茶、有机茶、健康茶”品牌，促进云茶产业健康发展。

一、2018年气象条件对云南茶叶影响分析

2017年11月至2018年1月云南主产茶区平均气温15.0℃，较历年同期偏高0.7℃；平均降水量138.3mm，比历年同期偏多45.2mm；日照554.9小时，比历年同期少14小时。总体而言，2017年11月至2018年1月让天气气候具有“温暖湿润”的特点，茶叶气象条件属中等偏上，与2016年至2017年同期相似。2018年春季茶叶生长季节（2月中旬至4月上旬），云南主产茶区平均气温较常年同期偏高1.8℃，平均相对湿度较常年同期略高，为61.9%。3月中旬即稳定通过18℃，较常年同期的4月上旬早10～15天。总体而言主产茶区春季气候与2016年较为相似，具有气温回升快和温暖湿润的特点，有利于春季茶叶的生长。

春茶采收上市时间除北部茶区（以临沧、凤庆、永德为代表）与常年同期相当外，其余茶区均较常年同期提前，上市时间也较常年同期提早10～15天。春茶品质北部茶区与常年相当，其余部分地方因平均气温及相对湿度略高，本年度春茶中茶多酚、咖啡碱含量略增，氨基酸类物质略减，品质稍歉于常年。秋茶生长季节主产茶区平均气温及相对湿度均与常年同期相当，11月中旬稳定降至16℃，较常年同期晚5～10天，单产提高，采收季节较常年略长。秋茶主产茶区毛茶中茶多酚、咖啡碱含量与常年同期相当，东部茶区（以镇源、景东为代表）气温较常年同期略偏低，绿茶、普洱茶品质较常年有所提高。南部茶区（以思茅、宁洱为代表）由于气温较常年同期偏高，大于优质普洱茶的气温上限，其产品品质稍差。西部茶区（以勐海、澜沧为代表）气候较常年同期相当，北部茶区气候较常年同期偏高，但仍处于生产较优气温适宜范围，茶叶品质优于常年或相当。

二、2018年云南茶产业基本情况

云南省茶叶种植面积630万亩，采摘面积600万亩，较去年分别增长1.7%和2.6%，改造中低产茶园20多万亩，全省有机茶园种植面积45万亩，茶叶总产量39.83万吨，较2017年增2.8%。其中成品茶产量30.63万吨，较2017年增长4.1%；普洱茶产量14.3万吨，较2017年增长2.9%；红茶产量8.1万吨较2017年增长6.2%；绿茶产量7.9万吨，较2017年增长2.5%；其他茶类0.3万吨。全省精制率比2017年提高一个百分点，精制率达77%。茶产业综合产值843亿元，较2017年增13.6%，其中农业产值167亿元，增17.6%；加工产值297亿元，增6.1%；第三产业产值379亿元，增18.4%。三产产值比1∶1.8∶2.3，发展相对协调。

（一）稳定茶叶种植面积，着力巩固提高生态、绿色、有机茶园建设成效

近十年来，世界茶叶种植面积和产量连续上升，产能过剩问题依然突出。据联合国粮农组织预测，今后一段时期，全球茶产业将继续处于供大于求的局面。针对这一严峻形势，云南省坚持稳定种植面积，把重点放在巩固生态、绿色、有机茶园建设、实施低产茶园改造上，确保云南省茶叶种植面积稳定在630万亩左右。2018年，全省茶叶采摘面积600万亩，改造中低产茶园20多万亩，生态茶园、绿色茶园、有机茶园提质增效明显。由于在巩固提高生态、绿色、有机茶园建设稳产增效做出成效的凤庆县、勐海县、昌宁县、临翔区、云县、思茅区、双江县、镇康县、永德县、景谷县、澜沧县、龙陵县、景东县、南涧14县（区）荣获2018度全国茶产业百强县。

（二）企业发展实力增强，着力在开拓市场促进流通上下功夫

按照省委省政府打造世界一流“绿色食品牌”决策部署，以“大产业、新主体、新平台”的发展思路，云南省茶企落实“抓有机、创品牌、育龙头、占市场、建平台、解难题”，在聚焦云茶产业基地提升、加工升级、品牌打造、质量管控、科技攻关、产业融合、政策支持等方面精准发力，坚持云茶产业走“绿色、有机”发展道路，助推实施乡村振兴战略、促进产业扶贫和茶农持续增收。一年来，企业发展实力增强，开拓市场、促进流通成效明显。

2018年云南省规模以上（年产值1000万元以上）茶叶企业达180多户，有国家级龙头企业4户，省级龙头企业75户。南涧县荣获2017年度中国茶旅融合竞争力全国十强县，云南下关沱茶（集团）股份有限公司、云南双江勐库茶叶有限责任公司、云南白药天颐茶品有限公司、云南六大茶山茶叶股份有限公司、勐海陈升茶业有限公司、云南滇红集团股份有限公司、普洱茶集团有限公司、云南农垦勐海八角亭茶业有限公司、云南中吉号茶业有限公司、云南龙生茶业股份有限公司等十个企业荣获2017全国茶叶行业百强企业。

云南省还采取了一系列“请进来，走出去”的措施，着力在促进流通上下功夫，加大信息流通、茶商流通和产品流通。省政府成功举办了“第十三届中国云南国际茶叶博览交易会”，期间举行了首

届国际普洱茶产业发展大会等一系列活动，扩大了交流合作，提升了普洱茶知名度和影响力，实现交易总额13.81亿元，参展企业达366户，入场达到12.8万多人。同时，还组织茶企开拓省外云茶市场，积极参与太原、沈阳、西安、呼和浩特、济南、深圳等重点城市茶博会，总计500多家次茶企参展，交易达10多亿元，新增经销商、代理商300多户。通过举办不同形式、不同规模、不同茶类的品鉴会、推介会等，提升了云茶品牌的知名度和影响力，增加了云茶品牌的经济效益和产业价值，进一步提升了消费者对云茶产品的赞誉度和忠诚度。通过参加各地举办的茶奥会、茶叶节庆等茶事活动，充分展示了云茶产业优势和云茶独有韵味，让更多的人了解云茶，信任云茶、放心消费云茶，为云茶企业走出云南，开拓市场、以茶结缘、建立渠道起到积极推动作用。云茶知名度与日俱增，云茶出滇、南茶北调受到追捧。

（三）品牌影响力不断增强，着力提升十大名茶影响力

品牌是市场拓展的助推器，只有唱响品牌，拓展市场才有底气；只有做好市场，品牌才能做大做强。近年来“普洱茶”“滇红茶”品牌影响力不断扩大，由浙江大学中国农村发展研究院（CARD）中国农业品牌研究中心联合相关机构评选并发布了“2018年中国茶叶区域公用品牌价值十强”，“普洱茶”公用品牌价值为64.1亿元，并获得“2018年中国茶叶区域公用品牌价值十强”，连续两年位居第一；“滇红茶”品牌价值达21.02亿元，居全国第26位。云南省打造世界一流“绿色食品牌”领导小组办公室评选出“大益牌”经典7542普洱茶（生茶）、“勐库牌”本味大成普洱茶（生茶）为代表的云南省2018年“10大名茶”，3家茶叶生产企业分别荣获绿色食品“10强企业”和“20佳创新企业”。在第二届中国国际茶叶博览会上，云南的“普秀牌普洱山普洱茶、昌宁红牌丹凤展翅”等9个企业产品品牌被评为金奖产品。

（四）精加工能力有提升，着力茶农收入稳定增加

全年成品茶产量30.6万吨，较去年增4.1%，其中：普洱茶产量14.3万吨，较去年增2.9%；红茶产量8.1万吨，较去年增6.2%；绿茶产量达7.9万吨，较去年增2.5%；其他茶类0.3万吨，较去年增加0.1万吨；精制率达77%，较去年提高了1个百分点，茶叶精制水平稳步提升。全省茶产业综合产值达843亿元，较去年增13.6%。其中：农业产值167亿元，较去年增17.6%；加工产值297亿元较去年增6.1%；第三产产值379亿元，较去年增18.4%。茶产业农业产值、加工产值、三产产值的比例为1：1.8：2.3，一二三产协调发展。茶农人均来自茶产业收入达3630元，较去年增10.7%；近三年来茶农人均增收均在300元左右。增速在10%以上。

（五）各种活动内容丰富，着力提高针对性，参与度及活动成效

云南省茶叶流通协会紧紧围绕云南省委省政府有关云茶产业发展大政方针，充分发挥人才、信息资源优势，开展调查研究，反映云茶产业发展中遇到的新情况和问题，积极建言献策，发挥桥梁纽带

作用，当好参谋助手。一是积极参与“两会”期间第一场“两会聊天室”云茶产业专业专题会，向大众传播了云茶的信息。二是开展了“云南茶区行”，省内外茶商通过云南茶区行，加深了对云茶生态环境和现代生产技术的认识，提高了对云茶产品质量安全的信任，提升了对云茶品牌形象的认知，增强了推广经销云茶的信心。十佳匠心茶人评选引起了社会的广泛关注。三是组织申报2017全国重点产茶县、全国茶叶行业百强企业、组织推荐全国百佳茶馆；组织动员产茶县乡和茶企参加中国农业国际合作促进会组织的全国魅力茶乡、最美茶园活动。

云南省茶叶流通协会还积极举办“会员双月活动日”，这是协会会员相互交流学习的园地，是为会员服务的平台。宏丰元举办的双月活动是云南省茶叶流通协会第一次与台湾联合举办，两岸“茶・壶”为主题的文创沙龙；中国农业银行云南省分行联合云南省茶叶流通协会主办的主题为“新时代金融与普洱茶产业发展”活动，得到中国农业银行总行和各地州行的鼎力支持，是云南省茶叶流通协会和金融机构第一次联合举办双月活动，为茶企、茶商、茶农提供了强有力的资金支持，活动中下关沱茶、滇红和同庆号做“普洱茶拼配论坛”。活动的主题和内容贴近行业实际和会员需求，会员积极参与，参加人数越来越多，每次活动都有200多人参加。云南省茶叶流通协会还认真做好培训工作，在常态化向社会开展培训基础上，不断扩大服务地区和范围。培训部深入云南主产茶区临沧、普洱、版纳等地与当地相关部门合作，针对茶区从业人员需求，开展特色化培训。更具亮点的是，培训工作充分发挥云南省茶叶流通协会人才积聚优势，与各地州产茶区政府、茶叶主管部门和知名企业合作，开展了针对性更强的订单式培训。全年开办13期培训，累计培训国家中、高级茶艺师、评茶员600余人次。

（六）中茶协及协会专家顾问团队不遗余力，着力指导和推动云茶产业发展

中茶协对云南省茶叶流通协会工作一直给予支持和指导，云南的茶事活动均派员参加，协会活动尽力支持，云南的有关事项，王庆会长、姚静波常务副会长等都及时得到帮助和解决。

年内云南省茶叶流通协会邀请中茶协及省内外知名专家深入云南省产茶区和茶叶生产加工企业，从茶叶生产加工、管理等方面对基层作全方位指导，有力地推动了云南省茶叶生产能力和茶叶品质的提升。陈宗懋院士就茶产品安全方面的问题多次到云南指导工作；我国知名茶叶专家学者刘仲华教授、中国农科院茶叶研究所副所长江用文、鲁成银研究员，中华供销合作总社茶叶研究院副院长杨秀芳研究员等专家学者在云南省首届仓储论坛作了《追寻普洱茶越陈越香之谜》的专题发言；还有农业农村部茶叶质量监督检验测试中心常务副主任刘新在双江茶产业发展论坛上就云南省茶叶质量安全问题作专题演讲；浙江大学著名茶学教授屠幼英老师作《科学饮茶对人类健康的影响》的专题讲座。中茶协推荐云南省茶叶流通协会参加中茶协主办的团体标准委员会成立大会，云南省茶叶流通协会成为首批会员单位。同时，云南省内专家邵宛芳、吕才有、李家华、徐亚和、方可、苏向宇等也不辞辛劳，积极奔走于各产茶区和企业，培训茶企急需技能人才，指导和推动云茶产业发展。

三、2019年茶产业预测

2019年的春天暖意融融，惠风和畅。据统计，2月云南基本在晴朗天气中欢度春节和元宵，全省仅有4天多云，2天阵雨。春节当天，白天的气温就回升到了20℃，并在20～23℃徘徊至月底。继之而来的毛峰、碧螺春等云南绿茶纷纷上市，以每千克160～280元的价格，稳健迎占市场。部分滇南离蕊、紫芽大包茶也于2月17日在微信上晒出。据调查，截至2月25日，云南版纳、普洱、临沧、保山、德宏等地茶区茶树均已进入新梢生育的芽体膨大→鳞片展开期，部分低热河谷和地处南坡、东南坡幼龄茶园，已进入到鳞片展开→鱼叶展开期，按茶树生育规律，这类茶园3月陆续投产，以单芽或一芽一叶为原料的优质红绿茶和晒青春蕊茶逐渐上市，其余大部茶区于3月中旬投入生产。

2019年云南茶业发展的基本面不会改变，普洱茶和滇红被广泛认同的基本面不会改变，消费者追求美好茶品和茶企自律自强的基本面不会改变。云茶产业的信心源自得天独厚的一片天空，源自绝无仅有的一个品种——云南大叶种，源自书写辉煌的传统工艺。纵览趋势，云南各茶区、各茶企，都会聚精会神的将智慧的双眼聚焦于追梦人的笃定前行上，聚焦于市场竞争的准确定位中。云南茶叶评价检测溯源中心为此成立并卓有成效地开展工作，各地更加重视痕迹管理，溯源保真，建立诚信，保护好消费者合法权益。云茶将更加突出绿色生态优势，实现云茶健康发展，除古茶山古茶园外，云南茶业的主体是600多万亩的现代茶园，云南省已出台了“以绿色发展”为方向的一系列政策，全省涉茶行业的重点任务就是共同把省委省政府发展云茶产业的相关政策落到实处。提升“云茶”品质，打造“云茶”品牌，将“绿色云茶”产业打造成为茶农脱贫奔小康的致富产业、茶区乡村兴旺发展的支撑产业，云南茶业绿色生态优势，将进一步带动云茶产业健康发展。

四、2019年工作思考

2019年云茶产业要认真贯彻落实云南省人民政府《云南省茶产业发展行动方案》及《云南省人民政府关于推动云茶产业绿色发展的意见》要求，坚持稳面积、抓质量、强标准、重品牌、拓市场、促流通。在市场推广上发力，在优化产品、扩大消费群体上使劲，在抓好质量上下功夫，强化品牌意识，打好绿色、有机、健康这张牌。

（1）要以推进供给侧结构性改革为主线，着力生态、绿色、有机茶园建设，做优大基地，打好云南茶、生态茶、有机茶、健康茶这张牌，建立云南绿色有机联盟，充分发挥“云南茶叶评价检测溯源中心”的作用，强力推进有机茶园建设，发展壮大云南绿色有机茶产业。

（2）要着力打好“普洱茶”“滇红”“滇绿”三大区域公共品牌。要在抓质量、强标准上着力，指导企业既要坚持好传统加工工艺，又要开拓创新，顺应时代要求生产更多、更好地适应消费者需求的新产品，突破几百年来的传统，着力产品创新，最大限度满足饮用安全透明、便捷、经济。特别是要在普洱茶的制型上有突破，使其更便于消费品饮。

（3）要切实加大宣传推介云茶产品的力度，要充分利用各类信息平台，宣传云茶产业优势、云茶企业风采、云茶品牌，加大宣传云茶正确的科学知识，办好“普洱茶大讲坛”，做好“云茶品饮推介会”着实在让更多的消费者了解云茶，爱上云茶。

（4）要力争办好“茶界专家学者云南茶区行”，邀请茶界专家学者考察调研云南省茶区茶产业发展情况。通过实地调研找准产业发展的关键问题，结合国内外茶产业形式提出意见建议，肯定成绩、找准差距、明确目标、选准措施，促进茶区依靠科技、提质增效、创新发展。

（5）要扩大交流合作。要继续加强与国家级茶叶社会组织、科研院校及产茶省涉茶社会组织的交流合作，扩大合作范围。通过走出去、请进来让会员茶企了解产业发展情况，明确科研进展，促进产销研结合；了解市场需求，为云茶产业可持续发展注入活力，要通过举办不同形式、不同规模、不同茶类品鉴、推介活动，学习和汲取先进理念，促进自我发展。

（执笔人：陈勋儒）

陕西省茶叶行业发展报告

陕西省茶业协会

2018年，陕西省突出陕茶特色，以区域品牌、企业品牌为重点，积极投入“三年百市”行动，强化宣传推介，做靓陕茶品牌。开展“陕茶丝路行”活动，组织企业在兰州、西宁、银川、太原等地集中宣传推介，参加第二届中国国际茶叶博览会，召开第六届西部国际茶产业博览会暨2018首届丝路陕茶文化节，陕茶品牌影响力显著增强，成为陕南地区脱贫攻坚的长效产业和主要产业。陕西省茶园新品种种植及改造蓬勃兴起、高标准清洁化生产线纷纷建成、产品形式日渐丰富多样、一批高雅精制的茶产品（如绿茶、黑茶、红茶等）正在跻身广阔的大市场，陕西茶产业已步入新的发展阶段。陕茶企业和产品正以品质和文化两张王牌，令中国茶界刮目相看，茶学专家和行业领袖人士高度赞誉。

一、陕茶2018年发展状况

（一）茶园面积不断扩大，位居全国第八位

2017年陕西省茶园种植面积251万亩，产量11.4万吨，2018茶园面积达到270.1万亩，产量10.3万吨，位居全国第八位。

（二）产值逐年提高

截至2018年底，陕西省茶业产值达到153.7亿元。

（三）茶园管理水平不断提高

茶叶主产区通过积极改造低产茶园，加大良种引进、繁育、推广力度，大力推进农业标准化建设进程，建立了多个标准化茶叶示范区，茶园科学管理水平得到显著提高。

（四）龙头企业的带动作用初步显现

在陕西苍山茶业有限责任公司、陕西东裕茶业有限公司、商南县茶叶联营公司等一批龙头企业的带动下，运用“公司+基地+茶农”的发展模式，走产、销一条龙的发展道路，有力带动了陕西省茶产业的发展。

二、陕茶发展优势突出

（一）地缘区位优势

陕西茶区位于陕南地区，是我国茶叶主产区的北缘，距离茶叶主销区最近。历史上西北不产茶的省份喝的茶基本都是陕茶，陕茶在西北有着良好的声誉。而且陕南茶区处于关天经济区、成渝经济区的重要辐射带，多条交通干线贯穿陕南各市，交通顺畅。西安历来都是中国茶文化的传播中心和茶叶最重要的集散地，又是“丝路经济带”建设的起点，为陕茶创造了难得的发展机遇。

（二）生态优势

陕南地区是世界人与自然生物圈保护区，是大熊猫、朱鹮等国家珍稀野生动物保护区，是南水北调工程水源保护地和涵养地。基本上没有排污企业，水和空气洁净，具有做有机茶、出口茶的绝好基础。而且陕南茶区富含锌硒，所产茶为富硒茶，使陕茶具有独特的保健功效。

（三）品质优势

陕南茶区北屏秦岭、南倚巴山，海拔高、昼夜温差大、云雾概率高、富含锌硒、无污染，具有得天独厚的自然禀赋，生产的茶叶香气和滋味的芳香物质、氨基酸等含量高，使陕茶具有“香高、味浓、耐冲泡、形美、保健”的特点，加上陕南环境无污染，是生产无公害、有机茶的最佳适生区。

（四）基地规模优势

目前，陕西茶园总面积已达270.1万亩，位列全国前八位，茶叶产量10.3万吨，产值153.7亿元。汉中、安康、商洛三市28个县区有21个县区种茶、产茶，其中西乡县茶叶生产覆盖了全县23个乡镇和75%的农户，成为当地经济的重要支柱和农民收入的主要来源。在西乡、紫阳、平利、商南等县，茶叶产业总值已占到当地GDP的20%以上。

三、陕西茶产业发展目前存在的问题

陕茶发展多年，目前面临的主要问题有：

（1）陕西茶叶种植面积提高很快，初制加工发展蓬勃，但科技研发能力滞后，产品竞争力及品牌影响力有待提高。

（2）市场推广和开发力度严重不足，需要全产业链协作，官产学研配合，培育具有大市场前景的产品。

（3）龙头企业发展态势良好，但往往因建设投入巨大，资金不足，企业发展速度远低于国内其他企业。

（4）企业管理水平和市场营销能力有待大力提高，需大量引进各种专业人才。

四、陕西茶产业发展浅见

（1）陕西茶过去在中国茶业区划中被列为“次适生区”，主要是积温低，极端温度低、降水量偏少，但近些年来气候变化，这种情况已发生根本性改变，已完全达到适生条件，特别是陕南山区目前是国家水源保护地和重点退耕还林区域，生态条件优越，茶叶品质优良，而茶树是一种典型的生态、经济兼用林种，根系发达，植被率高，是解决陕南高生态要求区域经济发展和农民生存致富的绝佳产业。

（2）陕南茶区的优势在于内在品质和生态环境卓越，应着力在保持风味、品质、有机上下功夫，杜绝盲目追求早产、高产，杜绝大面积连片种植，限制耕地良田发展茶叶，否则品质将不保，同时大面积连片后必将带来病虫害危机，失去品质、无公害优势，甚至带来生态系统破坏灾难。

（3）陕南茶区并不全部适合发展茶叶，不应一哄而上，应重点集中在汉水两岸及以南浅山丘陵地域，对茶树种植时的土壤、气候等立地条件要进行科学分析论证。

（4）产业发展应重在提高种植水平和单产、提高加工水平、提高资源利用率和市场占有率，应把列入科学种植加工和引入市场引导机制作为产业扶持重点，杜绝盲目求大、求新、求好看，使产业早日进入良性可持续健康发展道路。

（5）陕西茶产业已进入了发展快车道，具有非常远大的前景，但茶产品并非简单的农副产品，产业链极长，真正的大市场规模产品应具备文化、品质、标准化条件，陕西急需解决茶产业管理协调、科研技术、品牌市场的整体提升，需要加大政府科学引导和资金扶持。

（执笔人：穆世超）

第三部分

品牌发展

中国茶业品牌建设发展报告

中国茶叶区域公用品牌发展报告

中国茶叶企业自媒体建设发展报告

中国茶业品牌建设发展报告

中国茶叶流通协会品牌发展工作委员会

品牌是产品的标识，也是产品内在品质与企业文化理念的集成和外在体现。随着市场经济的不断发展，市场竞争已经从产品时代进入到了品牌时代，品牌在现代社会中扮演着越来越重要的角色，成为一个产品、一个企业、一个地区乃至一个国家竞争实力和市场地位的重要标志之一。我们打造一个品牌不仅是要发展一个企业，更重要的是如何利用品牌建设把企业的发展提升到一个行业、一个区域甚至是一个民族的发展。

一、2018年我国茶业品牌建设基本概况

中国是世界茶叶的发源地，茶叶从古至今都是我国各领域对外交往的代表性名片。目前，我国茶叶生产和消费均居世界第一位，全国茶企总数达到6万余家，其中规模以上茶企1600多家，涉茶类国家级农业产业化重点龙头企业37家，特色农产品优势区13个，全国正式登记注册的涉茶类商标总数约为35万件，超过114个茶叶产品获得了地理标志产品保护，通过地理标志证明商标注册的达到230件以上，各茶类板块和区域相继培育出了一批特色突出、特征明显、在国内市场具有较强品牌传播和影响力的区域公共品牌和企业品牌，很多企业品牌也同时获得了“中华老字号”等荣誉称号。然而，品牌的数量增加和多元化发展并不意味着品牌质量和竞争力的提升，目前我国茶叶区域公共品牌与企业品牌联动性不强、品牌企业模仿力强而创新力弱、产品品牌同质化倾向严重、品牌知识产权保护意识不强等问题依然凸显。中国也是全世界最早进行茶叶贸易的国家，至今已有1500多年的历史。新中国成立以来，我国茶叶出口由最初的国家统购统销逐步实现全面市场化，目前总体保持在世界第二位的水平，2018年中国茶叶出口总量为36.5万吨，出口总额17.8亿美元，出口均价4.87美元/千克。我国目前出口的茶叶多数为初级加工品或非自主品牌的代加工品，品牌茶叶出口和国际市场占有率很低，面对传统出口领域交易价格低廉、贸易壁垒严重、红茶类产品竞争优势不明显等问题束缚，中国茶叶在国际市场很难实现跨越式发展，茶叶品牌国际化发展之路任重道远。

二、当前我国茶业品牌发展特点

（一）品牌意识逐步提高，品牌基础平台建设不断完善

目前，我国多数茶区相关部门、茶企都设立了品牌部门，85%以上的企业分管品牌工作负责人由企业副总以上的人员担任。

（二）企业对品牌战略普遍比较重视，但仍待提高

广告宣传是茶企目前提升品牌影响力的首选方式，知识产权保护意识也在不断提升，但对自主知识产权保护重视程度不够。82%的企业制定了品牌战略规划，83%的企业重点通过广告进行品牌宣传，37%的企业参与过公益活动，50%的企业选择展览展示进行品牌宣传展示。相比很多国际知名品牌维护和提升品牌方式更加青睐于公益活动或赞助，间接反映出当前我国茶企更多还是在做产品品牌推广，而不是在做企业品牌推广，很多企业对品牌认识还处在初级水平。

（三）多元化战略和品牌延伸倍受关注

目前，茶业品牌延伸的方式比较多，调查显示：41%的企业选择“一牌多品”策略，29%的企业选择“主副品牌”策略，9%的企业选择“一品多牌”策略，还有21%的企业选择了其他策略。

（四）品牌宣传投入资金和力度持续增加，但较国内外其他行业领域仍有较大差距

据调查，目前我国57%茶企的年度品牌宣传投入不超过500万以下，全年投入1000万以上的不足15%。而央视国家品牌计划和新华网民族品牌工程对于单体企业品牌年度宣传最低费用要求为3000万以上。

（五）茶企品牌定位大多还处于国家或区域层面，有待进一步提升

在品牌定位方面，32%的企业认为自己的品牌已经是国家知名品牌，63%的企业把自己的品牌目标定位于国家品牌，还有4%的企业认为自己的品牌是区域性品牌，仅有不足1%的企业认为自有品牌具备国际市场竞争实力。

三、2018年茶业品牌建设工作

近年来，随着市场经济和茶产业的持续快速发展，全行业的品牌意识不断增强，茶业品牌建设工作取得了一定成效，但仍无法满足经济发展的客观需要。为了有效整合行业品牌资源，打造中国茶业

品牌国家队，探寻茶业品牌提升通路，增强中国茶的国际市场竞争力，实现产业高质量发展。中茶协将2018年确定的“中国茶叶品牌年”也是中茶协助推品牌发展的起始之年。4月10日，在浙江新昌正式成立品牌发展工作委员会，并与中国品牌建设促进会共同成立中国茶叶集群品牌联盟。中茶协全年依托品牌委和品牌联盟，围绕“加强自身基础建设，拓展服务项目和工作内容，提供有效服务”既定目标，主要开展了以下几个方面的品牌工作。

（一）开展茶业品牌评价专题研究

品牌价值的客观真实呈现需要通过科学化、公平化、规范化、标准化的评价方法实现。当前，各类品牌研究服务机构组织开展的品牌评价结果发布活动可谓名目繁多、层出不穷，评价结果的实际指导作用也是参差不齐。为了正确引导全行业对品牌价值评价工作的认知，建立行业公认的茶业品牌价值榜，为会员和行业提供数据翔实、内容丰富、具有一定前瞻性和指导性的茶业品牌指南。自2018年6月起，中茶协与南开大学商学院、北京大学光华管理学院、重庆大学商学院多位专家组成的品牌研究团队，结合中茶协已经组织开展近十年的行业年度调查和全国百强企业、重点产茶县推选工作，共同开展了“中国茶叶品牌评价与集群品牌培育”专题项目研究工作。经过近10个月的努力，研究项目现已形成了四大创新性成果：中国茶业品牌系列排行榜、2018年中国茶叶行业品牌发展蓝皮书（企业篇、县域篇）、中国茶业（企业、县域）品牌雷达图、中国茶业（企业、县域）品牌评价团体标准。

（二）举办2018中国茶业品牌盛典

2018年11月15日，中茶协在第十四届茶业经济年会期间首次举办了2018中国茶业品牌盛典活动，受到行业内外的广泛关注和好评，被相关新闻媒体誉为“茶行业的华表奖”。活动主要依托品牌评价研究成果，通过对各茶叶主产县域、企业2017年度调查数据进行系统分析评价，形成并发布了“2018中国茶业百强县”和“2018中国茶叶百强企业”两个总榜单。同时，分别从企业品牌传播力、企业质量创新能力、最受消费者认可度、县域品牌旅游竞争力、县域品牌生态圈影响力、县域生产竞争力等六个方面对我国茶叶企业、县域进行了梳理分析排序，发布的各品牌榜单内容填补了相关领域的空白，为各茶叶主产区县、企业提供了客观、真实的年度品牌发展指南。

（三）组织参与国家供应链创新应用试点申报

2018年5月，商务部、工业和信息化部等8部门联合下发《关于开展供应链创新与应用试点的通知》，在全国范围内开展供应链创新与应用试点。供应链对于扩大内需、提升全球竞争力的战略意义重大。加快构建和优化重点产业、重点企业的供应链，已成为国家级的战略任务。为此，中茶协接到通知后立即组织符合试点申报条件的部分品牌企业负责人召开了茶产业供应链创新与应用试点申报工作会议，同时邀请中茶协副会长、北京大学光华管理学院陈丽华教授对国务院办公厅《关于积极推进供应链创新与应用的指导意见》以及相关政策进行解读，并对试点申报工作进行指导。尽管申报工作最终未能取得实质性结果，但此项工作也为茶业品牌提升和产业高质量发展提供了一个全新的视角。

（四）参与国家品牌日系列活动

2018年5月9日，由国家市场监督管理总局指导，中国国际贸易促进委员会、中国品牌建设促进会等单位主办的2018中国品牌价值评价信息发布暨第二届中国品牌发展论坛在上海举行，本次论坛作为第二届中国品牌日系列活动之一，分别举行了“2018中国品牌价值评价信息发布”“2018中国品牌价值百强榜发布”“中国集群品牌联盟成立启动仪式”等内容。中国茶叶流通协会会长、中国茶叶集群品牌联盟主席王庆先生应邀参会并代表联盟参与见证了中国集群品牌联盟的正式成立。通过本次活动所发布的各品牌价值榜单结果也充分反映出茶业品牌目前与我国其他行业领域品牌仍存在较大差距，茶业品牌发展之路任重道远。

（五）参与地理标志产品品牌价值评价工作

地理标志是通过国家认证的具有潜在品牌价值的认证标识，获得地理标志认证的产品具有建立优质品牌的自然基础，能够有效推动知名产品品牌的出现和品牌化的进程。目前，我国有超过114个茶叶产品获得了地理标志产品保护，通过地理标志证明商标注册的达到230件以上。为了切实推动茶叶地理标志产品推广和品牌建设，中茶协2018年多次应邀参加中国品牌建设促进会组织的地理标志产品品牌价值评价工作，先后对50余个地理标志产品品牌价值进行测评打分。

（六）拓展搭建品牌宣传展示平台

成熟的品牌营销渠道包括多种传播方式的组合。为了提升行业和市场消费者对于品牌联盟及成员单位的认知度，中茶协在2018年北京国际茶业展期间，本着“公开号召、自愿参与”的原则组织茶叶集群品牌联盟部分成员单位共同在北京展览馆前广场通过摆放道旗方式进行了品牌集中宣传展示。此外还积极与新华社“民族品牌工程”等国家级媒体品牌宣传推介平台进行联络对接，以期推动我国茶业品牌抱团取暖、联合出击。

四、中国茶业品牌建设未来发展方向

（一）品牌集群化是品牌发展的最终趋势

时代发展到今天，经济全球化和经济一体化趋势的深化又进一步凸显了品牌的作用力，并形成了品牌集群现象。一个企业、一个地区要构筑起品牌优势，强化品牌市场冲击力和占有率，品牌集群就成为一个必须关注的问题。就目前来看，品牌的发展呈现集群化趋势，无论是国际还是国内，大凡经济发达地区，无不聚集着众多的知名品牌，包括一种品牌统领下的多种产品。比如日本，汇集了从汽车、轮船、电子到化工、啤酒等数个国际品牌；比如美国，苹果、通用、福特、可口可乐、IBM等以其凛冽的品牌锋芒纵横市场多年。在这些国家和地区，品牌集群如同鲜明的旗帜彰显着企业和区域的经济与文化特色，并以其强有力的影响力和冲击力开疆扩土，主导和引领着市场潮流。由此可见，品牌集群是品牌发展的新层级现象，它较之单一品牌更利于培养市场偏好，更易于品牌效应的扩张，更易于企业、区域和国家竞争力的增长。

（二）品牌集群化是市场经济发展的必然产物

1. 市场竞争使然

社会生产力发展的不同阶段使得市场竞争具有不同表征，从过去低层次的价格竞争，到质量竞争，再到创新竞争。时至今日，品牌竞争则成为市场竞争的主要表现。品牌作为企业产品之精华，囊括了产品的价格、质量、技术、文化等所有要素优势，成为相对于单一要素更具市场吸引力和征服力的竞争武器。

2. 与产业集群发展相呼应

产业集群是经济全球化下的新趋势，也是社会集约化发展的必然选择。由于产品的集聚和产业链条的地域集合，形成了企业间的互动发展，合作共赢的集群前景使得品牌最易于在这些领域空间生成和壮大，形成品牌的集群化。同时，品牌的集群发展又为产业集群的深化提供了动力因素。

3. 品牌自身发展和延伸的结果

品牌的形成有一个从小到大，从无名到知名的孕育过程，在品牌日益被推崇的条件下，不同品牌的数量不断增加，并呈现集聚发展态势；而同一品牌所覆盖的产品领域随着企业的发展壮大也不断延展，都在一定程度上促成和加深了品牌的集群化。由此看来，品牌集群化是新形势下市场经济发展的必然，也是参与国际竞争的有利和必需的手段。

（三）集群品牌是打造品牌集群的基础

打造“品牌集群”首先要打造“集群品牌”，集群品牌作为一个地区、行业加快经济发展、提高中小企业竞争力的有效途径，近些年来在我国得到了长足的发展，而集群品牌是由多个产业集群组成的。迈克尔·波特指出：产业群就是在某一地区存在着一群相关联的公司、供应商、关联产业和专业化的制度和协会。当一个地区形成以某个产业为中心的产业集群时，就会提高其中每一个企业的效率，给每个企业带来好处——这一经济规律被经济学家称为“外在经济”。

（四）未来发展集群品牌的优势

一是企业所需要服务的社会化，将是提高效率的重要途径。当一个地区、行业领域集中了许多的同一行业时，即使这些企业本身再没有投入资金扩大规模，也会引起企业内部成本的节约和效率地提高。而当一个地区只有一个企业时，就不可能有相关企业为它提供服务的可能，这一家企业不得不慢慢地走向大而全，其效率也将会每况愈下。例如，海德堡印刷机械厂，需要有自己的零配件部门、原料库存部门、机械维修部门、运输部门等。但是，当这一地区的印刷机械厂多了后，就有可能出现许多专门提供运输、维修、零部件等辅助性的专业化公司。这样就降低了各企业运作的成本，提高了各自的效率。

二是同一行业协会下，大家遵循共同的制度，企业间加大了相互联系和协作，实现共同发展。不管在技术研发、生产力协调、经验共享、各类（人力、设备等）资源的有价利用、集群创新等，都会形成一个区域的优势作用。

三是品牌共享。当某一个地区、行业领域形成自己的产业优势时，将会形成一个共同的无形资产——集体品牌优势，这个地区、行业领域的每一个企业都可以分享这块无形资产的好处。特别是在广告的宣传和品牌的树立上，将节约大量的资金投入。

（执笔人：申卫伟）

中国茶叶区域公用品牌发展报告

浙江大学CARD中国农业品牌研究中心

2019年是新中国成立70周年，是决胜全面建成小康社会第一个百年奋斗目标的关键之年。今年的中央一号文件，将“聚力精准施策，决战决胜脱贫攻坚”放在了首要位置。文件同时提出，要鼓励发展果菜茶等特色产业，强化农产品地理标志和商标保护，创响一批“土字号”“乡字号”特色产品品牌。作为产业扶贫中的重要一员，以茶产业的品牌化实现品牌扶贫在脱贫攻坚战中的作用，显得尤为重要。

十年如一日，为了给全国各地的茶叶区域公用品牌建设提供科学、客观、中立的行业参考依据，推动茶产业进入品牌发展快车道，“中国茶叶区域公用品牌价值评估”专项公益研究已连续开展10年。“2019中国茶叶区域公用品牌价值评估”由浙江大学CARD中国农业品牌研究中心、中国茶叶研究所《中国茶叶》杂志、浙江大学茶叶研究所、浙江永续农业品牌研究院等机构联合组建课题组，依据“中国农产品区域公用品牌价值评估模型”（CARD模型），采用科学、系统、量化的方法，经过对品牌持有单位调查、消费者评价调查、专家意见咨询、海量数据分析，最终形成相关评估结果。

本报告以本次评估专项研究结果为理论及数据依据，以近年茶叶产业发展现状为现实依据，经文献研究、数据分析等研究方式综合得出，一定程度上反映中国茶叶区域公用品牌发展现状。

一、品牌成长新数据

参加本次评估的茶叶区域公用品牌共计112个，其中获得有效评估的品牌数量创历史新高，达到107个，较去年增加了9个。其中，以浙江省为代表的江南产区的参评品牌数量为最多，共计58个，占有效评估品牌总数的半数以上，具体见图1。

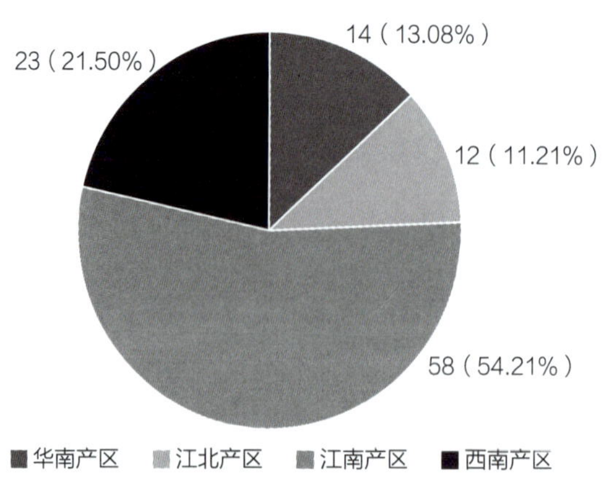

图1　2019年有效评估茶叶区域公用品牌来源分布（n=107）

按照茶叶品类划分，本次有效评估的绿茶类茶叶区域公用品牌共计70个，占本次评估品牌总量的65.42%；红茶类品牌数量位列第二，共计12个；黑茶类品牌、综合茶类（品牌下有多种品类茶叶）品牌数量均为7个；乌龙茶类品牌数量为4个；其他茶类品牌数量为3个；白茶类、黄茶类品牌数量均为2个。该数据符合中国茶产业的发展现状，绿茶持续占据主导地位。

因有效评估的乌龙茶、白茶和黄茶类区域公用品牌的数量均不足5个，下面进行品牌价值评估各项指标的数据分析时，主要以产区划分进行。

（一）品牌价值：不断提升，20亿元及以上的茶叶区域公用品牌日益增多

本次评估数据显示，107个中国茶叶区域公用品牌的品牌总价值为1899.28亿元，相较2018年增长了300.75亿元；平均品牌价值为17.75亿元，相较2018年增长了1.44亿元，上涨了8.83%。

比较近3年茶叶区域公用品牌价值评估数据（表1），2017年，有效评估品牌数量为92个，2018年有效评估品牌数量提高至98个，2019年该数值为107个。表1显示，品牌价值（BV）在20亿元及以上的品牌数量占比在不断扩大，2017年，品牌价值超过20亿元的品牌数量占当年度评估品牌总数的22.82%，到2018年，该比例提高至30.61%，到2019年该比例值再次提升，达到了37.38%；反之，品牌价值在20亿元及以下的品牌数量比例越来越小，尤其是品牌价值居于10亿～20亿元之间的品牌数量占比在不断萎缩。

数据可见，更多的茶叶区域公用品牌正积极参与到品牌价值评估中来，茶叶区域公用品牌的建设正引起更广泛的关注，越来越多的茶叶区域公用品牌的品牌价值跨入了20亿元的门槛。

表1　近三年有效评估茶叶区域公用品牌的价值（BV）区间

年份	BV<1亿元		1亿元≤BV<10亿元		10亿元≤BV<20亿元		20亿元≤BV<50亿元		BV≥50亿元	
	数量/个	比例/%	数量/个	比例/%	数量/个	比例/%	数量/个	比例/%	数量/个	比例/%
2017	2	2.17	31	33.70	38	41.31	19	20.65	2	2.17
2018	3	3.06	27	27.55	38	38.78	28	28.57	2	2.04
2019	2	1.87	32	29.91	33	30.84	37	34.58	3	2.80

（二）品牌收益：江南产区品牌溢价能力突出

在CARD模型中，品牌收益=茶叶年销量×（品牌零售均价-原料收购价）×（1-产品经营费率）。品牌收益是在剔除生产环节的劳动收益、结合市场交换完成的最终零售价格，并充分考虑茶叶产品在再生产环节中的诸多不可控因素后，以连续3年的数据统计得出的由品牌本身带来的收益部分，体现品牌的综合溢价水平。平均单位销量品牌收益体现每销售1千克茶叶所获得的品牌收益，体现品牌的单位溢价能力。

在本次评估中，107个参评品牌的平均品牌收益为10577.73万元，相较2018年提高了878.95万

元。如图2所示，在本次评估中，除江北产区外，其他各产区茶叶区域公用品牌的平均品牌收益均有所提升。华南产区平均品牌收益位列第一，达13226.09万元；西南产区以10637.47万元的平均品牌收益位列第二；江南产区平均品牌收益为10079.95万元，较2018年增长了12.85%，是4个产区中平均品牌收益增长率最高的产区；江北产区的平均品牌收益为9779.44万元，因本年度有5个尚处发展初期的品牌参评，故较2018年有所下降。而比较江北产区同时参与2018与2019评估的7个区域公用品牌的平均品牌收益可见，今年的平均品牌收益为12075.28万元，较去年的10477.18万元上升15%。

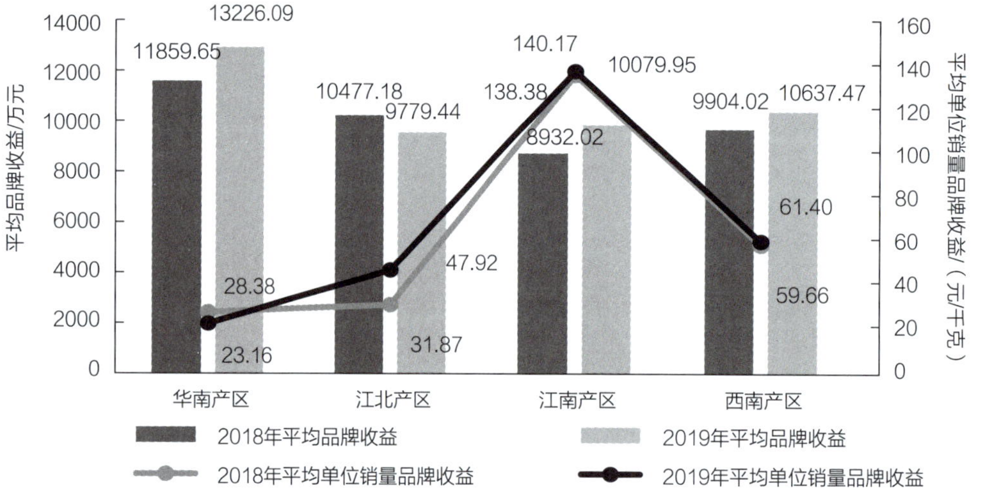

图2　2018年和2019年评估中各产区有效评估品牌的平均品牌收益、平均单位销量品牌收益比较

进一步比较各产区有效评估品牌的平均单位销量品牌收益可见，江南产区品牌以140.17元/千克的平均单位销量品牌收益，位列四大茶产区之首；西南产区品牌的平均单位销量品牌收益为61.40元/千克，位列第二；江北产区的平均品牌收益最低，但其平均单位销量品牌收益达到了47.92元/千克，较2018年增幅显著，高达50.36%；华南产区的平均品牌收益最高，但其平均单位销量品牌收益仅23.16元/千克，且较2018年下降了18.39%。从单个品牌来看，来自江南产区的洞庭山碧螺春、缙云黄茶和来自西南产区的南川大树茶品牌分别以2528.00元/千克、1002.57元/千克和989.70元/千克位列单位销量品牌收益前三。

由数据可见，江南产区的平均单位销量品牌收益稳定上升、优势显著，品牌溢价能力在各产区中比较突出，平均单位销量品牌收益位列四大茶产区之首，但由于江南产区58个参评品牌的平均销量以8386.32元/千克居于四大茶产区的末位，故其平均品牌收益，仅处于第三。江北产区尽管有效评估品牌的平均综合品牌溢价有所下降，但其平均单位溢价能力有较大提升，区域内如汉中仙毫、崂山茶等品牌的单位销量品牌收益显著增加，增幅均超过70%，有效带动了产区内茶产品的品牌平均单位溢价能力提升。

（三）品牌忠诚度因子：江南产区略有提升，其余三大产区均走低

品牌忠诚度因子（BL）主要测度消费者的品牌忠诚度，侧重于品牌能否在长时间内维持稳定的销售及价格。在CARD模型中，品牌忠诚度因子=（过去3年平均售价-销售价格标准差）÷过去三年平均售价。产品售价越稳定，品牌忠诚度因子越高。

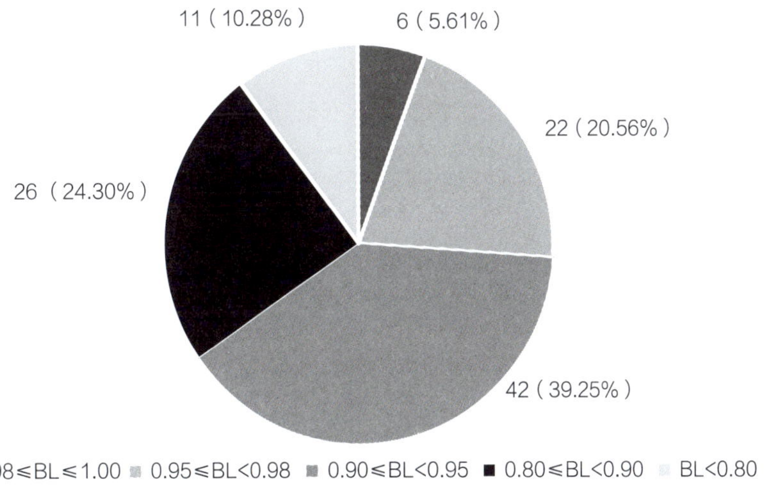

图3　2019年有效评估的茶叶区域公用品牌的品牌忠诚度因子区间分布（n=107）

比较本次有效评估品牌的品牌忠诚度因子大小区间分布，如图3所示，品牌忠诚度因子在0.80以上的品牌共计96个，其中，大于等于0.95的品牌共有28个，占整体评估品牌数量的26.17%；另有11个品牌的品牌忠诚度因子不足0.80，占整体评估品牌数量的10.28%，其中7个品牌来自西南产区。

表2　近三年有效评估茶叶区域公用品牌的品牌忠诚度因子区间分布变化比较

年份	0.98≤BL≤1.00		0.95≤BL<0.98		0.90≤BL<0.95		0.80≤BL<0.90		BL<0.80	
	数量/个	比例/%	数量/个	比例/%	数量/个	比例/%	数量/个	比例/%	数量/个	比例/%
2017	21	22.83	27	29.35	19	20.65	16	17.39	9	9.78
2018	15	15.31	21	21.43	29	29.59	21	21.43	12	12.24
2019	6	5.61	22	20.56	42	39.25	26	24.30	11	10.28

回顾近3年评估数据，如表2所示，品牌忠诚度因子在0.90～0.95的品牌数量占比显著升高，从2017年的20.65%，上升至2018年的29.59%，到2019年，该比例已达到了39.25%。同样，品牌忠诚度因子处于0.80～0.90的品牌数量占比也在升高，从2017年的17.39%升至2019年的24.30%，整体提升了6.91个百分点。同时可见，品牌忠诚度因子高于0.95的品牌数量占比在缩小，尤其是品牌忠诚度因子高于0.98的品牌数量比例显著缩小，从2017年的22.83%，缩小至2019年的5.61%，整体缩减了17.22个百分点。可见近几年我国茶叶区域公用品牌的整体市场价格波动增大。

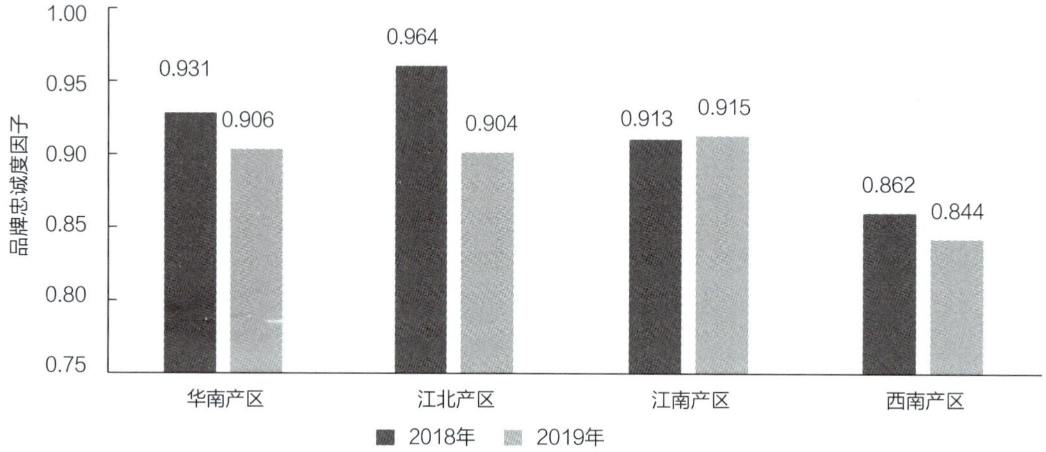

图4 2018、2019年各产区有效评估品牌的平均品牌忠诚度因子比较

比较2018年和2019年评估的各产区茶叶区域公用品牌的平均品牌忠诚度因子，如图4所示。2019年，除江南产区略有提升外，其他三大产区有效评估品牌的平均品牌忠诚度因子均低于上一年度结果，其中，江北产区的平均品牌忠诚度因子下降幅度最大，平均值从0.964降为0.904；其次是华南产区，平均值从0.931降为0.906；西南产区的平均品牌忠诚度因子是四大产区中最低的，且2019年的平均值为0.844，低于上一年度。由数据可见，近年来，江南产区有效评估品牌的市场价格在趋于稳定，而华南、江北、西南产区的有效评估品牌的市场价格波动变大，尤其是西南产区，市场价格波动最为明显且还在加剧。究其原因，一方面，这与因自然条件、人为操作引发的茶叶种植规模、产量变化的因素有关联，如2018年信阳毛尖遭遇了先旱后连雨的恶劣天气，供不应求，导致价格波动；另一方面，也与市场需求变动密不可分，如普洱茶，因其收藏属性与非理性需求，市场价格波动不止，2018年又出现一波上涨。

（四）品牌强度：品牌经营力表现亮眼

品牌强度及其乘数由品牌带动力、品牌资源力、品牌经营力、品牌传播力和品牌发展力5个能够表现品牌稳定性和持续性的因子加权得出，是体现品牌未来持续收益能力、抗风险能力和竞争能力大小的指标，是对品牌强度高低的量化呈现。

本次评估中，107个茶叶区域公用品牌的平均品牌强度乘数为18.52，相较于2018年的18.41，略有提升。其中，普洱茶以20.20的品牌强度乘数蝉联第一，展现了领先的持续收益能力。如图5所示，各产区的平均品牌强度乘数均有所上升，说明各地茶叶区域公用品牌建设颇有成效，品牌保持健康成长态势。华南产区的平均品牌强度乘数为18.91，居四大产区之首。数据同时显示，江北产区的平均品牌强度乘数增加最为显著，具有发展潜力。

具体比较分析本次有效评估品牌的平均“品牌强度五力”，如图6所示，本次有效评估的107个茶叶区域公用品牌的平均品牌带动力为83.18，平均品牌资源力为89.12，平均品牌经营力为89.82，平均品牌传播力为81.74，平均品牌发展力为81.81。相对而言，平均品牌经营力和平均品牌资源力处于优势地位，可见我国茶叶区域公用品牌在标准建设、质量保障、组织执行以及品牌历史、文脉资源等方面的工作初见成效；而平均品牌传播力、平均品牌发展力和平均品牌带动力则相对较弱，表现出我国茶叶区域公用品牌整体在品牌传播、市场拓展、品牌保护以及区域联动等方面还有较大的提升空间。

进一步比较各产区茶叶区域公用品牌的平均“品牌强度五力”表现可以发现，在“品牌强度五力”的各个方面，华南产区都是名列第一，且优势显著，尤其是品牌资源力和品牌经营力方面，平均值均超过90；其他三大产区在各个“品牌强度五力”上的表现旗鼓相当，差距不大。相对而言，江北产区的平均品牌发展力较为薄弱，为79.51，是四大产区各“品牌强度五力”平均值中唯一不足80的一个指数。

品牌建设是品牌主体端与品牌消费者端之间双向互动的过程。品牌传播力由知名度、认知度、好感度等指标构成，是品牌投入后的传播效果在消费者端的验证。图7数据显示，华南产区有效评估品

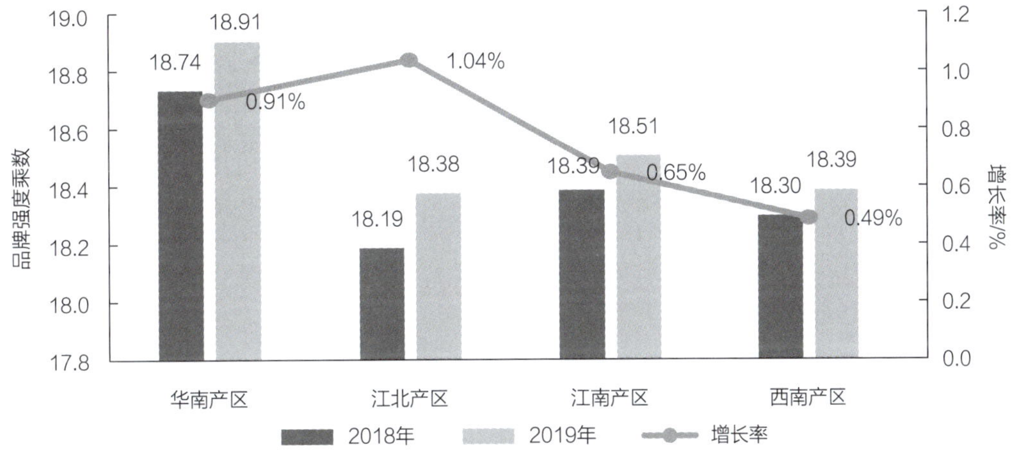

图5　2018、2019年有效评估各产区茶叶区域公用品牌的平均品牌强度乘数及其增长率比较

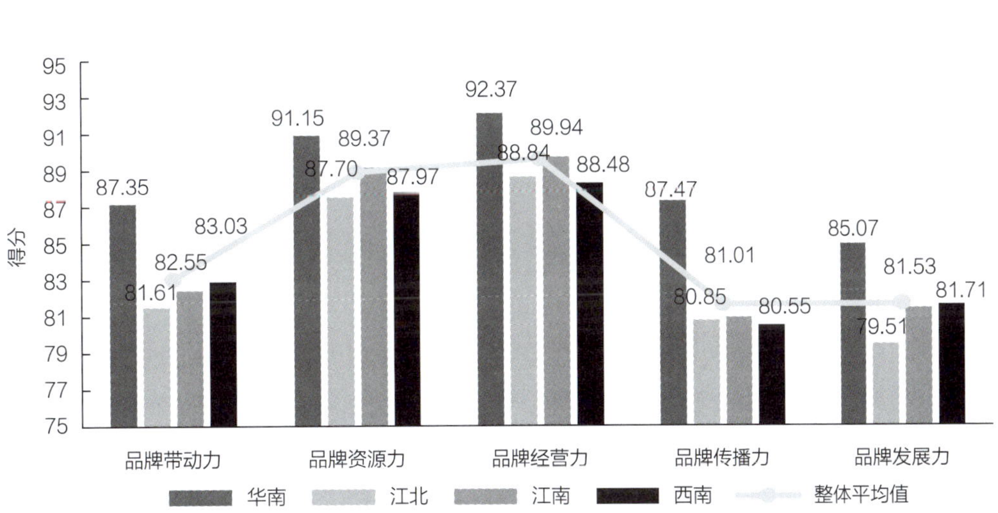

图6　2019年各产区有效评估品牌的平均“品牌强度五力”比较

牌的平均品牌传播力为87.47，显著高于其他三个产区的平均值。其中，江南产区有效评估品牌的平均品牌传播力为81.01，江北产区和西南产区有效评估品牌的平均品牌传播力分别为80.85和80.55。进一步比较有效评估品牌的平均知名度、认知度和好感度，107个品牌的平均知名度为79.06，平均认知度为82.61，平均好感度为83.15。相对而言，平均知名度低于其他2个指标。根据产区划分比较，来自江南产区和西南产区的有效评估品牌平均知名度表现弱，分别为76.99和78.77，低于整体平均水平；认知度指标方面，江北产区有效评估品牌的平均认知度低于其他三大产区；好感度指标方面，西南产区有效评估品牌的平均好感度相对较低；而华南产区有效评估品牌以平均知名度87.06、平均认知度87.55和平均好感度87.74分列3项第一，说明品牌传播效果较好。

品牌传播力的大小，一方面取决于传播经费的投入，更取决于传播的有效性。比较各产区有效评估品牌在2018年用于品牌宣传与推广的平均传播投入，如图8所示，平均品牌传播力最高的是华南产区，其有效评估品牌平均传播投入为3148.21万元，仅高于江北产区；西南产区有效评估品牌的平均传播投入最大，为5330.96万元，但其平均品牌传播力在四大产区中处于弱势，收效甚微。数据显示，平均品牌传播力与平均传播投入并非完全正相关，这也提醒品牌建设主体，要精细化策划传播方案，精准把握传播策略，占领消费者心智，将每一分钱投入都发挥至效果最大化。

中国有着漫长的茶种植和茶文化史，地大物博、人杰地灵的土地上孕育着各具特色、价值独具的茶叶品种，这也是丰富的茶叶区域公用品牌得以形成的基础。由前述数据可知，在过去的品牌建设中，各个品牌已在历史、文化、环境等方面进行了深刻的价值挖掘与探索，以丰富品牌内涵，塑造品牌个性；各个品牌建设主体也已在组织执行等方面也做出了更多努力，为品牌建设保驾护航。数据同时显示，头部品牌应当进一步发挥自己的协同带动作用，在区域联动方面全方位向前推进，将区域整体的持续收益能力推向新的高度。

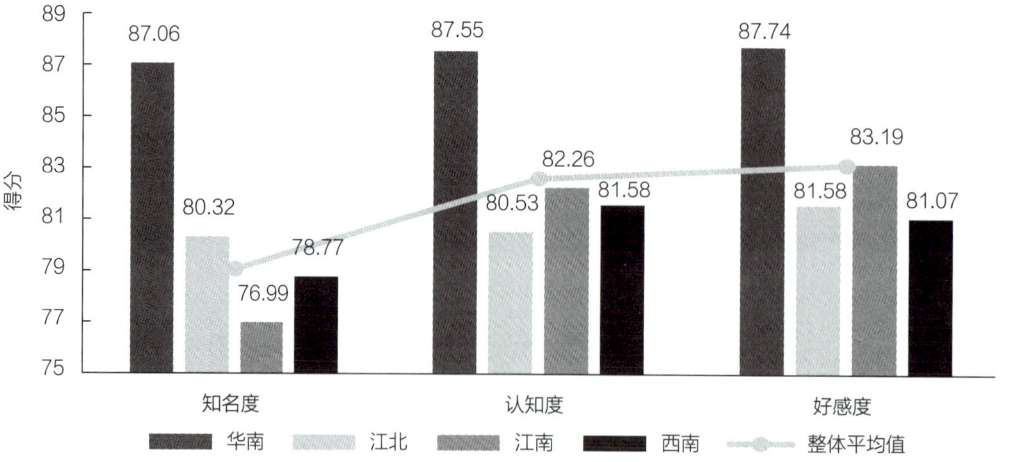

图7 2019年各产区有效评估品牌的品牌传播力各构成指标平均值比较

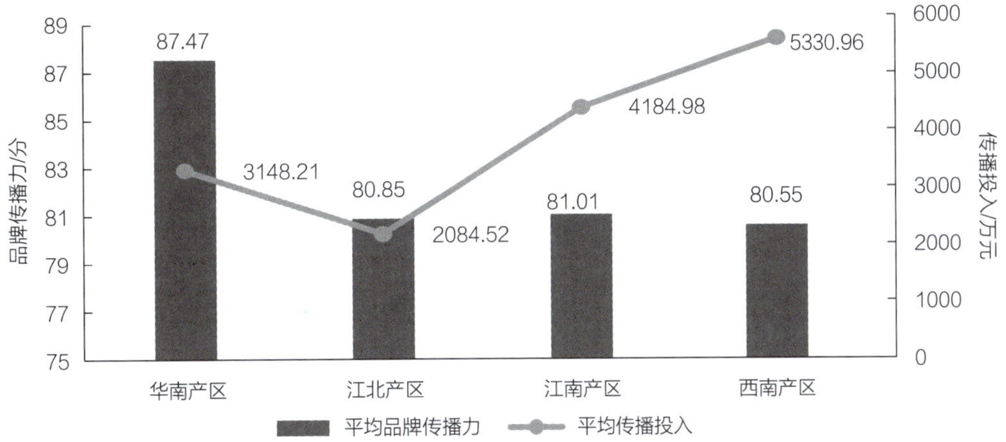

图8　2019年各产区有效评估品牌的品牌传播力与平均传播投入比较

二、品牌加持，产业扶贫升级

（一）品牌是产业扶贫的重要趋势

实施乡村振兴战略，是党的十九大做出的重大战略部署，也是决胜2020年全面建成小康社会、全面建设社会主义现代化国家的重大历史使命，是新时期“三农”工作的总抓手。乡村振兴战略提出“产业兴旺、生态宜居、乡风文明、治理有效、生活富裕”的20字总要求，其中，产业兴旺是乡村振兴的源头根本和基本前提。物质基础决定上层建筑，生产力决定生产关系，如果没有产业的持续发展，就没有农民收入增长的源泉，更没有新农村面貌的提升与展现。产业扶贫是脱贫攻坚战的关键之举和治本之策，也是乡村振兴战略大背景下推动乡村发展、提高乡村生产力发展水平、构筑乡村造血机能的核心步骤。产业扶贫贵在精准化，产业特色要精准，因地制宜，发展特色才是产业发展的出路。

在国家实施乡村振兴的大战略中，茶业占据了非常重要的位置，也迎来了难得的历史新机遇。2019年政府工作报告指出了与茶业发展息息相关的方针政策，2019年将打好精准脱贫攻坚战，大力推动绿色发展，实施地理标志农产品保护工程，推进农业全程机械化，推动一二三产业融合发展。“一片叶子成就了一个产业，富裕了一方百姓”，在打赢精准脱贫的攻坚战中，茶业已经成为许多地方现代农业的突破口、富民兴市的支柱产业、脱贫攻坚的重要抓手。

在《中国农村扶贫纲要（2011—2020）》划定的14个集中连片特困地区中，地形以崎岖山地为主，交通闭塞，经济落后。其中大别山区、武陵山区等7个贫困区贫困人口密集，占全国总贫困人口的60%以上。而这些区域也是我国传统的茶叶产区，茶业是山区农民脱贫致富的重要途径之一。据中国茶叶流通协会统计，全国已有100多个县开展了2045个茶叶扶贫项目，投入专项扶贫资金12.6亿元，脱贫人口77万人，并建立535个村级茶叶扶贫示范点。

茶产业将经济效益、生态效益和文化效益完美结合，对于亟待脱贫地区来说具有重大的意义。第一，茶叶作为一种农产品，产区特征明显，是区域经济的名片和区域历史文化的载体。其次，茶叶特殊的生长习性决定了山区、丘陵种植的特点，在不损耗粮食作物耕地的前提下有效补充了当地的农业结构，提高了农业产值和综合效益。第三，茶文化是中华文化瑰宝中的灿烂一脉，结合区域特色，因地制宜打造茶文化特色小镇，发展茶旅融合产业，形成独具一格的区域文化名片。

在过去的20年间，中国茶产业实现了井喷式发展，种植面积、涉茶人口、饮茶人数都迎来了前所未有的规模。目前，我国茶叶产业的基本特征是：茶文化历史悠久、茶产业规模巨大、茶产品的标准化程度正在逐步提升。但是，高速发展的背后隐藏了我国茶叶产业正在面临的诸多问题和挑战，茶产业的品牌化程度不高，茶产品的溢价水平高低不一，不同茶叶品牌价值差距悬殊。对于以茶业为脱贫带动产业的地区来说，原来以持续扩大种植面积换取更高产值的传统粗放型增长方式已经不能满足地区发展的需要。因此，从传统的重视产业规模、产量提升的产业扶贫思路转向提升产品品质、提高产品溢价能力的品牌扶贫新思路，成为不可逆转的趋势。

今年是开启“中国茶叶区域公用品牌价值评估”专题研究的第十个年头，从10年数据中可以欣喜地看到，有越来越多的贫困茶叶产区正在转变观念，在区域公用品牌+企业产品品牌的母子品牌协同发展模式下，实现了区域内产业资源高度整合、区域内产业群策群力、区域内人口造血自足的品牌扶贫发展新模式。

总体来看，同时参与2010年、2019年两个年度品牌价值评估的茶叶品牌的平均品牌价值从9.57亿元上升至22.97亿元，累计实现增长140.02%，年均复合增长率为10.22%；平均品牌收益从7679.83万元上升到13372.08万元，累计增长74.12%，年均复合增长率为6.36%；平均品牌带动力从63.72上升至86.77，实现增长36.17%。可以想象，这一连串数字增长的背后，是茶农收入的不断增长，是农村环境的日益美化，是茶叶品牌的日益壮大。可以说，一片小的叶子撑起了农民增收、农村富裕、乡村振兴的一方天地。

（二）贫困区典型茶叶区域公用品牌成长分析

为了更加直观地显现茶叶品牌扶贫对于经济落后地区的带动作用，在中国茶叶四大产区中，我们分别从江北、江南、华南三大产区各选出1个最具有扶贫示范意义的茶叶区域公用品牌，考虑到西南产区是我国精准扶贫工作的主战场，我们选择了2个代表性的品牌，并以10年为时间跨度，对这5个茶叶区域公用品牌进行数据分析。它们分别是江北产区的信阳毛尖，江南产区的恩施玉露，华南产区的福鼎白茶，西南产区的湄潭翠芽和普洱茶。

下面分别对该5个茶叶区域公用品牌的品牌价值评估指标及品牌所在地进行分析，探究10年时间茶叶区域公用品牌对当地产业、经济、脱贫工作的作用。

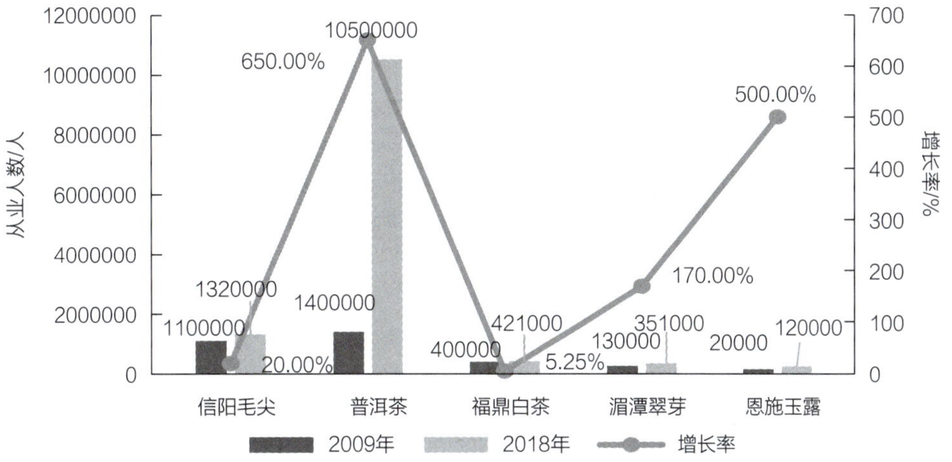

图9 五个品牌近10年从业人数的变化比较

从近10年来5个茶叶区域公用品牌带动当地就业数据的变化来看（图9），就业带动力从高到低依次是普洱茶、信阳毛尖、福鼎白茶、湄潭翠芽和恩施玉露，它们分别带动了就业人口1050.0万、132.0万、42.1万、35.1万和12.0万。可见，不同品牌带动就业的效益差异巨大，且个别品牌10年间增长迅猛。在带动就业人口的规模上，超过百万级别的有普洱茶和信阳毛尖，其中，普洱茶2018年带动就业人口数量更是突破了千万级大关，也是五大茶叶品牌中唯一带动就业过千万人口的品牌，在就业带动力上具有绝对优势。信阳毛尖2018年带动了132万人就业，而福鼎白茶、湄潭翠芽和恩施玉露带动就业人口规模在50万人以下。在带动就业人口的增长速度方面，从高到低依次是普洱茶、恩施玉露、湄潭翠芽、信阳毛尖和福鼎白茶。其中恩施玉露、湄潭翠芽虽增长率很高，但考虑到绝对值规模有限，完全参考增长率意义不大。普洱茶10年间增长率为650%，年均复合增长率23.72%，平均每年新增91万人。信阳毛尖和福鼎白茶10年间增长率相对较小，分别为20.00%、5.25%。

比较5个品牌近10年的种植面积变化情况（图10），种植面积从大到小依次为普洱茶、信阳毛尖、湄潭翠芽、恩施玉露和福鼎白茶，且每个茶叶品牌10年间种植面积都呈现扩大趋势。其中，普洱茶的种植面积超过了其他类型茶叶种植面积的总和，在种植规模上处于绝对优势，2009年，普洱茶的种植面积就已达20万公顷，且迅速发展至2018年的42万公顷，种植面积翻了1番。信阳毛尖的种植面积也达10万公顷以上，2009年共计93333.33 公顷，2018年种植面积已达141666.67公顷，增加了近1倍。湄潭翠芽、恩施玉露和福鼎白茶，2018年种植面积分别为40000 公顷、17333.33公顷以及14533.33公顷。就种植面积增长绝对值而言，普洱茶种植面积增长最大，10年间扩增了22万公顷；信阳毛尖10年间种植面积增长也达到了近5万公顷，湄潭翠芽和恩施玉露10年间种植面积分别扩大了3.6万公顷和1.6万公顷；福鼎白茶的种植面积十年间基本持平，2019年种植面积相较于2010年仅增加1200 公顷。

比较5个茶叶区域公用品牌近10年的产品销售额变化（图11），2009年5个品牌的产品销售额从大到小依次为信阳毛尖、福鼎白茶、普洱茶、湄潭翠芽和恩施玉露，经过10年的发展，这5个茶叶品

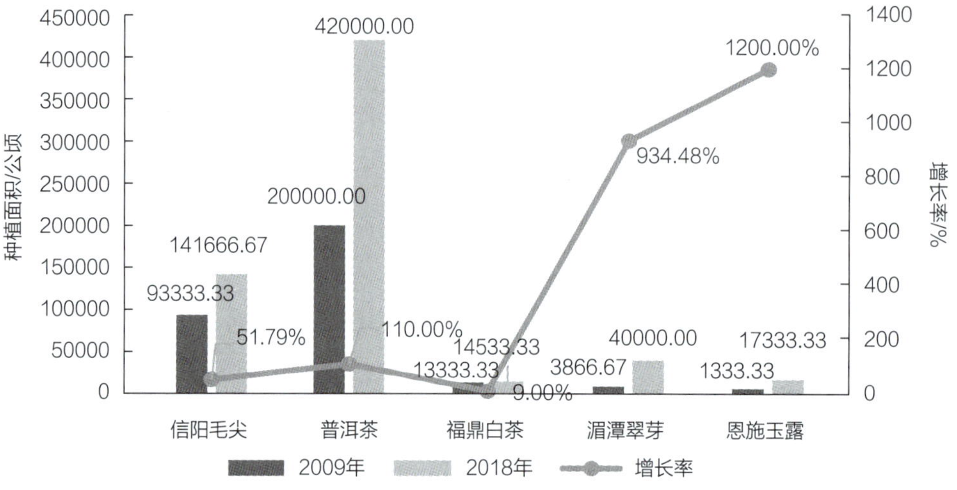

图10 五个品牌近10年种植面积变化比较

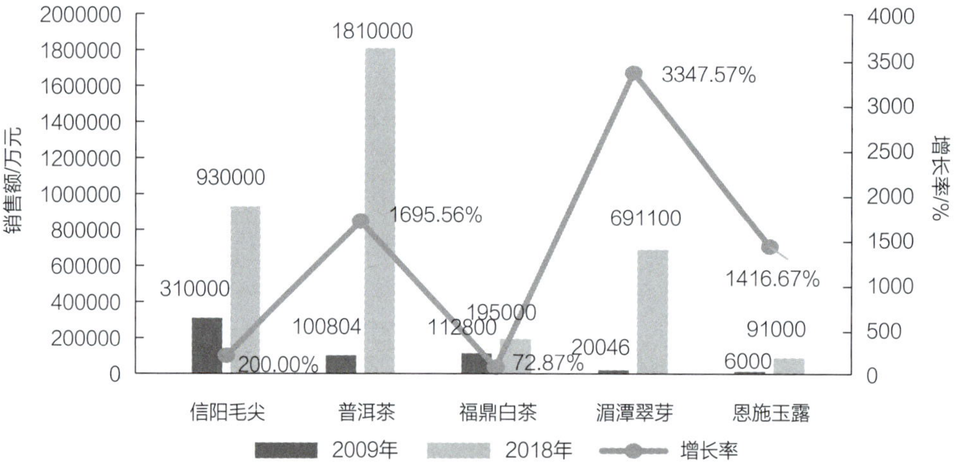

图11 五个品牌近10年产品销售额变化情况

牌的销售额均实现了大幅度提升，2018年各品牌的销售额从大到小依次为普洱茶、信阳毛尖、湄潭翠芽、福鼎白茶和恩施玉露。从绝对规模上看，普洱茶年销售额一骑绝尘，2018年销售额高达181亿元，是唯一一个销售额突破百亿元的茶叶区域公用品牌；信阳毛尖2018年销售额为93亿元；湄潭翠芽的销售额10年间增长最为快速，2018年销售额达到69.11亿元，比10年前的销售额整整提高了33倍；福鼎白茶2018年销售额为19.5亿元；恩施玉露2018年销售额为9.1亿元，与其他4个品牌相比，恩施玉露的销售额并不大。从销售额的增长率比较，增长最大的品牌是湄潭翠芽，其次是普洱茶和恩施玉露，增长均在10倍以上。

比较5个茶叶区域公用品牌近10年的品牌价值变化，2010年评估时，5个品牌的品牌价值从大到小依次为信阳毛尖、普洱茶、福鼎白茶、湄潭翠芽和恩施玉露，到2019年评估，该5个品牌的品牌价值均呈大幅度提升，其中信阳毛尖和普洱茶的品牌价值分别达到了65.31亿元和66.49亿元。尽管恩施玉

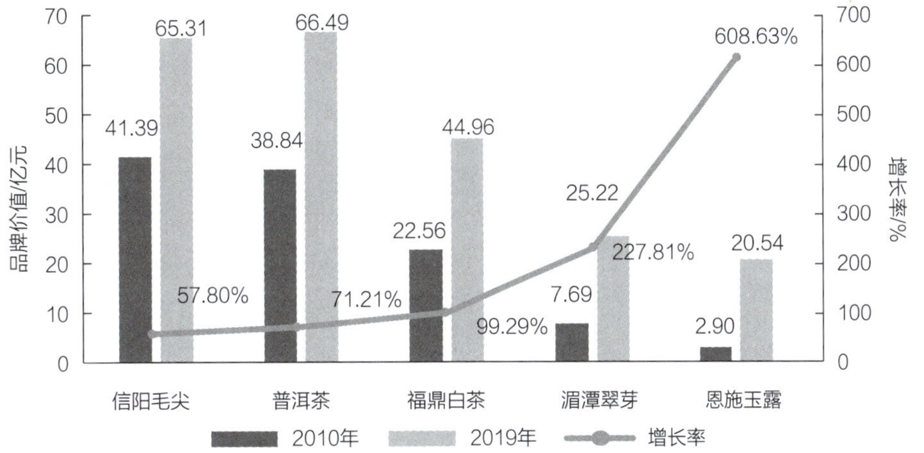

图12　五个品牌近10年品牌价值变化情况

露的品牌价值在该5个品牌中最小，但其品牌价值增长率高达608.63%，远超其余4个品牌，品牌价值增长率超过100%的还有湄潭翠芽，为227.81%，福鼎白茶、普洱茶和信阳毛尖的品牌价值分别增长了99.29%、71.21%和57.80%。5个品牌的品牌价值曲线和品牌价值增长率曲线，基本呈现反相关，这从一定程度证明，相比高品牌价值的品牌，低品牌价值的品牌在价值提升上的效果更容易体现也更为显著。这也从侧面反映，针对贫困地区小散茶产业，通过茶业品牌化，有效促进产业兴旺，从而助力打赢脱贫攻坚战。

表3　五个品牌近10年品牌强度五力变化

品牌名称	品牌带动力		品牌资源力		品牌经营力		品牌传播力		品牌发展力	
	2010年	2019年	2010年	2019年	2010年	2019年	2010年	2019年	2010年	2019年
信阳毛尖	76.00	93.34	72.46	90.19	83.76	93.56	71.19	91.56	61.05	84.52
普洱茶	80.00	104.77	63.26	101.91	79.56	102.86	82.46	105.86	58.96	89.54
福鼎白茶	68.00	100.11	39.94	93.56	79.56	100.35	59.61	99.94	56.16	90.92
湄潭翠芽	64.00	91.95	55.42	85.81	59.68	91.47	48.74	86.41	56.42	83.91
恩施玉露	78.00	89.71	73.62	92.63	51.00	95.35	66.69	90.06	58.90	86.33

表3是5个茶叶区域公用品牌在品牌带动力、品牌资源力、品牌经营力、品牌传播力和品牌发展力5个体现品牌未来持续收益能力、抗风险能力和竞争能力大小的指标比较。2010年和2019年两个年度的评估数据比较可见，5个品牌的品牌强度五力均获得了不同程度的提升，其中普洱茶的品牌带动力、品牌资源力、品牌经营力和品牌传播力均突破了100；福鼎白茶在品牌带动力、品牌经营力上也有突出表现，达到了100以上；相对而言，该5个茶叶区域公用品牌的品牌发展力略低于其余4个指标数据。

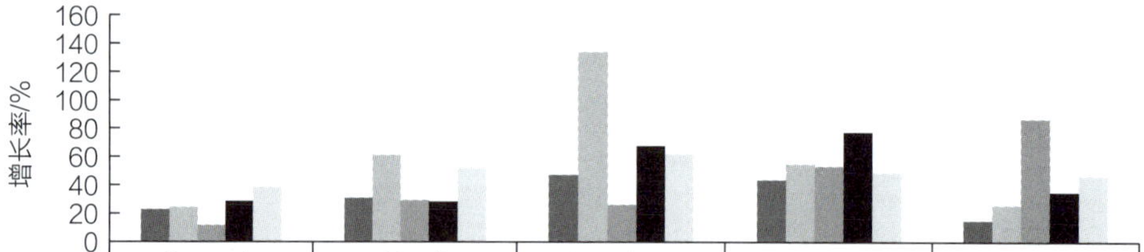

	信阳毛尖	普洱茶	福鼎白茶	湄潭翠芽	恩施玉露
品牌带动力	22.82%	30.96%	47.21%	43.68%	15.02%
品牌资源力	24.47%	61.10%	134.25%	54.84%	25.83%
品牌经营力	11.70%	29.29%	26.13%	53.27%	86.96%
品牌传播力	28.63%	28.38%	67.64%	77.31%	35.06%
品牌发展力	38.45%	51.86%	61.90%	48.72%	46.56%

图13　五个品牌近10年品牌强度五力增长率

进一步比较该5个茶叶区域公用品牌在品牌强度五力上的增长率，如图可见，信阳毛尖在品牌强度五力上的提升相对较为均衡，提升幅度最高的是品牌发展力，达到了38.45%；普洱茶的品牌资源力和品牌发展力上的提升较为显著，分别达到了61.10%和51.86%；福鼎白茶品牌资源力增长突破达到了134.25%，品牌传播力和品牌发展力的增长率也达到了67.64%和61.90%；湄潭翠芽在品牌传播力上的提升较大，增长率为77.31%，品牌资源力和品牌经营力的增长也达到了50%以上；恩施玉露在品牌经营力上的增长表现突出，增长率86.96%。

三、结语

“精准扶贫”“乡村振兴”战略的不断推进，为贫困地区脱贫摘帽找到了一个有效的推进方向。以品牌为抓手，整合多种扶贫方式，协同作战，资源优化，合力共赢，有力促进我国产茶区实现整合扶贫效果。而“一带一路”倡议的持续深入，使得中国茶叶快速走向世界，也为提升中国茶叶品牌国际影响力创造了有利条件。如何让来自全球不同文化背景、消费习惯和年龄层次的人群了解并喜爱中国茶，如何应对来自其他国家的茶品牌、茶替代品的竞争，这是当下中国茶叶品牌面临的重大挑战。

在多年的茶叶品牌观察与研究基础上，我们提出以下建议。

（一）科学实施品牌战略，助力脱贫攻坚

品牌战略是基于实体经济、资源体系、消费关系而形成的差异化、个性化竞争战略。品牌战略不是简单地设计一个口号、一套符号，而是一项系统工程。要求品牌运营者站在战略高度，以品牌为核心，实现标准化、规模化、组织化、信息化、精致化、产业化、资本化、科技化、市场化、跨界化和良种化的互动联合与同步发展。通过品牌战略，整合区域资源，引导科学发展，创造品牌溢价，助推茶农脱贫。

（二）以茶文化为纽带，促进中国茶与世界沟通

“一带一路”战略倡议实现政策沟通、设施连通、贸易畅通、资金融通、民心相通，这不仅是强调经济全球化，更是跨文化交流的发展路径。中国是茶的故乡，在2000多年的历史长河中，中国茶完成了在种茶、饮茶上的传播，至今，全球已有60多个产茶国和超过195个饮茶国。尽管茶叶起源于中国，但世界上制茶、饮茶方式已然百花齐放。拥抱世界不等于一味迎合，茶文化作为中国传统文化的优秀组成部分，是中国茶有别于其他国家的重要标志。以茶文化为纽带，是中国茶叶品牌在对外贸易中有效沟通手段。

（三）“茶+文创”，复兴传统茶文化，创造新文化

中国博大精深的茶文化是中国茶的灵魂。对于现代人来说，传统茶文化具有神秘感和距离感。充分发挥文创的力量，在传承中国传统茶文化的基础上，结合现代人的审美与喜好，开展“茶+文创”的实践与探索，实现中国传统茶文化的复兴。如时下热门的故宫博物院文创，2017年故宫文创收入达15亿元，比上年增长50%；2018年故宫博物院线下参观人数1700万，创历史新高。可见，通过文创，让中国传统文物和传统文化不再有距离感，吸引更多年轻人的喜爱。

（四）融入基础教育，培育年轻消费群

根据《2018中国茶叶消费市场报告》，我国茶叶消费群体已经突破4.9亿，中低年龄段消费群体比例增加趋势明显，加上新式茶饮，消费群体有望突破6亿。可见，年轻人饮茶的趋势在增加。但年轻人更倾向于方便、快捷、时尚的新式茶饮。茶叶品牌应当看到年轻群体在原叶茶消费方面的潜在消费价值，有意识地培育年轻一代对中国传统茶文化的认识。比如延伸茶产业，将茶业与青少年的素质拓展结合起来，建立趣味性的青少年茶文化教育基地等，有条件的地方可推动当地中小学校开设茶叶兴趣班，完善乡土教育等，从小开展茶文化教育。

（五）结合信息技术，关注传播创新

近年，随着信息技术的不断升级，消费者获取信息的渠道日新月异。制定有效品牌传播策略，转变以往单一的、单通道的展会传播、传统媒体传播等方式，结合新媒体、短视频、网络直播、虚拟现实技术（VR）等方式，将中国传统茶文化通过现代的、有趣的、受人欢迎的现代传播方式传播，实现传播形式与传播内容的不断创新，有效提升品牌传播力。才能够无缝对接消费者，与消费者构建有效的品牌关系，提升品牌强度，提高品牌忠诚，增长品牌溢价，提高品牌价值。

（执笔人：胡晓云、魏春丽、许多、李俊波）

中国茶叶企业自媒体建设发展报告

——基于节日营销的茶品牌微信传播策略研究*

浙江农业大学文法学院、农业与食品科学学院

自媒体时代，微信传播具有精准、熟人社会传播、及时性立体化沟通等优势，可以利用微信的及时性和互动性开展营销，实现粉丝变现。越来越多的茶品牌，也选择微信公众号作为营销传播的主阵地，开展线上线下互动模式。茶叶生长具有季节性特征，因此茶品牌在营销传播时也呈现出鲜明的周期性和波动性。除了春茶季、年终季之外，也会伴随着一些网络营销平台进行相应传播。如"618""双11"等由电商平台主导的营销型节日活动。而"双11"更是成为继春茶季后，茶品牌营销的重要节日。借助全国性的流量狂欢，带动产品销售。那么如何合理规划"双11"期间的传播策略，通过微信公众号的媒介载体进行信息传达，形成有效的传播周期呢？

本研究通过选取天猫"双11"达到过销量前十的茶叶品牌，且在2018年"双11"期间发表过相关推文内容的公众号作为研究对象，分析它们在"双11"活动期间品牌传播策略，探索在特殊周期内茶叶品牌传播手段的成功经验和存在问题，为同类公众号提出合理建议。

一、研究对象与方法

（一）研究对象

本研究选取三年内天猫"双11"销量排行达到前十位的茶品牌微信公众号作为研究素材，并优选其中8个茶品牌微信公众号作为研究对象。基本情况见表1（数据来源新榜www.newrank.cn，截止2019年8月7日）。

表1　大茶品牌微信公众号基本情况

公众号名称	类型	是否认证	账号	同主体公众号	注册主体	预估粉丝数	标签分类
大益茶	订阅号	√	Taetea-4007397262		勐海茶业有限责任公司	42737	乐活
小罐茶	服务号	√	xiaoguantea		北京小罐茶业有限公司	405323	美食
艺福堂	订阅号	√	efutonvip	4个	杭州艺福堂茶业有限公司	23344	企业

* 本报告所涉茶品牌指企业品牌，而非区域公共品牌。

续表

公众号名称	类型	是否认证	账号	同主体公众号	注册主体	预估粉丝数	标签分类
八马茶业	服务号	√	szbmcy		福建八马茶业有限公司	106194	企业
天福茗茶	服务号	√	TenfuTEA-CHINA		厦门天钰商贸有限公司	498790	美食
茶马世家	服务号	√	cmsjpuer		武汉茶马世家茶业科技有限公司	18960	健康
卢正浩茶业	订阅号	√	luzhenghaovip		杭州正浩茶叶有限公司	40575	企业
竹叶青茶	服务号	√	Zhuyeqing-tea	2个	四川省峨眉山竹叶青茶业有限公司	407941	美食

上述8个公众号都已经进行了账号认证，说明其可信度较高。标签分类是根据每个公众号发布的内容，由新榜数据平台进行模糊判断并分类。从标签分类上，大致可以看出每个公众号的内容定位。其中，艺福堂和竹叶青茶还分别有同一账号的不同微信注册号，构建起了自身的微信传播矩阵。

（二）研究方法

本研究将采取内容分析法，根据每个公号的推文进行相关数据分析。包括公众号粉丝数量、发表推文数量、推文内容及微信指数（WCI）等，着重从传播主体、传播内容及传播效果三个维度进行分析，研究其在“双11”期间对茶品牌传播的意义，并提出改进的建议。推文选择从“双11”活动预热发布第一篇推文开始，截止时间为2018年11月30日前的所有推文。

二、样本分析

（一）传播周期分析

进一步将8个公众号并根据粉丝数量将其分为三类，第一类公众号粉丝数量为10万以上，有天福茗茶、竹叶青和小罐茶三个品牌；第二类公众号粉丝数量为2万～10万，有八马茶业、大益茶和卢正浩三个品牌；第三类公众号粉丝数量在2万以下，有艺福堂和茶马世家两个品牌。三类公众号在“双11”活动期间发布的推文制成表2～表4进行比较分析（为便于分析，本研究选取截止2018年10月19日开始至11月20日为止，发布“双11”相关内容的推文）。

表 2　粉丝数量10万以上的公众号推文周期及内容

公众号名称	日期	内容
天福茗茶	2018.11.06	“双11”优惠活动介绍
竹叶青茶	2018.11.02	“双11”活动内容
	2018.11.13	“双11”战报

续表

公众号名称	日期	内容
小罐茶	2018.10.31	“双11”活动预热
	2018.11.07	“双11”活动产品介绍
	2018.11.07	“双11”联动产品介绍
	2018.11.10	“双11”相关产品
	2018.11.10	“双11”活动具体介绍

如表2所示，粉丝值在10万以上的微信公众号在择取的范围内推送的文章都较少，天福茗茶只有1篇推送文章，而竹叶青茶只有两篇，小罐茶推送文章较多。三家公众号的共同点是都有“双11”活动具体形式的公布。相较于其他两个品牌，小罐茶的传播营销周期较为完整，包括活动预热（产品介绍与新品上市）以及活动内容介绍，但缺少节后销售战报。

表3　粉丝数量在2万至10万的公众号推文周期及内容

公众号名称	日期	内容
八马茶业	2018.10.26	“双11”预售活动介绍
	2018.11.09	“双11”产品展示
	2018.11.09	“双11”福利活动
	2018.11.09	“双11”活动内容、活动产品介绍
大益茶	2018.10.19	“双11”预售活动介绍
	2018.11.05	“双11”当天福利活动介绍
	2018.11.09	“双11”产品介绍
	2018.11.16	“双11”活动战报、用户互动活动
	2018.11.20	“双11”战报活动后的互动活动
卢正浩茶业	2018.10.19	“双11”预售活动介绍、预售产品介绍
	2018.11.01	“双11”预售产品介绍
	2018.11.10	“双11”优惠活动介绍
	2018.11.11	“双11”优惠进行时

从表3看出，粉丝数量在2万~10万公众号的文章，在择取的范围内推送的数量较多。根据基本的推文内容来看，三个公众号的传播周期都含有活动预热（预售活动、活动产品介绍）和活动内容两个部分。而大益茶公众号还包括了节后反馈，周期较二者更完整。

表4　粉丝数量在2万以下的公众号推文周期及内容

公众号名称	日期	内容
艺福堂	2018.10.19	“双11”预售活动、“双11”上市产品介绍
	2018.10.23	“双11”活动产品介绍
	2018.10.26	回顾往年“双11”成绩
	2018.10.29	“双11”预售福利活动

续表

公众号名称	日期	内容
艺福堂	2018.11.01	“双11”促销活动介绍
	2018.11.03	“双11”优惠活动介绍
	2018.11.05	“双11”官方购物清单推荐
	2018.11.06	“双11”新产品介绍
	2018.11.07	“双11”福利活动
	2018.11.08	讲述“双11”购买艺福堂产品的原因及福利活动
	2018.11.10	视频展示“双11”品牌活动准备，图文说明“双11”活动内容
	2018.11.10	讲述艺福堂“双11”的历程
	2018.11.11	“双11”福利活动
	2018.11.11	讲述“双11”销量高的原因
	2018.11.12	“双11”活动战报
	2018.11.13	“双11”全进度公开
	2018.11.14	“双11”活动战报、庆功会举办
茶马世家	2018.10.20	“双11”预售产品介绍
	2018.10.20	“双11”福利活动
	2018.10.20	“双11”预售活动介绍
	2018.11.01	“双11”活动产品介绍
	2018.11.10	“双11”促销活动介绍
	2018.11.12	“双11”活动战报

从表4可以看出，粉丝数量在2万以下公众号的文章，在择取的范围内推送文章数量较多。两个公众号的营销传播周期都包含了活动预热（预售活动、活动产品及福利活动）、活动具体内容以及节后反馈。

一个完整的传播营销周期应该包括活动预热（如预售活动、福利活动、新产品介绍与活动产品介绍等）、活动内容（促销活动的内容或“双11”活动当日的汇报）及节后反馈（如活动战报，中奖名单的公布等），将以上提到的品牌传播周期进行总结见表5。

表5 各个茶品牌传播营销周期对比

公众号名称	活动预热	活动内容	节后反馈
天福茗茶	×	√	×
小罐茶	√	√	×
竹叶青茶	×	√	×
大益茶	√	√	√
八马茶业	√	√	×
卢正浩茶业	√	√	×
艺福堂	√	√	√
茶马世家	√	√	√

8个茶品牌的传播周期都包含活动内容介绍，相比之下大益茶、艺福堂、茶马世家的传播营销周期更完整，包含了以上3个方面。除此之外的其他茶品牌都没有节后反馈的相关内容，粉丝数量在10万以上的天福茗茶和竹叶青茶甚至没有活动预热期的相关内容。综合可以看出品牌对这几个传播周期的重视程度：活动内容>活动预热>节后反馈。

（二）传播内容分析

对8个茶品牌公众号平台发送信息进行统计，可知这些公众号在“双11”期间的推文形式主要有三类：图文结合式、纯图片式、图文+视频形式。占比情况见图1。

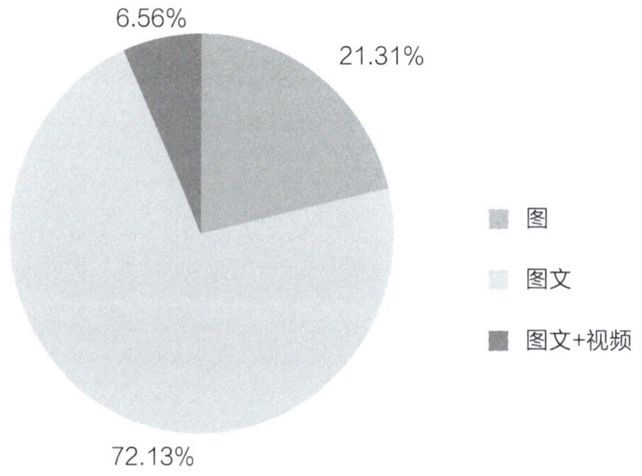

图1　8个茶品牌推送内容形式占比

图文形式的推文在所发布的数量中占比最大，达到总数72.13%，剩下两类形式比例低，说明各家公众号喜欢发布图文类型的推送形式，优点在于图片易获取，辅以文字说明使得表达的主题内容更明了。

但微信推文形式也不仅限于以上三种，还有纯视频类、语音信息类、音乐结合图文以及微信小程序等形式，择取推文形式并无一篇是这些类型的，显然未能很好地利用微信公众平台的包容性。

因各品牌公众号推文阅读量相差较大，所以进一步选取择定时间内各公众号阅读量第一的推文，将其推文形式、标题、内容等简略总结制表进行分析。

表6　各品牌公众号阅读量第一的推文

公众号名称	形式	标题	内容	阅读量（数据截止2019年4月10日）
天福茗茶	图文	聚焦双十一 天福狂欢惠	“双11”福利活动预览	34322
小罐茶	图	11.11超级福利：一年之内，买贵包退	以图的方式直接说明“双11”当天优惠活动	18111
竹叶青茶	图	双11狂欢趴，你来不来?	一张个性动图说明“双11”所有活动	14308
大益茶	图文	大益沱茶：外表卖得了萌，用料hold住场，冬日随身品茗必备!	图文结合讲述产品的背景故事，引入“双11”活动	16308

续表

公众号名称	形式	标题	内容	阅读量（数据截止2019年4月10日）
八马茶业	图	双十一，剁手前还得做数学题	讲述“双11”优惠活动	6487
卢正浩茶业	图文	冲刺双11丨店长打死也不说的超省钱购物方案，我来悄悄告诉你~	以商家角度推荐“双11”优惠购物方案	1128
艺福堂	图文	晒快递箱集赞，免费赢取黑枸杞礼盒等多款好茶！	“双11”快递箱集赞互动活动	1388
茶马世家	图文	『双11战报』爆了！茶马世家又一次全网领跑	以简明扼要的图文形式说明“双11”捷报	898

观察总结以上阅读量较高的推文发现，图文类型占比较多，且多是有着故事背景或是基于一个情境，再以此创作出的内容生动或带有故事性。

如图2所示，大益茶的图文推送就是讲述产品的故事，进而吸引用户阅读。区别于硬性产品推销形式，更偏向于软植入的形式。除此之外还有包含互动形式的推文阅读量高，也说明让受众亲身参与到品牌活动中，不仅能提高其参与热情，也提升了推文的阅读量，使得传播效果更好。

图2　大益茶图文推送

其次是图片类型推文，如图3所示为竹叶青茶的推文，一张长动图直接列出整个活动的内容，没有多余的文字描述，关键词语一目了然。简洁的方式减少了阅读所需要的时间，又能得到重要的信息，受众就能更充分的利用碎片化的时间进行浏览。阅读量增加的同时也能推广“双11”期间的品牌活动。

图3　竹叶青图片推送

高质量的推文内容优点在于其可以使用户体验感增强，通过好的内容去引导用户去关注品牌，引导用户进一步了解品牌相关，从而增加品牌的价值。

择取的时间范围内推文的还有图文+视频的形式，但阅读量普遍不高。纵观8个品牌公众号，各品牌间推文阅读量相差过于悬殊，原因可能是推送标题及内容吸引力不足，点开浏览的用户少。

（三）传播效果分析

分析传播效果的数据选用目前公认度、权威度较高的微信传播指数（WCI），对8个茶品牌微信公众平台发布的历史推送信息相关数据进行了统计，并借鉴清博指数平台的微信传播指数最新版计算公式，分别对平台的各指标进行量化，数据如表7所示。

表7　择取茶品牌公众号微信传播指数排名

公众号名称	活跃粉丝数	总阅读数	平均阅读数	最大阅读数	总点赞数	日均点赞数	最高点赞数	头条文章阅读数	微信传播指数
天福茗茶	346821	84777	21194	34322	908	227	598	62996	703.68
大益茶	64886	102028	4436	16308	1020	44	131	88341	636.25
小罐茶	259317	73830	8203	18111	423	47	89	53678	614.26
竹叶青茶	399038	47140	11785	14308	191	48	80	40595	587.52
八马茶业	101205	24097	2410	6487	267	27	70	15737	457.67
艺福堂	9823	11622	284	1388	122	3	22	10033	316.13
卢正浩茶业	11450	7480	374	1128	35	3	7	7480	288.63
茶马世家	2640	2425	404	898	7	4	5	664	190.77

数据来源：洪海玲，杨灿荣. 微信在品牌传播中的应用［J］. 郑州航空工业管理学院学报，2014，32（4）：49-53.

1. 推文传播效果概况

微信文章阅读数是指受众对文章的点击浏览次数文章点赞数是指受众基于对文章内容的判断，在阅读完后的点赞次数。阅读数和点赞数分别能够反映出文章内容的受关注度和被认可度。

如表7所示，茶品牌公众号的总阅读数量与总点赞数量差距极大，说明其关注度足够但被认可程度偏低，即活动期间内发布的推文内容没有达到用户的要求，或是由于在“双11”期间，推送多是以营销宣传的形式传播，多数用户只是大致了解内容即可。

而总阅读数和平均阅读数在各个品牌间也有着不同程度的差距，说明在微信公众平台上，这些茶品牌的受关注程度差距大。如天福茗茶和茶马世家两个品牌，阅读量差值大，且二者活跃粉丝数量差距极大，而粉丝基数大则有利于公众号信息的传播，也表明天福茗茶公众号的受关注度要强于茶马世家的公众号，即其号召力度强于后者。

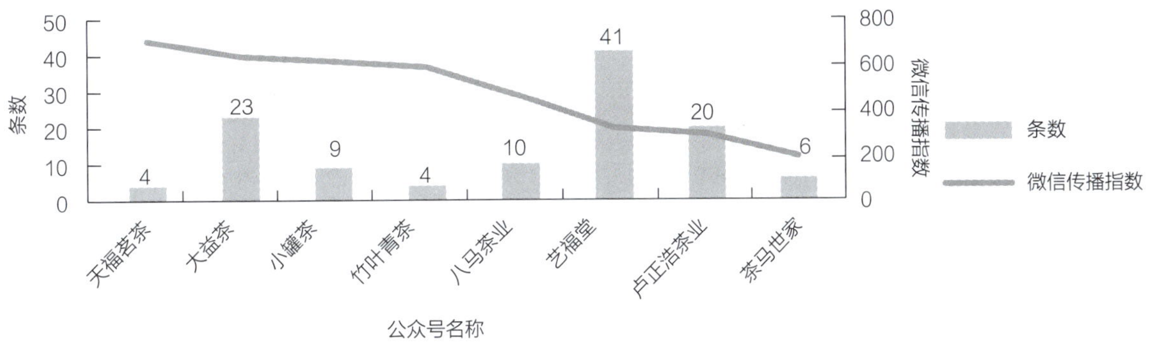

图4　文章总数与微信传播指数

数据来源：王静楠，张沐. 时尚类微信公众号传播策略研究——以时尚芭莎为例［J］. 科技资讯，2017（23）：9-13.

2. 推文传播效果与推文传播数量无关

从图4可知，在“双11”活动期间微信公众号发布文章总数最多的是艺福堂，达到41篇；其次是大益茶与卢正浩茶业，发布文章总数依次是23篇、20篇。与微信传播指数排名前三的公众号不对应，并且文章总数与微信传播指数呈现交叉的趋势，说明茶品牌公众号的推文传播效果与文章总数的发布量并没有明显的关系。

加上从微信传播指数较高的天福茗茶、小罐茶发布的总数来看，二者推送信息的总量不多，一共13条，占总量的14.52%，而阅读总量却达158607次，占择取品牌阅读总量的44.88%。也说明了文章推广数量与阅读量无太大关系，高阅读量的原因可能与推文内容的质量以及粉丝数量有关，推文内容质量高，愿意浏览的用户则越多，对于阅读量的增长就有帮助。

3. 推文传播效果与阅读量有关

从图5和图6可知，阅读总数、头条文章阅读量与微信传播指数的变化趋势基本保持一致。而天福茗茶推文总数少，因此累计阅读量少于大益茶，但其平均阅读量21194远超大益茶的4436，表明大益茶在相同时期内推送的文章数量较多，以至阅读总量超过天福茗茶的阅读量。因此总体依旧从左至右

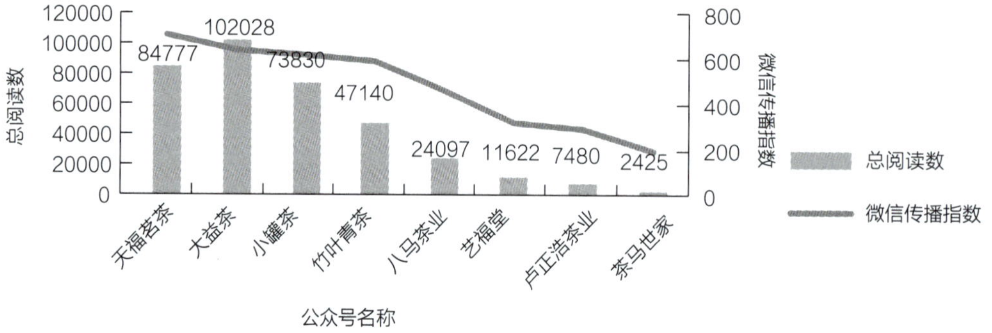

图5 总阅读数与微信传播指数

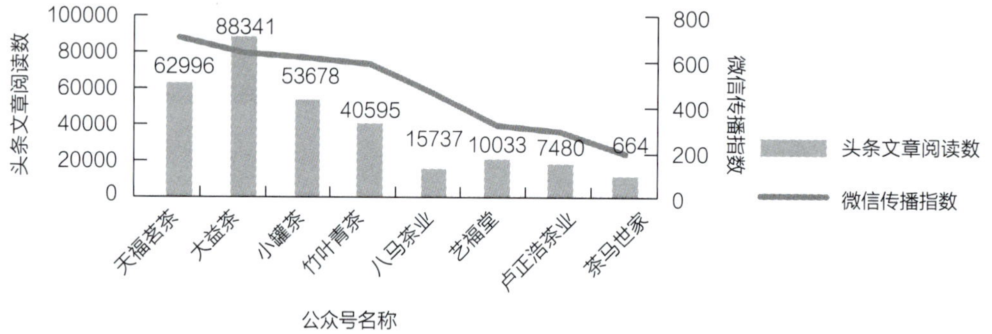

图6 头条文章阅读数与微信传播指数

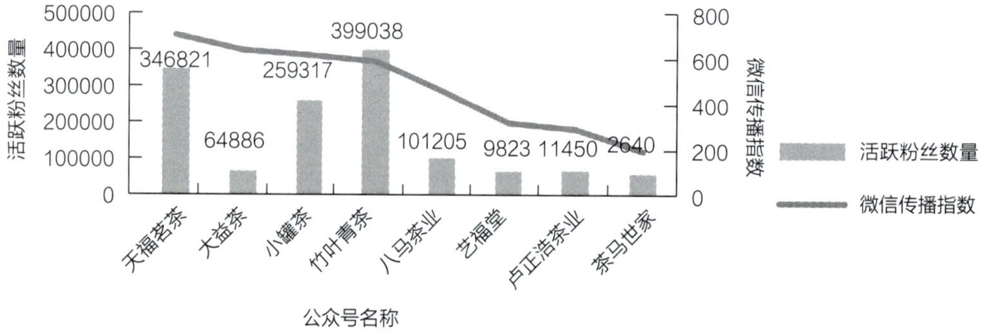

图7 活跃粉丝数量与微信传播指数

依次呈现递减的趋势。

这也说明了文章的阅读总量、头条文章的阅读量越高，其微信传播指数也越高，微信传播效果好。加上头条文章的阅读量占总阅读量的比重大，说明头条文章被点开阅读的可能性较大，而如何增加阅读量，可以从头条文章入手，发布符合受众兴趣又契合活动主题的文章。

4．推文传播效果与活跃粉丝数量有关

图7显示活跃粉丝数总体变化趋势与微信传播指数变化保持一致。大益茶活跃粉丝数量较低，微信传播指数值高，由于公众号的阅读量及其他指标如点赞量等积累皆需要用户，结合表7知大益茶总阅读量高与总点赞数高，说明活跃用户可能进行了推文内容的转发。基于微信平台的即时性，将推文传播到其他不是公众号粉丝的用户手机上，使阅读量增加。

三、分析问题

从上述茶品牌公众号的传播主体、传播内容及传播效果角度的分析，我们发现以下几个问题。

（一）茶品牌公众号的传播营销周期较短

多数公众号的传播活动营销周期缺少后续反馈活动，只推送出预售活动及当天促销活动的产品信息。少数公众号在传播活动中增加与用户的互动行为，但活动后期的反馈也寥寥无几。而对比坚果类公众号则有完善的传播周期，会针对营销活动正式开展之前的抽奖活动进行总结及中奖名单的公布，并且利用推文对用户进行互动引导，保持活跃度。

（二）推送内容形式单一，推送文案不够新颖，质量偏低

选定观察的茶品牌公众号内容形式多为图文类型，占比达72.13%，阅读量较少的推送多为硬性活动产品信息图文描述。

浏览“双11”期间食品类销量前十的品牌周黑鸭的微信公众号，发现其推送类型较多，阅读量较高的形式为图文+小程序模式，内容简洁，用简短的语言及星座形象点出不同用户的心理，文末附上带有优惠福利的小程序和邀请用户参与互动的话题内容，包括了互动性。

而多数茶品牌公众号的图文推送排版不佳，标题冗长，推文内容文字过多，阅读耗费时间长。以及视频形式的推送，视频内容多是品牌宣传或者产品介绍等，单一且常重复使用，较容易造成用户阅读疲劳，而百草味推文《谁能回答我这个问题，我送他三盒小火锅！》内的视频则延伸推文开篇的内容，以创意微视频的方式引出产品，既不枯燥乏味，还能提高推文阅读量。

（三）多以单向传播为主，互动性差

移动互联网时代一个优势在于其高互动性，加上移动智能手机普及放大了移动社交软件即时性、便捷性、真实性等优点。横向比较坚果类公众号推文互动频率高，比较好的利用了微信推文的优势来与用户进行互动，三只松鼠公众号借微信可以插入外部链接的特点，引入活动，加上自带的留言区及后台回复功能吸引用户，保持了用户的活跃性，百草味同样也利用该功能进行互动。较之而言茶品牌公众号并未充分与用户进行互动，更多的是单向输送，只是表明了在这个时间段品牌在做促销活动，或是产品上新。

但每个促销活动之间的间隔大多都比较短，特殊时期类似春节活动、春茶上新和“双11”等若都只是进行单纯的宣传活动和产品促销，这样就不能很好的提高用户黏性。因此传播者应发挥微信互动性强的优势，通过互动与用户建立联系，才能进一步提高用户的品牌忠诚度与活跃度。

（四）茶品牌间关注度差异程度大，部分公众号受关注度较低，号召力度较差

阅读量的差距让各品牌间在该平台上的受关注程度有了差距，加上传播效果与阅读量有关，阅读量提高，在该平台上的传播效果就好，于品牌传播有益。而择取的茶品牌在“双11”期间的销售量都位列前茅，主要原因应是传播者对于微信公众平台的重视程度不足，没有较好的规划方案，不能很好地利用该平台的优点。

四、改进与建议

本研究挑选了天猫“双11”3年销量排行前10位的8个茶叶品牌及其运营的8个微信公众号，对这些品牌所运营的微信公众号在“双11”期间发布的内容进行各维度的系统分析。针对前文提出的问题，在现有的基础上，对品牌在类似“双11”这样的特殊时期的传播策略提出以下建议：

（一）传播策略涵盖的营销周期应更完整

每一年都有大大小小不同的节日，品牌都会抓住这些节日的机会进行营销传播。茶品牌也不例外，加之茶产品自身原也带有周期性质，在原有节日活动基础上，还会增添出诸如明前茶上新、秋茶促销活动等。这需要传播者进行合理的活动规划，而一个活动需要有完整的周期，包括活动前的预热、活动当天的内容以及活动结束后的反馈。活动预热告知用户会有什么形式内容，提起用户兴趣；活动形式满足用户需求；活动反馈则是品牌目标的体现。完整的一个活动周期，对品牌传播的过程也是有帮助的。

（二）推文形式多样化

文字、图片、语音、视频与微信小程序等都是微信平台进行品牌传播活动的具体表现形式。品牌传播活动不是一两次就能彻底结束的，一次活动的结束就意味着下一次活动的来临。多样化的表现形式是一个很大的助力，因此推文发送的形式不应过多局限于一种形式，应主动策划并多使用不同形式的推文满足各类场景下的传播活动的内容需求。

（三）丰富推文内容，营销于无形

过量的硬广告般的推送会使用户感到疲劳，且不乐于主动点开文章阅读，渐渐地会产生排斥心理。因此在推送信息内容上，可以进行软植入，如在标题上做文章，上述例子中的小罐茶公众号，其中有一篇关于与故宫联合定制产品的相关推文，标题为《戊戌年双十一前夕，神秘盒子被连夜送进了紫禁城……》，没有直白的点出系列产品上市，而是通过讲述一个故事，在无形之中将产品融入至故事内。在阅读故事的时候，循序渐进的铺垫已经给予用户心理准备，所以即使明白这是产品推新广

告，读起来也不会觉得突兀。这样既满足传播者吸引用户的需求，也能使用户乐意接受。

（四）加强互动性，从单向传播转变互动式传播

受众也早已不同于“魔弹效果论”理论中描述的消极被动地接受各种信息，他们都能自主选择想要的信息。这样的变化可以看出如今用户的意见和反馈也渐渐成为传播者决策的重要参考。比起坚果类公众号，茶品牌公众号的互动性较弱，并未很好的利用微信高互动性的特点。

加上诸如“双11”等网络节日的兴起，用户对这类节日的兴致越来越高。比如晒“双11”订单赢奖品、线下新品体验会、“双11”新品发布会等主题活动，这种带有节日互动趣味性的形式就会吸引他们来参与。因此茶品牌微信公众号更要注意增加与用户间的互动，可以有人工互动、游戏性互动、促销互动等形式。注重用户的参与不仅可以更好地提升微信推文的阅读量，还能宣传自身的品牌，增强用户黏度。

（五）获取用户的关注度，为公众号引流

这样不仅可以提高推文阅读量和点赞数，也可以提高平台的影响力，从而提高品牌传播的影响力。线上可以由权威人士或是网络红人在活动期间将微信高质量推文转至微博、个人空间或其他平台；还可以联合淘宝直播平台进行节日新品直播，由公众号进行直播链接的放送等。联合线下可以进行活动主题品鉴会等，由微信公众号进行活动预报名，活动直播预告及活动反馈等，吸引用户关注，以期达到品牌的推广。

五、结语

移动互联时代推动了品牌传播方式的转型升级，以微信为代表的社交媒体传播赋予品牌传播移动化、社交化，使得品牌传播可以融入至消费者的日常生活中。这样的传播方式也赋予茶叶品牌传播新的活力，也对茶品牌的运营提高了新的门槛。我们期望通过对代表性茶品牌公众号在“双11”期间传播策略的研究，为在未来的节日或类似春、秋茶促销活动时期茶品牌在微信平台上进行品牌传播提出建议。

（执笔人：沈学政、阮兰惠）

第四部分

一带一路

中国茶叶进口形势报告

中国茶叶出口形势报告

中国茶叶进口形势报告

中国食品土畜进出口商会茶叶分会

中国是世界茶叶的发源地，也是世界最大的茶叶生产和出口国之一。近年来，随着我国经济快速发展，居民生活水平不断提高和饮茶习惯多样化、个性化，茶叶进口呈现“爆发式增长”。2018年，我国茶叶进口3.5万吨，金额1.8亿美元，在2017年大幅增长基础上，再次保持两位数涨幅，同比分别上升19.1%和19.3%。

一、近年来我国茶叶进口概述

20世纪80年代后期，我国开始批量进口茶叶。其中红茶来自斯里兰卡、印度、肯尼亚，一是外资或合资茶企在华生产红茶类袋泡茶、奶茶、柠檬茶等产品所需，二是销售商用于增加茶叶花色品种；绿茶多来自越南，主要是部分企业进口低档绿茶作为茶叶加工原料。1995年，我国茶叶进口2295吨，其中绿茶1922吨，红茶254吨。此后绿茶进口呈不稳定态势，红茶进口则突飞猛进，至2010年达1.1万吨，与1995年相比增长4308%，年均复合增长率高达28.7%。2010年以后，茶叶进口保持稳定快速增长，2018年近3.5万吨，年均复合增长率13.7%，远远高于茶叶出口年均复合增长率2.4%的水平。其中红茶从1.1万吨增至2.9万吨，增幅为163%，年均复合增长率12.9%；绿茶从1098吨增至3142吨，增幅186%，年均复合增长率14%。但绿茶进口数量仍存在较大波动，2013年曾超过6000吨。

二、2018年我国茶叶进口情况

首先，红茶是主要进口茶类，但比重有所下降。我国进口茶叶绝大多数为红茶，占比超过80%。2018年，红茶进口2.95万吨，占进口总量83.1%，而2010年这一数字为88.4%，表明绿茶等其他茶类进口有所增加。绿茶进口3142吨，同比上升46%；乌龙茶进口量2308吨，同比上升25.4%；花茶进口283吨，普洱茶进口190吨。

其次，斯里兰卡和印度是主要供应国，进口集中度越来越高。斯里兰卡是我国最大的茶叶进口国，2018年进口1.1万吨，同比上升9.2%；从印度进口增长迅速，2018年首次超过1万吨，在2017年增长58%的基础上再次增长19.5%，与2010年相比增幅达784%，年均复合增长率31.3%。目前，我国茶叶进口集中度越来越高，上述两国所占比重从2010年28.1%上升至2018年60.3%。

再次，进口茶叶均价平稳增长，绿茶增幅较大。从价格上看，茶叶进口均价稳中有升，2018年为5.031美元/千克，与2010年相比增长34.1%，年均复合增长率3.7%，低于茶叶出口增长率。其中红茶价格稳定增长，2018年3.988美元/千克，年均复合增长率2.1%；绿茶5.569美元/千克，年均复合增长率6.8%。

最后，东南沿海省份是主要进口地区。福建、广东和上海一直是我国茶叶进口大省，2018年进口数量分别为8000吨、6505吨和5479吨。但由于其他省份进口增长迅速，茶叶进口集中度有所下降，上述三省所占比重从2010年79%降至2018年56%。江苏、浙江和广西成为茶叶进口快速增长的地区，2018年进口数量分别为4624吨、4426吨和2519吨，比2010年相比增幅高达5214%、1143%和1381%，年均复合增长率高达64%、37%和40%。

三、茶叶进口发展趋势

今后一段时期，我国茶叶进口将继续保持量价齐增的发展态势。一是低价原料茶仍有需求。随着我国茶叶生产成本不断上涨，低端原料茶叶的市场需求不会减少。值得注意的是越南绿茶进口数量不稳定，市场波动较大。二是中国已成为巨大的茶叶消费市场，国外茶叶制造商纷纷拓展中国市场，通过文化推广、质量宣传和新品研发等多种方式逐步吸引了部分中高端消费者和年轻人。总体来看，随着我国茶产业持续发展，在国际茶叶市场占有率不断提升，影响力日益加强，茶叶进口的增加不会对我国茶产业造成实质性影响。

（执笔人：蔡军）

中国茶叶出口形势报告

中国食品土畜进出口商会茶叶分会

茶起源于中国，经由丝绸之路、茶马古道和万里茶道等路径传遍全球。目前，世界上有50多个国家和地区种植茶，全球茶园面积达400多万公顷，茶叶年产量500多万吨，茶叶消费国超过150个，全球逾20亿人口饮茶。茶已经成为全球性天然饮料之一和国际贸易的友好使者，茶行业正在向安全、营养、智能、便捷、时尚的方向发展。

一、全球茶叶市场概况

（一）生产总量再创新高

根据国际茶叶委员会统计数据，2018年，全球茶叶产量585.6万吨，比2017年增加15.8万吨，同比上升2.8%。从地区看，亚洲茶叶产量503.1万吨，占全球总产量85.9%，比2017年下降1个百分点；非洲茶叶产量71.7万吨，占全球总产量12.3%，比2017年增加1个百分点。从国家看，中国是全球最大的产茶国，2018年茶叶产量261.6万吨，比2017年增加11.9万吨，同比上升4.8%；占全球总产量44.6%，占比与2017年基本持平。印度茶叶产量131.1万吨，位居第二，同比下降0.7%，占全球茶叶总产量22.4%。肯尼亚茶叶产量49.3万吨，比2017年增加5.3万吨，同比上升12.1%，位居第三，占全球茶叶总产量8.4%，比2017年增加1个百分点。茶叶产量位居前十位的其他国家分别是斯里兰卡30.4万吨、土耳其25.2万吨、越南16.8 万吨、印度尼西亚13.1万吨、孟加拉国8.2万吨、阿根廷8万吨、日本7.9万吨。

（二）出口总量同比上升

根据国际茶业委员会统计数据，2018年，全球茶叶出口总量185.2万吨，比2017年增加6.1万吨，同比上升3.4%。肯尼亚是世界最大茶叶出口国，2018年出口47.5万吨，同比上升14.2%，占全球总出口量26.6%，比2017年增加3个百分点；中国位居第二，出口36.5万吨，同比上升2.7%，占全球总出口量19.7%，与2017年基本持平；斯里兰卡出口27.2万吨，位列第三，比2017年减少6418吨，同比下降2.3%。茶叶出口位居前十位的其他国家分别是印度24.5万吨、越南13.6万吨、阿根廷7.8万吨、乌干达5万吨、印度尼西亚4.9万吨、马拉维3.5万吨、坦桑尼亚2.7万吨。

（三）进口总量略有增长

根据国际茶业委员会统计数据，2018年，全球茶叶进口总量173.8万吨，比2017年增加1.1万吨，同比上升0.6%。巴基斯坦进口茶叶19.2万吨，比2017年增加1.7万吨，涨幅高达9.6%，自2016年起成为全球进口茶叶最多的国家。俄罗斯进口15.3吨，比2017年减少6.3%，位居第二。美国进口12万吨，比2017年减少5.0%，位居第三。茶叶进口位居前十位的国家或地区分别是英国10.8万吨、其他独联体国家9.0万吨、埃及8.2万吨、摩洛哥7.3万吨、伊朗6.4万吨、迪拜6.3万吨、伊拉克4.4万吨。

二、我国茶叶出口现状

尽管国际市场形势持续严峻，但是我国茶叶出口仍实现量价齐增，继2017年再创历史新高。据海关统计，2018年我国茶叶出口36.5万吨，同比上升2.7%，金额17.8亿美元，同比上升10.5%。主要有以下几个特点。

（一）绿茶出口优势突出，其他茶类未有突破

我国是世界绿茶生产和出口大国，出口占我国茶叶出口总量80%以上，一直保持绝对优势。2010年，我国绿茶出口23.4万吨，金额5.6亿美元，至2018年分别达30.3万吨和12.2亿美元，年均复合增长率为3%和10%，高于茶叶出口的复合增长率，极大带动了我国茶叶出口的增加。红茶是世界茶叶消费市场主要品种，由于诸多因素，我国红茶受到其他产茶国制约，出口优势不明显，一直难有突破。2018年红茶出口3.3万吨，同比下降7%，金额2.8亿美元，同比上升1%。乌龙茶出口1.9万吨，同比上升17.2%，是近年来首次出现大幅增长，可谓增势喜人。近年来，花茶和普洱茶出口持续下滑，2018年止跌回升出现较大增幅，但仍在低位徘徊，市场前景不乐观。其中花茶出口6917吨，同比上升12.2%；普洱茶出口2970吨，同比上升9.3%。

（二）出口价格持续上涨，红茶增幅最大，普洱茶波动较大

近年来，我国茶叶出口价格快速增长。2010年出口单价2.59美元/千克，至2018年增至4.87美元/千克，年均复合增长率达8%，远远高于出口数量的复合增长率。其中红茶从2.18美元/千克增至8.50美元/千克，年均复合增长率高达18.5%；绿茶从2.42美元/千克增至4.04美元/千克，年均复合增长率6.6%；乌龙茶从3.62美元/千克增至9.52美元/千克，年均复合增长率12.8%；花茶从5.43美元/千克增至9.57美元/千克，年均复合增长率7.3%。2018年，这四种茶类出口均价皆为涨势，并极大拉动茶叶出口总额快速增长。普洱茶出口价格波动较大，2014年曾达到11.56美元/千克，但此后出现下跌，2018年降至9.44美元/千克。

（三）浙江出口持续增长，福建、江西增幅较大

浙江以绝对优势保持出口第一大省的地位，2018年出口16.8万吨，同比上升3.4%，但在全国出口总量中占比下降，已由2006年峰值的58%降至目前46%。安徽和湖南是我国重要茶叶出口省，2018年出口数量分别为5.9万吨和3.6万吨，金额分别为2.5亿美元和9533万美元。福建、江西两省出口茶叶2.4万吨和1.3万吨，增幅分别高达23.5%和50.6%。目前，我国中西部地区出口潜力明显增大，东部沿海地区茶产业正逐渐向中西部地区转移。2010年至2018年，我国茶叶出口年均复合增长率2.4%，而安徽省达12.5%，在全国所占份额从2010年7.6%上升到2018年16.2%。湖北、四川茶叶出口更是实现跨越式增长，年均复合增长率分别达22%和41%，成为我国最具潜力的茶叶出口地区。

（四）茶叶主销市场需求旺盛，东盟地区进口快速增长

非洲是我国茶叶传统主销市场，2018年进口 20万吨，同比上升3.1%。自2010年以来，我对非茶叶出口年均复合增长率4.6%，带动了茶叶出口增长。2018年位居前五名的出口市场分别是摩洛哥7.8万吨、乌兹别克斯坦2.5万吨、塞内加尔1.8万吨、美国1.55万吨、俄罗斯联邦1.49万吨，比2017年出现不同幅度增长。近年来，我对东盟地区出口持续增长，从2010年9236吨增至2018年1.8万吨，涨幅98.4%，年均复合增长率高达8.9%，成为最具潜力的出口地区。

三、我国茶叶出口发展方向

为进一步推动我国茶叶出口行业持续健康发展，拓展国际市场，增加出口数量，建议做好以下几个输出。

（一）健康理念输出：倡导绿色，做强衍生

1．进一步提升国际消费市场对绿茶的认可

“健康”是未来全世界的主旋律，绿茶因其突出的健康属性，在世界茶叶市场中有很强的潜在消费力，尤其是年轻群体。国际茶叶委员会的数据显示，2017年世界绿茶产量201.8万吨，比2008年增加了85.4万吨，2017年世界红茶产量为379.4万吨，比2008年增加99.3万吨，可见世界绿茶增幅大于红茶增幅，绿茶消费比例在全球范围内呈上升趋势。绿茶作为中国茶的主力军，如果业内人士更多以健康为主题，或将成为打入外国市场、拓宽消费的可行之策。

2．推广深加工茶产品

健康生活为茶产业深加工和衍生产品提供巨大的国内和国际市场，也是饮茶知识从概念转为现实的一次落地，未来会有爆炸性的需求。相关企业应严把加工过程和产品的安全性问题，深加工把茶元素引入到饮品、食品、药品领域，所以安全是第一关。茶中所含健康成分的提纯效率，决定着茶产值

的充分挖掘和全价利用；而后期将深加工价值最大化，则需要企业在技术转化、成果商品化、市场推广等领域，综合发力。

（二）农残标准输出：规范制度，保障品质

1．需要国家政策支持

我国茶叶对发达国家的出口量始终徘徊不前。发达国家本应是我们茶叶的主要输出地，但严苛的欧盟标准制约着中国茶的出口，也制约了海外消费者对中国茶的消费信心。2018年，日本进口中国茶仅1.3万吨，欧盟虽然是恢复性增长，进口量仅为2.3万吨，这与中国这样的产茶大国不相匹配。出口茶叶需要政府出台强有力的政策和制度来规范，行业亟盼来自国家相关政策的支持。

2．建立茶叶出口标准

我国是产茶大国，应引领世界茶叶消费，可遗憾的是我们并没有建立精准合理的茶叶出口标准，更缺少科学规范的农残评定体系，因此难以回击欧盟过于苛刻的农残标准，更无法引导乃至主导世界茶叶消费话语权，尽到一个茶叶大国护卫行业的职责。当前，设定出符合我国茶业行情的农残标准显得尤为紧迫，尤其要明确在安全范围值内茶叶中的农残，在泡饮时不会产生对人体的危害。做好知识上的普及，以免消费者产生不必要的误解。

3．严格把控出口品质

品质问题让中国茶在国际市场上频频受阻。建议涉及茶叶的生产、加工、监管等有关部门严格把关，杜绝“以次充好、非法添加”。希望国家相关部门重视茶叶品质和茶叶出口，将之切实提升到战略层面，为中国茶行业发展保驾护航；也希望国家出台相关法律法规，对害群之马严惩不贷！

（三）饮茶文化与饮茶知识输出：文化开路，培育市场

中国茶有很多优势，世界茶源在中国，六大茶类齐全且种类丰富繁多。不少外国消费者都知道这些事实，但恰是这样“高深莫测”的背景反而令大家望而却步，个中原因即是——不认识具体种类，不会辨识茶叶品质，更不懂如何冲泡。由于文化管道不疏通，出口市场的消费意识就无法觉醒，对产品不能认同，故而导致我国出口茶叶多为品质平平的茶叶，价格难以提高，这就大大折损了中国茶叶的应有水平。

大多外国消费者对茶的感官需求并不强烈，但中国消费者对茶的审美要求极高，这与不同国家茶叶产制成本和消费者对茶的感受有关。悠久的历史、多样且繁复的制作工艺、讲究的泡饮方法，这一切让茶叶于中国消费者而言，既是饮品，也是文化；但在以喝印度、斯里兰卡和肯尼亚红茶为主的欧美消费者看来，茶叶是很普通的日用饮料，无须过多的文化渲染，面对价格相对较高的中国茶，他们很少消费。中国喝茶习惯和中国茶文化很少输出，这是根本性原因。培养市场，文化先行。中国饮茶知识和饮茶文化的对外传播亟待加强。

（四）品牌输出：要实力，也要发声

众所周知，中国是世界产茶量最多的国家。我们尽管坐拥丰富的茶叶资源，但我国茶叶多以原材料形式出口，品牌输出鲜有，致使我国可以立足在国际市场的茶叶品牌寥寥无几。中国茶产业要实现智能化、集约化、规范化、标准化和国际化，否则中国茶品牌在国际上将持续无声，难以打开外销。

行业组织和产茶区政府对中国茶叶出口都有着义不容辞的责任。两者需联合，共同培育有科技含量、有潜力、有实力的龙头企业，打造高质量产品。同时，协助企业在重点海外市场开展中国茶体验活动，以文化带入，让当地消费者对中国茶和饮茶文化有一个直观的认知。企业针对不同国家和地区，有规划地进行推广，因地制宜，满足当地消费者，有文化融入感，不能用一个模板生搬硬套。

多年来，中国食品土畜进出口商会茶叶分会一直致力于推动我国茶叶出口健康稳定发展，充分发挥对外交流优势，目前已经与全球30多个国家的茶叶行业组织建立了合作。对我国最大茶叶出口市场摩洛哥更是给予高度关注，定期组织双方茶叶团组互访，积极解决贸易摩擦。茶叶分会在宣传中国饮茶文化和饮茶知识，以及应对进口市场不合理农残标准等贸易壁垒问题上都发挥了重要作用。为更好地让中国茶企和国际市场接轨，实现国内茶叶资源的有效发挥，中国食品土畜进出口商会茶叶分会还牵头在国内举办多个国际性行业会议，搭建全球茶行业交流与合作新平台，对推动我国茶产业升级和茶产业跨界融合发展发挥了积极作用，得到了国内外业界的广泛关注和充分肯定。

（执笔人：蔡军）

第五部分

诚信体系

中国茶业信用体系建设报告

中国茶业信用体系建设报告

中国茶叶流通协会

信用是市场经济的基石，也是市场主体安身立命之本。党的十九大报告指出，要完善市场监管体制和创新监管方式。2019年政府工作报告进一步提出，要推行信用监管和“互联网＋监管”改革。近年来，我国不断加快信用体系建设，包括全面实施统一社会信用代码制度，初步形成失信联合惩戒机制等，取得了明显成效。这一系列行之有效的政策为各行各业创造奠定了更为坚实的发展基础，茶叶行业因此而受益，市场营商环境得到优化，市场主体活力得到释放，同时也推动这个古老而资源分布略显分散的行业不断自我规范。本报告基于2019年对茶叶行业整体的发展态势和对行业主体的调研成果，围绕茶叶行业信用体系建设中的发展环境、潜在风险、信用能力、主体行为等因素，综合企业资质、财务情况、管理体系、社会责任等多个指标，对2018年茶叶行业信用体系建设情况进行分析和客观评价，同时为政府、行业、企业和社会提供参考依据。

一、茶业信用体系建设营商环境

（一）市场营商环境建设情况

我国经济正在由高速增长阶段转向高质量发展阶段，外部环境也发生深刻变化，一些政策效应有待进一步释放。据穆迪投资者服务公发布的《中国政府：中国经济结构变化的加速具有正面信用影响》报告称，经济结构变化加速的迹象，具有正面信用影响。其中，重要的推动力来自于劳动力和资本资源的重新配置，引导信贷转向生产率增长较快的行业，从而前面提高偿债能力，支持信用质量。从金融资源分配来看，有迹象表明民营企业继续降低杠杆，而国企负债比率升幅亦有走低迹象。同时，行业间资源配置的变化加快，经济活动越发集中于增长潜力更大的高附加值行业。预测未来更迅速的生产率增长有助于中国实现更可持续的债务水平，待改革继续推进数年之后，这一具有正面信用影响的变化趋势会更加明显。

同时，根据中国企业改革与发展研究会、中国合作贸易企业协会、国信联合（北京）认证中心联合组织编写的《中国企业信用发展报告2018》，2018年中国企业综合信用评价结果为AAA级，综合信用指数（CCI）为82.45，较上年提高0.29（2017年综合信用指数为82.16），企业整体经营形势日趋向好。

（二）茶叶行业营商信用环境

2018年，中国茶叶行业总体保持稳中有进的态势，营商环境平稳发展。全国茶园面积达到4395.6万亩，增长率为2.9%；干毛茶产量为261.6万吨，比上年增加12.0万吨，增幅4.8%，生产平稳发展。据农业农村部发布的2018年农产品质量抽检情况，茶叶合格率为97.2%，质量安全水平稳步提升，绿色效益初步显现。国内产品销售量达到191万吨，增幅为5.1%；市场内销额达到2661亿元，优势品牌正在形成，国内市场量价稳增。

但茶叶行业很多固有问题仍存，以收益性指标为例，效益提升难度加大。从生产资源上看，我国25年以上的老茶园占比高，加之机械化水平提升缓慢，用工成本增加严重影响夏秋茶等中低档茶叶效益。企业经营中，人力成本和生产成本成为制约企业发展盈利的最大问题，资产投入难以收到良好的收益，导致企业发展的负担越来越重，在生产经营等多个方面发展受限。同时市场销售压力持续加大——近年来，受宏观经济环境影响，消费提升乏力，部分企业库存增大，而全国茶叶产量逐年增加，产能过剩问题已日益凸显。2018茶企上市公司表现平淡，挂牌公司平均净利率只有5.12%，比新三板制造业整体平均值还要低1.57%。

二、茶业信用体系建设风险因素分析

整体营商环境和行业发展的支撑下，茶叶企业整体经营形势日趋向好后续发展的基础进一步加固。但同时也应看到，在当前宏观经济稳中有变的新环境条件下，影响企业信用发展中的一些问题和矛盾也发生了新变化，外部不确定因素增多。同时，茶叶行业固有的发展问题也未能实现全面解决，为未来信用体系建设带来风险，需要引起行业的高度关注。

（一）内源性影响因素

茶叶企业信用风险的内源性影响因素主要包括企业在茶叶生产和企业经营等自主控制的运营环节中面临的各类不确定性因素。这些影响因素与其自身的经营思路、发展水平、人员配备、管理运营等环节密切相关，是源自于内部的并对自身信用风险起到显著影响的不确定因素。

1．生产风险

茶叶产业虽有几千年的生产历史，但是企业进入工业化时间却不长。对于行业中大部分经营者而言，仍处于“小、散、乱”传统农产品经营方式，现代化水平不足，可能面临茶园茶青、机械设备、生产工艺及生产组织等方面的不确定性导致其无法按照预定成本和品质完成生产计划的生产风险。具体表现在每年采工不足、茶园弃采、茶叶生产工艺落后、专业人才储备不足，生产组织落后，以及产品服务存在缺陷等问题。在质量成为茶叶产品市场准入而生产效率严重制约企业效益与后续发展的背景下，生产风险是茶叶企业正常生产经营的主要威胁，严重影响着后续的发展，并成为茶企（尤其是中小型企业）信用风险的主要来源。这种影响一方面体现为短期收益水平和市场拓展能力的急剧下降，同时也会造成茶叶企业长期发展的受限，在行业整体转型升级中处于被动劣势地位，从而引发信用违约，导致信用风险。

2．经营风险

茶叶企业原多为家族式经营，近些年虽主动调整、发展较快，但普遍面临管理不规范、主要岗位专业人员资质不足等困境，极易引发经营风险。经营风险是指茶叶企业在经营过程中，由于管理混乱、资金流转不善、主要负责人经营管理失误等原因，导致盈利水平减少，并最终造成经营业绩受损的风险。风险点普遍存在于运营管理的各个环节，是除生产风险外影响茶叶企业发展与信用建设的另一个重要因素。经营风险是企业自身发展瓶颈的显性体现，一方面我国茶叶企业面临企业管理、产品设计、市场营销等方面专业人才匮乏、管理水平低下等普遍问题，这严重制约了茶叶企业的转型速度和现代化发展水平，造成了茶叶企业在经营发展中难以适应全新的商业环境，行成不确定性；另一方面，以茶旅游、茶庄园、新式茶饮为代表，随着茶叶产业链的不断延伸和拓展，以及行业中已经广泛兴起的跨界合作，茶叶企业的业务日趋多样化和复杂化，经营规模与复杂程度不断发展提升，对于经营的要求也不断提升，这与企业原先以农业生产为主体的人才队伍水平不足形成了巨大的矛盾，并表现为经营的科学性和专业化水平不足的问题。

（二）外源性影响因素

茶叶企业信用风险的外源性影响因素是指企业在生产、经营和投资等自主控制环节以外的外部环境面临的不确定性因素。这些不确定性因素并非企业自身问题，但具有显著的不可控性和不可预测性，对正常生产经营和发展影响巨大。外源性影响因素既包括市场环境剧烈的市场风险，也包括生产经营时刻面临的自然灾害风险。

1．市场风险

茶叶市场风险是因市场因素变动导致市场份额急剧下降而面临的收益损失甚至本金损失的风险。在内销市场，茶叶产品属于非必需消费，面临的风险是要是市场突变竞争加剧，消费者购买力下降，茶叶库存带来的产销不对等加剧等。2017—2018年，我国社会消费品零售总额虽保持增长，但增速已下降至9%，自2010年起连续下滑，与之相对应的是居民人均可支配收入增加比例在2017年小幅回升后又出现了下滑。这两项数据的趋弱对消费者产生了影响，且直接影响到茶叶市场信心。同时，茶叶行业面对消费需求的变化，调整并不及时，产品和营销模式趋同现象普遍存在，创新乏力，形成审美疲劳，产品无法精准对接消费者，越发缺乏市场竞争力。出口方面，尽管2018年茶叶出口实现大幅增长，但仍面临贸易壁垒，原材料价格波动，汇率调整等风险。茶叶企业面临的市场风险，使得生产经营面临更大的不确定性，从而可能出现更大的亏损风险。

2．自然灾害风险

茶叶企业自然灾害风险是指茶叶生产因干旱、洪涝、低温冻害、病害、虫害等自然环境恶化而面临的亏损风险，在近几年的茶叶生产中有集中体现。茶叶农业生产阶段离不开一定的自然条件，但自然环境的恶化始终制约其更好更快地发展。这一方面源自于茶叶种植生产的农业属性；另一方面，也与当前不充分不全面的生产发展息息相关，相对落后的生产水平严重制约了茶产业克服自然环境困难的能力。因此，自然灾害风险是茶叶企业生产经营面临的普遍风险。

三、茶业经营主体信用建设情况

茶叶行业经营主体的信用建设情况分析基于中国茶叶流通协会2019年对茶叶企业信用调查结果的汇总和分析，分析内容并非以单一指标为依据，而是综合了持续发展、获益能力、管理安全、信用行为等各项指标进行分析，是对样本中133个参与调研的茶叶企业综合信用状况和经营实力的客观体现。

（一）企业基本情况与分布特征

1．地区分布特征

本次样本涵盖17个茶叶主要生产省区和北京、上海两个重要的销售直辖市，其中安徽、福建、河南、湖北、云南等主要产茶省分布较多，97%的企业位于茶叶主产省区（图1）。

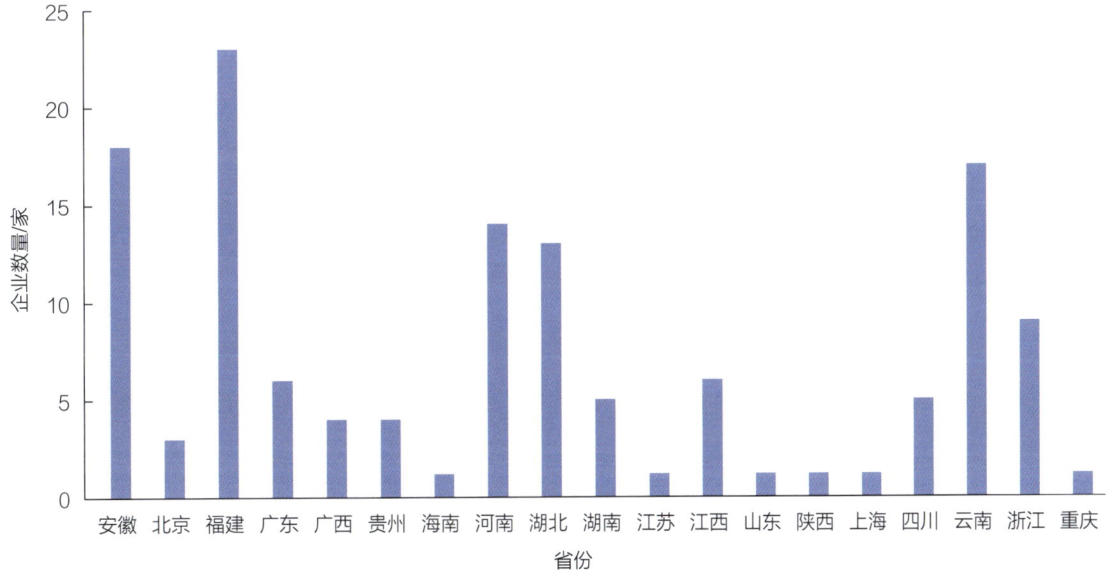

图1　样本企业地区分布情况

数据来源：中国茶叶流通协会

2. 企业性质分布

样本共有民营企业87家，股份制民营企业30家，合计占样本企业总数的88%，国有控股企业7家，国有独资企业1家，国有参股企业1家，集体企业1家，其他类6家。

3. 企业经营年限

样本中企业经营年限从119年到2年分布不等，有15家企业经营年限超过70年，加上另有一家企业经营年限为67年，共有16家企业经营年限达到中华老字号设立的1956年之前的时间要求（注：中华老字号为品牌评价）（图2）。对茶叶企业而言，悠久的经营历史往往伴随着标准化的成产工艺、良好的口碑和稳定的客户组成，是信用建设的重要资源。大部分茶叶企业经营年限在10～29年，主要成立于20世纪末至21世纪初。

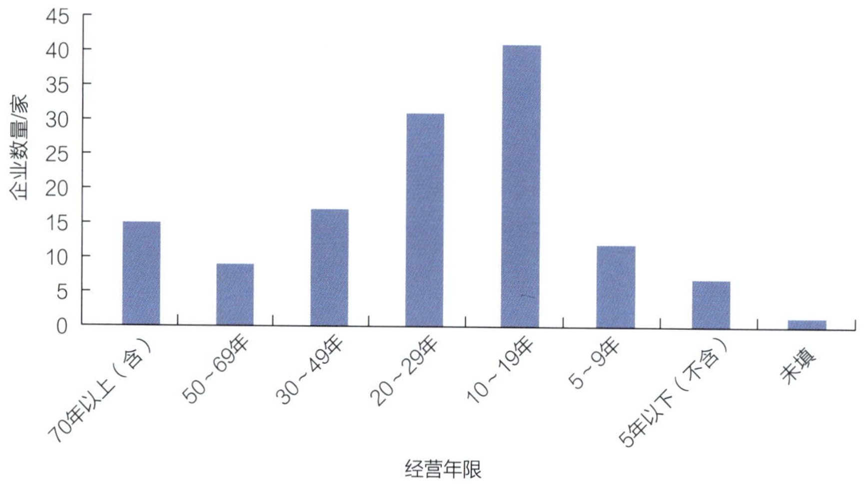

图2　样本企业经营年限分布情况

数据来源：中国茶叶流通协会

（二）企业经济能力

财务管理及经营能力对于企业持续健康发展至关重要，同时也是反映企业信用情况的直接指标。

1. 基本情况

（1）企业注册资本　样本企业注册资产总量为72.39亿元，17.3%的企业（23家）注册本超过1亿元，其中注册资本最高的企业注册资本为8亿元；19.5%的企业（26家）注册资本在5000万到1亿元，42.8%的企业（57家）注册资本在1000万到5000万。

（2）企业总资产　2018年末，样本总资产为399.1亿元，76.7%的企业（102家）总资产超过1亿元，14.3%的企业（19家）2018年末总资产超过5亿元（图3）。

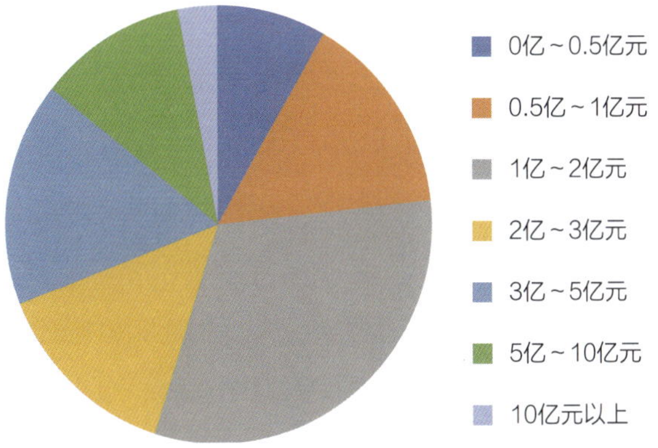

图3　样本企业2018年末总资产分布情况

数据来源：中国茶叶流通协会

（3）主营业务收入　2018年，样本主营业务收入总和为454.6亿元。其中，主营业务收入在10亿元以上的企业有8家，占样本数量的6.02%；5亿～10亿之间的企业有21家，占样本数量的15.79%；78.9%的企业（105家）主营业务收入在1亿元以上。

（4）净利润　2018年，样本净利润总和为39.20亿元。其中，净利润在1亿元以上的企业有6家，占样本数量的4.51%；5000万元的企业有21家，占样本数量的15.79%；57.89%的企业（77家）净利润在1000万元以上；有6家企业净利润为负。2016—2018年，样本净利润率分别为7.70%、8.85%、8.62%，2017—2018连续两年高于主营业务收入增长率，2017年的数据尤为突出，说明样本整体观测，盈利能力在增强。

2．收益性指标

数据显示，2016—2018年，样本资产利润率主要集中在20%以下，仅有极少数企业利润率为负。2018年，49家企业资产利润率出现下滑（图4）。

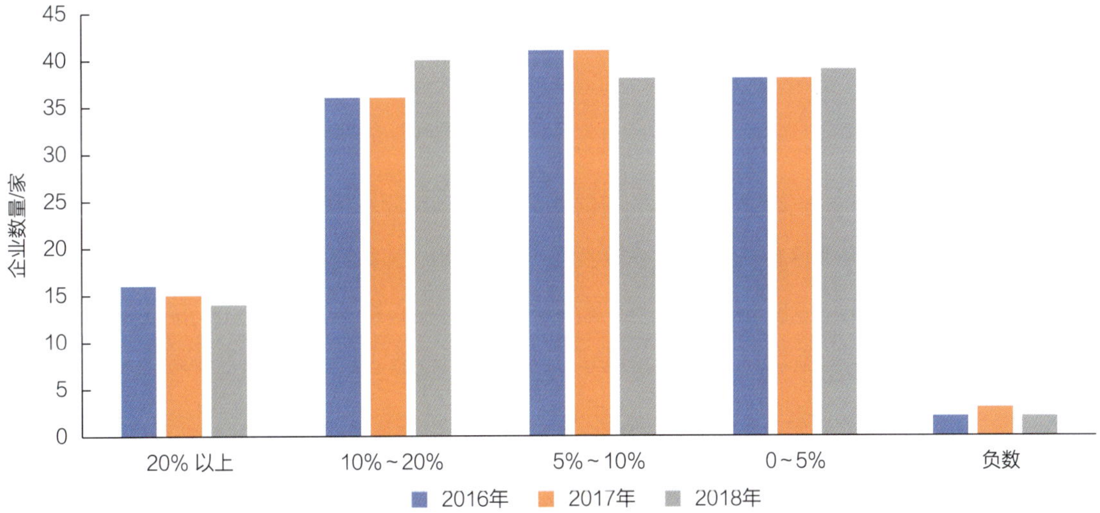

图4　样本企业2016—2018年末资产利润率分布情况

数据来源：中国茶叶流通协会

3．流动性和安全性指标

（1）资产周转率　从资产周转率变化分析，2017年样本平均资产周转率为0.11次/年，2018年为0.10次/年，呈现下降的走势。就单一企业而言，2017年样本中仅有一家企业资产周转率高于1（1.23次/年），资产周转率在0.1次/年以上的企业仅有57家，占样本的42.86%。2018年，样本中资产周转率最高仅为0.78次/年，资产周转率在0.1次/年以上的企业也跌落至53家。对比两年，资产周转率呈现下降趋势的企业有69家，超过样本半数。样本中茶叶企业的流动性具有普遍放缓的趋势。如何提高资产运营效率和质量，实现提质增效，需要引起业界的高度重视。

（2）负债水平　数据显示，2016—2018年，样本负债总额分别为32.99亿元、36.81亿元和39.91亿元，逐年上升；样本综合资产负债率分别为33.10%、33.48%、31.91%，在2017年小幅提升后于2018年出现明显下滑。数据显示，大多数企业资产负债率在40%以下，融资风险较低，为后续继续融资、引资打下良好基础。2017—2018年间，样本中70.68%的企业（94家）资产负债率出现下滑（图5）。

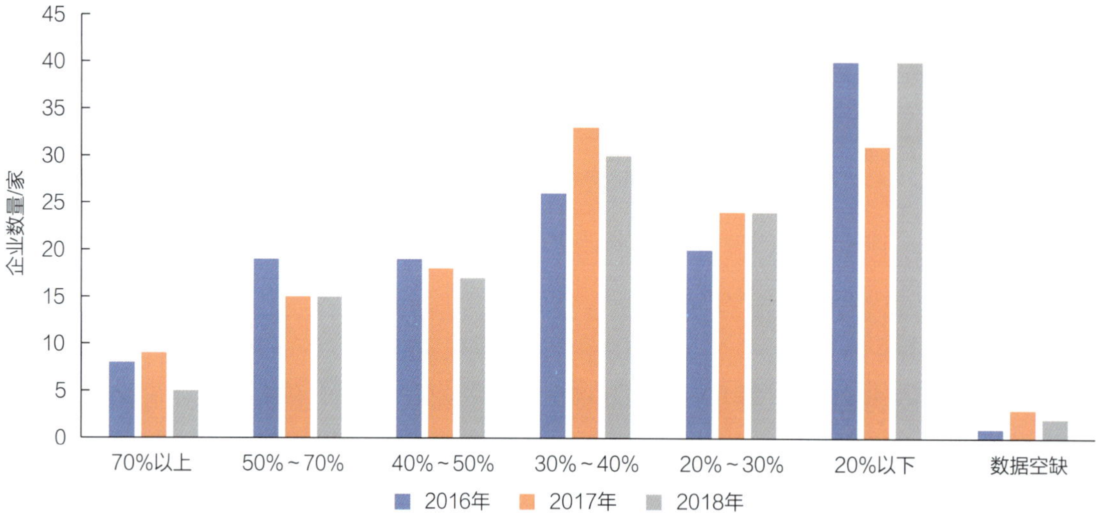

图5　样本企业2016—2018年末资产负债率分布情况

数据来源：中国茶叶流通协会

4．成长性指标

（1）营收增长率　2016—2018年，样本主营业务收入总和分别为391.2亿元、418.9亿元和454.6亿元，年增长率分别为7.09%和8.52%，增长率有所提升。2016—2017年，12.03%的企业（15家）主营业务收入增长的超过了30%；30.83%的企业（41家）主营业务收入增长超过10%；有15.04%的企业（20家）企业主营业务收入增长为负。2017—2018年，15.04%的企业（20家）主营业务收入增长的超过了30%，比上一年多出了5家企业；37.59%的企业（50家）主营业务收入增长超过10%，比上一年多出9家；但同样有15.04%的企业（20家）企业主营业务收入增长为负，这一形式并未好转，其中有7家企业连续两年主营业务收入呈现负增长。对比三年变化，54.89%的企业（73家）主营业务收入增长有提速，其余增速呈现疲态。

（2）净利润增长率 2016—2018年末，样本净利润分别为30.13亿元、37.07亿元、39.20亿元，分别年增长23.03%、5.75%，增长速度在2018年出现明显下滑。2016—2017年，25.56%的企业（34家）净利润增长率超过20%，53.38%的企业（71家）净利润增长率在5%以上；32.33%的企业（43家）净利润增长率为负，最低为-207.55%；近1/3的企业净利润出现下滑，面临更为严峻的形势。2017—2018年，有34家企业净利润增长率超过20%，与上一年度持平；但仅有68家企业净利润增长率在5%以上，比上一年减少3家；有36家企业净利润增长率为负；综合观测企业比上一年面临更为严峻的形势。对比样本内企业同年营收增长率，2017年55.67%的企业（74家），净利润增长率高于营收增长率，2018年这个数量持平，样本中半数以上的企业盈利能力较为乐观。

（3）资产增长率 从资产增长的角度，2016—2018年，样本总资产分别为329.9亿元、368.1亿元、399.1亿元，分别年增长11.58%、8.42%，虽然保持增长，但增长率有下滑。2016—2017年，24.81%的企业（33家）总资产增长率超过20%，15.79%的企业（21家）总资产增长率在10%～20%；24.81%的企业（33家）企业总资产增长率为负，最低为-87.52%，需引起警惕。2017—2018年，有33家企业总资产增长率超过20%，与上一年度持平；但有28家企业总资产增长率在10%～20%，比上一年多7家，形势较好；有29家企业总资产增长率为负，比上一年度有所减少；样本资产增长整体形势好于上一年。

注：受信用调研年限和茶叶企业经营特征影响，部分指标未能核算，特列出，包括：营收利润率、资本保值增值率、资本积累率和从业人员变化。随着此项工作的推进，我们将继续完善相关评价指标。

（三）企业管理能力

企业管理能力的最直观的体现是管理机构的建设水平及高级管理人才的水平及数量。结合茶叶企业经营特点，本文将从产品质量管理体系、企业信用管理体系、管理层数量及比重、高学历人数及比重等方面进行考量。

1. 产品质量管理体系

产品的质量安全是企业发展的基础条件，样本中所有的企业均设立有质量管理制度和产品安全检测制度。样本133家企业共建有质量管理制度2003条，企均15条以上；产品安全检测制度1278条，企均接近10条。这些行之有效的管理手段为样本企业产品的质量安全提供了基础保证，同时也从侧面折射出主体责任和社会关注双向驱动之下，茶叶企业在食品质量安全方面的努力。样本中58.65%的企业（78家）进行了有机食品认证，同时有少量企业进行了日本农业标准（JAS）、美国有机工程（NOP）等认证，有机认证在企业中的普及率较高。同时，也有部分企业选择HACCP、GAP、ISO系列等管理体系认证和雨林联盟等可持续发展认证。

2. 企业信用管理体系

作为茶叶企业规范生产经营的技术保障，标准化建设一直是今年茶叶企业优先的发展方向。2018年，共有119家样本企业建有自身的企业标准，合计922条，最多的一家企业高达50条。样本中，120家企业建立了溯源系统，122家企业设立了农业投入品使用监管制度。信用岗位建设方面，106家企业设立了信用管理专职岗位，样本中企业共设立信用管理专职岗位210个，9家企业信用管理专职岗位不低于5个。样本中，有118家企业设立了信用管理制度，共计609条，企均4条以上。

市场方面，129家企业建设有自身的消费者反馈渠道，其中电话售后是企业最常使用的方式，72.93%的企业（97家）有使用；随着移动互联网的普及，微信公众号也成为企业收集客户反馈的重要渠道；根据茶叶产品的特性，门店在此方面的作用也不容小窥。同时，70.68%的企业（94家）设有舆情监控渠道，主要以网络舆情为主。

3. 管理层信用

样本中，管理层占员工总数的10.83%，技术人员占到员工总数的7.54%。拥有本科及以上学历比率高于40%的企业有55家；在技术负责人方面，这个数字为54家，同时有47家企业的技术负责人中及以上职称的持有率高于40%。78.95%的企业（105家）员工合同签订率达到100%，48.12%的企业（64家）社保和公积金的缴纳比率达到100%。

（四）企业信用行为

考察企业信用状况时，企业履约意愿是重要方面，企业进行公益活动是其自身承担社会责任的体现，同时也是“放管服”理念下政府对企业行为进行监管的直接体现。因此本文将从获奖情况、公益活动情况和省级以上项目执行等指标进行考量。

2018年，样本中企业共获得各类荣誉2017项，其中省、部级以上1371项，企均10项以上。除茶业范畴外，最多的为品牌建设荣誉，同时也涵盖新农村建设、精准扶贫、中小企业发展等多个方面；有26家企业获得省级信用建设荣誉。样本中各级龙头企业数量达到128家，占样本总数的96.24%。其中省部级龙头企业主82家，占61.65%，其次为地市级21家，占15.79%，国家级龙头企业23家，占17.29%，县市级2家（图6）。

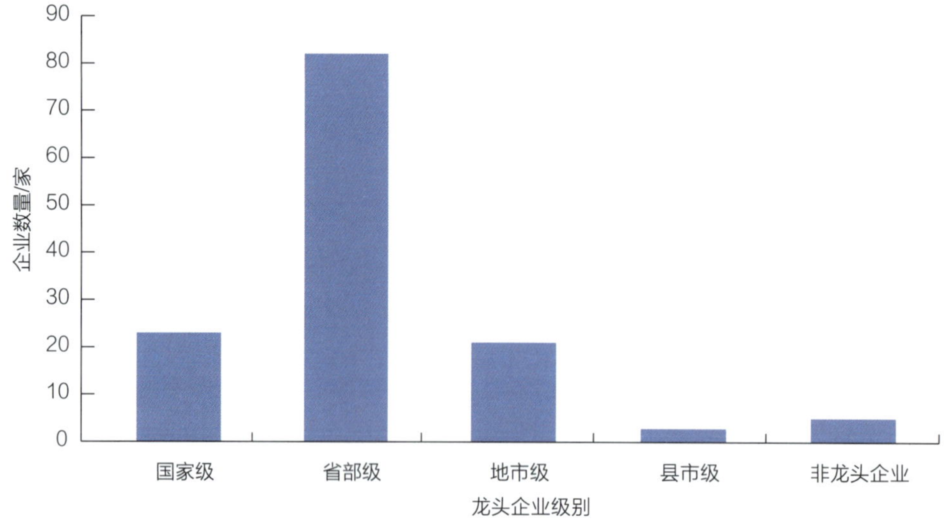

图6　样本各级别龙头企业分布情况

数据来源：中国茶叶流通协会

企业社会责任方面，样本企业2018年共举办436场公益活动，主要以农业扶贫活动为主，也包括助学、拥军类活动。91家企业举办了公益活动，最高一家企业年举办公益活动67场。另有109家企业在近三年内申请了申请省级以上项目，主要集中在茶叶科技、电子商务、追溯体系建设、旅游开发等方面。

四、茶业信用体系建设问题剖析

（一）外部因素干扰导致不确定性因素增多

当前市场运行稳中有变，外部干扰因素增多。茶叶消费虽然保持增长，但增长率连年下滑；出口也存在隐忧，我国最大的出口国摩洛哥调整了农残标准，给出口企业增添困扰，加上近期人民币汇率的波动，均给企业信用发展增加了不确定性。这些新变化、新问题都对按行业提出了新挑战，应引起我国茶业界的高度关注与警觉。

（二）内部发展不平衡问题日益凸显

尽管主营业务收入和净利润均保持在8%以上的增长，但样本中存在的亏损比率仍不容忽视，利润负增长的企业给行业敲响了警钟。加上数据中体现出的并不均衡的发展趋势，说明茶叶企业下行压力仍然存在。这些情况反映出了茶叶行业长期积累的发展不平衡问题，并且随着市场经济环境的变化，行业内洗牌和调整加剧，以上问题日益凸显。目前，产业转型和深度调的基本面貌并未发生根本改变，整体经营效益和经营质量还有待进一步提高。

（三）流动性和理论负债率长期居于低水平

2017、2018两年，样本资产周转率分别为0.11次/年和0.10次/年，呈现下降的走势，且与其他行业相比长期居于较低水平；而样本2016—2018年间综合资产负债率分别为33.10%、33.48%、31.91%。总体来看，这些茶叶企业的资产收益水平相对较低，且呈现出下行态势，企业流动性面临的困难极其产重。负债水平较低、流动性放缓、资产经营效率效益不高，成为制约茶叶企业信用发展瓶颈。长此以往，将导致部分茶叶企业特别是中小型企业经营困难增多，应引起关注和警觉。

五、茶业信用体系建设发展展望

随着经济形势的改变，茶叶企业的发展方式已经从原先“量”的增长逐步向“质”的提升转变，尽管已有部分企业取得了一定成效，但就整个产业而言，任务仍然十分艰巨，尤其传统生产经营模式和市场间的供需矛盾更加突出。改革步入深水区，行业内发展不平衡的矛盾和问题日益凸显，既反映了存在的不足，同时也提供了新的发展机遇。在原先的高速增长时期，由于市场需求旺盛，加上相关政策支持，茶产业规模的快速增长拉动了效益提升，但同时也造成隐患。规模过度扩张的潜在问题，在中高速增长成为新常态的条件下暴露，自身竞争力的提升就成为茶叶企业信用体系建设的决定性因素。

（一）持续推进产业转型升级，推动高质量发展

目前茶叶行业企业资产运营效益效率不高，流动性和负债水平持续处于较低水平，企业经营困难增多。企业所面对的生产要素，既包含了质量、研发、成本、管理、文化、品牌以及风险控制等企业内部要素，也包含了产业链、价值链上的所有外部资源，是一个综合的体现。茶叶企业要想将发展模式从量的扩张转向质的提高，首要是依靠知识积累、技术进步和劳动力素质提升。这需要行业切实转变发展观念，优化存量资源配置，扩大优质增量供给，只有形成优质多样化的供给体系，才能在新的水平上实现供求均衡。在这个过程中，茶叶企业必须坚持质量第一、效益优先，提高全要素生产率。

（二）防范生产经营风险，强化现代化运营管理制度建设

发展信用体系，建立科学的信用评价机制离不开企业在防范生产经营风险、强化现代化运营管理制度建设方面的努力。尽管大部分茶叶企业已经设立了信用体系，但更多的是产品质量安全管理方面，其他领域建设则稍显滞后。信用评价是市场经济条件下信用关系发展的产物，是合理评估市场交易主体信用水平的重要手段，既能够为评价对象提供客观公正的资信信息，以促进其加强管理、规避风险、优化投资、促进销售、提高效益，又能够为其投资者、商业伙伴、金融机构提供商业决策的有效参考。茶叶企业应强化此方面意识，建立起全面的信用体系，全面反映资信状况，通过科学的信用评价，反映生产经营各个领域存在的不足，为新型农业经营主体经营人员改善经营管理、提升资信等级，带来了压力并创造了具体的实现路径。同时加强对外的信用体系建设，对交易对象的生产经营风险进行监测预警，及时发现并防范信用风险，从而做出更加科学的商业决策。

（三）坚持创新驱动，促进高质量融合发展

创新是引领发展的第一动力，是建设现代化经济体系的战略支撑。我国茶叶企业的科研投入比率相对较低，保持合理的科研投入比率，对企业的创新发展将会起到持久积极的促进作用，更有利于企业做强做优做久。茶叶企业要充分利用自身的资本优势、资源优势和人才优势，坚持创新驱动战略，强化战略科技力量，建立以企业为主体、市场为导向、产学研深度融合的技术创新体系，促进科技成果转化。同时，也要注重与之相对应的制度创新、管理创新、市场创新、文化创新等，由粗放型发展向质量型发展转变，依靠创新驱动促进企业高质量融合发展。

（四）强化社会责任，夯实健康发展基石

随着社会信用体制建设以及守信联合激励和失信联合惩戒机制日益完善，对全行业的信用建设提出了更高要求。2017—2018年，社会关注的行业问题集中暴露了个别茶叶企业的诚信问题，如虚假广告等，都对企业的健康发展构成威胁。茶叶企业要强化社会责任意识、规则意识、奉献意识，把诚信作为基本的道德操守，形成诚信价值观，培育诚信文化，以诚信为准则来约束自身的行为，培养信守承诺的社会责任感，树立诚信经营的理念，并且将诚信作为一项基本义务严格履行，有效控制已经存在或可能存在的信用风险，尤其是控制系统性风险的发生，以避免产生不可控制的严重后果，以维护良好社会公众形象，营造良好的经商环境和市场秩序，推进企业持续健康和高质量发展。

六、结语

良好的资信等级和信誉度，能够为茶叶企业树立良好的信誉形象，从而获取博弈市场的“身份证”和参与市场经济活动的金钥匙，为打开业务合作的空间创造了条件，最终实现自身竞争实力的增强；同时这也是企业社会认可度的重要依托，为提升产品的市场知名度和竞争力，创造了必要条件；在资本市场，信用评价更是企业培育融资能力，降低融资成本的重要手段。茶叶行业的信用体系建设是一项系统工程，离不开市场主体——茶叶企业的努力，更牵扯到行业和社会的方方面面。希望这方面工作的推进，可以为茶叶企业提供一个参考坐标，更能让社会各界了解到茶叶行业在此方面的努力，提振市场信心。

（执笔人：李佳禾）

第六部分

贸易流通

中国茶叶批发市场发展报告

中国茶业电商发展报告

中国茶业营销发展报告

中国茶叶批发市场发展报告

中国茶叶流通协会市场专业委员会

一、2019年中国茶产业总体概况

2019年，中国茶产业总体仍然保持稳中有进的态势，茶叶产量持续增加农业产值稳步提升。《艾媒报告 |2019中国茶行业市场大数据及标杆商业模式研究报告》显示，2019年，中国茶叶产量产值不断上涨，出口量出口额不断增加，内销量与内销额也不断提高，茶行业未来发展前景具有巨大的潜力。中国茶叶流通协会《2019中国春茶产销形势报告》中，根据春茶总产量推算出，2019年全国茶叶总产量约在270万吨，农业产值将突破2300亿元；内销量接近200万吨，销售额突破2800亿元。中国茶行业已形成全产业链，同时形成了具有规模的线上茶叶市场，截至2019年，中国茶叶线上市场规模达到235.0亿元。中投顾问产业研究中心预计，未来五年（2019—2023）年均复合增长率约为9.01%，2023年我国茶叶市场销售额将突破4000亿元，达到4010亿元。

二、中国茶叶批发市场的数量与分布及分类

（一）中国茶叶批发市场的数量与分布

目前，国内已经形成比较完善的茶叶批发市场网络，为茶叶的生产和销售构建十分有效的销售通路，大约有60%的茶叶是通过批发市场进行销售的。近年来，随着党中央对农业的高度重视，各茶叶主产区政府逐步加强了对茶产业的支持力度，茶叶批发市场也随之得到了快速发展，我国几乎所有的产茶省份都建立了茶叶批发市场，就算是非产茶省份的重要茶叶集散地，也多有规模不等的茶叶批发市场出现。目前，我国大型的茶叶批发市场近三百多家，从市场分布来看，主要集中在茶叶生产省份，产区茶叶批发市场较销区茶叶批发市场的规模和数量明显居多，且交易量和活跃度也较高，且随着茶叶产业政策推进和销售模式的改变，产区茶叶批发市场的优势将进一步凸显。

从规模来说，按照中国六大茶类及就近批发原则，中国比较大的茶叶批发市场主要有南方的广州芳村茶叶批发市场、深圳市的东方国际茶叶批发市场、江南茶博园茶叶批发市场、福建泉州安溪茶叶批发市场、福州五里亭茶叶批发市场、海峡茶都、广西西南茶叶批发市场、浙江省的浙东茗茶批发市场、云南省茶叶批发市场，北方的茶叶批发市场主要有北京马连道茶叶批发市场、上海大统路茶叶批

发市场、山东省济南市茶叶批发市场。当然，内陆城市中安徽黄山茶城、峨桥茶叶批发市场以及河南省郑州市茶叶批发市场也都比较知名的。

（二）中国茶叶批发市场的分类

根据不同标准，可以将茶叶批发市场分为不同类型。按市场所处的地域分，可分为产区茶叶批发市场和销区茶叶批发市场；按茶城的多少分，可分为单个茶城和茶城集群；按辐射范围分，可分为小区域零售型、大区域流通型和批零兼营型；按商户类型分，可分为产地直销型、品牌经营型和综合型；按功能模块分，可分为产品销售型、形象展示型和综合体验型，等等。

三、中国茶叶批发市场运营状况及主要特点

2016年，中国批发茶叶市场综合交易产值达到2148亿元，同比增长14.9%；2017年，茶叶批发市场综合交易产值达到2353亿元，同比增长9.54%；2018年，茶叶批发市场综合交易产值达到2506亿元，同比增长6.5%；2019年，茶叶批发市场综合交易产值预计可以达到2686亿元，将同比增长7.2%。中国茶叶批发市场在经历了多个时期的演变后，传统的茶叶流通方式已经不能够满足市场的需要，逐步转变为具备了产品的收集、整理，价格的形成，以及产品的批发等功能的市场，而且市场通过不断投入和改造，为交易双方提供包括信息、仓储、运输在内的服务功能。但是，中国的茶叶批发市场相对于其他国家而言，整体还是相对落后的，市场功能与盈利模式相对较为传统。

（一）茶叶批发市场转型与升级现象加速发展

早期的茶叶批发市场所处的区域，伴随城市的规划发展，已经不符合现有的城市功能定位，面临转型与升级。政府陆续出台相关批发市场发展规划，2019年年初，成立至今已有近30年的福州市五里亭茶叶批发交易市场、海峡茶都等也正在规划升级改造。近几年，关于茶叶批发市场转型升级的探索工作也进行了不少，行业专家、知名学者针对此话题提出了很多建设性意见，部分市场也取得了显著成效。

（二）注重市场配套服务，凸显增值价值

现有的茶叶批发市场经营方，已经逐渐意识到，茶叶批发市场不仅仅是一个交易平台，只是停留在商铺租赁层面，更应该是一个共享互助平台，给予商户全方位的运营服务，帮助经营商户提升经营资本，增加批发市场的附加值，赋予传统批发市场新的功能。市场管理方通过开展相关行业知识培训、链接茶事活动、建立茶文化传播平台、加大市场监管力度等方式，倾力打造一个附有集散交易、仓储物流、信息服务、价格形成、技术创新、文化传播等服务元素的新型茶叶批发市场。

（三）消费理念升级，政策利好，新时期背景下茶叶批发市场发展前景良好

中国茶行业已形成全产业链，在“互联网+”的时代背景下，全国各地茶叶批发市场均有各自的电商平台，形成了具有规模的线上茶叶批发市场，截至2019年，中国茶叶线上市场规模达到235亿元，相比于2018年，增长了14.6%，预计将于2021年，增至298亿元。互联网时代，特别是移动互联网时代，精准化传播将成为重要的传播工具，微信营销等方式可能对人们的购买决策产生影响。“互联网+”将重构茶叶行业竞争格局，切实帮助商户拓宽销售渠道，推进茶叶批发市场向智慧茶叶市场方向创新发展。

自2013年起，中国茶产业开始践行“一带一路”倡议，该政策助推了茶行业，帮助深化沿线国家和地区的茶叶企业发展，为中国茶类品牌拓展海内外市场带来机遇。

四、中国茶叶批发市场存在的主要问题

（一）同质性较高，规范性有待加强

绝大部分茶叶批发市场，功能较为单一，基本只是通过商铺租赁，提供销售功能。茶叶批发市场的同质性现象较高，我们经常能看到在茶叶销区城市，同时有多个茶叶批发市场，茶叶批发市场未能根据产品和功能区进行分类，使得每个茶叶批发市场的差异化不大，导致消费者无法进行准确的识别，市场商户的利益也受损。同时，茶叶批发市场大多缺乏专业规划，管理比较混乱。建设比较早的市场基础设施水平相对较低，配套设施不完善，停车位紧缺、消防安全等问题凸显。大多数茶叶批发市场缺乏专业的市场管理团队，造成市场运营环境杂乱，规范性不强。

（二）配套服务供给不足

目前的茶叶批发市场还是以传统的租赁服务为主，给商户的配套服务供给不足，譬如为商户提供的各种培训、宣传推广，即使有的茶叶批发市场已经有意识地开展相应服务，但缺乏相应的需求分析和统筹规划，造成配套服务的质量不高，可持续性不强。同时值得注意的是，茶叶批发市场面对的“客户”不仅是商户，还包含消费者。为更好地给消费者营造一个良好的市场环境，市场管理方还要注重产品质量、文化传播、体验实践等方面的配套服务，然而这方面的服务，普遍缺乏。

（三）市场盈利模式单一，经营成本持续增长，商户和市场关系脆弱

随着地产行业的火爆，城市功能定位的调整，带动茶叶批发市场商铺租金的上涨。同时，受到经济大环境的影响，茶叶消费结构的变动，消费者消费理性，消费力度不强，茶叶批发市场供需失衡想象明显，茶商的盈利状况较差，茶商盈利的速度远远赶不上店租的增长速度，加上人力成本也在快速

递增，这就使得茶商的利润更加萎缩，部分商户处于维持经营的状态，造成整个市场不景气。目前半数以上茶叶批发市场主要依靠摊位租金获取收入，市场盈利模式单一，产业发生波动时，在市场不景气的情况下，单一收入来源将不可避免的出现商户和市场之间的对抗和博弈，将弱化双方的信任基础，导致关系脆弱，也不利于商户的长期稳定经营，进而不利于市场的可持续发展。

（四）转型升级发展缓慢

近年来，茶叶批发市场一直在高喊“转型升级”的口号，虽然提出了很多建设性方案，但总体效果发展缓慢。其制约因素体现在两方面。

1. 市场硬件条件受限

不少茶叶批发市场，是依托于以前的老仓库或老厂房等老建筑进行改造的，物理空间受限，有些功能不好实现；还有，不少茶叶批发市场的地理位置，在市场开办之初可能还是郊区或者偏远之地，但随着过去十来年间城市的快速发展，现在成为主城区的一部分，面临新规划的压力甚至是可能需要直接搬迁。

2. 茶叶批发市场功能定位不清

很多销区茶叶批发市场的发展定位与政府的区域发展战略不吻合，加之给区域带来的税收利益不大，只能试图从文化传播等方面加以提升改进，效果非常缓慢。

五、中国茶叶批发市场的未来趋势与建议

中国茶叶流通协会在《2019中国春茶产销形势报告》中指出，2019年将成为中国茶叶消费进入良性恢复期的转折点，政企采买和市民采购将共同成为消费主体，消费更趋理性，对质量安全、品牌品质的性价比综合要求将成为首选条件。

茶叶批发市场作为链接茶叶消费者和茶商的重要通道，茶产品流通的主渠道和中心环节，对保障城市供应、解决茶叶买贵卖难起着决定性的作用。消费理念和消费主体的改变，也对茶叶批发市场提出了新的要求与期望。

（一）迎合市场发展需求，打造现代批发市场

现代批发市场应具备集散交易、信息服务、价格形成、技术扩散、休闲博览、安全保障、结算信用等综合功能。因此，要以适应未来现代化批发市场建设为原则以更好地服务市场内的商户和消费者为目标，增强服务意识，主动适应批发市场内外环境变迁，由单纯的场地提供者转变为功能供给方。

（二）改变盈利模式

要改变单一、低层次的盈利模式，通过提供增值服务，采用多层次、结构化的盈利模式，为商户

提供更广泛和优质、高效的服务，切实为商户带来经济效益。强化商品的市场交易，开启“市场+”的平台战略，采取新建或者联合建设等模式，建立跨地区管理的茶叶批发市场项目，扩大市场辐射、带动能力。引进多种交易模式，积极应用网络资源建设完善的电子信息系统，扩大电子信息的使用范围提升商品交易额。进一步完善电子信息管理制度，降低信息发布和获取成本，拓展专业批发市场的生存空间。

（三）规范市场管理，打造专业市场管理团队

要规范管理，彻底颠覆茶叶批发市场现有的松散、低级管理模式，摒弃场内商家各自为战、无序竞争的局面。其次，要根据市场经营的产品类别，按照不同品类和质量等级划分产品区域，引导优质消费。引进专业的市场管理团队，或加强对现有的市场管理者的专业培训，通过对茶叶批发市场进行统筹规划，调研商户及消费者需求，以需求导向为原则开展市场管理工作，提升市场发展动力。

（四）顺应时代背景，积极响应国家政策，完善平台建设

在“互联网+”的背景下，加快茶叶批发市场信息化建设，推动电商平台搭建。一方面，通过引进和培养电商人才，配置资源，运行和维护电商平台；另一方面，鼓励商户从事电商业务，加强对市场商户的互联网知识培训，推进茶叶批发市场向智慧茶叶批发市场方向创新发展。积极响应国家政策，搭建“一带一路”茶叶国际贸易平台。“一带一路”沿线国家共有131个，通过促进国内茶叶批发市场代表对沿线产茶国家的访问学习，了解当地茶叶批发市场消费现状及发展趋势，借鉴国外先进的市场经营模式、现代化管理经验，提升国内茶叶批发市场的综合实力。

（执笔人：高陈升）

中国茶业电商发展报告

——根据厦门醉品春秋网络科技有限公司数据分析

厦门醉品春秋网络科技有限公司

一、茶业电商发展情况

（一）全国茶叶电商发展现状

据商务部数据，2018年我国网上零售额突破9万亿元，其中实物商品网上零售额7万亿元，同比增长25.4%，对社会消费品零售总额增长的贡献率达到45.2%，较上年提升7.3个百分点。其中，2018年全国农村网络零售额达到1.37万亿元，同比增长30.4%，全国农产品（4.840，0.00，0.00%）网络零售额达到2305亿元，同比增长33.8%，农村电商迅猛发展。

茶叶作为农产品电商的重要类目，仅次于坚果类目，销售额居于第二位。茶叶电商已成为脱贫攻坚的重要手段，2018年，电子商务进农村综合示范新增238个国家级贫困县，覆盖率达88.6%，其中约55%的淘宝村产品涉及茶叶类目。

（二）基于醉品平台的情况分析

1．茶类分布

2018年醉品平台各茶类整体销售格局并未发生大规模变化，红茶是增幅最快的茶类目；而绿茶、普洱茶类目占比依然较高，属于主要销售类目；白茶、黑茶、岩茶等细分类目和高端茶类在持续走高。以总销售额占比排序：红茶占30%，乌龙茶（主要是岩茶）占25%，绿茶占15%，普洱茶占15%，白茶占10%，其他茶类占5%；以销售数量占比排序：红茶占35%，普洱茶占15%，白茶占16%，绿茶占15%，茉莉花茶占8%（图1）。

2．消费群体

综合分析醉品茶城、茶集数据，消费群体较为稳定，2018年，新用户增长率为37%，老客户占比保持在70%，用户年均复购率在45%以上，忠诚度较高。按照年龄层次，“70后”“80后”由于社会层次与整体收入的变化，已经成为消费主流群体，占比达到68%。按照性别分布，由于缺乏花草茶品类，男性依然是饮茶的主流群体，占到66%，远高于女性。

按照地区划分，华北占24%、华东占21%，华南占22%。华东华南两个区域仍为饮茶大区，华

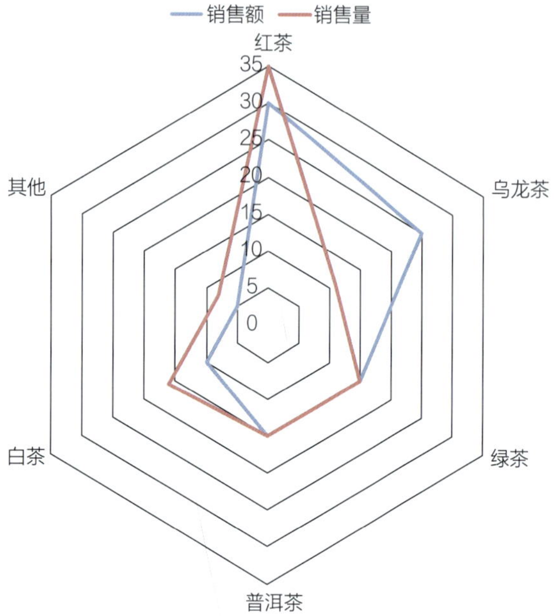

图1 分茶类销售量额比较

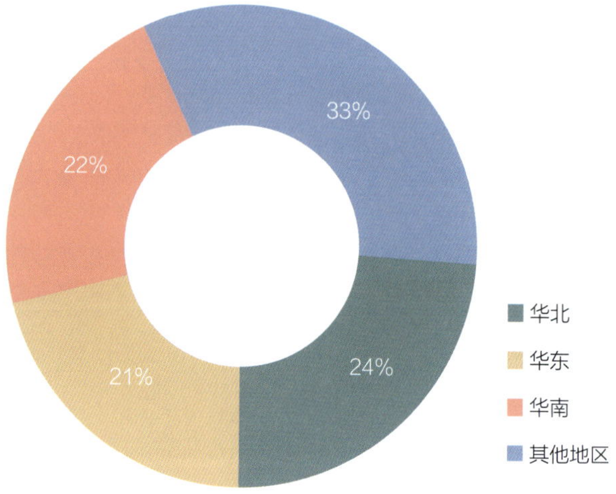

图2 消费群体分地区占比

北、西北占比逐年增大。一线、二线城市的茶消费者数量占比超55%以上，在三线、四线城市的茶消费者数量占比近45%（图2）。

3．客单价情况

2018年所有茶类数据显示，平台平均客单价519元（远超天猫、京东数据），平均件单价485元（每笔客单可能包含多件产品）。黑茶、白茶、普洱茶客单价较高超过300元，红茶、绿茶客单价230元，茉莉花茶客单价也在100元以上。乌龙茶客单价也有较高提升。单价排名前三位的茶类是岩茶（650元）、白茶（561元）、普洱茶（518元）。作为专业茶叶电商平台，醉品在销售单价和用户专业性、信赖度等方面依然具有较大的优势，也是客单价较高的原因。

4．渠道融合

（1）茶酒融合　传统酒商的经营模式存在服务体验差、品类单一、渠道狭窄、营销方式落后、囤货压力大、资金周转期冗长等问题。近一年来市场上不仅有许多茶企在践行茶酒跨界及挤占其他零售业态货柜的现象，醉品茶集作为线上线下相融合的无界新零售渠道平台也实现了与酒类平台（如1919酒类直供、歌德也买酒、酒仙网等）间融合发展，并实现了与平台间技术打通、供应链融合、零售组合动销等新的尝试；从零售终端商品陈列来看，未来茶酒组合销售将会蓬勃发展，但仍需各方对商品规划及渠道建设进行更为细致的梳理。

（2）茶旅融合　国内旅游市场是人流密集及大量流通的场所，大量的人流、休闲消费的欲望及求新求异的心理带来了巨大的消费力，直接反映到纪念品与特产市场的繁荣。茶叶作为南方多省市的重要特产，在与旅游产业的融合发展上卓有成效，体现在景区开发、产品销售等多方面。由茶旅融合反映到电商平台主要有两点：一点是纪念品采购，对于较难携带的产品，采用线下订购、线上发货、直送到家的方式，方便了游客的购买；另一点是产品复购，许多游客对于体验过的产品，网上复购率较高，这也是消费者群体的开拓。

5．品牌建设

电商品牌建设多与线下品牌建设相结合，并未出现典型单独打造线上品牌的案例。品牌建设主要以区域公共品牌建设、企业品牌打造、渠道品牌推广三个方面为主。

区域公共品牌决定着茶类品牌的下限，是企业品牌的基础，各级政府及茶叶类社会团体更加重视其建设。当前，线上线下联动建设的区域品牌为安化黑茶、潇湘绿茶、咸阳茯茶、福鼎白茶。以大湘西“潇湘绿茶”为例，不仅在全国各类平台媒体，大量广而告之湘西生态潇湘茶，宣扬大湘西生态环境，也通过线下活动，有重点地主推名优品种如“黄金茶”“石门银峰”等，推进了大湘西整个茶叶集群的发展。

茶企品牌作为企业影响力和传播力的直接体现，也受到了进一步的重视。企业品牌更多的体现在线下反哺线上，或者区域品牌反哺企业品牌。前者主要为竹叶青等传统品牌为主，如竹叶青占据名优产区及公共品牌合一的高山绿茶，外加线下零售直营门店的建设，使之成为高端绿茶抢占高端消费人群的一个垂直品牌；后者以极白为典型，安吉白茶作为网上销售极佳的产品，对极白在初创期的推动作用是巨大的，后期企业自主品牌结合区域品牌产生了互相推进的化学作用。

渠道品牌是茶产业发展的有效促进，在传统电商渠道成本上升、定位服务不准的现在，更加重要。近年来渠道品牌不断增多，其中醉品茶集是典型代表，线上线下相融合的新零售连锁渠道，发力点在品牌集成、品类集成及互联网智能零售，形成了独特的渠道优势。

6．线下活动

现在的茶叶电商，因为茶叶产品的饮品特性，更加注重线上线下的转化发展，线下活动的宣传转化、联动发力作用明显。其中，安化黑茶文化节是线下联动活动的典型代表。

在互联网+新零售的大背景下，醉品集团携手安化黑茶基于共同的战略合作愿景，抓住机遇，实现双方优势互补、共赢发展，结成战略合作伙伴关系，推动安化黑茶产业的互联网升级，提升品牌知名度及市场占有率及在全国的销量。醉品集团凭借自身优势，助力安化黑茶建立线上线下推广营销，全方位提升了安化黑茶在互联网新时代的竞争力和品牌美誉度。

为了切实推广安化黑茶，让更多人发现安化黑茶的美，醉品集团也于10月26—28日在线上醉品茶城和线下醉品茶集同步开启安化黑茶专场品鉴会活动，数千份的安化黑茶免费派送供全国各地的茶友鉴赏。醉品安化黑茶品鉴装由中茶、褒家冲、德兴泰、千秋界四大品牌的黑茶组成，严选各品牌的黑茶精品。融汇安化黑茶精品，浓缩安化黑茶精华，将黑茶的最高品质落在每一片茶叶之中，让安化黑茶的魅力展现无遗。

安化黑茶文化节期间，醉品集团作为活动特邀嘉宾也亮相第四届安化黑茶文化节的智慧馆。现场不仅可以看到醉品集团的线下-移动-线下的新零售平台，见识中国互联网+新零售的茶业成熟落地；也可以现场免费品鉴好茶。

7. 值得关注的有趣现象

数据显示：半个中国喜欢都喝黑茶（黑茶大系——普洱、黑茶、六堡茶，构成了中国喝茶新地图；充分说明大黑茶系已经走向品牌化发展，或者在品牌推广方面较为突出）；集中在“70后”“80后”“90后”，占比超92%；新中产阶级对茶叶认知过低，喝茶10年不知道铁观音是乌龙茶；叫得出名字的茶品牌屈指可数，新中产最看好茶叶能形成品牌消费的趋势。

二、新零售——茶业电商面临的机遇与挑战

新零售是利用互联网大数据、云计算、智能化等手段，力求实现体验、效率、成本这三个类别的优化。

（一）大数据强力赋能

大数据赋能新零售的意义是一种零售思维，甚至变成了一种必需品。一方面，人人都要拥抱大数据，它是一种生产资料，是我们这个智能互联网社会必备的生产资料，另一方面，大数据本身是一种算法，也是一种思维，它能做到尽可能地把用户所有的行为、所有的经验可量化，并将其总结成一套算法、一套公式，并不断地用更多的数据来反哺它，使其越来越优化、越来越精确。

优质低价的商业模式顺应了中国消费市场转型升级的大趋势，电商是基于大数据的核心思维、核心算法，托生出的线上线下相融合的新零售商业模式。例如覆盖全国南北方市场的“醉品茶集”，正是基于上千家线下实体门店的大数据反向孵化了一个真正垂直的醉品茶城平台，所以更加追求单品的规模化。同时需要优化的是线上茶城与线下门店截然不同的商品结构，结合不同的消费数据推广更多有特色的茶叶产品，以吸引消费者。

（二）线上线下互融

新零售的本质体现在降低成本、提高效率、升级体验三个关键点上；线上线下相融合，就是为了用最低的成本、最高的效率给用户最好的体验；线上的便捷和低价更贴近用户。

跨界新零售、新营销，全渠道发展亦将成为当下新的大趋势，茶酒融合、茶旅融合，如火如荼，但均离不开以上大数据思维、大数据+云计算布局。大数据为基础，多渠道为手段，最终目的是为了企业的发展和品牌的打造。

（三）供应链有效规划

决胜新零售的关键在于供应链，供应链是一项系统工程，需要原产地产区政府、龙头茶企、协会商会等多方组织协力推动。工艺建设、品牌建设、渠道建设等专业化分工，聚焦自身核心竞争能力，专注于自身定位；将专业的事交给专业的人，每一部分的完美构成整个供应链的完美。

在茶叶质量方面，原产区政府应当加强质量监管，严格制定产品标准。通过新技术、新创新等推动更加标准化、智能化生产，可实现全程追溯等。在品牌建设方面，需与渠道建设统筹规划，不同渠道规划不同产品、不同定价，服务更为精确的目标消费群体；原产区区域公共品牌需与渠道品牌合力打造大品类（区域公用品牌、企业品牌）、细分品类；真正为终端消费者创造价值，实现产品即营销，用户即渠道的美好局面；更需要合力共建、持续创新、赢得更多年轻消费者，顺应未来五到十年的消费升级大趋势。

三、新营销——茶业电商发展前景与道路

新营销是我们经常说的一种说法，但营销4P这个核心是永恒的主题，融合是今后的方向，产品即营销，用户即渠道，我们茶企应当着眼于“产品及渠道”。

（1）互联网时代，人与人之间的交互方式有了三个空间：现场空间、社群空间、网络空间。有趣的是三个空间既是建立商业关系的场景，也是建立认知的信息渠道，还是交易的渠道和平台。醉品称之为“认知、交易、关系三位一体”认识即交易，交易即关系；更有趣的是，现场、社群、网络三度空间，还是可以打通和无缝转换的。三度空间、三位一体，也就成为移动互联网信息社会的基本营销环境，醉品首创茶行业新零售、新营销三位一体新模式逐渐被广大茶企、品牌所接受，共同推动茶产业蓬勃发展。

（2）新营销的基本分析框架是场景、IP、社群、传播。新营销与传统营销的关系，可以用以下4句话概括：场景是产品逻辑，IP是品牌逻辑，社群是连接逻辑，传播是营销逻辑。因为认知、交易和关系在信息社会是三位一体，认知即交易，交易即关系，新营销就是实现认知的手段，完成了营销认知，交易就变简单了。

（3）在新营销、新渠道的发展大道上，如何通过大数据系统构建闭环的生态体系，如何调动原产区政府即龙头茶企等行业力量，如何规模化地寻找并抓住有价值的创新点，我们各个方面都需要更进一步进行有效探索和实践，值得我们更多企业即从业人员戮力同心。永远相信时间的力量，只要为这个茶行业创造了独特的价值，并始终坚守这种价值，终究会获得巨大的发展。

四、把握新中产——茶业电商的关键群体

新中产是当前茶类消费的主要客户，茶业同行潜移默化的都在这个客体上发力，要根据大数据，寻找新中产的痛点，更好的服务与把握新中产。

（1）由于对茶叶的认知少，在买茶时“踩坑”的概率就更大，超过80%的新中产在买茶时都当过冤大头。买错的原因有几个方面，其中近一半的新中产是因为买到了以次充好的茶叶，31%的新中产则是花了冤枉钱。还有32.7%的新中产两眼一抹黑，根本分不出自己有没有被坑。

（2）基于以上原因，我们坚定地认为，核心在原产区、原产地政府、协会等监管机构的监管标准，区域公共品牌管理规范及龙头品牌茶企的品牌、市场、渠道建设，当地茶叶市场良莠不齐，外埠经销商一拥而至，扰乱了流通规则，导致了新中产频繁踩坑。

（3）我们建议一定要有能让消费者看到，信到、得到茶产品的这样一个平台，平台要具有公信力，有品牌推广、标准展示、宣传教育、引导消费的功能；不管是区域公共品牌，或者六大茶系各龙头茶企品牌，抑或是诸如金骏眉、茉莉花茶、黄金茶等等细分品类统一在品牌建设、渠道建设、流通建设等环节都可以一气呵成；通过现有大数据建设为各个层面予以赋能；诸如中茶协品牌集群联盟、醉品茶集智慧门店。

（4）在买茶这件事上，新中产最关注的一点是茶叶的品质，这一占比达到了80.7%，其次是价格，紧随其后的则是口碑和品牌。

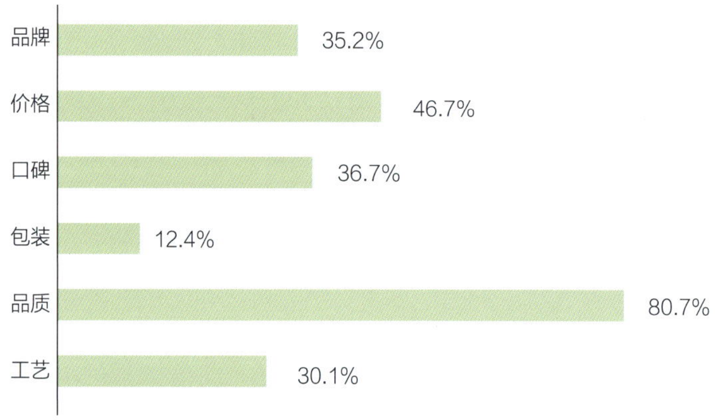

图3 新中产最关注茶产品因素调研结果

从图3不难看出，新中产对于茶叶品质相当看重。想要茶叶品质优良，就必须要求在茶叶种、采、制等过程中管控严苛，也就需要原产区政府主管部门和负责任的茶叶企业严把品质关，另外从品牌推广维度，包装的占比会很快接近品质，远超价格，靠近口碑。

（5）从买茶渠道来看，为了买到品质好茶，大多数新中产会选择安全系数更高的实体店进新购买。比起网购，有超过70%的消费者会选择线下品牌店和商超进行消费；近些年随着阿里、京东大平台门槛过高，流量降低、获客成本上升，导致很多茶企有心无力，私域电商又一地鸡毛，传统流通方式缩减，真正高效、品质运营的实体门店少之又少。

（6）超过82%的新中产每年在喝茶上花费5000元。超过这个数的购茶意愿就急剧下降了，而愿意花费10万以上的，则是凤毛麟角。

图4显示，除了喜欢茶的口感外，新中产们也开始注重饮茶所带来的健康功效，有23.2%的新中产有养生等保健需求。有些新中产由于难以识别茶叶的品质，更愿意选择品牌茶，希望借助好的渠道平台、品牌门店购买到好茶。

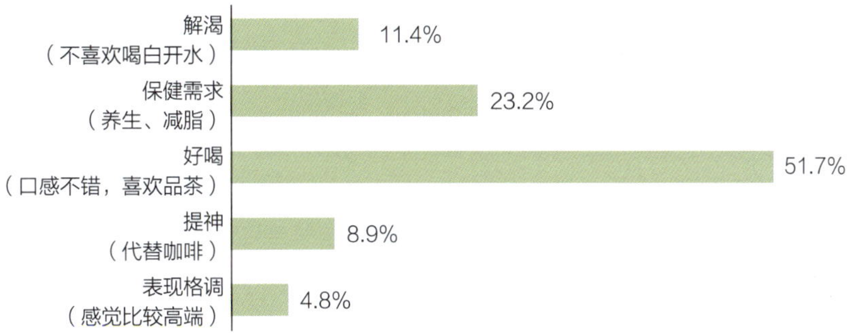

图4　新中产喝茶目的调研结果

根据中国茶叶流通协会数据显示，2009—2018年的10年时间，品牌茶叶销售额翻了超7倍，力压非品牌茶叶（散茶），约占总销售额90%以上；而散茶（非品牌茶叶）一直在被压缩。品牌茶的兴起，可以体现在茶客对茶叶品牌认知度的提高上。目前已经有不少茶品牌受到了新中产的关注。信号显示也告诫茶业同行，任重道远，大家尚需齐心协力，奋发图强，将产品及渠道深耕细作，真正做到迎合消费大趋势。

醉品集团愿携手业内广大同仁，践行伟大“中国梦”，助推中国茶产业高速发展，真正实现以“茶”为媒的产业资源转型，进而转化成“扶贫富民”的新动力。

（执笔人：郭小龙）

中国茶业营销发展报告

——做好茶叶营销，做强茶业品牌

2018年的中国茶业，不仅产销量继续稳步上升，市场层面也精彩纷呈，随着创新茶企及新派茶饮品牌的纷纷进入，茶行业出现了前所未有的热闹景象，甚至呈现出从来没有过的观念碰撞。

一些热点行业事件“破圈”，成为大众关注热点。如2018年7月，央视财经报道了福建武夷天价茶的调查，每500g数万元、数十万元的武夷岩茶随处可见。天价茶持续发酵，茶行业炒作“产地”“山头”的问题仍然层出不穷。与此同时，一些创新的现代茶企凭借标准化产品，品牌化运营，快速获得了市场认可。如行业新秀小罐茶，短短3年零售额就突破了20亿，让茶行业看到了产品标准化和品牌化的力量。而喜茶、奈雪的茶等新派茶饮的持续火热，则让人看到了中国茶年轻化的力量。

可以说当下的中国茶行业，正站在传统与现代、经验与科学、农产品与消费品思维激烈碰撞的十字路口，一个崭新的局面或许即将开启。

一、2018年度茶行业营销关键词

2018年度中国茶行业营销的关键词，可以归结为传统与现代的碰撞、农产品向消费品的升级、跨界与自身的多维创新与交融。

（一）传统与现代的碰撞

当前，中国茶行业的企业和品牌，大致可以归结为3类：传统茶企、创新茶企与新兴茶饮品牌。在营销方式上，主流茶企继续沿承传统手段，创新的现代茶企则以消费品思维打造品牌，新派茶饮则在产品创新和传播创新的驱动下，快速扩展年轻人群的茶饮市场。传统与现代的碰撞，对茶行业的所有参与者都产生了不同的影响，同时，也不可避免对行业共识的形成产生割裂作用。

传统中国茶营销的突出特点，大多关注于茶，而少关注于消费者；多围绕着“茶”这片叶子的故事包装，而缺少对消费者需求的了解。传统茶营销，要么把茶叶包装成高端的文化产品售卖，炒作天价茶，要么把茶叶作为区域性的土特产品来卖，蜂拥而上。所以茶行业传统的营销模式，往往以悠久的茶历史、茶文化为背景，通过包装和传播产地、山头、品种、年份的故事来达成销售，而很少去关心消费者的真正需求，这也从根本上，导致了茶行业一直以来有类无品、有牌无品的局面。而部分稀缺区域、稀缺品种的茶品被炒出天价后，仿冒产品满天飞的根源也正在于此。

近两年新进入行业的现代茶企如小罐茶，则是在真正践行现代消费品的营销思维。小罐茶彻底抛弃了茶行业的传统营销模式，通过对目标消费者的精准定位，在充分调研消费者需求的基础上，有针对性地去开发产品，并以标准化的产品思维，统一规格、统一质量、统一包装、统一定价，极大提升了消费者的消费体验，借助现代的传播手段，短短两三年时间，就快速打响了品牌。小罐茶站在中国原叶茶的主流市场阵地上，却和传统原叶茶企业走了一条截然相反的路，不再是产地品类导向的营销路线，转走消费品的品牌化营销路线，事实证明，消费品的模式，在茶行业也一样是行得通的。

而这一两年尤为火热的新式茶饮，如喜茶、奈雪的茶、乐乐茶等，无论是产品还是营销，都是对传统中国茶的一次彻底变革。新式茶饮的快速崛起，主要赢在3个方面：一是产品的创新，新派茶饮跳出茶做茶，当茶与芝士、水果等不同原料融合后，茶口感的丰富性大大提升，快速征服了年轻人的味蕾；二是体验的创新，新派茶饮品牌，无论是产品的设计还是店面的设计，无一不是以用户体验为核心，真正做到了让消费者“随时随地，想喝就喝”；三是品牌形象和传播模式的创新，让新派的茶饮变成了一种时尚、现代的生活方式，成为年轻人新的社交名片，不断吸引更多年轻人的关注和喜爱。

如果说传统茶企的营销，是就茶做茶，就茶卖茶，那以小罐茶和喜茶为代表的创新茶（饮品）品牌，则是跳出茶做茶，以消费品和饮品的形态，让人们看到了中国茶的另外一种可能性和更广阔的市场空间。

（二）农产品向消费品的升级

“七万茶企不抵一家立顿”，虽不客观，却也真实反映了中国茶行业“小、散、乱”的局面，中国茶的特色在于工艺的复杂性和品类的多样性，但小农经济的模式，也阻碍了茶产业做大做强。中国茶行业，从上游的茶叶种植、采摘，到中游的加工、生产、包装、储存，再到下游的市场、销售，至今仍是农产品思维在主导。体现在市场上，表现为：靠天吃饭，靠经验吃饭，产品缺乏稳定的品质，无法真正标准化和规模化；价格体系较为混乱，市场渠道原始，营销推广手段落后，品牌意识薄弱。茶的产业链长，上游是农业，中游是工业，下游是商业和服务业，小作坊式、师徒传承的传统经营模式，很难真正适应市场化的竞争，更不用说与立顿这样的国际商业巨头抗衡了。

自茶叶市场开放以来，中国茶行业还缺乏真正意义的商业化洗礼，很多从业者，祖祖辈辈做茶，但对于现代营销缺乏客观和真正的了解。甚至不少人会片面地认为，营销就是“编故事”，营销就是卖东西，产品好不好无所谓。事实上，营销是产品、价格、渠道、推广的科学组合。任何一个品牌，都需要从打造“满足顾客需求的产品开始”，在产品的创新、渠道的拓展和推广上，打好组合拳。不少茶企热衷于“创新”茶文化，嫁接历史典故，炒作天价茶，但就是没有站在消费者的需求上，没有认清营销的真正本质，没有真正去开发符合不同人群需求的产品。如果一个茶产品，连好喝的基本需求，品质稳定的需求都无法满足，却在好看、好玩、奢华等边缘需求上下功夫，等于是舍本逐末，打造品牌更无异于天方夜谭。

另一方面，领先的品牌茶企已经成功引入了消费品领域成熟的市场营销手段。在满足消费者需求的前提下，通过产品、价格、渠道、宣传的组合式创新，获得了市场快速认可。在这方面，小罐茶首开先河做了很多尝试，并取得了良好效果。针对消费者“买茶时无标准，喝茶时太烦琐，送茶时无价值”的痛点，以及中国茶“老气、土气”的刻板印象等问题，小罐茶联手制茶技艺传承人，在传承传统工艺的同时，统一等级、价格、规格，解决消费者选择时的困难。同时邀请国际知名设计师，研发创新的小罐包装，提升茶叶用户体验；小罐茶创新开拓了在高端商场以专柜专卖店销售茶叶的新渠道模式，通过标准化的产品拓展烟酒渠道，将烟酒渠道升级为烟酒茶渠道，并系统化地在央视、卫视、杂志和互联网进行品牌推广，从产品、价格、渠道、推广全方位发力，短短三年时间就迅速成长为中国领先的品牌茶企，这其实是科学化营销方法的胜利，也是小罐茶之所以年零售额突破20亿背后的真正原因。

虽然不同的行业，营销的具体方法和手段会有不同，但其本质的规律是通用于各行各业的，营销也是现代企业品牌建设与运营的关键组成部分。不少茶企片面强调茶行业的特殊性，忽视营销的科学规则。事实上，中国茶行业的营销不是过度，而是仍然处于初级阶段，需要科学化、系统化的认知提升与改造。

（三）品牌跨界，品类升级

中国茶营销在因循自身的发展路径之外，其实也还有很多行业外的营销经验可供借鉴。中国茶营销，产品的创新和标准化，可以学习咖啡，渠道的开拓和管理可以学习白酒，品牌消费场景和生活方式的构建，可以学习洋酒。只有跳出茶行业，中国茶的营销才有更多可能。

2018年中国茶业营销的亮点，许多就是跨界思维的产物。这方面的案例有很多，如雨林古树茶与格力就产品研发、跨界融合达成战略合作，加入央视中国品牌强国战略联盟，推出“太极禅院IP联名款”产品；再如艺福堂跨界玩起合作电影《移情大师》，举行“生态罐·春芽计划”公益活动，小罐茶跨界故宫、恭王府，推出限量产品等。这些举动不仅对于茶企自身，对于中国茶行业来说，都是吸引外界关注，扩大知名度、建立美誉度的积极营销。

新式茶饮以其注重年轻化的趋势崛起，品牌跨界更是频繁，如喜茶跨界耐克和欧莱雅，奈雪的茶与旺旺跨界等等，让新茶饮成为一种新的流行饮料，甚至吸引了不少外界商家的跨界进入。如火锅品牌“呷哺呷哺”推出“茶米茶”、主打鱼头的“旺顺阁”推出“鬻茶”、太平洋咖啡推出“太茶”等产品。这些餐饮品牌把茶作为辅助产品，带来茶品和食品结合的营销创新。

传统与现代、农产品与消费品、跨界与自身的诸多碰撞，表面上是产品、传播手段的差异，归根结底是思维之争，背后体现出的，是用传统的农产品思维做茶与消费品思维做茶的区别。中国茶行业多年来大而不强，营销也较为初级，核心在于行业一直以来都是农产品和文化产品的思维在做主导。缺乏真正的消费品思维、标准化思维和科学营销思维。未来中国茶的品牌化之路，必须以消费品思维为基础，回归科学、回归本质，学习借鉴消费品领域的成功案例，快速找到适合中国茶的科学营销之路、品牌之路。

二、中国茶营销的未来：用消费品思维做好营销

（一）为什么要用消费品思维做营销

中国虽然是世界茶叶的故乡，也是产茶大国，但在消费市场，尤其是在年轻人群中，中国茶逐渐被边缘化也是不争的事实。中国茶有大量独特的茶叶品类，但却没有强势品牌也是不争的事实。为什么中国茶拥有最庞大的消费人群基础，拥有独特的工艺优势，却一直没有诞生出强势品牌？从表面来看，这是产品和营销的问题；从深层来看，这是整个行业底层思维的问题。

农产品思维和文化产品思维依然是目前主导茶行业发展的最主流的底层逻辑。

思维决定行为，从上游种植，中游加工生产，再到下游的流通销售，农产品的思维模式，直接导致了茶叶产品的非标准化，流通渠道的边缘化和营销传播的品类化。几乎所有茶区都在通过炒作天价茶来博取眼球，但类似的营销炒作，其结果却往往只能是让真正的消费者越离越远。

而文化产品的思维，强化了茶的文化属性，但却忽略了茶叶作为一个健康饮品的本质，跳脱了大部分人对于茶的基本需求，茶企寄希望于通过各种历史典故，名人故事以及各种仪式流程能将茶叶赋予更高的价值，能将茶卖好，无疑也是本末倒置，只有先把茶的消费做好普及，茶文化的普及才真正有空间。只有将眼光聚焦于消费者身上，让茶回归健康饮品的本质，充分挖掘不同消费者的需求，以现代消费品的思维做茶，做大标品、大流通、大推广，才是做大做强茶品牌的唯一路径。

为什么要用消费品思维做营销？一言以蔽之，消费品思维是对传统农产品思维的升级，消费品思维是真正的市场思维，是需求思维，是竞争思维。相比于作为农产品的茶所体现的非标准化、集中度低等特点，消费品的茶天生要求具备标准化、规模化的产能基础，而标准化和规模化的产出是孕育行业强势品牌的前提。

这方面，同样作为大众消费饮品的咖啡值得借鉴。咖啡与茶同为植物性饮品，从种植、加工到消费等诸多环节都极其相似，但咖啡行业以雀巢和星巴克为标杆，不仅诞生了众多全球和区域性知名品牌，也成为全球人民共同的生活方式。以星巴克为例，截至2017年，星巴克在中国拥有2936家门店，计划在2020年开到5000家，占据着中国咖啡市场51%的市场份额，年轻人以喝星巴克为一种品质生活的表达。各大商场的星巴克都占据着商场最佳的地理位置，给消费者提供了年轻时尚、舒适优雅的环境，场景化营销的细节如吧台、灯光、展示架也做得很好。这种现代化的连锁门店模式，以消费品思维倡导的标准化、工业化、时尚化手法，深深融入现代社会、切中主流消费者需求。比起咖啡来，中国茶的“健康”标签更加深入人心，为什么中国茶不能像咖啡一样出现大众熟知的强势品牌，成为年轻人消费饮品的首选呢？

对于中国茶营销来说，只有深刻认识到农产品思维主导的局面造成的局限，才能认识到消费品思维的重要性和必要性。只有深刻认识到产地品类思维的局限，如过度细分产地、品类，强调其差异性，造成茶叶消费的门槛极高等，才能充分认识到品牌化思维的价值，助推中国茶业强势品牌的崛起

和整个行业的强大，改变“七万个茶企不敌一个立顿”的局面。

（二）如何用消费品思维做营销

用消费品思维做营销，首先必须要明确三点：定位清晰，需求导向，产品标准化。

第一点：做好消费品的营销，首先要做好品牌定位。

市场不是单一的，高端人群与大众人群，礼品市场与自饮市场，老茶客市场与茶小白市场等等，目标人群不同，需求不同，产品的特点，品牌调性、定价策略，渠道策略等等都会产生巨大的差别。

第二点：要根据定位找准目标消费者的需求，为消费者提供更好的产品和服务。

不同的消费者在待客、自饮、馈赠等不同消费场景下，对茶叶有着截然不同的需求点。比如同样是小罐茶，它首先推出的金罐系列产品，针对的就是待客和送礼市场，对茶叶品质，包装形态等，都讲究精益求精。而新推出的多泡装产品，则针对的是自饮人群，相对送礼的需求，自饮人群会更注重产品的口感和性价比，所以多泡装的产品形态和价格，就与小罐茶的金罐系列有巨大的区别。而很多茶企在推出产品时，不考虑目标消费者的需求特性和消费场景，简单的希望通过价格的不同，来实现市场的区隔，显然是不可实现的。茶企在解决茶叶品质共性问题的同时，如何更好地满足不同消费群体的个性化需求，有针对性地研发产品，是中国茶行业首先要面对的重要课题。

营销的4P是一个动态的组合，其中任何一个要素发生变化，其他的要素也需要发生相应的变化。对消费人群、场景和需求的明确定位，做好有针对性的产品研发，是做好茶业营销的重要前提。在这个前提下，还要对价格、渠道和宣传进行组合式创新，不同人群定位的产品，它的价格体系必须要有针对性，同样它适用的渠道和推广方式，也会有所不同。

第三点：产品的标准化同样也是消费品思维的重要表现。

一是产品的标准化和品质的稳定性是消费品的基础。对于中国茶行业来说，要做到这点，必须要建立起严格的标准化制度和流程。不但需要从源头把控茶叶的原料等级，还需要在整个生产过程中提升工业化水平，借助现代工业设备和方法，把加工、质检、包装、储存等环节纳入标准化流程。这方面竹叶青、小罐茶等品牌，都下了不少的功夫。

中国茶的独特魅力在于工艺复杂所形成的品类的丰富性，茶的制作在中国一直以来也是师徒相授，依托经验代代相传。但是作为消费品，要实现从品类到品牌的升级，其生产加工，必须要完成从经验到科学的升级，借助现代的科学技术和工业化生产，让传统茶的制作技艺标准化，规模化，从而让更多人能喝到品质稳定的中国好茶。作为茶行业标准化的积极探索者，小罐茶在这方面的创新非常值得学习和借鉴。小罐茶通过与各品类制茶大师的合作，将传统技艺通过现代化的技术手段和生产工具，不仅实现了技艺的传承，更让原先只能少数人喝到的高品质好茶，让更多人能够消费到。

二是价格体系的透明化、标准化同样非常重要。这方面，小罐茶做了表率，雨林古树茶、竹叶青等品牌也可圈可点。2016年正式上市时，小罐茶就明确提出了统一定价的标准化模式，目前金罐系列、多泡装系列的多种茶品均为统一定价。这是一种创新的做法，把传统的产地品类划分统一在小罐茶这个品牌之下，是一种品牌化的定价方法。这种方法的好处随着小罐茶的热卖已经充分体现：降低消费门槛，提升消费体验。

和小罐茶不同，雨林做的主要是普洱茶里的古树茶，这个品类里曾有一斤数十万元的天价茶诞生，被舆论质疑为过度炒作。雨林的进入，是通过制定原料收购标准（与当地茶农直接签约，只收一芽二叶的鲜叶）、统一制作方法和制作流程（在西双版纳产茶区的寨子旁建了多个古茶坊，聘请当地制茶师统一制作）等，由此建立起标准化的价格，改善了古树茶定价极度失序的局面。

定价标准化的背后是以产品为核心的供应链标准化，要求稳定的产品品质和规模化的产能基础。对品牌茶企来说，这是大势所趋。

在明确以上三点的基础上，要继续关注的就是渠道和品牌推广的创新了。

一是中国茶也需要摆脱传统农产品的模式，向大流通、大消费迈进。中国茶做大消费，必须也要在渠道模式上取的突破。渠道创新本质上就是人、货、场的流通效率的创新和提升。传统茶行业，沿用农产品的销售模式，多采用茶城、专卖店、茶展会的形式进行流通，在特定的历史时期，这种渠道模式能够更好地实现茶叶产品的流通，但在当下渠道模式已经发生巨变的今天，就显得有些落后了。

除了传统的茶城、专卖店、茶展等渠道，茶企更应该去拥抱像KA商超、电商、烟酒店等规模更大，效率更高的渠道。如茶企对电商等新渠道的应用，形成了像艺福堂这样的电商品牌和成功营销模式。艺福堂诞生于浙江杭州，销售渠道主要为线上，如淘宝店、天猫旗舰店、京东店，是一家典型的电商茶企。2018年双“11”当天，艺福堂天猫单店销售额1242万，当年销售额过3亿元，验证了线上卖茶的有效性，值得借鉴。卢正浩大胆启用李佳琪卖茶，也是一大探索和创新。2018年6月27日，抖音“口红一哥”李佳琦推荐卢正浩茶叶，5分钟就卖出2500份，成为茶企营销运用短视频渠道成功销售的创新案例。

而小罐茶，则是将渠道的创新的重点，放在了传统烟酒渠道的升级。小罐茶在实现产品的标准化之后，正致力于将传统的烟酒店升级为烟酒茶店，据统计全中国有几百万家烟酒店，一旦烟酒店真正变成了烟酒茶店，实现茶叶产品的高效流通，其渠道势能将不可想象。

无论是艺福堂的电商，还是小罐茶的烟酒茶店探索，渠道的创新和升级，对中国茶的做大做强，具有十分积极的推动作用。

二是从品牌推广上看，当前中国茶的宣传形式更加多样，正朝着消费品行业成熟的立体化、系统化宣传方向稳步前进。茶企敢于高调宣传自己，除了小罐茶，雨林、八马、竹叶青等品牌也登陆央视。除了传统的央视、卫视广告，越来越多的茶叶品牌开始重视新媒体传播的实时互动。特别值得一提是，品牌茶企都加强了与用户的直接沟通与互动。

如2018年，小罐茶在北京、武汉、西安等城市，策划举办了茶品的系列“万人品鉴大会”，直面消费者的不同声音；竹叶青茶采用明星的借势营销，2018年12月的竹叶青峨眉高山绿茶战略成果发布会上，从高晓松到刘嘉玲，从吴晓波到江南春，都为竹叶青茶的品质、品相点赞。这种借助明星流量的营销手法快速制造话题，引发媒体关注，为中国茶业的营销提供了更加立体化、场景化的方法。

三、对中国茶营销的几点建议

（一）标准化是根基，工业化生产是关键

没有标准，就不可能有稳定的品质；没有标准，就不能形成真正的规模；没有标准，也不可能达成与消费者之间的信任；没有标准，更不可能成就真正的茶叶品牌。

而标准、品质、规模的背后，都离不开工业化的生产。

但是，工业化的生产和标准化的产品并不意味着要削弱传统的制茶技艺，恰恰相反，在工业化生产的前提下，如何将传统技艺更好地融合到现代化的生产流程中，将传统的技艺数据化、智能化，生产出有特色、高品质、高性价比的好茶，是所有茶企都需要认真面对的挑战。工业化不是要削弱传统技艺，而是通过现代工具，让传统技艺的价值最大化，只有通过现代化的设备，做出规模化的、有品牌特色的产品，品牌的长远发展才有稳定的根基。

（二）产业链和人才是保障

中国茶行业的营销水平和所处的阶段，与行业的产业链现状是相一致的。从这个角度看，中国茶业营销的进步，需要全行业在产业链供给侧的高质量重构。

茶产业上游是农业，中游是工业，下游是商业，产业链长，需要各个环节都进行全方位的提升：上游茶园，需要解决的是生态化种植，规模化管理，以及高效率利用的问题；中游加工，需要解决的是加工流程的工业化和自动化、智能化，需要解决的是品质的标准化，需要解决的是传统技艺的现代化；下游商业，需要解决的是品牌的创新、渠道的创新、推广模式的创新。

从茶园到茶杯，中国茶行业的升级，需要的是一场全产业链的升级，彻底打通市场、研发、工厂和茶园等环节，实现大研发、大生产、大流通。

当然，我们也欣喜地看到，这个行业的一部分领先企业，开始走上了“全产业链+大研发”道路，对茶叶的生产和种植环节进行现代化布局和升级。例如，小罐茶成立了“茶叶工业装备中心”和“茶叶研发中心”，分别聚焦茶叶工业化课题，以及研发具有高辨识度的茶叶产品。此外，小罐茶还联合西门子、IBM等国际巨头，创新研发智能化的生产设备，提升茶行业工业化生产的能力。

同时，人才队伍的建设，是中国茶营销实现升级的核心保障。当前，中国茶行业营销的人才“老化”与“短缺”并存。“老化”表现在目前支撑行业营销的企业营销骨干，大多还是“60后”，甚至“50后”的第一代市场化改革创业者；“短缺”则表现在和茶叶消费的年轻人越来越多相比，茶企里的年轻人却不多，“90后”“95后”营销人才短缺。年轻且具有现代化营销理论与观念的新一代人才已经茁壮成长，但还没有成为主流人群。缺乏与时俱进的人才队伍，难以与市场，尤其是“90”后消费主力

对话，导致中国茶企在产品开发、渠道建设、宣传推广形式上，有所创新但活力不足。

行业人才队伍的培养，领先的品牌茶企当仁不让，责无旁贷。尤其是“90后”“95后”年轻人才的吸纳与培养，决定着茶行业营销的整体质量提升。这方面，品牌茶企不仅要注重培养行业内的人才，使之能力提升、思维升级，也要大胆引入行业外的社会人才，促进彼此的交流互融。茶学专业的毕业生要有正确的市场和营销认识，营销人也要更深入了解茶行业，开放、共融才是茶行业未来发展的最佳路径。

行业人才队伍的培养，还应重点关注一些与茶业相似较多，根基一致的消费品行业，鼓励行业开放，交流融合。如茶叶与咖啡，茶叶与烟酒，就是消费认知和营销根基较为相近的行业，从中遴选、培养人才，促进不同行业间的人才互相流通。星巴克进入中国多年，在连锁经营、饮品管理等方面积累起丰富经验，培养出一批具有现代思维、洞察用户需求的专业人才；茅台酒和中华烟在中国市场的成功，是在和无数同行的激烈竞争中脱颖而出的，其对人才队伍建设上的努力值得认真研究。特别是白酒行业，十多年前都还处于粗放式的初级发展阶段，但随着茅五剑等品牌酒企的强势带动，行业在十多年间已有较大净化与进化，背后正是行业人才队伍的提升。

（三）茶文化的传承要靠创新

对于中国茶业营销来说，建立在现代生活基础上的茶文化营销，仍然有着深厚的基础和巨大的发展空间。新时代的茶文化，应当建立在国盛茶兴的国运基础之上，建立在对现代主流消费者的喝茶需求之上。中国不缺好茶，也不缺乏茶文化，缺的是从时代视角、消费者视角出发的文化创新，缺的是对主流消费者生活场景的洞察和消费场景的营造。

茶叶作为一种历史悠久的饮品，本身自带文化属性：从唐朝陆羽著《茶经》以来，中国茶从食品到饮品，几经变迁，从明清以来就成为带有社交属性的消费品，茶已成为一种生活方式的载体。如传统方式讲究的洗茶、泡茶、品茶工序，讲究喝茶的自然环境和人文环境，实质上就是一种带有历史传承意味的生活方式；现代茶营销讲究年轻化、时尚化、便携卫生，就是一种带有现代时尚感的生活方式；新式茶饮讲究场景化，讲究辅食的搭配和茶饮店空间的营销，就是一种带有年轻化、休闲化的生活方式。

从这个角度上来说，要让主流消费者重新爱上中国茶，让中国茶文化向世界传播，需要的是让茶深深融入消费者的日常生活。只有把茶叶消费引入更多与自饮人群生活相关的场景，如家庭、办公、差旅、社交等，让茶叶融入主流消费人群的日常生活，中国茶文化才能更好地传承下去，中国茶业营销才有机会、有空间做得更好。

从面向未来的角度来看，中国茶营销的未来，一定要能够为主流消费者，尤其是年轻人提供其喜爱、认同、向往的生活方式解决方案。也只有站在时代和消费者视角，才能真正做好中国茶，让更多人爱上中国茶，更好地传播中国的茶文化。

四、结语

总体来看，2018年的中国茶行业营销的特点是，一些突出品牌的快速发展引发行业与市场的关注，并深入到对其营销理念与模式的争论。这是中国茶营销新旧冲撞的必然，也酝酿着磨合之后的前进与突破。可以说，2018年的中国茶业营销有进展、有亮点，但还没有完成从农产品思维向消费品思维的飞跃质变。只有正确认识营销的内涵与外延，理清并处理好产品、价格、渠道、宣传4个要素之间的关系，全面升级为消费品思维，中国茶营销才能良性成长，行业整体才会健康发展。

（执笔人：江大友）

第七部分

食品安全

中国茶叶质量安全报告

中国茶叶流通协会茶叶质量安全工作委员会

茶叶既是原产于我国的传统特色农产品，也是广大老百姓生活中的常备食品饮料，目前我国茶叶产量和消费饮用量均居世界首位。回顾2018年全国茶叶质量安全态势，可谓总体平稳有保障，但风险防控实际成效与广大人民群众期盼尚存差距。农药残留和重金属超标、食品添加剂被检出、标签标识不规范等问题得到进一步控制但依然存在；个别自媒体针对茶叶质量安全的失实歪曲传播、职业打假纠纷、消费欺诈和虚假宣传等问题越发受到有关部门和行业重视却屡屡出现。对此，在过去的一年中，我国各级地方政府、行业组织、企业、科研检测机构坚持以党的十九大精神和习近平总书记“四个最严”要求为统领，围绕茶产业全链条食品安全风险点实施最严格的监管、主动落实生产经营者主体责任、推进行业自律和社会共治、提高茶叶质量安全风险管理能力、推动茶叶产品质量提升和茶产业高质量发展。

一、2018年我国茶叶质量安全总体态势

（一）2018年我国茶叶质量安全风险监测情况

根据农业农村部公布的国家农产品质量安全风险监测数据显示，2018年我国茶叶抽检合格率为97.2%，较2017年下降1.7个百分点（图1）。另据农业农村部办公厅关于2018年农药监督抽查结果通报显示，2018年全国重点抽样检测了蔬菜、果树、茶树、水稻、小麦、玉米、棉花、大豆等农作物用药情况，涉及29个省（区、市）和境外生产企业的8119个农药样品，质量合格样品7568个，合格率为93.2%，其中茶树用药合格率为90.9%。同时，对蔬菜（含食用菌）、瓜果、茶叶、中药材生产用农药产品开展专项抽查，抽检农药样品1291个，合格率为93.7%。

（二）2018年我国茶叶及相关制品监督抽检情况

根据国家市场监督管理总局公布的食品安全抽检数据显示，2018年全国各级市场监管部门针对绿茶、红茶、乌龙茶、黄茶、白茶、黑茶、花茶、袋泡茶、紧压茶、代用茶等各类茶叶及相关制品，根据《中华人民共和国食品安全法》等相关法律法规规定以及GB 2762—2017《食品安全国家标准 食品中污染物限量》GB 2763—2016、《食品安全国家标准 食品中农药最大残留限量》等标准要求，共组织开展了42895批次监督抽检，同比2017年增加8400个批次，抽检合格率为99.37%（图2）。我国茶叶及相关制品质量安全近年虽略有浮动，但产品合格率总体均达到99%以上，保持高位水平（表1）。

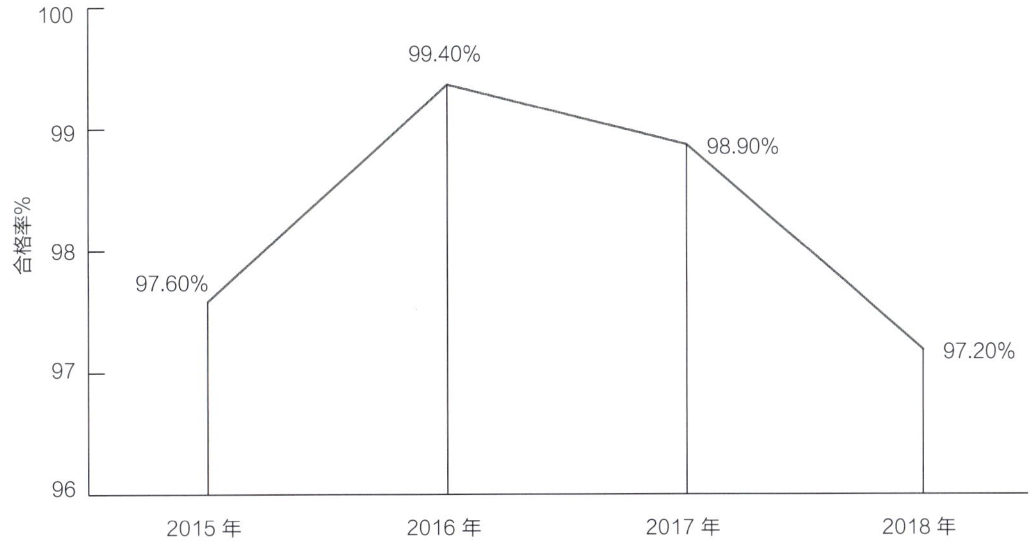

图1　2015—2018年全国茶叶质量安全风险监测合格率

数据来源：农业农村部

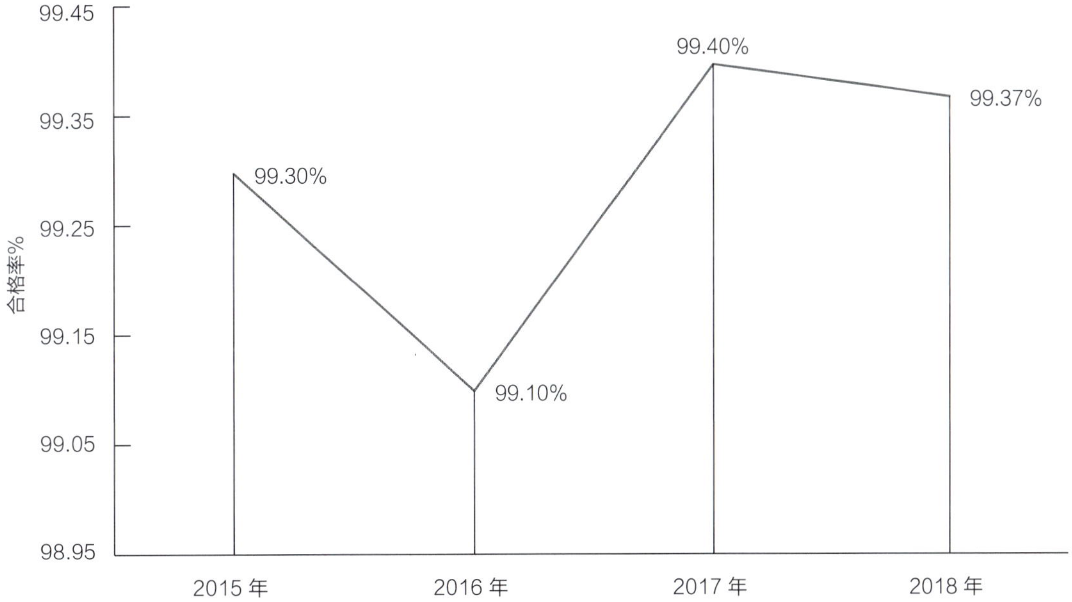

图2　2015—2018年全国茶叶及相关制品监督抽检合格率

数据来源：国家市场监督管理总局

表1　2018年全国茶叶及相关制品监督抽检结果

季 度	样品抽检数量/批次	合格样品数量/批次	不合格样品数量/批次	样品合格率/%
第一季度	7728	7692	36	99.5
第二季度	5550	5514	36	99.4
第三季度	12010	11909	101	99.2
第四季度	17607	17496	111	99.4

数据来源：国家市场监督管理总局

二、2018年我国茶叶质量安全相关标准动态

目前，我国与茶叶及相关制品有关的食品安全国家标准共有13项，内容具体涉及农药最大残留限量、污染物限量、标签、卫生规范、检测方法等，是我国茶叶质量安全监督抽检的重要依据（表2）。

表2 我国与茶叶及相关制品有关的食品安全国家标准

标准名称	标准代号
食品安全国家标准 食品中污染物限量	GB 2762—2017
食品安全国家标准 食品中农药最大残留限量	GB 2763—2016
食品安全国家标准 预包装食品标签通则	GB 7718—2011
食品安全国家标准 预包装食品营养标签通则	GB 28050—2011
食品安全国家标准 食品生产通用卫生规范	GB 14881—2013
食品安全国家标准 食品经营过程卫生规范	GB 31621—2014
食品安全国家标准 饮料	GB 7101—2015
食品安全国家标准 食品工业用浓缩液	GB 17325—2015
食品安全国家标准 食品添加剂使用标准	GB 2760—2014
食品安全国家标准 饮料中咖啡因的测定	GB 5009.139—2014
食品安全国家标准 食品微生物学检验 霉菌和酵母计数	GB 4789.15—2016
食品安全国家标准 食品中铅的测定	GB 5009.12—2017
食品安全国家标准 食品中百草枯等43种农药最大残留限量	GB 2763.1—2018

其中，GB 2763—2016《食品安全国家标准 食品中农药最大残留限量》、GB 2762—2017《食品安全国家标准 食品中污染物限量》两项标准经修订分别于2017年6月18日和2017年9月17日正式执行。2018年6月21日，由国家卫生健康委员会、农业农村部、国家市场监督管理总局联合发布的中华人民共和国国家标准GB 2763.1—2018《食品安全国家标准 食品中百草枯等43种农药最大残留限量》正式发布，并于2018年12月21日正式实施。

（一）GB 2763—2016《食品安全国家标准 食品中农药最大残留限量》

该标准经修订后，在食品农药最大残留限制数量和覆盖率上都有了较大提升，共计规定了433种农药在13大类农产品中4140个残留限量，较2014版增加490项，基本涵盖了我国已批准使用的常用农药和居民日常消费的主要农产品。对于茶叶而言，标准具体规定了48项农药的最大残留限量，较前一版新增加了20项，包括三氯杀螨醇在内的曾禁用农药。此外，灭多威的限量要求更加严格，由之前的3mg/kg修订至现在的0.2mg/kg（表3）。

表3　GB 2763—2016与茶叶有关的农残最大限量指标

农药名称	最大残留限量/（mg/kg）
苯醚甲环唑	10
吡虫啉	0.5
吡蚜酮	2
草铵膦	0.5
草甘膦	1
虫螨腈	20
除虫脲	20
哒螨灵	5
敌百虫	2
丁醚脲	5
啶虫脒	10
多菌灵	5
氟氯氰菊酯和高效氟氯氰菊酯（异构体总和）	1
氟氰戊菊酯	20
甲胺磷	0.05
甲拌磷	0.01
甲基对硫磷	0.02
甲基硫环磷	0.03
甲氰菊酯	5
克百威	0.05
喹螨醚	15
联苯菊酯	5
硫丹	10
硫环磷	0.03
氯氟氰菊酯和高效氯氟氰菊酯	15
氯菊酯	20
氯氰菊酯和高效氯氰菊酯	20
氯噻啉	3
氯唑磷	0.01
灭多威	0.2
灭线磷	0.05
内吸磷	0.05
氰戊菊酯和*S*-氰戊菊酯	0.1
噻虫嗪	10
噻螨酮	15
噻嗪酮	10

续表

农药名称	最大残留限量/（mg/kg）
三氯杀螨醇	0.2
杀螟丹	20
杀螟硫磷	0.5
水胺硫磷	0.05
特丁硫磷	0.01
辛硫磷	0.2
溴氰菊酯	10
氧乐果	0.05
乙酰甲胺磷	0.1
茚虫威	5
滴滴涕	0.2
六六六	0.2

（二）GB 2762—2017《食品安全国家标准 食品中污染物限量》

新修订的标准取消了包括茶叶在内的植物性食品中稀土限量要求。之前的标准中明确规定茶叶稀土元素（16种稀土元素氧化物总量）的限量标准为2.0mg/kg，然而此限量并不符合行业生产实际，茶叶稀土含量超标事件的屡次曝光，使茶叶生产者和消费者们备受煎熬。茶叶稀土限量标准的取消将直接受益于乌龙茶、黑茶和普洱茶等多茶类板块企业。目前，此项标准中与茶叶有关的污染物限量指标为铅元素（限量指标为5.0mg/kg）。

（三）GB 2763.1—2018《食品安全国家标准 食品中百草枯等43种农药最大残留限量》

该标准是GB 2763—2016《食品安全国家标准 食品中农药最大残留限量》（以下简称GB 2763）的增补版，可与GB 2763配套使用，具体规定了百草枯等43种农药302项最大残留限量。其中7种农药最大残留限量主要规定的是植物源食品，包含茶叶新增项目两项，分别为百草枯和乙螨唑。

三、2018年度茶叶质量安全热点事件

（一）茶叶蒽醌超标原因被查明

2018年初，由中国工程院陈宗懋院士领衔主持的浙江省重大科技项目——茶叶中蒽醌来源的研究通过专家组验收。近年来，面对日益严苛的欧盟茶叶检测标准，许多茶企因过不了高达460多项的技

术壁垒而铩羽而归。尤其是茶叶蒽醌问题，欧盟在持续维持10%的口岸抽检措施外，进一步加大了对中国输欧茶叶中蒽醌的检测，直接导致很多茶企的产品被退回、出口受阻。由于蒽醌在茶叶中的来源不明、风险不明，且检测方法不成熟，使得无法有效地对茶叶中蒽醌进行控制。经研究，茶叶中蒽醌污染是多因素共同作用的结果，其中有两个最主要的来源：第一是燃料，由于传统的煤和柴在燃烧的过程中产生大量蒽醌飘浮在空气中，很容易被茶叶吸附，进而造成蒽醌超标；第二是包装材料，纸质包装材料及纸箱中一般都含有蒽醌，也会导致茶叶污染。该研究课题的完成，对于破除欧盟技术壁垒，提升中国茶叶种植、生产、加工水平，促进茶叶贸易发展具有非常积极的意义。

（二）个别自媒体继续在网络平台传播茶叶质量安全不实信息

2018年3月，有网络传言将2012年茶叶农药残留报告引发的媒体报道以及2013年央视二套播出的“信阳茶叶农药残留调查”等内容拼凑在一起，以《[央视曝光]你喝的不是茶，而是毒药》进行发表，在社会上迅速传播并引起极大反响。该谣言引用了央视的视频截图和东方卫视的视频，对视频时间未做任何交代，为博取粉丝眼球而拼凑不实消息，夸大了茶叶农药残留的危害性，对消费者产生误导，对即将到来的春茶生产销售带来负面影响。对此中国茶叶流通协会等单位第一时间将相关信息向市场监管总局等国家有关部门反应，同时向全行业和广大消费者发出信息提示，提请广大消费者从政府主渠道获得质量安全信息，不要听信谣言和传播谣言，共同维护产业的健康发展。

四、当前我国茶叶质量安全突出问题

（一）农药残留超标

目前，我国茶叶农残超标问题主要集中于三氯杀螨醇、氰戊菊酯、灭多威、草甘膦、联苯菊酯、乙酰甲胺磷、氯氰菊酯、溴氰菊酯、氟氯氰菊酯、三唑磷等。

1. 三氯杀螨醇

三氯杀螨醇是高效的有机氯杀螨剂，作为低毒农药，对人、畜等有低等毒性。在我国现行GB 2763-2016《食品安全国家标准　食品中农药最大残留限量》中，三氯杀螨醇在茶叶中的残留限量为0.2mg/kg。目前，我国茶叶中三氯杀螨醇残留超标情况较多，主要集中在浙江、苏州、福建、广东、江西、山东、安徽等省份。

2. 氰戊菊酯

氰戊菊酯是拟除虫菊酯类农药，是目前拟除虫菊酯农药用量最大、经常检出超标和超标情况较为严重的一类。在我国现行GB 2763—2016《食品安全国家标准 食品中农药最大残留限量》中，氰戊菊酯在茶叶中的残留限量为0.1mg/kg。2002年6月5日，原农业部发布的第199号公告规定，氰戊菊酯不得用于茶树上。氰戊菊酯残留抽检超标情况较多，较为集中的地区有上海、浙江、安徽、福建、山东、广东、重庆、湖北等省份。

3. 灭多威

灭多威是一种氨基甲酸酯类杀虫剂，被世界卫生组织（WHO）定义为高毒农药。在我国现行GB 2763—2016《食品安全国家标准 食品中农药最大残留限量》中，灭多威在茶叶中的残留限量调整为0.2mg/kg（之前为3mg/kg）。灭多威残留超标问题较为集中的地区有山东、四川、浙江、江苏等省。

4. 草甘膦

草甘膦是一种有机磷类灭生性的除草剂，是目前我国发展最快、产量最高的除草剂。在我国现行GB 2763—2016《食品安全国家标准 食品中农药最大残留限量》中，草甘膦在茶叶中的残留限量为1mg/kg。草甘膦残留抽检超标情况较多的地区主要有湖南、陕西、安徽、四川、湖北、浙江。

5. 联苯菊酯

联苯菊酯是一种新型的人工合成拟除虫菊酯类杀虫剂，被广泛用于防治植物害虫及某些害螨，是茶园中较为常用的农药，多用于防治茶尺蠖、茶蚜、黑刺粉虱、小绿叶蝉、茶叶象甲、茶叶螨类等茶树害虫。在我国现行GB 2763—2016《食品安全国家标准 食品中农药最大残留限量》中，草甘膦在茶叶中的残留限量为5mg/kg。联苯菊酯残留超标问题较为集中的地区有重庆、安徽、浙江。

6. 乙酰甲胺磷

乙酰甲胺磷又名高灭磷，是一种高效低毒广谱性有机磷杀虫剂，在我国现行GB 2763—2016《食品安全国家标准 食品中农药最大残留限量》中，茶叶中的乙酰甲胺磷残留限量为0.1mg/kg。

7. 氯氰菊酯

氯氰菊酯为有机氯杀虫剂，是目前使用量最大的拟除虫菊酯类杀虫剂之一。在我国现行GB 2763—2016《食品安全国家标准 食品中农药最大残留限量》中，氯氰菊酯在茶叶中的残留限量为20mg/kg。

8. 溴氰菊酯

溴氰菊酯是人工合成拟除虫菊醋杀虫剂中杀虫毒力最大的一个品种，在我国现行GB 2763—2016《食品安全国家标准 食品中农药最大残留限量》中，溴氰菊酯在茶叶中的残留限量为10mg/kg。

9. 氟氯氰菊酯

氟氯氰菊酯属含氟高效广谱性拟除虫菊酯类杀虫剂，在我国现行GB 2763—2016《食品安全国家标准 食品中农药最大残留限量》中，氟氯氰菊酯在茶叶中的残留限量为1mg/kg。

10. 三唑磷

三唑磷是一种广谱性的有机磷杀虫、杀螨剂，具有低毒、高效、广谱的特点，三唑磷属被世界卫生组织（WHO）定义为高毒农药，在我国现行GB 2763—2016《食品安全国家标准 食品中农药最大残留限量》中，三唑磷的每日允许摄入量为0.001mg/kg代谢体重，未规定茶叶中的残留限量。

（二）重金属——铅（以Pb计）超标

铅是一种对人体有害的重金属元素，是一种重要的神经毒和环境毒。在GB 2762—2017《食品安

全国家标准 食品中污染物限量》中，其限量指标为5.0mg/kg。铅元素主要是通过茶园管理和种植环节进入茶叶中，铅超标意味着茶园环境不适宜茶树的生长，直接影响茶农种植和生产，此外，企业的包装及加工设备也是形成铅含量超标的因素之一。

（三）食品添加剂（柠檬黄、亮蓝）非法添加

柠檬黄是被公认为低毒性的合成色素；亮蓝为食用合成色素（着色剂），广泛应用于食品、药品和化妆品领域中。根据我国现行法规标准，柠檬黄、亮蓝在茶叶中均不得使用。上述两种添加剂在茶叶中被检出，一是因为生产过程带入，二是因为流通环节为了改变茶叶品质进行二次加工中使用，多用于陈茶、散茶等产品。

（四）茶叶产品外包装标签标识不合格

食品标签标识作为产品标注和市场消费的重要组成部分，直接牵涉到企业和消费者的切身利益。近年来，随着我国食品工业和消费市场的不断发展壮大，标签标识不规范问题一直是食品行业质量不合格的“重灾区”，究其原因主要有两个：一个是不少企业，对于标签标识的相关规范不够了解，对于标签标识的管理不够规范和不够重视，这一点在一些中小企业中表现得尤为突出，而很多食品行业还是以小作坊为主，中小企业占比大；另一个是不少企业为了达到宣传自己产品的目的，故意在产品的标签标识上耍小聪明，让食品的标签标识变得“油腔滑调”，误导消费者。于是，产品的标签标识特别是食品标签标识的不规范，一度成为消费者维权的重点，尤其是许多职业打假人更是针对性地进行维权，形成了广泛影响，使得《中华人民共和国食品安全法》在修订过程中新增“食品标签瑕疵”的概念，并将“存在不影响食品安全且不会对消费者造成误导的瑕疵”排除在惩罚性赔偿之外。

据国家市场监管总局监测结果显示，自2017年下半年开始，我国食品行业领域发生的消费维权和职业打假案例事件中，标签标识类问题呈现明显上升趋势，职业打假人的关注点已由以往的食品内质转向外部包装和标签标识标注内容。

截至2018年底，根据各地茶叶质量抽检信息显示，多家茶叶生产企业存在产品外包装标签标识不合格等问题（这些问题主要集中在：净含量字符高度和最小字符高度不合格；未标示产品所执行的标准名称、代号和顺序号；产品名称未标明加工工艺；电话号码标注错误；未标注产品属性；执行标准过期；净含量、配料表、产品标准号手写版补充；未标明加工工艺；标准标注错误；产地标注不规范；未标示配料表；未标注质量等级或等级虚标）。该类问题目前大中型企业较少出现该类问题，小微型企业较为集中。

五、我国茶叶质量安全后续工作建议

针对当下我国茶叶质量安全风险情况和特点，建议具体开展4个方面的工作。

1．持续加大源头治理力度

食品安全风险治理必须把住农产品生产的源头环节，治土治水，减“肥”增效，推进茶叶生产标准化。

2．依法持续提高食品安全“违法成本”

严厉打击人为因素导致的茶叶质量安全问题，特别是造假、欺诈、超范围超限量使用食品添加剂等行为，坚决铲除制假售假的黑工厂、黑作坊。协同监管部门与司法部门的力量，大力发展行业性社会组织，完善公众参与举报、企业内部吹哨人制度等，形成食品安全风险社会共治格局。

3．不断完善风险监管能力

在新一轮的食品安全监督体制的改革中，着眼于完善食品安全风险治理体系，致力于提升风险治理能力。

4．提升公众食品安全的科学素养

运用媒体力量提升公众防范食品安全风险的能力，聚焦社区群众，充分利用电视广播与互联网+等新型载体，丰富传播形式，增强大众传媒的食品安全消费知识传播的效果。

附件：2018年中国茶叶流通协会食品安全重点工作

食品安全是关系人民群众身体健康和生命安全、经济健康发展、国家安定和社会发展与稳定的重大问题。茶叶质量安全问题也是我国茶叶行业当前所面临的突出性问题之一。中国茶叶流通协会作为国务院食安办指定的茶叶行业食品安全工作唯一联络单位，始终根据国务院食安办“食品安全有关部门与行业协会联络协作机制”相关要求，以保障茶叶安全为目标，充分发挥行业协会的服务、协调和管理职能，准确了解掌握我国茶叶行业在茶叶质量、数量和可持续安全方面的实际情况和特点，加强对全行业茶叶安全工作的规范引导，协调解决行业各有关单位、企业在茶叶安全方面所存在的问题和困难，增强政府与行业间的沟通互信，保护行业和消费者的合法权益，努力营造规范有序、繁荣稳定的市场环境。

1．持续参与国家有关部门食品安全工作

截至2018年底，中国茶叶流通协会先后参加了国务院食安办、国家市场监管总局（原国家食品药品监督管理总局）、农业农村部等有关部门围绕食品安全生产、市场流通、风险防控、社会共治、食品标识管理、食品欺诈和虚假宣传整治等食品安全工作组织召开的专题会议，分别对《企业食品安全管理人员监督抽查考核办法》《食品安全欺诈行为查处办法》等进行意见反馈，同时与15家国家级食品行业协会共同编制完成了《如何吃得更安全——食品安全消费提示》等食品安全科普书籍。

2．开展食品安全专项研究

2018年，中国茶叶流通协会继续配合相关部门组织开展各类茶叶研究课题。了解当前我国茶叶种植和生产中农药管理及使用情况，掌握全国各茶叶主产区茶叶生产企业茶叶产品实际生产销售和茶叶质量安全管控情况，调查茶叶产品涉及超标禁限用农药品种基本情况，查找茶叶农药残留风险成因，研究茶叶农残超标问题治理方法和茶叶安全生产监管措施；全面树立掌握全国茶叶生产企业在生产加工、产品储运、市场销售等环节的产品质量安全控制水平、存在问题和潜在风险，向政府部门、主体生产企业、行业、科研机构等单位提出茶叶质量安全生产监管措施和体系建设建议。

3．参与食品安全标准制定修订

2018年11月，受国家卫生健康委员会食品安全标准与监测评估司委托，中国茶叶流通协会与中国疾病预防控制中心地方病控制中心共同开展食品安全国家标准“砖茶氟限量”修订工作。

4．引导加强行业自律

截至目前，为有效提升茶叶行业对于食品安全工作的重视，引导企业单位梳理责任人意识，中茶协先后针对“中国输欧茶叶被检出含高氯酸盐新型污染物”，原农业部发布第2552号公告，对硫丹、溴甲烷、乙酰甲胺磷、丁硫克百威、乐果等5种农药采取管理措施，向全行业发出风险预警提示。同时号召全行业主动开展茶叶及相关制品生产企业开展食品生产许可事项、茶叶产品标签标识有关问题自查，加强茶叶生产经营行为监管，强化企业守法诚信意识的提示。

5．推动边销茶产品质量提升

2018年5月，中国茶叶流通协会参加了市场监管总局组织召开的边销茶风险问题专项沟通会议，中央统战部、国家民委、商务部、农业农村部、国家卫健委等部门也派员参会，共同研究边销茶质量提升和风险管控事宜。同时，在内蒙古召开工作会议，邀请国家市场监管总局、国家民委等有关单位领导一同出席，共同针对边销茶质量安全问题进行专项研讨。

（执笔人：申卫伟）

中国茶叶标准体系建设发展报告

中国茶叶流通协会

标准是经济社会活动的技术依据，在国家治理体系和治理能力现代化建设中，发挥着基础性、引领性、战略性作用。近年来，我国茶叶标准化进程加快，标准化工作取得了显著进步与发展。

一、《中华人民共和国标准化法》

《中华人民共和国标准化法》（以下简称新《标准化法》）于2017年11月4日由第十二届全国人民代表大会常委会第三十次会议修订通过，并已于2018年1月1日起施行。

新《标准化法》全文共六章45条，分为总则、标准的制定、标准的实施、监督管理、法律责任、附则。新法中对标准的范围、结构、水平都做出了明确规定，构建了政府标准与市场标准协调配套的新型标准体系；明确要求制定标准应当有利于科学合理利用资源，推广科学技术成果，提高经济效益、社会效益、生态效益，做好技术上先进、经济上合理，从而可以更好发挥市场主体活力，更好发挥标准在新技术、新产品推广，以及新产业、新动能发展中的引领支撑作用。

标准是世界“通用语言”，标准化在促进世界互联互通，便利各国经贸往来中作用日益凸显。新《标准化法》对国家积极推动参与国际标准化活动，推动中国标准与国外标准之间的转化运用，为标准化工作与国际规则深度融合提供了法律依据，有助于我国更高水平的对外开放。

新《标准化法》在制度创新等方面有很多亮点：

（1）建立了政府标准化工作协调机制，明确要求国务院和设区的市级以上地方人民政府建立标准化协调机制，统筹协调标准化工作重大事项，并要求县级以上人民政府将标准化工作纳入本级国民经济和社会发展规划；

（2）扩大了标准的制定范围，从原来侧重工业领域，进一步扩展到农业、服务业和社会事业等领域，全方位满足需求，保障标准有效供给；

（3）强化了强制性标准的统一管理，规定国家标准分为强制性标准和推荐性标准，行业标准、地方标准是推荐性标准；将原来的强制性国家标准、行业标准和地方标准统一整合为强制性国家标准，并对强制性标准的范围做了严格的限定；

（4）赋予了团体标准法律地位，鼓励社会团体组织制定团体标准，构建了政府标准与市场标准协调配套的新型标准体系；

（5）设立企业标准自我声明公开和监督制度，要求企业向社会公开所执行的产品和服务标准相关情况，充分释放了企业创新活力的需要；

（6）加强了标准国际化工作，积极推动参与国际标准化活动，推进中国标准与国外标准之间的转化运用；

（7）规定了标准化军民融合制度，推进标准化军民融合和资源共享，提升军民标准通用化水平，积极推动军民标准相互转化和采用。

二、茶叶标准制修订情况概述

（一）国家标准

据统计，2018年全国新发布茶叶相关国家标准13项，其中包括食品安全标准1项、产品标准5项、方法标准4项、指导规范1项、技术规范2项（表1）。

表1　2018—2019年已发布茶叶相关国家标准

序号	标准编号	标准名称	标准类别
1	GB 2763.1—2018	食品中百草枯等43种农药最大残留限量	食品安全标准
2	GB/T 21726—2018	黄茶	产品标准
3	GB/T 24690—2018	袋泡茶	产品标准
4	GB/T 32719.5—2018	黑茶 第5部分：茯茶	产品标准
5	GB/T 14456.2—2018	绿茶 第2部分：大叶种绿茶	产品标准
6	GB/T 35026—2018	茶叶籽油	产品标准
7	GB/T 23776—2018	茶叶感官审评方法	方法标准
8	GB/T 35825—2018	茶叶化学分类方法	方法标准
9	GB/T 18798.2—2018	固态速溶茶 第2部分：总灰分测定	方法标准
10	GB/T 8313—2018	茶叶中茶多酚和儿茶素类含量的检测方法	方法标准
11	GB/Z 35045—2018	茶产业项目运营管理规范	指导规范
12	GB/T 35863—2018	乌龙茶加工技术规范	技术规范
13	GB/T 35810—2018	红茶加工技术规范	技术规范

2018年6月21日，国家卫生健康委员会、农业农村部、国家市场监督管理总局正式发布GB 2763.1—2018《食品安全国家标准 食品中百草枯等43种农药最大残留限量》等9项食品安全国家标准。其中，GB 2763.1—2018《食品安全国家标准 食品中百草枯等43种农药最大残留限量》是作为GB 2763—2016《食品安全国家标准 食品中农药最大残留限量》的增补版，与其配套使用。GB 2763.1—2018《食品安全国家标准 食品中百草枯等43种农药最大残留限量》中茶叶的农药最大残留限量增加了百草枯0.2mg/kg、乙螨唑15mg/kg两项指标。至此，食品安全国家标准中茶叶的农药最大残留限量指标增至50项。

在产品标准方面，绿茶、黑茶、黄茶等茶类均有标准更新，GB/T 35026—2018《茶叶籽油》的发布填补了国家标准在茶籽油领域的空白，为更多的茶叶精深加工企业提供了生产依据。此外还有多项产品标准在制修订过程中，将于近期发布，覆盖茶类丰富，品类更贴近市场需求和消费实际，体现了茶叶市场的最新变化和标准的及时跟进。

值得一提的是，新修订的GB/T 23776—2018《茶叶感官审评方法》已于2018年6月1日实施，与原标准相比，GB/T 23776—2018删除了“名优绿茶”“普通（大众）绿茶”的分类，统一名称为“绿茶”，并将冲泡时间定为4min；修改了毛茶、成品茶与乌龙茶审评杯碗的尺寸，增加了附录A（资料性附录）评茶标准杯碗形状与尺寸示意图；修改用于外形审评的茶样数量，由原来的200～300g修改为100～200g；修改了紧压茶与袋泡茶审评因子，将紧压茶与袋泡茶的整碎、袋泡茶的色泽品质审评因子删除，并调整了紧压茶五项因子的评分权重。新标准在近年来茶叶感官审评实践经验的基础上做了优化和调整，确保了茶叶产品品质评价和检测数据的科学性和可操作性。

（二）团体标准

随着我国团体标准化工作的推进，我国的一些社会团体已经开展了标准制定与实施活动。为规范、引导和监督团体标准化工作，2019年1月9日，国家标准化管理委员会、民政部发布《团体标准管理规定》，为团体标准的制定、实施和监督提供法规依据。《规定》再次明确了团体标准的定义、制定一般程序、并申明了团体标准的作用，即需“有利于科学合理利用资源，推广科学技术成果，增强产品的安全性、通用性、可替换性，提高经济效益、社会效益、生态效益，做到技术上先进、经济上合理”。此外，《规定》鼓励社会团体参与国际标准化活动，推进团体标准国际化，鼓励社会团体之间开展团体标准化合作，共同研制或发布团体标准，并鼓励各部门、各地方将团体标准纳入各级奖项评选范围。

此外，为了协调和指导团体标准化良好行为评价工作，以评价社会团体对GB/T 20004.1—2016《团体标准化 第1部分：良好行为指南》的实施情况，国家市场监督管理总局与国家标准化管理委员会于2018年7月13日发布了GB/T 20004.2—2018《团体标准化 第2部分：良好行为评价指南》，此标准已于2019年2月1日实施。

国家标准化管理委员会“全国团体标准信息平台”（http://www.ttbz.org.cn/）是进行社会团体的注册、政策文件的宣贯以及团体标准信息的发布等工作。截至2019年8月，已有2443家社会团体完成公示并审核通过，共计发布团体标准9561项，其中包括茶叶行业社会团体53家。2018年至今共发布涉茶类团体标准116项，内容涵盖茶叶产品、代用茶、含茶制品、茶叶机械、生产技术、茶叶品牌、赛事规程、服务规范等方面，大大丰富了现有茶叶标准体系内容，对我国茶产业的一二三产融合发展起到重要的促进作用。但团体标准的审核、发布还存在审核把关不够严、标准质量良莠不齐的现象，有待于今后工作中进一步完善，以便更好地促进茶产业的发展。

（三）行业标准

2018年至今，涉茶类行业标准共发布19项，包括农业行业标准、商检行业标准、工业行业标准以及供销合作行业标准，分别由农业农村部、原国家质量监督检验检疫总局、工业和信息化部、中华全国供销合作总社等单位依据工作领域及市场实际需要制定并发布（表2）。其中，工业和信息化部发布1项，中华全国供销合作总社发布14项，农业农村部发布3项，国家质量监督检验检疫总局发布1项。从标准类型来看，产品标准共发布12项，占比63.2%；技术规范6项，占比31.6%，方法标准1项，占比5.3%。

表2　2018—2019年已发布茶叶行业标准

序号	标准号	名称	标准类别
1	BB/T 0078—2018	茶叶包装通用技术要求	技术规范
2	GH/T 1231—2018	加香调味茶	产品标准
3	GH/T 1232—2018	蒙顶甘露茶	产品标准
4	GH/T 1233—2018	雅安藏茶企业良好生产规范	技术规范
5	GH/T 1234—2018	武阳春雨茶	产品标准
6	GH/T 1235—2018	莫干黄芽茶	产品标准
7	GH/T 1236—2018	诏安八仙茶	产品标准
8	GH/T 1241—2019	漳平水仙茶	产品标准
9	GH/T 1242—2019	紧压白茶加工技术规范	技术规范
10	GH/T 1243—2019	英德红茶	产品标准
11	GH/T 1244—2019	固态速溶普洱茶	产品标准
12	GH/T 1245—2019	生态茶园建设规范	技术规范
13	GH/T 1246—2019	茯茶加工技术规范	技术规范
14	GH/T 1247—2019	调味茶	产品标准
15	GH/T 1248—2019	信阳红茶	产品标准
16	NY/T 1713—2018	绿色食品 茶饮料	产品标准
17	NY/T 288—2018	绿色食品 茶叶	产品标准
18	NY/T 3222—2018	工夫红茶加工技术规范	技术规范
19	SN/T 0348.2—2018	出口茶叶中三氯杀螨醇残留量检测方法 第2部分：液相色谱法	方法标准

（四）地方标准

随着近几年国家茶叶标准化工作的持续推进，各地方茶产业的标准化水平显著增强。2018年1月21日重庆市人民政府公布重庆市人民政府令第317号，出台《重庆市地方标准管理办法》（2017年12月

21日重庆市人民政府第192次常务会议通过，办法将于2018年5月1日起施行）。

2018年至今，全国各主要茶叶生产区域持续推动地方茶叶标准化工作。据统计，全国范围内共有47项茶叶地方标准发布（表3）。从各省份的茶叶标准制修订情况来看，江苏4项，浙江5项，福建2项，江西18项，湖北、贵州各4项，宁夏、广西各2项，陕西、海南、广东、内蒙古、云南、四川各1项。从标准类型分析：产品标准居多，多达20项，占比43.8%；技术规范18项，占比37.5%；食品安全地方标准9项，占比18.8%。

表3 2018—2019年已发布茶叶地方标准

序号	省份	标准编号	标准名称	标准类型
1	江苏	DB32/T 1818.2—2019	连云港云雾茶 第2部分：产品质量等级	产品标准
2		DB32/T 3368—2018	黄金芽茶加工技术规程	技术规范
3		DB32/T 3529—2019	桂花白叶茶加工技术规程	技术规范
4		DB32/T 3540—2019	天目湖红茶质量等级	产品标准
5	浙江	DB3302/T 001—2018	名优绿茶生产技术规程	技术规范
6		DB3302/T 008—2018	望海茶生产技术规程	技术规范
7		DB3302/T 051.3—2018	宁波白茶生产技术规程 第3部分：采制技术	技术规范
8		DB3302/T 051.4—2018	宁波白茶生产技术规程 第4部分：质量等级	技术规范
9		DB3302/T 087—2018	宁波市茶园产地编码	技术规范
10	福建	DB35/T 1814—2018	红茶发酵设备通用技术条件	技术规范
11		DB35/T 1838—2019	地理标志产品 武夷红茶标准样品	产品标准
12	江西	DB36/T 1028—2018	浮梁茶红茶	产品标准
13		DB36/T 1062—2018	浮梁茶生产技术规程	技术规范
14		DB36/T 494—2018	婺源绿茶有机茶质量要求	产品标准
15		DB36/T 495—2018	婺源绿茶有机茶管理体系	产品标准
16		DB36/T 496—2018	婺源绿茶有机茶标识与销售	产品标准
17		DB36/T 497—2018	婺源绿茶有机茶种植技术规程	技术规范
18		DB36/T 498—2018	婺源绿茶有机茶加工技术规程	技术规范
19		DB36/T 500—2018	婺源绿茶加工技术规程	技术规范
20		DB36/T 501—2018	婺源绿茶质量要求	产品标准
21		DB36/T 555—2018	江西绿茶	产品标准
22		DB36/T 556—2018	江西绿茶种植和加工技术规程	技术规范
23		DB36/T 586—2018	地理标志产品 资溪白茶	产品标准
24		DB36/T 631—2018	上犹绿茶	产品标准
25		DB36/T 632—2018	上犹绿茶生产技术规程	技术规范
26		DB36/T 633—2018	上犹绿茶加工技术规程	技术规范
27		DB36/T 634—2018	上犹绿茶管理体系	产品标准
28		DB36/T 635—2018	上犹绿茶标识与销售	产品标准
29		DB36/T 712—2018	地理标志产品 靖安白茶	产品标准

续表

序号	省份	标准编号	标准名称	标准类型
30	湖北	DB42/T 1348—2018	地理标志产品 随州芽茶	产品标准
31		DB42/T 1403—2018	柿叶茶	产品标准
32		DB42/T 1408—2018	白化茶加工技术规程	技术规范
33		DB42/T 1458—2018	鄂茶10号优质绿茶加工技术规程	技术规范
34	四川	DB51/T 2482—2018	茶叶鲜叶采摘技术规程	技术规范
35	贵州	DB52/T 1000—2018	遵义红红茶	产品标准
36		DB52/T 1358—2018	贵州抹茶	产品标准
37		DB52/T 433—2018	都匀毛尖茶	产品标准
38		DB52/T 478—2018	湄潭翠芽茶	产品标准
39	云南	DB53/T 856—2018	地理标志产品 昌宁红茶	产品标准
40	内蒙古	DBS 15/001.1—2019	奶茶粉	食品安全标准
41	广东	DBS 44/010—2018	新会柑皮含茶制品	食品安全标准
42	广西	DBS 45/006—2018	代用茶和调味茶	食品安全标准
43		DBS 45/057—2018	六堡茶（传统工艺）	食品安全标准
44	海南	DBS 46/001—2018	鹧鸪茶	食品安全标准
45	陕西	DBS 61/0018—2018	汉中炒青茶	食品安全标准
46	宁夏	DBS 64/002—2018	八宝茶	食品安全标准
47		DBS 64/684—2018	枸杞茶	食品安全标准

（执笔人：于英杰）

第八部分

科技发展

中国茶叶科技创新发展报告

中华全国供销合作总社杭州茶叶研究院

2018年是国家继续深化科技体制改革与加快建设创新型国家的关键年。在国家创新驱动战略推动下，我国茶叶科技创新活力持续增加，各科技创新团队依托“十三五”国家重点研发计划、省级重大专项、横向委托、自主创新等不同层面的项目和省级以上各种创新载体，围绕供给侧结构性改革、乡村振兴、精准扶贫、产业提质增效等热点、难点，开展了大量科技创新活动，取得了一大批新的科技成果，但科技与经济、科技与金融等的融合度仍然不够，科技创新成果转化应用仍需各方协力高效推进。

一、主要成果

（一）专利

根据中国专利数据库统计，2018年茶领域共申请专利7303项，其中发明专利4922项、外观设计专利1679项、实用新型专利702项。按产业链环节分，“种植技术”57项，“加工技术”259项，机械设备中“揉捻机”137项；茶叶营养与功效成分“制备技术”近2000项，其中“茶多酚”212项、“茶皂素”110项、“茶氨酸”57项；茶叶创新产品中“保健茶”198项、“茶饮料”85项、“茶籽油”68项；另外“包装盒”287项，“包装袋”78项。

（二）论文

根据中国知网数据统计，2018年茶领域共发表中文文献10027篇。按不同研究领域分，“种质资源”和“品种选育”42篇，“茶园管理”60篇，“病虫害防治”79篇，“加工工艺”71篇，“提取制备技术”114篇，“质量安全”和“检验检测”188篇，“包装”194篇，“保鲜”30篇；另外涉及“茶文化”4638篇，“茶产业发展”1278篇，“茶旅融合”484篇，“规划设计”26篇。

（三）标准

2018年发布茶叶相关标准103项，按标准类别分类，包括：国家标准10项；行业标准12项，其中农业标准4项、供销合作行业标准6项、进出口行业标准1项、工业和信息化部标准1项；地方标准33项，团体标准48项。

（四）国家和各省级科技奖

据统计，2018年国内各省、直辖市、自治区涉茶类获科技奖16项。其中：安徽省一等奖1项，四川省一等奖1项、三等奖1项，浙江省二等奖1项，广西壮族自治区三等奖3项，云南省三等奖3项，福建省三等奖2项，湖南省三等奖1项，江苏省三等奖1项，陕西省三等奖1项，贵州省三等奖1项。这些获奖成果涉及种质资源发掘与保护、新品种选育与栽培技术研发、加工技术与装备研发、茶资源跨界应用技术及产品研发、茶制品质量安全等领域。

二、产业链各环节重大科技成果、最新动态

（一）茶树育种与栽培

1．茶树育种及种质资源

2018年40余个茶树品种获得植物新品种权。目前，航天育种、分子标记辅助育种和基因工程育种等现代育种技术不断应用于茶树育种领域，育种目标主要向早生、优质、抗逆性强、适合机采以及一些特殊需求如低咖啡碱、高表没食子儿茶素没食子酸酯（EGCG）、高茶氨酸、高花青素、具观赏性、特殊香型等多元化的方向转变。

2．茶园管理技术

在茶园肥料方面，中茶院团队通过复合菌剂发酵，将有机废弃物处理成安全无毒的高碳有机质肥料，在提供给植物所需养分及土壤微生物繁殖碳源的同时，有效提升地力、改良土壤，达到改善生态环境、促进生态平衡的目标；国家茶叶产业技术体系专家优化制定了《果菜茶有机肥替代化肥技术方案（茶园部分）》，在浙江、江苏、安徽等地进行验证性示范应用1万余公顷，实现示范区茶园化肥减施25%～53%，茶叶亩均增产3%～10%。

在病虫害防控方面，中国农业科学院茶叶研究所研发了天敌友好型LED杀虫灯，显著降低了天敌昆虫的诱杀量，提高了对小体型害虫的诱杀效果；农业部南京农业机械化研究所研制了便携式负压捕虫机及与动力平台配套的负压捕虫作业部件，首次捕虫率达70%。

在茶园管理机械方面，农业部南京农业机械化研究所形成了茶园全程机械化生产技术模式与装备体系；国家茶叶产业技术体系专家在江苏、河南、山东、湖北等地推广了高地隙多功能茶园管理装备、跨行自走式采茶机和轻简型系列机械。另外，应用省力、省药的植保无人机开展施药已成为茶园病虫害防治的发展趋势，但目前仍处于起步阶段。

随着大数据时代的到来，物联网技术也大量运用到茶园管理中，如基于物联网实现对茶园土壤、环境温湿度、大气压、光照强度、茶树长势等信息进行实时监测，结合茶树需水和灌溉情况实现无人化智能茶园的自动灌溉及施肥，开启茶园水肥一体化技术新模式。

2018年，中华全国供销合作总社杭州茶叶研究院、国家茶叶质量监督检验中心向国家人社部提交了茶园管理师《新职业建议书》，目前茶园管理员已列入国家职业技能工种序列。

（二）茶叶初精制

人工智能是中国茶产业生产加工从农产品向现代工业制造转变的关键，机器换人是大势所趋。近年来，茶叶加工技术装备及生产线，正从单机功能设计理念，向模块化集成设计理念发展，生产线的标准化、机械化、自动化程度越来越高，并向精准化、信息化和智能化发展趋势明显。茶叶智能化加工、茶园智能管理与机械化采摘是当前茶叶加工领域的研究热点。开展茶叶加工传感器研发，特别是攻克茶叶加工中在制品水分、香气、颜色、形态和内含成分的在线检测是茶叶加工的重点。

宋彦等进行了基于机器视觉形状特征参数的祁门红茶等级识别研究，该研究提出了一种基于形状特征直方图结合支持向量机的茶叶等级识别方法，为实现茶叶的客观、数字化等级鉴定，提供了试验数据和参考方法。陈婷等发现利用电子鼻技术能够较好地区分不同年份普洱熟茶中挥发物成分的差异。高林等研究发现使用电子鼻技术能有效区分不同等级、储藏年份的普洱茶，但对不同产地的普洱茶区分不够明确。赵章风等对球形茶炒制设备的做功效率进行定义、解算与分析表明，曲柄角速度和炒板相位角是影响球形茶炒制设备做功效率的主要运动和结构参数，且球形茶炒制设备的做功效率与茶叶的成形效果呈正相关。

红茶加工方面，张瑞等提出了一种基于在线检测与反馈调节的茶叶萎凋装置，借助Fluent流体仿真软件对萎凋机构萎凋室内的速度场及温度场分布进行数值模拟分析和实验研究。黄藩、张贝贝等在萎凋机的基础上提出光补偿萎凋技术，明确了不同光质、光强、光照时间对红茶感官品质和内含成分的影响规律。滑金杰等运用响应面设计对萎凋温度、相对湿度、光照强度等工艺参数进行优化，获得最佳工艺参数，即萎凋温度为27~29℃、相对湿度为69%~72%、光照度为5700~6400lx。潘科等研究表明，通氧发酵有助于红茶汤色红度和亮度的提高，通氧60min、发酵90~120min的红茶汤色最好。产业界还借鉴其他茶类的生产工艺改善红茶的品质。周颖等生产出了具有浓郁栀子花香的工夫红茶，陈凤月等加工出了高香型的坦洋工夫红茶。为了解花香型红茶的香气成分在加工过程中的变化，石渝凤等通过传统加工工艺制得普通工夫红茶，通过萎凋、摇青、揉捻、发酵、干燥的制作工序，制得花香型红茶。

安徽捷迅光电技术有限公司研发了一种云智能茶叶色选机，采用了全球首创的鹰眼技术、云技术相机、云图像采集处理和光谱分析技术等，可以深度识别普通色选机不能识别的微小杂质，并且可以对茶叶条形大小、长短、粗细、单芽、一芽一叶、一芽两叶、一芽三叶等精细分级；另外，还联用物联网技术和云处理系统，实时在线监测，创造出全新色选机。

（三）茶叶深加工技术与跨界应用

在当前茶产业结构失衡、茶资源过剩形势下，精深加工仍是实现茶资源高效利用的主要途径，是承载我国茶产业提档升级、推动高质量发展的重要支撑。随着基于全程质量安全的标准化绿色提制技术体系不断发展，我国已成为茶制品产业第一大国，依托中茶院团队大力推进的茶制品质量安全控制关键技术创新及示范应用，为引领行业企业规范发展提供了遵循和保障，助推产业结构和产品体系趋于稳健发展，该项成果获2018年度浙江省科技进步二等奖。

1. 茶叶有效成分提制技术研究

目前我国茶叶有效成分提制技术正在由传统工艺向绿色、高效、安全、节能方向发展。如超声辅助、微波-复合酶法浸提以及机械化学法、亚临界技术等提取茶多酚、儿茶素、茶皂素等方面的研究都有一定的创新性，技术手段创新的同时，还要关注技术经济性。

随着需求升级，对其质量安全要求越来越专业化和精细化。针对茶多酚、茶黄素等萃取茶制品中可能存在的溶剂萃取残留问题，可以采用非有机溶剂体系、食品医药级填料来确保安全性。

茶叶有效成分制备技术呈集成态势，采用多种分离手段和萃取技术以实现分离富集过程的精准、高效，能够实现产品规格等级的多样化。中茶院采用茶叶多产物同步模块化分离制备技术，可同时制得富咖啡碱速溶茶、脱咖啡碱高茶多酚含量速溶茶等不同类型茶制品，实现茶叶多产物同步分离制备，该成果获2018年度中国商业联合会科学技术奖一等奖。

为满足市场的差异化需求，基于非茶叶部位有效成分的提取分离技术也在逐步扩展，多成分提取成为资源利用的新趋势。如利用大孔吸附树脂富集、超滤膜富集及高聚物中压反相制备色谱等技术对茶树花、茶叶籽等为原料分离纯化精油、皂素，相关研究呈“多点开花”趋势。

2. 茶叶活性成分稳态递送技术研究

茶多酚、茶黄素等活性成分稳定性差、相容性不佳、利用度低是制约其规模化应用的技术难题，结构修饰、控制释放等稳态化技术在茶叶功能成分增效开发研究领域多见报道。食品微纳米载体技术（纳米乳、脂质体、脂质纳米胶囊和纳米复合物）研究较多，结果表明通过EGCG纳米化能够提高其递送稳定性和生物利用率，增强EGCG 的抗氧化、抗炎抑菌等功效。依托“十三五”国家重点研发计划项目（2016YFD0400800）实施，中茶院团队采用层层自组装技术对茶多酚类化合物进行包载改性，预期将推广应用于食品尤其是肉制品防腐保鲜领域。茶多酚还可在纳米粒子绿色制备过程中发挥稳定剂和还原剂的功效。

3. 茶叶活性成分功能评价研究

在茶叶活性成分的作用机理与功能评价领域，检测技术和方法上有了较大的提升和改善。国内有关茶资源活性成分的功效及作用机理研究取得了新进展。尤其结合代谢组学、基因组学、蛋白组学等现代仪器分析技术，茶多酚、茶多糖、茶黄素等与免疫、健康的最新研究成果正在改变现代消费理念，为茶叶深加工产品拓展市场提供理论基础。

茶多酚在健康方面的功效不断得到越来越多的证据支持。云南农业大学研究团队发现，茶多酚可通过抑制糖尿病伤口炎症靶点，有效促进糖尿病小鼠皮肤伤口愈合，并能减轻L-精氨酸诱导的小鼠急性胰腺炎，降低促炎细胞因子水平。茶多糖能够改善糖尿病肾病小鼠发病过程中的生化指标。

在癌症预防、阻控方面，茶多酚在肿瘤发展的起始、促进、转移和凋亡等多个环节中的作用机制已在多个实验模型系统中得到证实。茶多酚通过调节多条细胞信号通路从而中断癌变过程，或通过调节基因、蛋白质磷酸化来抑制癌细胞增殖，诱导癌细胞凋亡，如p53、核因子kB（NF-kB）、细胞周期蛋白依赖性激酶（CDKs）、P13K-AKT、丝裂原活化蛋白激酶（MAPK）、Nrf2-ARE等信号通路。

茶叶提取物如茶多酚、茶黄素在预防口腔疾病如龋齿、牙周炎、牙周病、口臭等方面作用明显，具有潜在的临床应用价值。此外，对茶树花提取物的抑菌和美白机理研究表明，其可通过抑制酪氨酸酶活性、减少黑色素生成等途径达到美白效果。这些功能性研究为茶叶日化的深度发展提供了应用基础。

4. 食品饮料新产品开发

国内茶饮料市场现已形成千亿级产业规模，是茶叶深加工产品的主流品类，2018年零售额约为1366.94亿元。除了市场青睐的冷溶、脱苦、高香以及脱咖等速溶茶新产品，新式茶饮催生了产品差异化定位，带动加工技术创新呈现多元化趋势。如冷萃茶、速溶铁观音茶、起泡型固体茶饮、复（混）合茶饮、益生菌茶饮料的创新反映了消费者对饮料选择的多样化、个性化。中茶院团队采用夏秋茶机采鲜叶加工冷泡茶关键技术采用酶促转化和高组织挤压破壁技术研发的冷泡绿茶产品，滋味清醇，冷泡浸出率达72.3%，品质特征彰显，同时拓展了夏秋茶增值利用的新途径。

此外，针对茶饮料专用原料茶定向筛选、提取用水、过程工艺、储藏品质变化、滋味特征差异等方面的应用技术研究趋于系统化，为茶饮料开发提供了多角度的技术保障。

茶叶跨界嗜好品的重要品类，尤其茶+酒的跨界融合产品成为行业热点，相关研究持续升温。茶酒工艺和原料选择各异，以高粱、茶树修剪枝叶为原料，或以糯米、夏秋茶叶为主料发酵均可制得茶酒，实现茶叶废弃物的充分利用。由中茶院和泸州老窖共同研发的茶酒，富含茶叶功效成分和风味特征，对人的中枢神经系统及肝胃组织具有显著的保护作用，可显著降低酒精对机体的化学损伤。

茶休闲食品不断研制成功，尤其抹茶烘焙食品更是成为当下网红产品，甚至咖啡品牌星巴克也推出抹茶戚风蛋糕和抹茶起司蛋糕。2018年，烘焙类茶食品的相关研究不断增多，主要涉及茶叶添加量与制作工艺、茶叶对食品加工特性与产品品质的影响等。中茶院可蒂烘焙工作室致力于茶食品研究，2018年研发了茶果子（冷糕点）系列、干点类茶食品、软欧包等新品20余款。浙茶集团研发的茶饼干、茶面包片已规模化面市。在含茶糖果产品开发方面，产品也日臻丰富。浙江大学研发的系列茶含片已上市。各糖果品牌纷纷推出含茶牛轧糖，广受消费者青睐。

5. 跨界终端产品开发

终端产品研发是实现茶资源增值的关键环节。随着化学工程、生物技术、酶工程技术、医药制剂等多学科技术的融合渗透，以及茶叶活性成分在保健医药、功能日化、智能材料等领域的交叉研究不断深入，功能化终端产品创新开发打破了传统茶叶加工方法和产品形态，茶产业已逐步进入“全价利用、跨界开发”新常态，产品品类、结构日趋丰富。

基于茶多酚、茶氨酸和茶色素等成分的差异化功效，集中在增强免疫力、降脂减肥等用途的特医食品、保健产品方面的应用技术研究，也已成为茶叶深加工产品开发的热点。如茶渣膳食纤维咀嚼片、复合保健乌龙茶开发等工作赋予了茶叶多品类开发的新内涵。

随着国民对大健康、高品质生活的诉求，茶叶在人体护理修复方面的功效不断被挖掘，茶叶提取物的抗氧化、抑菌消炎、抗紫外线（UV）、美白等功效正在为美妆个护领域提供新元素，茶多酚、茶黄素等在预防口腔疾病如龋齿、牙周炎、牙周病、口臭等方面的临床应用研究为茶叶日化的深度发展提供了应用基础，基于专用原料功效、特色研制开发的新品类日新月异。中茶院团队基于前期茶多酚、茶黄素、茶皂素等应用技术研究，孵化了系列功能日化产品，如茶多酚防晒护肤霜及茶皂素清洁剂、抹茶凝胶保湿面膜，凭借其良好的客户体验感和应用功效获得了消费群体的口碑，茶氨酸、儿茶素等日化产品在研发或初步面市阶段。在纺织产品、空调过滤网中添加茶多酚可使产品具有抑菌、消除异味的功效。

围绕茶叶活性成分与其他防腐剂之间功能和构效增效协同作用，茶多酚、茶黄素等活性成分在食品添加剂、功能配料等领域的应用优势和开发潜力被进一步激发，相关衍生产品的研发及市场细分需求正逐渐释放。研究表明，茶多酚可配伍乳酸链球菌素（Nisin）、乳酸钠与纳他霉素等，可开发多种复合保鲜剂，在满足防腐、保鲜功能的同时实现赋形增色及营养补充多种作用。

随着茶叶深加工研究的深入推进，茶制品应用的领域越来越广，更加关注原料资源的独特优势、产品功能的精准定位、产品形态的时代特色，茶制品产品形式单一的问题和价值消费痛点正被逐步化解。

三、茶叶科技领域重大事件

（一）破解中国种茶树全基因组密码，“茶学”代码写入国基项目指南

2018年4月，安徽农业大学教授宛晓春团队牵头多个研究团队，破解了中国种茶树“舒茶早”（*Camellia sinensis* var. Sinnensis，CSS，中国种）的全基因组信息，为研究山茶属植物的物种进化、茶叶风味物质形成机理与品质调控、分子育种等奠定了基础。12月，国家自然科学基金委员会编制的《2019年度国家自然科学基金项目指南》出版发行，茶学明确归入“园艺与植物营养学”，获取代码“C1504”，成为园艺下设的二级学科之一，并设立三级代码：茶树生理生态与栽培学、茶树种质资源与遗传育种学、茶叶加工与品质。名目的确立和规范，将为今后茶学基础研究在自然科学基金项目中的成功申报，打开良好的局面。

（二）十三五国家重点研发计划项目“茶叶产品质量安全控制技术及健康功能评价应用示范”获批启动实施

该项目将重点研究茶叶中农药残留及其代谢物、氟、重金属等有机、无机风险物质的迁移规律、

代谢机制、阻控技术及监测识别技术；发酵茶加工贮藏过程中微生物组学及动态变化；发酵茶品质形成过程中可能存在的有害微生物与生物毒素的污染特征、精准检测和污染控制技术体系；开展茶叶风险物质和功能成分的安全性评价；开展基于人群调查的茶叶健康功能评价和安全风险评估，建立茶叶健康功能的科学评价体系。该项目的实施将推动我国茶叶产品质量安全控制技术的科技进步，促进茶健康等相关产业快速发展。

（三）第一届可可、咖啡和茶国际（亚洲）学术大会成功举办

10月17—20日，由茶树生物学与资源利用国家重点实验室组织并主办的第一届可可、咖啡和茶国际（亚洲）学术大会在合肥隆重召开。来自美国、德国、英国、法国、荷兰、日本、韩国、俄罗斯、土耳其、阿塞拜疆、巴西、印度、斯里兰卡、泰国等20个国家的41位专家学者及国内（含中国台湾、香港地区）60余家单位，共计530余名代表出席了会议。大会交流议题围绕三大饮料作物的生理生态与种质创新、次生代谢与品质化学、健康功能及作用机制和质量安全与加工利用展开。大会共收录与会代表提交的论文摘要190篇，展示学术墙报103份。内容涉及咖啡、可可、茶领域的最新科学研究成果，覆盖生物学、化学、代谢组学、营养与健康、质量与安全控制、加工及综合利用等各个方面。这将有助于欧亚科技与文化交流，共同促进三大传统饮品在科学研究与技术研发上的交叉融合和协同发展。

（四）茶叶国家“新标”实施

2018年，我国发布实施22个茶叶国家及行业标准，包括5个基础标准、12个产品标准和5个方法标准（具体见：www.tc339.com）。普通老百姓真正关心的是茶叶产品的质量安全，国家茶叶标准将不断完善，杜绝过度包装或缺斤短两、以次充好等冒充质量等级、添加色素等污染物现象的发生，确保茶叶产品的质量安全，让老百姓都能喝上放心茶、喝上好茶。

（五）攻克茶叶“蒽醌超标”出口症结

2018年年初，由中国工程院陈宗懋院士领衔主持的浙江省重大科技项目——茶叶中蒽醌来源的研究通过专家组验收。项目组认为茶叶中蒽醌污染是多因素共同作用的结果，其中有两个最主要的来源：第一是燃料，由于传统的煤和柴在燃烧的过程中产生大量蒽醌飘浮在空气中，很容易被茶叶吸附，进而造成蒽醌超标；第二是包装材料，纸质包装材料及纸箱中一般都含有蒽醌，也会导致茶叶污染。 近年来，面对日益严苛的欧盟茶叶检测标准，许多茶企因过不了高达460多项的技术壁垒而铩羽而归，尤其是茶叶蒽醌问题。该研究课题的完成，对于破除欧盟技术壁垒，提升中国茶叶种植、生产、加工水平，促进茶叶贸易发展具有非常积极的意义。

四、存在的问题与不足

（一）育种与栽培管理

在利用先进育种技术培育符合市场需求的特色品种上需要更加高效；需要进一步探索良种与群体种合理搭配、标准化与个性化栽种、适度施肥用药与有机化管理的科学系统；进一步研究与完善茶园病虫预测预报和性信息素、病毒、窄波灯杀虫、挥发物诱杀等化学农药替代技术，从源头上解决生产环节质量控制和茶叶农残超标问题；进一步研制自动化的茶园整地、茶树修剪、大宗茶机采等关键环节的实用机具及配套技术，提升机械化水平；积极引进现代化的软件工程与技术，研究自动化茶园管理技术与装备。

（二）加工工艺与装备

加快茶叶加工清洁化、连续化、智能化技术与装备的研究，提高茶机装备的模块化与标准化程度，开发配套相应的专家系统，实现多数茶叶产品的自动化和智能化加工，进一步提高茶叶生产的整体质量和效益。

（三）茶资源跨界应用技术

重点开展茶叶功能成分作用效果与作用机制的研究，加快茶饮料的高保真制造与保鲜技术的研究，进一步研究功能成分的绿色化制备技术，进一步研究和开发适合市场需求和大众消费的优质茶及多元化茶叶深加工产品，解决茶叶生产存在潜在产能过剩、夏秋茶资源浪费严重等问题。

五、建议

（一）构建完善的政策支持体系

一方面，推动国家标准化工作，扭转标准缺位的滞后局面，围绕产品定标准，加强监督，充分发挥标准规范和引领产业作用。另一方面，跟踪茶叶及茶制品主要进口国和ISO标准动向，在技术标准上跟国际接轨，争取国际标准话语权，破除技术性贸易壁垒对我国茶产业国际化的掣肘。

（二）建立高效的产学研协作体系

尽管当前我国茶叶技术创新研究较多，但由于协同创新机制缺位，仍有很大比例的技术成果停留于产业前状态，距真正实现产业化应用还有至关重要的“最后一公里”。产业链分工、价值实现贡献度与我国茶产业第一大国的地位仍不相称。立足市场大规模需求，引导企业、科研机构在成果转化中形成全链技术同向协作机制，坚持专注于高附加值终端产品的持久创新，有效支撑我国茶叶深加工产业由原料茶制品向大健康产业转移转化。

（三）加快科技创新及成果转化应用

以企业为创新主体，以市场为核心，以绿色低碳制备为理念，整合政府、科研院校、金融资本等跨界资源，探索加快成果市场化的渠道模式，如何精准、快速将科技领域的最新成果转化为市场新需求，桥接技术创新与经济价值通道是当下留待科技界、产业界常思常新的恒久命题。

（执笔人：王盈峰、唐小林、孔俊豪、周春江、吕杨俊）

中国智慧茶业发展报告

中华全国供销合作总社杭州茶叶研究院

一、概述

党的十七大为中国计算机技术和互联网技术发展优化了更加良好的发育环境。党的十八大对农业农村问题做出了重大部署，接连发布以“现代农业”为标题的中央1号文件及相关内容，从整体战略出发布局，引导计算机技术和互联网技术进入农业领域建设，在三农问题上提出了具有中国特色的发展思路，智慧农业概念孕育而生。

当前，中国茶产业宏观的战略研判是“仍然处于黄金发展战略机遇期”。主要原因为，国家对实体经济政策导向明显，茶业是具有实体经济形态的产业，有利好的政策空间。“文化兴国”上升为国家战略层面，给最具文化底蕴的茶产业带来发展契机；生态文明建设作为国家治理“五位一体”总体布局的重要组成部分，具有生态功能的茶业将成为重要力量；资本市场对茶业发展有很好的战略预期，从资本流向看，茶行业内部资本纷纷固化从事扩大再生产，行业以外的工商资本、风险投资等不断涌入茶业；健康中国建设，将带来大健康红利时代，作为健康产业重要构成的茶业将在每年约20万亿的大健康红利中赢得发展先机；国家乡村振兴与精准扶贫战略实施中，茶业以其民生、生态、文化、健康等多元的产业属性，谱写了“感恩茶”的实践佳话。

人工智能（AI）概念，从科幻电影逐步走进我们现实生活中，科学家们正在试图让芯片也具有生物的某种高级能力，包含有感知、知识、记忆、情感、计算、辨别、逻辑、分析、判断、联想、思考等可以让人工智能芯片具有自我觉醒的能力，人们把这些能力凝练进一个词语“智慧”。智慧概念的提出得益于现代计算机技术和互联网技术的迅速发展，技术驱动着人们创造和解锁自身的思维局限，所以在当代的普世认知下，产生的思想成为现实已经具备了相应的科技基础。农业领域广泛，如何把“智慧”具象化到特定的产业中，也是茶行业接下来重要的发展方向。茶叶在我国历史悠久，延续至今融印在中华文化之中，成就了当代国人的精神寄托与传承。特别在党的十八大以后茶叶做为国礼及重要的经济作物，为农民增收的同时，也为实现全面建成小康社会目标贡献了行业力量。

智慧茶业，是指充分运用物联网、云计算（Cloud Computing）、大数据（Data）、人工智能（Artificial Intelligence）、移动互联（Mobile Internet）、区块链（Block Chain）、机器人（Robot）、虚拟现实（Virtual Reality）等革命性先进信息技术手段，全面感测、分析、整合茶业及延伸产业链运行中的各项关键信息，融合大金融和文化，创新茶叶种植、生产、储运、营销及衍生品的高效管理制度，通过对茶业及延伸链的各环节特质进行精细、高效、快速、灵活的智能响应，有效配置相关产业资源，形成高效运转的智慧茶业树生态系统。根本目的是要解决消费端与产品端之间渠道扁平化的重要手段，其本质是利用计算机技术和互联网技术对产业全域进行数字化管理，从产品质量、产品流通、产品销售、市场反馈4个层面实现可用于决策的信息反馈。

二、现状洞察

随着党中央、国务院对农业农村问题的高度关注和利好政策的投放，配合持续、稳定的经济环境，给茶产业带来了平稳的发育期，智慧化的产业布局已经悄然在基地建设、品质控制、加工制造、流通配供、品鉴消费等各产业链开展探索，这些探索将为产业全面智慧化打下坚实基础。

（一）茶叶数字化品控关键技术研究

安徽农业大学张正竹教授团队，针对我国茶业缺乏产品质量安全数字化快捷检测技术和装备的突出问题，创建了基于近红外、高光谱、色谱和多源传感技术信息融合的茶叶全产业链数字化品控技术及装备体系。提出了茶鲜叶原料质量系数概念，建立了基于鲜叶中内含物指标的质量评价模型，创制了近红外光谱无损检测装备，实现了对茶鲜叶质量等级快速数字化判定；研制近红外光谱仪，实现了基于茶叶产业链的全程数字化质量控制；通过多源传感信息融合，实现了对茶叶色、香、味、形四项品质因子的综合数字化评判；构建了一种新型的基于气敏传感器阵列的嗅感图像化检测系统；开发了茶叶加工中非法添加物检测技术和装备，为大宗出口茶质量安全控制提供了技术支撑。

（二）智慧茶园

茶叶智慧绿色防控，是构建农业物联网、云服务、大数据，通过信息化促进产业特色发展，提高茶园病虫害疫情及灾害的预警和防控能力，实现对茶叶生产技术问题、产品标准化问题、质量安全问题生产过程的可追溯。

智慧绿色防控茶园实例：金华汤溪九峰茶园将声光电软杀伤装备技术在茶园跨界应用，采用军用技术和物联网技术，通过声光控影响假眼小绿叶蝉的生活习性包括繁殖从而控制虫口基数，对多功能智慧终端的远程操控，实现对茶叶虫害的针对性有效防控。

智慧茶园综合管理平台，运用新一代信息技术和数据库信息系统，对茶叶生产基地进行生产管理监控，病虫害实施监控预警与防控、农产品质量控制等各个环节进行全程监管，打造覆盖本区域的监管与服务网络，规范区域茶叶生产标准、提高茶叶基地信息化水平，保障区域绿色茶叶的质量，方便区域茶叶生产和交易企业真正实现“信息数据化、生产自动化、服务网络化”的茶叶智慧生产大环境。

智慧茶园管理监控实例：安溪县茶农用的每一种肥料和农药都有“码”可扫，全程可追溯，不少茶企的生产加工实现了全程监控。国心茶业公司于2015年建设安溪首个智能物联网茶园环境监测系统。该系统通过在茶园安装各类传感器，实时监测监控茶园上空的大气压力、风速风向、温度湿度、光照辐射总量，以及茶树生长情况。其中，每单位面积茶园植入的设备含四通道太阳能无线采集器、土壤温度及水分传感器、太阳光照强度传感器、土壤pH传感器、土壤EC浓度传感器、叶绿素长势监测传感器、太阳能工业现场拍照系统（配太阳能）、五要素自动气象站系统（配太阳能）（包括风速、风向传感器、空气温度、湿度传感器、雨量传感器）、50瓦太阳能供电系统。通过这些设备，针对茶树成长过程中影响茶叶质量的关键因素，应用Seabo智能精准农业信息系统，实时监测茶树成长过程中的土壤状态、茶叶生长环节的空气质量及空气温湿度、茶树生长期的光照强度等影响茶叶质量的重要元素，提供详细的监测参数，实现及时控制各项元素，培育优质茶叶，进一步提高茶叶质量。

（三）人工智能技术精细茶叶加工

小罐茶在智慧茶业领域有一定的产业实践，茶园管理：物联网应用/机械管护设备/采摘机器；初制加工：全智能，智能调节和工艺创新；精制加工：除杂、拼配、提香一体化设备；智慧工厂：智能立体仓储、全自动包装生产线；智慧物流：2B/2C高效协同，全程追溯。目标：推动农产品、半工业化的茶走向工业4.0时代。

在发展智能生产的团队建设路径上，小罐茶一手抓传统产业智能化改造，一手抓新兴生态管理。智能制造渗透到生产环节的方方面面，推动信息化与工业化、先进制造业与生态管理深度融合。小罐茶将引进IBM为其量身定制的人工智能自动除杂生产线，通过最先进的认知视觉检测识别茶叶中的各类杂质，同时自动化地完成从上茶、输送、拍照、分析、挑拣、复检、收集等茶叶除杂的各个程序，从而实现小罐茶加工生产线的自动化与智能化。

（四）防伪溯源（RFID）

防伪溯源技术实现茶叶智慧管理，给每个产品一张“电子身份证”，系统解决行业面临的消费防伪判别、仓储盘点烦琐、茶叶全产业链溯源及品质安全等问题。区别于传统茶叶包装，防伪溯源标签实现了茶叶防伪及追溯系统，智慧地消除了茶叶真伪难辨的消费盲区。

技术实现：采用高频NFC电子标签作为防伪标签（带有厂家独特的数字签名），采用超高频防伪溯源标签作为物流跟踪标签，每个防伪溯源芯片都有一个全球唯一的识别号码，无法仿造。近场通信（NFC）防伪标签粘贴在茶叶小包装上，防伪溯源物流标签粘贴在茶叶运输的大包装上：①当茶厂包装产品时，防伪标签和物流标签都被扫描初始化，其储存的信息会被发送到茶厂自己的产品防伪跟踪数据库里，产品防伪跟踪数据库里存有每一件茶叶的详细信息；②经销商可通过超高频防伪溯源读写器或超高频防伪溯源手持机，收货、发货、盘点存货等，仓库的盘点工作可以在几分钟内完成，这种防伪溯源智能标签会使现有条形码存货盘点方式得到革新；③当消费者用手机扫描茶叶的近场通信防伪电子标签时，手机APP会自动查询到茶叶的防伪信息和物流跟踪信息，并能与消费者互动，达到茶叶厂家线上移动营销的效果，实现O2O电子商务交易。

（五）智慧茶馆

杭州茶厂与天猫通过线上+线下的数据打通建立“新零售茶馆”，将自动派样机互动游戏、云货架、新一代智能零售贩卖机进驻茶叶门店，打造基于数据分析的茶点推荐及试吃等。智慧茶馆智能立体，外面是互动性很强的采茶互动游戏；一层云货架，拿起货品便可显示原产地溯源、价格信息，智能贩卖机实现支付宝扫码开门、选购商品、关门后自动结算；二层为极具科技化、年轻化、时尚化的喝茶聊天区域，该区域有茶酒等新茶饮、茶烘焙食品等跨界茶产品。

浙茶集团微智慧店，采用人工智能、物联网、大数据等前沿技术，致力打造无人零售购物场景，构建无人店线下购物流程，实现高效便捷购物，帮助提升客户购物体验。无人店不但优化改造了线下实体零售的成本结构，并能对接上传统的供应链能力，借助新技术手段来实现经营模式的创新，将会加速零售行业专型，实现商业升级。

“茶馆智慧管家”，是云南六大茶山茶业股份有限公司开发的APP，通过该APP可阅读最新的茶馆、茶品推荐资讯；通过自动定位和筛选功能，可获取身边茶馆基本信息，预定茶品、茶空间及参加茶会；同时，在品质、平台的双重保障下，用户足不出户，便可挑选并购买优质、放心的茶叶；“私人订制”可量身打造企业订制、生日祝贺、生肖订制、婚礼纪念等茶品。

在茶产业基地的建设、品质控制、加工制造、流通配供、品鉴消费等链条的智慧化的现状中，我们会发现仅仅是利用计算机技术和互联网技术实现硬件化的堆叠，处于智慧茶业的硬件搭建基础阶段，所有的问题还都停留在“点”，并没有形成“面”，从应用的形式上看，还没有形成有机的整体，智慧化的系统性不多，集成化还不够，真正意义上智慧茶业发展还有很长的路要走，业态还处于一个摸索阶段，缺少系统完善的智慧茶业理论体系作为产业实践指导，我通过绘制一颗“智慧树”的方式，梳理和总结“智慧茶业”未来将如何蓬勃发展。

三、发展路径

（一）基于产业端的思考——茶产业树

文化的建设与文化的认同从国家到商家都视为重要的经济资源，中华文明中重要的农耕文化影响着一代代的中国人，文化的种子埋在了每个人的心中。其中我国茶叶在历史的孕育中逐渐发展出独有的文化体系，从品种、加工工艺、仪式、器具、审美、修行等方面支撑着茶文化体系完善与传播，同时茶文化也作为重要的经济工具促进着产业持续的壮大和发展。为了阐述科技与文化对产业发展的协同效应，引入“智慧树”的概念。智慧茶业的稳步发展要有稳固的农业基础，所以选择用“树”来表达农业基础的重要性，每个阶段的成长推演，帮我们更直观的理解智慧化茶业画像，为智慧茶业的推进与发展做好前期的理论研究。

文化是产业树的根，需要以丰富有效的文化创意产品传播茶，不断扩大茶的受众，变柱状消费群体为金字塔式结构，具体如文化输出与“五进”活动（进学校、进机关、进企业、进社区、进家庭）。标准与工艺装备是产业树的干，科技贯穿始终，标准的制修订、宣贯、执行与监管都需要必要的技术依托。工艺装备的智能化研发是技术进步的直接表达。没有标准与智能化装备手段，就没有规范的产业规模，就不成其为现代产业。产业树的枝叶，是对行业具品质提升和绩效优化的外源性技术的应用。茶业关联各方都是产业树的有机构成。茶产业生态高值发展创新链。依托科技创新，构建以良好农业规范基地建设—产业良好生产规范管控—资源全价利用—文化传播体系设计—商营模式创新的产业发展创新链。通过“五个转变”实现生态高值发展：茶园利用由生产资料到生产生活生态资料方式转变；茶叶利用由饮用到使用方式转变；茶叶加工由粗放到智能转变；茶业效益产出由数量增长到品质提升转变；茶业带动由一产带动向三产带动转变。

（二）基于消费端思考——茶馆APP

近些年茶企格外注重消费级市场的培育问题，现阶段除了需要通过产业融合发展的方式进入更庞大的消费市场以外，培育拓展茶叶自身消费市场空间依然巨大。在国内众多的茶馆服务于终端市场，是产业链条中最能拥抱消费者的环节，同时智慧化的应用场景也格外成熟，各茶楼连锁品牌的手机茶馆APP也亮相平台市场，给消费者提供便捷的消费服务，同时也在营造一种全新的具有中国茶文化特色的生活方式，虽初展苗头，但依旧是单打独斗，所以从宏观视角来整体思考消费端智慧化的产业布局，就必须要有强大品牌号召力的企业或者行业组织来整合市场。中国茶叶流通协会作中国茶叶权威的行业组织，具备在消费端整合全国茶馆及配套人力资源，用智慧化的手段为消费者提供更便捷优质的消费体验，借助于现代计算机技术和互联网技术的发展，可以更直接高效的培育市场，增加消费群体基数，从而带动全产业链协同发展。

（三）基于茶资源应用端——全价利用，跨界开发

“全价利用、跨界开发”是茶产业发展思路，是科技创新、文化引领、商业模式创新、生态保护、政产学研机制深化，跨界食品、医药、日化、食用菌、水产、畜牧、种植等行业，集科技、商贸、休闲、旅游、社区等多元一体的产业优化发展形态与行为。茶资源“全价利用、跨界开发”内涵不仅仅局限在科技方面的创新，包括微观层面、文化传播和市场运作等多层面，将茶产业从传统红海推向现代蓝海。“全价利用、跨界开发”理念在产业实践层面，已初步形成了茶-食品-健康产业协同创新体系；茶-医药-绿色产业升级创新体系；茶-日化-天然产业跨界创新体系；茶-生态循环发展模式体系四大科技创新体系。开展了系列茶食品如茶烘焙食品、现代茶饮料、全茶糖果、茶豆制品、茶肉制品、茶乳制品等；以茶功能成分（茶多酚、儿茶素、茶氨酸、茶黄素、茶皂素、茶多糖、茶色素、咖啡因等）为功效的茶保健食品，如具有抗氧化的茶多酚片剂、降血脂的茶黄素软胶囊、安神和提高记忆力的茶氨酸胶囊等；生态循环模式体系则是将茶渣、茶修剪枝条等栽培食用菌，菌糠做禽畜饲料或有机肥料完成回归茶园的循环。

四、结语

政治决心与综合国力发展催生出的科技意志将势不可当，这种意志是茶业全面迎来智慧化的动力源泉。智慧茶业是茶产业一次历史性的转折，是通过科技的力量把小农经济为主体的产业结构转型成工业结构的重要举措，智慧茶业的发展与崛起将在解决我国农业农村问题中起到示范性作用、促进城乡与城市融合发展，为全面建成小康社会做出新贡献。

（执笔人：张士康、张海华、焦佳）

第九部分

文化建设

中国青少年茶文化教育发展报告

中国茶学高等教育发展报告

中国青少年茶文化教育发展报告

中国茶叶流通协会茶文化教育教师工作委员会

2018年全国教育大会提出全面落实立德树人的根本任务，要着力在坚定理想信念、厚植爱国主义情怀、加强品德修养、增长知识见识、培养奋斗精神、增强综合素质上下功夫。这是时代对教育提出的重大课题，需要全社会力量支持教育发展。从20世纪90年代初起，以上海为中心的少儿茶艺脱颖而出，以惊人的速度向全国各地发展，近10年“茶文化进校园”在全国范围内也呈逐年增长趋势，茶文化课程与活动在青少年中的推广，对于我国茶叶产业的发展、传统茶学知识及文化的传播具有深远的意义。

一、政策引领，青少年茶文化教育备受重视

2014年教育部颁布《完善中华优秀传统文化教育指导纲要》，强调开展中华优秀传统文化教育，要以弘扬爱国主义精神为核心，以家国情怀教育、社会关爱教育和人格修养教育为重点，着力完善青少年学生的道德品质，培育理想人格，提升政治素养。强调分学段有序推进中华优秀传统文化教育，把中华优秀传统文化教育系统融入课程和教材体系，全面提升中华优秀传统文化教育的师资队伍水平，着力增强中华优秀传统文化教育的多元支撑。在政策引领下，中国茶叶流通协会茶文化教育教师工作委员会（以下简称“工委会”）积极推动各地青少年茶文化活动开展，校内外青少年茶文化课程不断涌现，各地青少年茶文化教育活动组织机构不断增多，各项茶事活动学生规模逐渐扩大。

在上海，所有的行政区都有开展少儿茶艺项目的学校，实现青少年茶文化教育最大范围的普及。在2018年上海市教育博览会上，少儿茶艺代表区教育品牌闪亮登场，成为拓展型课程的亮点。在天津，青少年茶文化教育逐渐得到教委专项经费的大力支持。天津和平区青少年宫投资修建了和平区师生茶文化活动体验馆，体验馆的建成使用，不仅让广大茶文化教师开展活动有了信心和保障，还起到示范引领作用，吸引了十余所学校加入了青少年茶文化教育队伍。在湖南，桔园小学打造茶文化特色校园，利用茶区优势种植了300余株茶树建成校园中的茶园“茗静园”，带着学生采茶、制茶、品茶，观察茶树的生长变化。在北京，西城区三里河三小积极培养茶文化教师队伍，开设茶文化校本课程，为学生搭建茶文化展示平台，并把茶文化纳入学校重点课程发展体系。在调查中我们发现，全国还有不少中小学还在教室极度紧张的情况下，专门改建了学生传统文化活动空间，为下一步开展茶文化活动营造了良好的氛围。部分学校还在每学期的办公经费中设置了茶文化活动的专项经费。

二、师资培育，保障青少年茶文化教育质量

加强教师队伍建设是青少年茶文化教育的固本工程。工委会按照中国茶叶流通协会的总体部署，始终坚持以开放融合的方式，整合调配各方资源，积极吸纳新生力量，不断优化工委会队伍，打造资源内核。2018年我们对北京地区的116所学校进行了调查，其中超过60%的学校已经开设了茶文化课程，其中由本校老师任教的比例达到52.71%，近一半的学校已建设茶室（图1）。

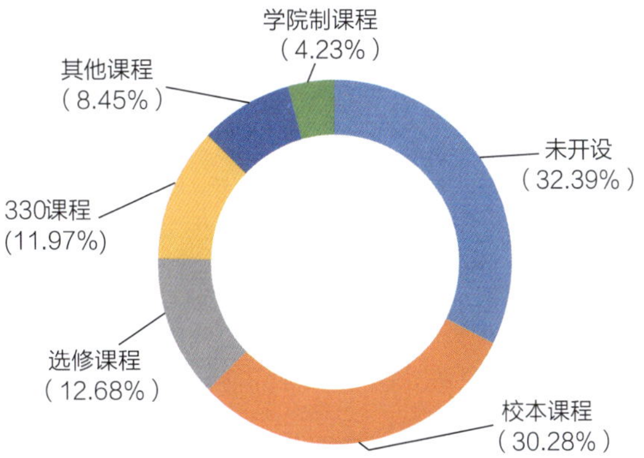

（1）开设茶文化课程情况

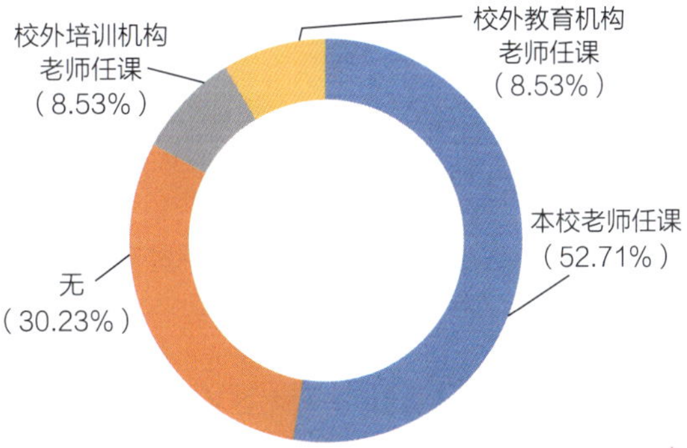

（2）学校茶文化教师情况

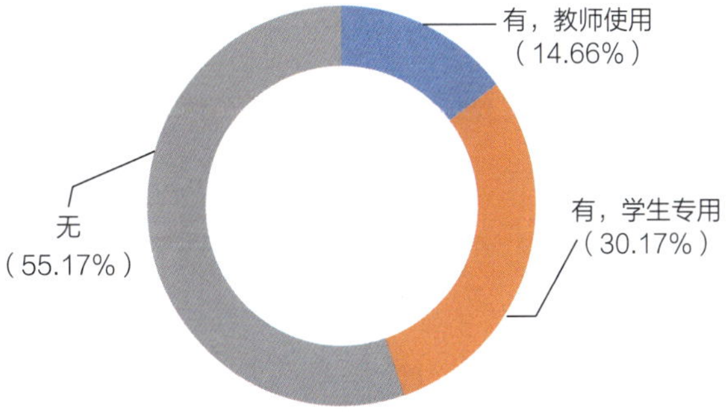

（3）茶室设置情况

图1 2018年北京地区茶文化教育情况调研结果

茶文化教师专业水平提升是保障茶文化教育活动质量的基础工作之一。人们常说：要给学生一杯水，老师就要有一桶水。从连续6年的摸底调查中发现，从事青少年茶文化教育的师资水准亟待提高、专业知识亟待加强、实践能力亟待提升。在调查中发现，116所学校对师资培训、校外实践、专业教材的需求排在前三位（图2）。

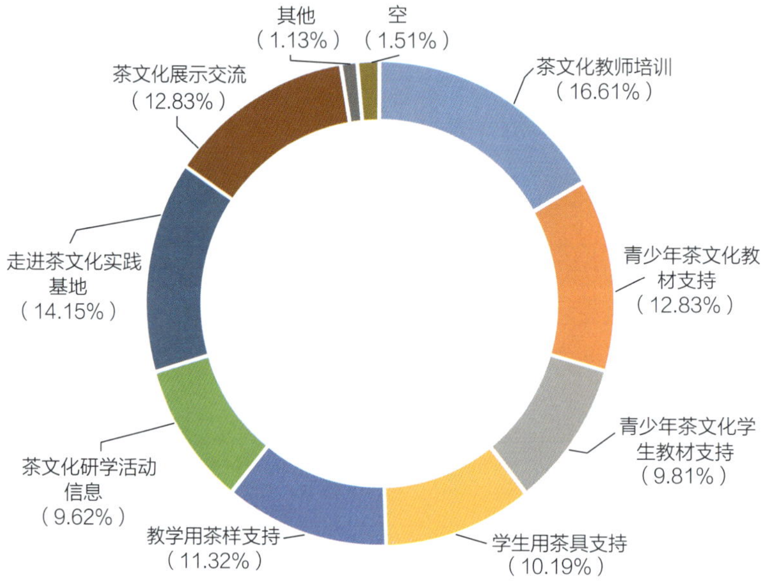

图2　2018年北京地区茶文化课程建设需求情况调研结果

各地区茶文化教师培训各具特色，扎实推进。如北京地区，东城区少年宫作为东城区教师培训基地，每学期开展面向全学科教师的茶文化普及培训，为茶文化与多学科的融合发展奠定了基础。面向全区茶文化授课教师开展教研活动，推出教学资源包，服务基层教学，提升教学水平。组织茶文化骨干教师开展北京市重点课题研究，以科研引领茶文化教师队伍发展，创新青少年茶文化教育教学模式。通过不同层次、目标明确的师训体系培养了青少年茶文化教育的各层次力量，为青少年茶文化教育的可持续发展奠定了人力支持。

根据行业建设的需求，工委会积极探索构建全方位、多视角的标准服务体系。2018年教工委率先启动了茶文化教育领域首个团体标准——《青少年茶文化教育师资评定规范（*the Adolescent Education Qualification Specification of Tea Culture*）》的制订工作。目前，此项标准即将进入了专家审核阶段。

三、课程研发，加快青少年茶文化学科建设

课程改革是教育改革发展的重要内容，也是青少年茶文化教育学科建设的重点工作。青少年茶文化课程要坚持立德树人的核心目标，培育学生核心素养。以茶育人，着眼于激发、培养和发展学生的兴趣爱好，开发学生的潜能，陶冶学生的情操，促进学生个性与社会化的和谐发展。

各地茶文化课程研发各具特色。北京地区开发了幼儿园《茶宝宝游戏化课程》、小学《茶香生

活》、中学《走进茶世界》茶文化贯通培养课程，满足不同学段学生的学习需求。大力推动《茶经诵读》进校园，普及茶学经典。紧密结合时代热点，深入研究“一带一路”国家茶文化特点，研发《一带一路茶文化》系列课程在20所基地校开展实验教学。上海市九年义务教育课本拓展型课程“少儿茶艺”诞生于上海的二期课改背景下。上海市中小学（幼儿园）课程改革委员会根据《上海市中小学拓展型课程指导纲要》编写了适用于义务教育小学段和中学段的拓展型课程少儿茶艺教材《老师伴我学茶艺》和《茶艺》两本教材，并开始相关课程研究。东北地区关于开展青少年茶文化教育的起步虽晚，但也有部分院校取得了相关的成果。例如：沈阳师范大学、沈阳工业大学等高等院校就在近几年开始开设了大学生茶文化通识选修课程，开设了《茶文化》《中国茶文化》《茶艺与茶道》《中国茶艺》等相关课程深受学生喜欢。

在课程实施方面，注重学科融合，五育并举。使学生们从知识方面涉及茶艺、劳技、美术、语文等各学科相关知识；技能方面涉及动手能力、审美能力、创新能力及发现问题解决问题的能力培养；情感态度方面涉及感受茶的文化底蕴和审美情操的培养。教学形式上既有知识的讲授，又有实践的操作；既有历史的回顾，又有实地的考察；既有文化的体悟，又有审美的熏陶；既有资料的整理，又有交流中共享。学生充分挖掘自己已有的知识经验系统，将搜集整理、信息技术、文字表述、设计绘画、小组交流、动手操作等多种学习方法综合应用，从而促进了学生的综合素质的提高。

四、多彩活动，搭建全国师生交流互动平台

活动育人、平台搭建是工委会引领全国青少年茶文化教育发展的重要工作内容。2018年工委会坚持凝心聚力打造品牌活动、推广传播优质教育活动、面向全体开展公益活动、与时俱进研发创新活动的原则，举办了丰富多彩的青少年茶文化活动，促进了全国青少年茶文化教育的发展。

全国青少年茶文化创新大赛是工委会主推的年度公益类品牌活动，至今已经连续举办了五届。第五届大赛共有来自北京、天津、上海、贵州、辽宁、福建、山东、广东等10余个省、市、自治区的近2万名青少年报名参加，其中进入决赛的参赛的作品5529个，最终获奖作品503个，是历年大赛来参与范围最广、参赛人数最多的一次，活动作品的全网浏览量突破15万次。

北京国际茶业展是中国茶叶流通协会与西城区人民政府等单位共同举办的茶业行业年度品牌展会。“万名小茶人逛北京大茶展”活动伴随着展会共同成长。在2018年的活动中，工委会继续将社会资源与教育资源有效衔接，合理利用活动场地，举办了20余场的专项活动，包括首次举办的青少年茶文化教育成果展。据统计，在2天的活动时间内，共有近15000名中小学生及教师前往北京展览馆参观、参与现场活动。在中国茶叶流通协会主办的2018上海国际茶业展期间，由工委会支持，上海市茶叶学会主办的“小茶迷乐逛大茶展”成功召开。以展带学，以学促展，“小茶人逛大茶展”活动在2018年有了地域性的突破。

在2018年“万名小茶人逛北京大茶展”活动中，随机对260名青少年进行了调查，调查显示参加

此项活动的主要群体为小学生，占到95.77%（图3）。在参加此项活动过程中85.77%的学生认为学到了茶文化知识，58.08%和32.31%的学生认为锻炼了自己的沟通能力和合作能力，61.15%的学生在活动中增强了对场馆标识认知度，48.85%的学生认为在参与活动中学会坚持，22.68%的学生加深了对茶企文化的认知度。活动的整体满意度达到91.92%，93.46%的学生希望参加学校举办的茶文化课程及活动。

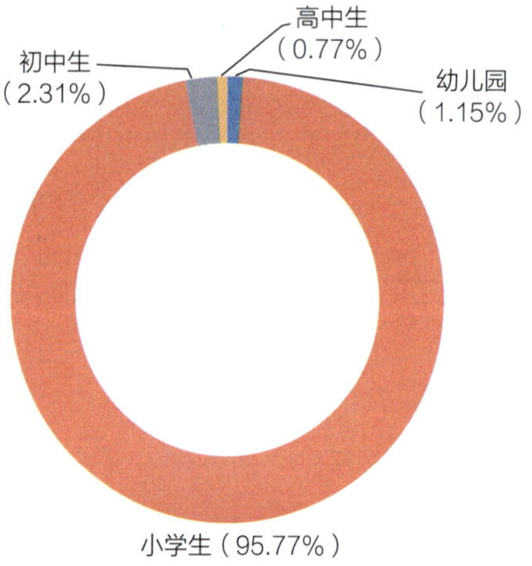

图3　2018年北京地区茶文化教育情况调研的学生所在学段

在对茶文化活动的调查中发现，茶文化课程、主题茶会、博物馆专题学习、半日茶文化实践体验、研学夏令营排在最受欢迎的前五位（图4）。

五、融合育人，开拓社会资源转化教育资源

中国茶叶流通协会作为全国性茶叶行业组织有着丰富的社会资源服务广大学生学习茶文化，传播茶文明。2018年9月，工委会与中茶协茶旅委联合在广西横县组织召开了“茶旅研学工作交流会”，对“茶旅发展”与“研学旅行”的融合进行了深入的探讨，希望开发适宜学生年龄特点、学习特点的茶学研学路线服务学生深度研学。

各地区社会资源也积极支持青少年茶文化教育活动。上海少儿茶艺工作委员会在市茶艺学会各工委和各区茶文化学会的帮助支持下，开发、挖掘、整合了上海区域的优质茶业资源，开辟了上海的“小茶人幸福行”系列活动，小茶人茶馆地图寻访游、小茶人进军营、吴觉农纪念馆参观实践、茶香书香巴金故居行、海上茶路文化行走等活动深受学生喜爱。北京市东城区少年宫小茶人俱乐部与东教国际合作，2018年培养了100名国际茶文化小使者，走进英国、德国、日本等10多个国家20多所境外学校传播中国茶文化。天津市和平区青少年宫创新家校合作新模式，发动家长帮助收集有关茶的文字材料、实物材料和影像资料，师生家长一起共同布置茶室活动，为孩子们提供真实、健康、丰富的成长环境。

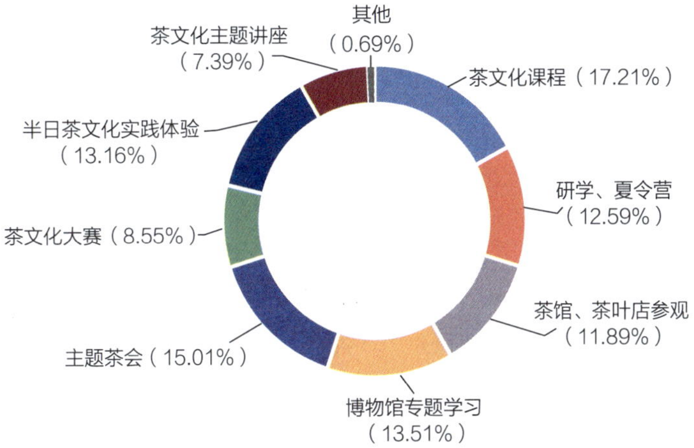

图4　2018年北京地区学生喜欢的文化活动形式

六、展望未来，促进传统文化的创新性发展

回顾2018年青少年茶文化教育的发展，我们也发现存在一些问题，如区域发展不均衡，师资队伍建设不能满足青少年茶文化发展需要，青少年茶文化教育需要加强学科建设、茶科技探索，教材学材缺口较大等。在此也建议各地政府、行业组织、校内外教育机构继续关注青少年茶文化教育，积极响应国家号召，以丰富的茶文化、茶科学为育人载体、以多彩的茶事活动为交流平台，面向广大青少年开展弘扬传统文化、立德树人的教育活动。

（1）坚定育人方向，重视学生真实获得；加强茶文化专业教师队伍建设，组织开展茶文化教师专业水平培训及测评；推广优质青少年茶文化课程及教材；通过标准制定，发挥各地行业组织示范、引领作用，切实提升青少年茶文化教育质量。

（2）发挥中国茶叶流通协会行业资源优势，开发、转化社会优质资源服务青少年茶文化教育。行业协会、教育机构、培训机构、研究机构、茶叶企业联动发展，共同服务青少年茶文化教育事业。

（3）重视传统文化创新性发展，利用信息技术手段，搭建青少年茶文化智慧课堂。利用融媒体资源，融入时代创新精神，大力宣传青少年茶文化教育活动，普及中华优秀茶文化。

展望未来，青少年茶文化教育的根本任务是立德树人，培育有中华文化底蕴的青少年。我们共同努力，以茶育人，培养学生成为德才兼备、全面发展的社会主义建设者和接班人。

（执笔人：肖星、霍艳平、方茵、施维丽、张玥娟）

中国茶学高等教育发展报告

安徽农业大学茶树生物学与资源利用国家重点实验室、茶叶化学与健康国际合作联合实验室

2018年，全国共有普通高等学校2663所，其中本科院校1245所，招生422.16万人，在校生1697.33万人；高职（专科）院校1418所，招生368.83万人，在校生1133.7万人；全国共招收博士生9.55万人，硕士生76.25万人，在学博士生38.95万人，在学硕士研究生234.17万人。各类高等教育在学总规模达到3833万人，毛入学率达到48.1%。我国已经建成了世界上规模最大的高等教育体系，即将由大众化阶段迈入普及化阶段。2018年，中国的高等教育发生了一系列大事件，在某种意义可以称之为“新时代高等教育元年”，开创了一条建设高等教育强国的中国之路。茶学高等教育承担着培养茶业高级专业人才的重任，承担着由“茶叶大国”向“茶叶强国”复兴之路迈进的历史重任。

当前中国农业农村正处于历史性激变之中，农业目标从产量目标转向质量效益目标，从食物供给单一功能拓展到生态环境、乡村景观与文化等农业多功能；农业生产方式从传统单一的粗放种养模式向立体复合的集约种养模式转变；农业技术从传统的水肥药技术、机械技术、栽培技术向绿色生态技术、智能化技术、集成技术等发展；农业形态正从传统农业向设施农业、休闲农业、订单农业、智慧农业转变，日益转向规模化、组织化和现代化。以“互联网+农业”和“一二三产业融合发展”的现代农业正进一步向特色、新型、创新的方向发展。我国未来农业将呈现三产融合、主体多元、绿色发展、装备智能等显著特征。而茶产业作为我国最具特色的传统优势绿色生态惠民产业，在当前乡村振兴、一带一路倡议、产业精准扶贫、健康中国2030、生态中国、文化强国等战略中发挥着重要的作用。近年来，茶产业的快速发展需要大批的高素质复合型人才，这也对茶学高等教育提出了更高的要求。

一、2018年以来中国高等教育及茶学高等教育重大事件

高等教育是一个国家发展水平和发展潜力的重要标志。教育兴则国家兴，教育强则国家强。近年来，在习近平教育思想的引领下，我国的高等教育正处于内涵式发展的新阶段，“立德树人”业已真正成为高校的中心工作。

（一）中国高等教育重大事件

1. 习近平总书记发表“5 · 2讲话”，明确新时代高校新任务

2018年5月2日，习近平总书记在北京大学建校120周年校庆来临之际同北大师生座谈，强调高校

要牢牢抓住培养社会主义建设者和接班人这个根本任务，坚持办学正确政治方向，建设高素质教师队伍，形成高水平人才培养体系，努力建设中国特色一流大学。要求青年学生要“爱国、励志、求真、力行”。在2019年4月30日的纪念五四运动100周年大会上，习总书记对新时代中国青年提出了6点要求，即要“树立远大理想、热爱伟大祖国、担当时代责任、勇于砥砺奋斗、练就过硬本领、锤炼品德修为”。

2．全国教育大会召开，开启新时代教育现代化建设新征程

2018年9月10日第34个教师节之际，全国教育大会召开，习近平总书记发表重要讲话，再度强调加快一流大学和一流学科建设，推进产学研协同创新，着重培养创新型、复合型、应用型人才。高等教育要始终把正确解答“培养什么人、怎样培养人、为谁培养人”这一根本问题融入教育教学全过程，要加快推进教育现代化、建设教育强国、办好人民满意的教育。

3.《中国教育现代化2035》发布实施

2019年2月，中共中央、国务院印发了《中国教育现代化2035》，提出到2035年，总体实现教育现代化，迈入教育强国行列，推动我国成为学习大国、人力资源强国和人才强国，为到20世纪中叶建成富强民主文明和谐美丽的社会主义现代化强国奠定坚实基础。随后，中共中央办公厅、国务院办公厅印发了《加快推进教育现代化实施方案（2018—2022）》，方案中强调要推进高等教育内涵发展。

4．新时代全国高等学校本科教育工作会议召开

2018年6月21日，新时代全国高等学校本科教育工作会议召开。教育部部长陈宝生在《坚持以本为本 推进四个回归 建设中国特色、世界水平的一流本科教育》大会报告中指出：目前我国高等学校人才培养工作已进入提高质量的升级期、变轨超车的机遇期、改革创新攻坚期。本科教育是高等教育的立命之本、发展之本，回归本科教育是世界一流大学保持卓越的看家本领和成就核心竞争力的制胜法宝。高等教育要“以本为本，回归常识、回归本分、回归初心、回归梦想”，回归大学的本质职能，把“培养人”作为根本任务。回归常识，就是学生要刻苦读书学习；回归本分，就是教师要潜心教书育人；回归初心，就是高等学校要倾心培养建设者和接班人；回归梦想，就是高等教育要倾力实现教育报国、教育强国梦。

会议强调“坚持以本为本，推进四个回归”、出台“新时代高教40条”，实施“六卓越一拔尖”计划2.0和“一流专业建设‘双万计划’”，掀起高等教育质量革命。

教育部在会议上印发了“新时代高教40条”即《关于加快建设高水平本科教育 全面提高人才培养能力的意见》，并相继印发了配套文件，实施“六卓越一拔尖”计划2.0（简称2.0方案）和“一流专业建设‘双万计划’”（教高厅函［2019］18号）。2.0方案核心任务是“建金专（一流专业）、建金课（一流课程）和建高地（一流基地）”；双万计划即建设一万个国家级一流专业点和一万个省级一流专业点。

5．第一个高等教育教学质量国家标准发布

“质量为王、标准先行”。实现高等教育内涵式发展，关键是要牢牢抓住提高质量这个“纲”。

2018年1月30日，教育部发布了《普通高等学校本科专业类教学质量国家标准》，涵盖普通高校本科专业目录中全部92个本科专业类、587个专业，涉及全国高校5.6万多个专业点，这是我国发布的第一个高等教育教学质量国家标准。《标准》特别对各专业类师资队伍数量和结构、教师学科专业背景和水平、教师教学发展条件等提出定性和定量相结合的要求。同时，明确了各专业类的基本办学条件、基本信息资源、教学经费投入等要求。《标准》还列出了各专业类知识体系和核心课程体系建议。《标准》的颁布对建设中国特色、世界水平的高等教育质量标准体系具有重要的标志性意义。

6. 新一届教育部高等学校教学指导委员会（2018—2022年）成立

2018年11月1日，2018—2022年教育部高等学校教学指导委员会成立会议在北京召开。经严格审查，新一届教指委最终遴选出委员5550人，包括主任委员111人、副主任委员710人，其中3611人是新任委员，占委员总数的三分之二。教育部高教司司长吴岩在会上指出“回归本科教育”已经成为国际高等教育的共识和趋势，高等教育工作者必须扎根中国、融通中外，立足时代、面向未来，发展具有中国特色、世界水平的现代高等教育。推动“双一流”建设高校率先建设一流本科，全面振兴本科教育。没有一流本科的大学是失去了灵魂的卓越，没有一流本科的学科是忘掉根本的“一流”。

7.《国家职业教育改革实施方案》发布，“双高计划”实施

2019年4月30号国务院常务会议确定落实《国家职业教育改革实施方案》，通过高职院校扩招100万人实施方案，加快培养各类技术技能人才促进扩大就业。特别是对退役军人、下岗失业人员、农民工、新型职业农民等单列招生计划，允许往届中职毕业生参加高职招生，并以单独考试为主，在培养上采取弹性学制和灵活教学模式，以保证培养质量，并推动高职毕业生在落户、晋升等方面与普通高校毕业生享受同等待遇。2019年4月2日，教育部、财政部发布《关于实施中国特色高水平高职学校和专业建设计划的意见》（教职成〔2019〕5号，简称“双高计划”）。“双高计划”提出，要集中力量建设50所左右高水平高职学校和150个左右高水平专业群，打造技术技能人才培养高地和技术技能创新服务平台。“双高计划”每5年为一个支持周期，对入选学校给予重点经费支持。这为以茶叶技能人才培养为主的普通涉茶本科和专科院校的发展提供了巨大的发展契机。

8. 新时代教师职业行为的“十项准则”出台

教师是立教之本、兴教之源。2018年1月，中共中央国务院发布《关于全面深化新时代教师队伍建设改革的意见》（中发〔2018〕4号），从师德建设、培养培训、管理改革、教师待遇、保障措施等方面提出了一系列建设高素质教师队伍的政策举措。这是新中国成立以来党中央的第一个专门面向教师队伍建设的里程碑式政策文件。为贯彻意见精神，加强师德师风建设，2018年11月8日，教育部印发了高校教师、中小学教师、幼儿园教师职业行为十项准则，即坚定政治方向、自觉爱国守法、传播优秀文化、潜心教书育人、关心爱护学生、坚持言行雅正、遵守学术规范、秉持公平诚信、坚持廉洁自律和积极奉献社会。“十项准则”为新时代高校茶学教师划定了基本师德师风的底线，要做到“以德立身、以德立学、以德施教”，更好担当起学生健康成长指导者。此外，为规范学术行为，2019年7月1日，由同方知网数字出版技术股份有限公司和中国科学院科技战略咨询研究院制定的行业标准

CY/T 174—2019《学术出版规范 期刊学术不端行为界定》正式实施。

9. 教育部专项清理“五唯”现象

为根除“唯论文、唯职称、唯学历、唯奖项”问题，中共中央办公厅、国务院办公厅印发《关于优化科研管理提升科研绩效若干措施的通知》(国发〔2018〕25号)，科技部、教育部、人力资源和社会保障部、中科院和工程院等联合发出开展“四唯”专项清理行动的通知(国科发政〔2018〕210号)。教育部办公厅随后发布《关于开展清理“唯论文、唯帽子、唯职称、唯学历、唯奖项”专项行动的通知》(教技厅函〔2018〕110号)。旨在要求通过“五唯”专项清理，革除现行高校教师评价制度中的顽瘴痼疾，扭转不科学的教育评价导向，推行代表作评价制度，注重标志性成果的质量、贡献、影响，让教师把更多的时间、更多的精力、更多的激情回归教学本身，回归学生本体，实现“教学乐长”，过一种幸福完整的教育生活，最终落实立德树人的根本任务。

(二)中国茶学高等教育重大事件

1. 2018—2022年园艺(茶学)高等学校教学指导委员会成立

在2018年11月1日召开的新一届教育部高等学校教学指导委员会成立会议上，宣读了《教育部关于成立2018—2022年教育部高等学校教学指导委员会的通知》，8位高校茶学教师榜上有名。他们分别是：安徽农业大学茶树生物学与资源利用国家重点实验室主任宛晓春，任植物生产类专业教学指导委员会副主任；安徽农业大学张正竹、福建农林大学林金科、武夷学院李远华、信阳农林学院郭桂义、湖南农业大学刘仲华、华南农业大学曹藩荣、云南农业大学盛军，任植物生产类专业教学指导委员会之园艺(含茶学)类教学指导分委员会委员。新一届教指委任期为2018年11月1日至2022年12月31日。教指委的任务是在教育部和有关部门的领导下，在课程和教材建设、教学改革、宏观战略研究、教育质量监控、分类指导等方面发挥作用。

2. 茶学本科教学质量国家标准发布

在教育部发布的《普通高等学校本科专业类教学质量国家标准》中，茶学专业按照《植物生产类(0901)教学质量国家标准》执行。该标准对茶学专业人才培养目标、培养规格、课程体系、专业教学条件、质量管理等提出了办学的基本要求，这是茶学专业人才培养方案新修订依据的基本规范性文件，如课程总学分为160学分左右，其中实践教学不低于总学时(或学分)的30%，专业实习总时间一般不少于4个月；承担专业主要课程的任课教师不少于12人，其中具有研究生学历的比例应不低于80%，拥有博士学位的比例不低于30%，高级职称教师比例不低于50%，学生教师比不高于18：1；茶学专业核心课程是《茶树育种学》《茶树栽培学》《茶叶生物化学》《制茶学》和《茶叶审评与检验》等；教学四项经费不能低于本年学费收入的30%；培养的学生要具备良好科学文化素养和扎实的生物学基础，分别掌握现代作物学、园艺学的基本理论、基本知识和实验技能，了解学科前沿，具有创新意识和能力；身心健康，拥有优良道德品质，树立正确的人生观、价值观与世界观；具备良好的团队协作精神、时代意识和国际视野；有社会责任感；有较高的人文素养和科学精神等。

3.“茶学”代码写入国家自然科学基金项目指南

2019年度国家自然科学基金项目指南中，“茶学”正式归入“园艺与植物营养学”，基金申请代码为“C1504”，成为园艺下设的二级学科之一，并设立三级代码：茶树生理生态与栽培学、茶树种质资源与遗传育种学、茶叶加工与品质。在自然科学基金项目中申请代码的确立，为促进茶学基础研究提供了良好的保障。

4．2018、2019年高等学校教学指导委员会茶学学科组会议分别在广西南宁和重庆北碚召开

2018年7月21日，教指委茶学学科组会议以“培养‘一懂两爱’茶学人才，助力乡村振兴战略”为主题，在广西南宁广西职业技术学院召开。2019年7月13日，茶学学科组会议以“全面振兴茶学专业本科教育”为主题，在重庆北碚的西南大学召开。此届学科组会议喜迎茶学学科发展80周年，恰逢新一届教育部高等学校教学指导委员会成立与面向教育部新一流学科建设全面启动之机，堪称继往开来，承前启后的茶学教育发展盛会。

5．美国化学会茶叶化学、风味及健康功能学术研讨会和第一届可可·咖啡·茶国际（亚洲）学术大会召开

2018年8月19—23日，第256届美国化学会（ACS）年会在美国波士顿会展中心召开，由安徽农业大学、美国罗格斯大学和佛罗里达大学共同倡议并举办的“茶叶化学、风味及健康功能学术研讨会”分会同期举办，吸引了全球20多所高校和科研院所的近百名代表参加。会议全面展示了我国茶学科技工作者在茶树次级代谢、茶叶风味化学特别是加工贮藏化学和茶叶健康领域的最新成果，有效地提升了我国茶学研究的国际影响力。会议相关论文经同行专家评议后以茶叶专栏的形式发表在国际知名期刊*Journal of Agricultural and Food Chemistry* 2019年第19期上。

可可、咖啡和茶国际学术会议（International Congress on Cocoa Coffee and Tea）在国际一直享有盛誉，自成立以来，已在欧洲举办了5届。2018年10月17—20日，由安徽农业大学组织并主办的“第一届可可、咖啡和茶（亚洲）国际学术大会”在合肥隆重召开。来自美国、德国、英国、法国、俄罗斯、阿塞拜疆、巴西、印度等20个国家和我国60余家单位的代表参加了会议。此次在亚洲召开以茶为主题的会议，充分展示了我国茶学科学研究领域之广和研究水平之高，进一步促进了欧亚茶叶科技与文化交流。

6．江西婺源茶业职业学院成立

江西婺源茶业职业学院于2018年3月30日获江西省政府批复，并于2018年5月10日在教育部正式备案，成为全国唯一一所以“茶”命名的高等职业院校。学院前身为上饶职业技术学院婺源分院，主要培养涉茶类、旅游类专业的公办特色学校。

7．浙江树人大学成立国际茶文化学院，培养复合型人才

2019年5月，由浙江树人大学、中国国际茶文化研究会、中国茶叶博物馆、浙江茶叶集团股份有限公司、日本国际茶道·香道丹月流、韩国青茶文化研究院多家单位共同发起成立国际茶文化学

院，旨在弘扬中国优秀传统文化，加强中国茶文化国际教育与传播，面向未来培养国际化、复合型人才。

8．第二届国际茶学院所长会议在杭州召开

为交流全球茶叶研究最新科研进展，加强各国茶叶研究机构的交流与合作，2019年5月16—17日由中国农业科学院茶叶研究所与中国茶叶学会共同主办的第二届国际茶学院所长会议在杭州国际博览中心召开。会议共同探讨茶叶科技进步和茶产业转型升级，旨在为世界茶叶生产和发展注入新动力，让具有千年历史的古老茶产业历久弥新、香飘世界。

二、2018以来中国茶学高等教育的发展

近年来，我国茶产业进入了一二三产业全面融合发展的新阶段，茶园种植面积、产量、效益均呈现快速增长的势头，科技对产业的贡献率正逐年上升。如何适应现代农业产业发展的社会需求，应对茶学专业人才就业渠道多元化、知识结构复合化、人才类型多样化、素质能力现代化的新趋势和新要求，培养具有“一懂两爱”意识、掌握现代茶学专业技术、拥有创新素质和创新能力的茶学高级专门人才，是对我国茶学专业人才培养提出的重要命题。

（一）茶学专业设置及招生规模

目前，我国茶学专业高等教育本专科人才培养方向主要分为茶学、茶树栽培与管理、茶叶生产与加工、茶叶审评、茶文化与表演、茶叶营销等方向。据不完全统计，2019年全国招收本专科茶学专业学生的院校共计71所（本科31所，专科40所），本专科年招生总量约5800人［其中本科人数2150人左右，专科（高职）人数3650左右］。据估算，全日制茶学本专科在校学生人数约为15000人、硕士生约500人、博士生约160人，茶学高等教育在校生人数约为15660人以上。

1．本科专业招生

根据《普通高等学校本科专业目录（2012年）》（教高［2012］9号），茶学专业代码为090107T，为一级学科门类“09农学”下的“0901植物生产类”二级专业下的三级专业，授予“农学学士”学位。茶学专业可分为茶学、茶文化与营销、茶文化与贸易等方向。茶学专业代码中的“T”是指特设专业，是指满足经济社会发展特殊需求所设置的专业。按教育部2012年《普通高等学校本科专业设置管理规定》，《专业目录》10年修订一次，而特设专业实行每年动态调整。在2019年3月，湖北民族大学科技学院获批开设茶学专业。

经学信网（http://www.chsi.com.cn）查询和相关网站不完全统计，2019年以茶学本科专业招收的学校共计有31所，分别为浙江大学、安徽农业大学、湖南农业大学、西南大学、福建农林大学、云南农业大学、华南农业大学、华中农业大学、四川农业大学、山东农业大学、长江大学、武夷学院、南京农业大学、浙江农林大学、浙江树人大学、江西农业大学、青岛农业大学、宜宾学院、河南农业大

学、信阳师范学院、信阳农林学院、梧州学院、贺州学院、贵州大学、黔南民族师范、贵阳学院、普洱学院、滇西应用技术大学、安康学院、湖北民族大学科技学院、滇西科技师范学院等。2019年31所本科高校茶学专业的本科招生计划总数约为2150人，其中招生计划数在100人以上的高校有安徽农业大学、福建农林大学、云南农业大学、华南农业大学、信阳农林学院和滇西应用技术大学等。

此外，南京林业大学茶学专业2019年停止招生；西北农林科技大学目前在园艺学专业设茶茶学方向，从2020年开始以茶学专业单列招生；南昌师范学院在旅游管理专业设评茶方向。

2. 专科（高职）专业招生

根据教育部《普通高等学校高等职业教育（专科）专业目录（2015年）》，茶学相关的专业有：“茶树栽培与茶叶加工”专业，代码为510109，为农林牧渔专业大类下农业类专业的三级专业，专业方向可分为茶树栽培与管理、茶叶生产与加工；“茶艺与茶叶营销”专业，代码为630704，为“财经商贸专业大类”下“市场营销类专业”的三级专业，专业方向可分为茶叶审评、茶文化与表演、茶叶营销。茶叶高职（专科）在入学方式上分为单独招生和普通高招，在生源上有初中起点的五年制高职和高中（中职）起点的三年制高职。

经学信网（http://www.chsi.com.cn）查询和相关网站不完全统计，2019年以茶学专科（高职）招收的学校共计有40所，分别为江苏农林职业技术学院、广西职业技术学院、广东酒店管理职业技术学院、广东科贸职业学院、广东文理职业学院、广东生态工程职业学院、浙江农业商贸职业学院、浙江经贸职业技术学院、抚顺师范高等专科学校、安徽财贸职业学院、安徽林业职业技术学院、黄山职业技术学院、池州职业技术学院、漳州科技职业学院、福建艺术职业学院、宁德职业技术学院、武夷山职业学院、江西婺源茶业职业学院、江西水利职业学院、景德镇陶瓷职业技术学院、湖北三峡职业技术学院、湖北生态工程职业技术学院、三峡旅游职业技术学院、天门职业学院、湖南商务职业技术学院、达州职业技术学院、宜宾职业技术学院、雅安职业技术学院、安顺职业技术学院、黔南民族职业技术学院、黔西南民族职业技术学院、遵义职业技术学院、铜仁职业技术学院、贵州农业职业学院、贵州经贸职业技术学院、毕节职业技术学院、贵州盛华职业学院、汉中职业技术学院、泰山职业技术学院、昆明学院（本科院校，招茶学专科）等。在这40所高校，“茶树栽培与茶叶加工”和“茶艺与茶叶营销”专业在2019年招生计划数分别约为1200人和 2250人。此外，本科院校中的云南农业大学、信阳农林学院、滇西应用技术大学、普洱学院、福建农林大学也招收茶学专科生，2019年招生数约200余人。因此，2019年专科（高职）招生计划数总计约3650人。

在上述40所茶叶专科高校中，2019年招生计划数在100人以上的高校有漳州科技学院、广西职业技术学院、宜宾职业技术学院、铜仁职业技术学院、安徽财贸职业学院、湖北生态工程职业技术学院、三峡旅游职业技术学院、安顺职业技术学院、黔南民族职业技术学院、贵州经贸职业技术学院、汉中职业技术学院、昆明学院12所高校。

此外，据网站查阅，江西工业贸易职业技术学院无茶叶专业招生，但设有茶艺拓展专业；湖北生态工程职业技术学院还在园艺技术下设茶叶加工与审评方向，招生数60人。还有一些以前招过茶叶专科学生的高校，但新近停招的学校。这些学校包括广西城市职业大学、广州珠江职业技术学院、广东岭南职业技术学院、黑龙江林业职业技术学院、苏州农业职业技术学院、江西外语外贸职业学院、四川文化传媒职业学院、西双版纳职业技术学院和太原旅游职业学院等。

（二）师资队伍与人才培养

据估算，全国从事茶学教育的教学人员超800人。通过2013年对全国主要25所涉茶高校的323名在职专职教师调查，其年龄、学历、职称整体情况基本符合学科发展的结构需要。

年龄结构——40岁以下154人，占总人数的48%；41～55岁140人，占43%；56岁以上29人，占9%。

学历结构——40岁以下的博士、硕士、学士及以下的教师比例分别为48%、44.2%、7.8%，41-55岁的分别为49.3%、25%、25.7%，56岁以上的分别为17.2%、17.2%、65.6%。

职称结构——正高、副高、中级及以下职称人数分别为85人、108人、130人，比例分别为26.3%、33.4%、40.3%。

上述教师结构与比例仅供参考。近年来，由于高校新近青年教师力量的不断加强，上述教师结构与比例会发生一定程度的变化。

（三）人才培养

2013年对11所高校的毕业生就业情况的统计结果显示：7所高校的对口行业就业率达到50%以上，10所高校学生考研率在10%以上，一本生源高校考研率普遍超过20%。据估算，茶学高等教育自1939年以来的80年间共培养了超4万名茶叶专业毕业生、3000名左右研究生和一批外国留学生、进修生。

（四）学科建设与办学条件

1. 重点学科及平台分布

据不完全统计，全国涉茶高校院所中拥有国家重点学科高校1所（浙江大学），国家重点（培育）学科高校1所（安徽农业大学），国家重点实验室1所（安徽农业大学），国际合作联合实验室1所（安徽农业大学），国家工程中心2所（中国农科院茶叶研究所、湖南农业大学），国家特色专业6所（安徽农业大学、湖南农业大学、华南农业大学、四川农业大学、云南农业大学、武夷学院）；省级重点学科（特色专业）9所，省级以上重点实验室/工程（技术）中心5所以上。

2. 学位点及人才培养层次

据不完全统计，目前全国拥有茶学博士学位授权点的高校和科研院所主要有浙江大学、安徽农业大学、湖南农业大学、福建农林大学、华南农业大学、华中农业大学、山东农业大学、四川农业大学、西南大学、南京农业大学、西北农林科技大学、中国农科院茶叶研究所12个单位，另有超过18个单位拥有硕士学位授权点，31个单位拥有学士学位授予权。

3. 茶学学科实验、实习条件

2013年对17所高校的调查资料显示，茶学专业实验室面积均超过200平方米，生均实验室面积达到3.66平方米，各高校都建有校内实习实训基地，同时都在校外建有多个稳定实习基地，基本都能满足学生专业实践教学的需要。

（五）教育教学与科学研究

近年来，由涉茶高校教师担任主编出版了大量的茶学专业教材和专著，近五年合计有50多部，内容基本覆盖了茶学学科各研究领域。涉茶高校院所每年在国内中文核心期刊发表科研论文200篇以上，《美国科学引文索引》（SCI）收录的科技论文数量和质量整体呈快速上升趋势，年均超过200篇，影响因子大于4.0的50篇以上，其中不乏影响因子5.0以上的高质量论文，反映了我国茶学学科的科研条件和研究水平正快速提升，在国际茶叶科技的影响力正在快速攀升。

近年来，国家在茶叶科技领域的研发投入增长明显，特别是国家茶叶产业技术体系的稳定支持，国家重点研发计划、国家自然科学基金以及各主要产茶省的科技重点研发计划的支持，为产业技术创新注入了强劲动力。国家级科技计划主要集中在建有国家级研发平台的高校和院所。涉茶高校教师从事茶叶科学研究经费主要来自于地方政府的科技计划和国家自然科学基金，全国每年资助茶学研究的基金项目在45项左右，分散在20多家高校和科研院所，年资助强度2000多万元。

近年来，全体茶叶科技工作者以产业绿色生态、提质增效、质量安全、营养健康为重点，在茶学科技领域实现跨越式发展，自主创新能力持续增强，进入跟跑、并跑、领跑“三跑并存”的新阶段。茶产业科技正处于从量的积累向质的飞跃、从点的突破向系统提升的重要时期。中国的茶产业正朝着良种化、生态化、优质化、机械化、自动化、精深化、智能化、标准化、健康化、品牌化、国际化的方向稳步迈进。

三、茶学高等教育发展存在的问题及对策

新时代的高等教育迫切需要“新农科”人才。新农科人才的培养，不仅需要将学科理论和技能纳入新农科人才培养体系，而且还需要将经济与社会知识、全球视野等基本素质培养结合进新农科人才培养体系，是培养具有主次多元知识和能力的农科复合人才。随着当今对农业的需求日益转向多功能性，如绿色生态、休闲养生、营养健康等，新农科的学科体系无疑需要突破传统，实现跨学科协作。近年来，随着茶产业的高速发展，对茶学高等人才的需求日益旺盛，也大大地促进了我国茶学高等教育的快速发展。

（一）茶学高等教育存在的问题

1．人才培养质量与产业需求存在差距

茶产业的快速发展急需复合型、应用型和创新型的人才。但在茶学高等教育快速发展过程中，专业设立缺乏科学规划布局，本专科生招生规模增长过快，专业所需师资力量和教育教学条件严重不足；人才培养方案及课程设置缺乏统一标准，实践教学环节比重偏小，人才培养质量难以满足产业需求。在今年高职扩招100万人政策下，高职茶学高校招生规模显著提升，这对高职院校的师资队伍和相应的教育教学法条件提出了更高的要求。此外，近年来实施的新高考改革试点，3+3、3+1+2等选考科目的设定，以及高等教育普及化阶段的到来，在为高校选拔学有专长学生带来利好的同时，也对高校人才培养既有的制度提出了新的挑战。

当今世界正处于百年未有之大变局，新一代的信息技术包括大数据、云计算、人工智能、物联网等对社会带来的深刻影响，也必将引起课堂革命。为促进我国高等教育内涵式发展，教育部业已实施“六卓越一拔尖2.0计划”、“双万计划”、“双高计划”、新农科建设、双师型师资建设、新时代工匠（1+X证书制度）建设等，这对茶学的高等教育提出了更高的要求，传统的教学模式和教学教育理念已不能满足新农科人才培养的需要，不能满足茶产业对高素质人才发展的需要，课堂变革创新势在必行。

2．师资队伍存在结构性矛盾且实践经验不足

随着近年茶学高等教育的快速发展，涉茶高校从2000年的10所，发展到今天的71所，师资队伍由2000年的300人发展到当前的800人以上，并呈持续增加之势，而师资队伍建设落后于招生规模的快速增加。一方面是专业师资数量不足，院校之间差异巨大，传统优势茶学专业一般拥有教师20～30名，而新设立的专业大多只有3～5名教师。另一方面是结构不优，教师队伍普遍呈现出年轻化和高学历化，以“80后”和“90后”博士为主体，其中不少无茶学专业学习背景。传统优势茶学专业中具有丰富教学和产业实践经验的“50后”和“60后”教师已退休或面临退休，而本应成为中坚力量的“70后”教师由于历史原因而出现了大面积断层，导致专业师资队伍呈现出青黄不接的局面。而茶学学科是一门实践性非常强的学科，因而提升青年教师队伍的产业实践经验，是当前茶学高等教育迫切需要解决的命题。

在目前的教师考核评价机制中，“重科研，轻教学”的现象依然存在，一些中青年教师主观上不愿深入产业实践一线，导致中青年教师的专业实践能力不足，尤其是短期内难以出科研成果的专业方向上出现了人才严重短缺，如茶树植保人才、育种人才、茶叶加工人才、茶叶机械人才、熟悉国际规则的产业经营管理及营销人才、熟悉国际地域饮食文化的茶文化国际推广人才、具备国际视野可双语教学的人才等等。由于师资队伍的结构性矛盾，在人才培养质量上直接表现出茶学专业毕业生的对口就业质量普遍不高，不能满足茶产业快速发展的迫切需求。

3. 学科应用基础研究和应用型研究偏少

改革开放40年来，我国茶园栽培面积和茶叶产量持续高速增长，与之对应的茶学科学研究也飞速发展。但由于高等学校对教师的考核机制因素，再加上我国茶企普遍规模偏小，企业的研发投入严重不足，导致茶学学科的研究面向产业共性的应用型研究偏少，而基础理论型研究为多。据相关权威统计表明：近20年来，茶学学科的研究生学位论文中以“茶树”为关键词的频次达321次，而“茶叶”的频次仅67次，由此可见，在茶学学科的科学研究中，侧重在茶树的生理生态和分子生物学相关领域的研究，而对茶树绿色生产技术、茶叶加工及品质化学、茶叶深加工技术、茶叶贮藏保鲜、茶叶市场营销、饮茶与健康、茶文化与茶艺、茶叶质量安全等与产业发展密切相关的应用基础和应用型研究偏少。这也间接说明茶学学科的高端人才培养与产业发展的匹配度还不够紧密。

随着茶产业的转型升级，以时尚、健康、便捷为导向的茶叶新产品研发不足。此外，科学饮茶、饮茶与健康的科普宣传仍需持续加强，以满足社会大众“体验式+专业服务式”消费需求。

（二）茶学高等教育健康发展对策

茶学是我国特色学科，但特色不等于高水平，特色学科不等于一流学科。当前，建设一流茶学学科要面向乡村振兴战略、“一带一路”倡议，优化学科中长期规划、汇聚学科队伍、搭建学科基地、创新学科管理、培养拔尖人才、产出原创成果等，从而达到“双一流”建设的根本目标，即培养具有国际视野、批判性思维、创造性工作能力、跨文化人际和语言沟通能力，并且具备中国文化素养以及报效国家和人民的品德修养等素质的一流人才。在农业领域，要培养以“绿色生态安全”为重点的新时代茶学生产型创新创业人才；在工业领域，要培养以“智能制造、新型健康产品”为重点的新时代茶学加工与深加工创新创业人才；在服务业领域，要培养以“国际视野、人文精神、大数据精准营销”为重点的茶学文化与贸易创新创业人才。

1. 提高茶学专业生源质量，提升人才培养质量

新农科茶学人才的培养，要注重拔尖创新型、复合应用型、实用技能型基础上进行“本研衔接”，构建本科、硕士、博士人才培养的多样化立交桥，不断提高卓越农林人才在知识、能力和素质等方面对新时代的适应性。一要加强招生宣传，制定优惠政策，吸引优秀的生源；二要实行全产业链教育，制定差异化培养模式，各培养单位根据学校目标定位，分层次地开展实施“卓越农林人才教育计划2.0”“基础学科拔尖学生培养计划2.0”“双高计划”等；三要深入开展产学研协同育人项目建设，培养学生实践能力和创业意识，提高与产业发展需求的结合度；四要制定创新人才培养计划，针对拔尖创新型、复合应用型、实用技能型，开展分类培养，建立本科生全程化、全覆盖、个性化的学业指导机制；五要适度控制招生规模，保持人才供需平衡。六要配合国家留学中国计划和“一带一路”倡议，通过招进来和送出去，培养具有国际化视野的茶学复合型人才；七要不断提高我国茶学科技的创新水平和跨界整合能力，努力打造世界茶学创新中心和人才高地。

2．优化教师队伍结构，建设高素质师资队伍

新时代的人才培养标准，对高校教师提出了更高要求。与以往相比，他们更要肩负起科技创新和培养人才的双重责任，实现对高校两大基本职能——教学与科研的“双肩挑”。科研强，不等于教学强。科研只有在“所教即所学”的情况下，才能促进教学的提高。

要确立以“学生为中心”，以立德树人为根本，建设一支“有理想信念、有道德情操、有扎实学识、有仁爱之心”的教师队伍。通过充实师资力量，提高师生比。加强引培并举，提升师资质量。在师资队伍建设中，既要注重引培冲击茶叶科学的高端、前沿阵地的“顶天”人才，更要能够培养能深入生产一线、为企业解决实际技术难题的“立地”人才。

3．深化教育教学改革，优化人才培养方案，突出创新创业人才培养

当前，教育理念要从“学科为本”向“学生为本”转变，教育内容从“传授知识”向“提升素质”转变，培养模式从“以教为主”向“以学为主、教学相长”转变。对标《普通高等学校本科专业类教学质量国家标准》、《中国特色高水平高职院校和专业建设计划（简称“特高计划”）》和“1+X”证书制度改革，对全国茶学专业教学方案、课程设置开展专门性的调研，有针对性地建设“知行融合”的教材体系，构建“核心课程＋拓展课程”的茶学专业课程结构。改革现有培养模式阶段割裂、科研训练环节重复、时间资源未充分利用等问题，将学术型高端人才培养阶段前移，以保证充足的人才培养周期。根据国家战略性新兴产业发展趋势，结合茶学学科特色，建立多学科交叉的人才培养模式，培养具有国际竞争力的复合型人才。

在人才培养中，要特别注重“金课”建设，将“共建共享”的发展理念创造性地融入“金课”建设中，建设一大批“一个学校做不好，一个学校做不了”的更好的高阶性共建共享线上线下混合式“金课”。而慕课（MOOC，大型开放式网络课程）是高校学生主动学习、激发兴趣、拓宽知识的最有力渠道。“双万计划”将打造基于慕课的国家级线上线下精品课，然而茶学学科的慕课建设才刚刚起步。在中国大学MOOC（慕课）（www.icourse163.org）上线的课程中，涉茶的高校课程仅有8门，分别是湖南农业大学的《中华茶礼仪》和《中国茶道》、南京农业大学《茶叶品鉴艺术》、华中农业大学《茶叶加工学》、宁波城市职业技术学院《茶艺》、武汉交通职业学院鄢向荣《茶艺与茶道》、福建农林大学《茶韵茶魂——安溪铁观音》和《闽茶艺韵》。这些课程与茶学核心课程密切相连的仅有《茶叶加工学》，茶学核心课和专业课的慕课建设任重道远，茶学教师要快速适应慕课教学理念和方式的转变，要推动课堂革命，打造基于慕课的茶学系列国家精品课程，以实现慕课量与质的新突破。

4．促进多学科交叉，培育新的学科增长点

要淡化专业边界，更加注重多学科交叉，促进茶学与生物技术、信息技术、共享技术、智能制造技术、现代食品加工高新技术、营养学、健康学、营销学等学科间的交叉渗透，培育新的学科增长点，形成优势学科与特色学科相统一、基础研究与应用学科相结合，传统学科与新兴学科相促进、多学科协调发展的新格局，更好地融入国家创新体系建设。

5. 深化国内国际交流与合作，提升科技水平，支撑茶产业创新发展

涉茶高校要新增国际交流必修环节，提升茶学研究生培养的国际化水平。围绕高素质创新人才培养，拓展学生的国际化视野，培养学生的跨文化交流能力，着力培养一批复合型、通晓国际规则的优秀人才。深化国际交流，培养、集聚一批具有国际视野和影响力的学科领军人才，培育一批跨学科、跨领域的科研与教学相结合的高水平的教师创新团队。加大对青年学术英才的培养支持力度，构筑青年人才的国内、国际交流合作平台，提高学科的国际化水平，不断提升学科的整体科研实力，为产业发展提供强有力地科技支撑。

（执笔人：李大祥、沈周高、李叶云、张正竹、宛晓春、夏涛）

第十部分

配套产业

中国陶瓷茶具产业发展报告

中国陶瓷茶具产业发展报告

——以德化陶瓷为例

德化县陶瓷发展委员会办公室

一、德化陶瓷产业促进政策

（1）2017年12月15日印发《中共德化县委 德化县人民政府关于推动陶瓷产业跨越发展若干措施的通知》。从鼓励增产增效、发展智能制造、强化工业设计、推动改制上市、推进两化融合、支持技术创新、保护知识产权、提升质量品牌、加大市场营销、加强招才引智等10个方面提出45条扶持措施。

（2）2018年4月11日印发《德化县人民政府关于推动陶瓷产业跨越发展若干措施的补充通知》，补充10条扶持措施。

（3）2019年1月30日印发《中共德化县委 德化县人民政府关于进一步推动陶瓷产业跨越发展十八条措施的通知》，提出18条扶持措施。

二、德化陶瓷茶具产量、特点、工艺

（一）德化陶瓷茶具产量

德化县依托深厚的陶瓷文化底蕴和悠久的陶瓷制作历史等产业发展基础，通过市场细分，进行差异化发展，着重在专业、品质、特色上发力，推动“茶具工艺日用化、日用茶具工艺化”，推动陶瓷茶具产业发展。目前德化陶瓷企业3000多家，2018年全县陶瓷产值328.5亿元，其中陶瓷茶具产值大约有60亿元，茶具产量占比约20%左右，茶具“线上”销售占全国茶具网购市场近80%；荣获中国茶具之乡、福建省第一批特色小镇“瓷都茶具小镇”称号。

（二）德化陶瓷茶具产业特点

1. 新品种层出不穷

生产技术不断提升、新品种层出不穷，茶具款式异彩纷呈：白瓷系列、自斟系列、汝瓷系列、钧瓷系列、青瓷系列、亚光釉系列、柴烧系列、玲珑系列、冰裂系列、哥窑系列、色釉系列、手绘系列等上百个系列茶具，数万个品种琳琅满目、交映生辉。

2. 产业链拓宽延长

延长茶具行业上下游产业链，发展茶叶罐、茶盘、茶宠、烧水器、茶道等茶具伴生品、衍生品、组合品，以及高附加值套装产品，使茶具市场更丰富，更具竞争优势。目前，全县生产经营茶配套企业已达几百家，形成完整、闭环的产业链条。

3. 电子商务迅速发展

蓬勃发展的茶具产业，促进了电子商务迅猛发展，线上与线下的高度契合，形成目前以陶瓷茶具及茶叶罐、茶盘、茶宠、电陶炉、玻璃等茶配套产品为主的电商特色格局。目前全县拥有电子商务应用企业 7500多家，其中B2B企业 2000多家，服务型企业 200多家。

4. 陶瓷茶具专业市场

建设总投资25亿元的中国茶具城，已建成专业市场及配套35万平方米，集茶具市场、电商、物流、研发、培训、体验、文旅、创意为一体，入驻来自全国各地生产企业200多个品牌，形成中国目前唯一的陶瓷茶具专业市场及茶器文化交流聚集区。

（三）德化陶瓷茶具工艺

德化陶瓷茶具常用的生产流程主要有练泥、拉坯、印坯、利坯、晒坯、刻花、施釉、烧窑、彩釉等工序。

1. 坯料制备

根据成形方法，坯料制备主要可分为注浆坯料和泥饼坯料。注浆坯料要流动性好，保证产品造型完全和浇注速度；泥饼坯料也称真空练泥，将陈腐的坯料压滤成泥饼，把泥团中的空气挤压出来，并使泥中的水分均匀。

2. 釉料制备

要求原料比坯料纯净，称料准确，可直接配料磨成釉浆，细稠度适宜，悬浮性好，比重得当。

3. 制坯成型

分手工成形和机械成形两种。手工成型主要是采用轮制成形及手拉坯，将泥料放在可以转动的泥盘上，借助转盘旋转的力量，用手将泥团徐徐拉压，按照器物形状拉制成坯体。机械成形主要是滚压成形，采用机械自动滚压成形。

4. 利坯修坯

利坯是将坯覆放于辘轳车的利桶上，转动车盘，用刀旋削，使坯体厚度适当，表里光洁，这是一道技术要求很高的工序。修坯操作过程是刮平模缝，修补气孔和小裂纹并刮平，然后混水抹光，现代有采用电动修坯机，将毛坯放在修坯机转盘上，自动旋转，根据不同器物用刀、铜丝布、砂布、海绵等将坯体内为修磨光滑。

5. 坯体干燥

将加工成形的坯摆放在木架上，或自然干燥，或使用加热烘干。

6. 施釉

普通圆口采用蘸釉（将坯浸入釉盆里，当口沿与釉面平齐时立即提出）或荡釉（将釉浆注入坯内晃动，使上下左右均匀上釉，然后迅速倒掉过剩的釉浆），琢器（相对“圆器”而言，“圆器”指通过拉坯方法成形的圆形器皿，如碗、盘、碟等。而成形工艺较为复杂的器皿，如瓶、尊、壶、罐等，则称“琢器”）或大型圆器用吹釉（方法是将竹筒蒙上细纱，蘸釉后用嘴吹喷，如此反复多次，坯面可得厚度均匀的釉层）。

7. 装饰

陶瓷装饰有坯体装饰、釉上彩饰、釉下彩饰等。坯体装饰有印花、篦划、浮雕、刻花、剔花等方式；釉上彩饰可手工绘画，也可贴花、印花、喷花、电镀等；釉下彩饰是在生坯或素坯上进行装饰，然后覆盖上透明釉或半透明釉，再经过高温烧制而成。

8. 装窑烧成

传统装窑有叠装、复合叠装、套装、匣钵叠装等，新式装窑采用隧道窑、辊道窑、井式窑、电热井式窑等，装窑方法趋于多样化。烧成方面，德化窑在唐代、宋代、元代中晚期采用还原焰烧成，元末以后出现氧化烧成。现代随着电、气、油的使用，烧成方法不断革新，大多采用还原和氧化烧成，除素烧、釉烧外，釉上彩和釉中彩还需经彩烧工序。

三、德化陶瓷茶具生产销售情况及品牌建设情况

（一）从专业入手，助推聚集发展

1. 建设专业生产基地

依托三班镇陶瓷发展历史和基础，确立茶具产业为该镇的支柱地位，将陶瓷茶具工业园区规划纳入三班镇新一轮总体规划调整的重要内容，规划建设以生产茶具为主的大兴、紫云、上寮、奎斗、桥内工业园区，并在政策、资金、人才、技术、信息等方面给予重点倾斜。至目前，园区总规模已达3200亩，入驻企业300多家，其中生产茶具企业200多家，规模以上4家，年产茶具1300多万套，年产值12亿多元。

2. 建设专业展销中心

按照政府规划、企业投资、市场运营的思路，2013年起在三班市政大道边上规划用地1200亩，投资25亿元建设“中国茶具城”，打造集茶具批发、展示、零售、研讨交流为一体的国际化专业茶具市场。项目首期已投入4.87亿元，主体工程17幢、建筑面积8万平方米；已有来自景德镇、淄博、宜兴、广州、潮州等地150多家生产经营茶具及配套产品企业入驻。同时，着力布局全国销售网点，在150多个城市设立茶具营销店520家。

3. 建设专业电商平台

建成蔡径村电商孵化园电商基地，建设三班瓷网、茶具O2O垂直电商平台，同时与天猫、当当网等电商平台合作建立“德化茶具商城”，着力拓宽茶具“线上”销售渠道。目前，仅三班镇主要经营茶具及配套产品的电商应用企业达200多家，其中，27.5%的电商企业聚集在蔡径电商孵化园，每年寄单量超200万件，占全国茶具网购市场近80%。2016年，三班村、泗滨村、蔡径村、东山洋村被阿里认定为“中国淘宝村”。

（二）从品质入手，引导高端发展

1. 加强人才培养，促进技艺提升

建立常态化培训机制，与泉州工艺美院等院校合作共建，加强技艺培训和技术研究，已成功签订科技成果转化项目3个；建立人才激励机制，每年开展茶具产品交流会、茶具人才培训等活动，积极组织茶具企业参与各类工艺人才申报评选工作，壮大专业技术人才队伍。

2. 注重研发设计，促进产品创新

建立高档茶具产业技术创新战略联盟，强化技术、产品、材料等创新，研发生产各类高档茶具。目前，联盟会员企业达350家。注重产品生产与文化元素融合，发展大师茶具、文化茶具，推动“茶具工艺日用化、日用茶具工艺化”。目前，已形成白瓷系列、冰裂系列、色釉系列、手绘青花系列等近百个系列，数万个茶具品种、款式。

3. 突出品牌建设，促进产业升级

深入实施品牌战略，精心打造名牌产品；成立品牌宣传组，统一规划、定位和宣传，拍摄《中国茶具之乡》宣传片，提高茶具品牌知名度、影响力。目前，已有古泥、瀛洲、南金、真泰尔等自主品牌，1项行业名牌产品、2个中国驰名商标以及4个市级著名商标。支持茶具企业到全国各大中城市举办参加各类展会，每年组织茶具企业参加香港家庭用品展、春季广交会、福州海交会等知名展会。

（三）从特色入手，推动创新发展

1. 放大工艺特色，推动“差异化”发展

利用“柴烧”技艺所形成的“自然纹路、古朴质感”等独特风格和特色，保护、修缮月记窑、日记窑等古窑古法创意、生产工坊，已有来自全国各地的100多名艺术家设立30多个工作室，推出粗陶、紫砂、主人杯、盖碗等系列柴烧茶具产品，实现差异化发展。2014年，月记窑创意园被确定为“福建省重点创意企业”。

2. 突出跨界联姻，推动“融合式”发展

成立茶具同业公会，引导企业做好茶具与武夷山岩茶、安溪铁观音的配套，推动“瓷茶文化联姻”；延长茶具行业上下游的产业链，扶持发展茶叶罐、茶盘、茶宠等茶具伴生品、衍生品、组合品

等高附加值套装产品，使茶具市场更具竞争优势。目前，生产经营茶盘、茶宠企业已达100多家，每年推出黑檀木、鸡翅木、电茶盘、电木、乌金石等系列茶产品50多种。

3．吸收各地精华，推动“创造性”发展

在发展本土“中国白”德化窑的基础上，先后多次组织茶具企业学习研究醴陵的釉下五彩瓷、河南禹州的钧瓷、江苏宜兴的低温彩陶、山西的黑陶等“五大名窑”的工艺手法、釉水用料和产品风格，并加以吸纳总结、创新提升，成功推出汝瓷、钧瓷、青瓷等新瓷种，有力推动茶具产业创造、创新发展。

四、德化当地陶瓷茶具产品的设计创新

现代社会是一个追求和谐、以人为本的社会，茶具的设计也要充分考虑到以人为本的理念，在设计时要注重从茶具的功能性、环保性、经济性等多元素考虑，以满足人们的要求。

（一）专业

出现具体针对某一种茶的专门冲泡器具。比如专门冲泡小青柑的，拿出一粒小青柑，就可以直接投入。

（二）器用

器是为茶与茶艺服务的。茶艺手法对器的设计有直接的影响。喝茶习惯对器的设计也有影响，喝毛茶散茶的量在增加，以前普洱毛茶是半成品，一只用作选料审评，不作为日常饮品，而现在饮毛茶成风，因此对茶器就有直接影响，如宽底扁平盖碗的出现。

（三）象形

自然美物流行都是循环往复的，流行了几年的光货。现在轮到花货开始流行，从几何形到象形，提炼取舍手法突出自然形态之美，源于自然、高于自然，突出自然形态中富有美学价值的部分。

（四）简减

从“简”到“减”，茶具越来越简便，可以家用又可以方便旅行的使携茶具风席卷全球，考虑到不损坏其他各种功能的同时，无钮、无把、无盖的茶具流行。同时一物多用，茶具集多个功能为一身，茶漏的结合、防烫的设计和节约空间的设计，设计感十足。

五、德化当地陶瓷茶具产业发展趋势

（一）茶具市场前景分析

回顾全球历史，不难发现文明的重心经历了从东方到西方的迁移，而今西方已渐渐无法再支撑起全球经济文明的持续发展，欧洲更是走向了衰落之路，回天无力，文明的东升西落已成为必然趋势。也就是说，未来文明的重心将会迁移回以中国为中心的东亚圈，这对我国来说意味着传统文化的复兴是大势所趋，中国梦的提出就是其集中体现。我们已经不再需要一味地学习西方文化，更多的是要回到中国文化本身，在新时代里重新发掘历史流传下来的精华文化内涵。更深一步讲，未来我国将会产生许多巨大的文化产业机会。

茶文化作为传统文化的重要构成部分，可以说是此次文化复兴的主力军，我们有必要对它进行些梳理。我想最能代表茶文化重要地位的莫过于这两句俗语一“琴棋书画诗酒茶”和“柴米油盐酱醋茶”，分别体现了茶在文人贵族和平民百姓的生活中扮演的角色，茶已远远超过单纯饮品的概念，它是人们生活中必不可少的构成，既可以雅也可以俗，覆盖范围非常广泛。从最初时期饭后的饮茶到宋明时期的斗茶和茶会再到清朝迅速发展的茶馆，茶无处不在。茶不仅对人们的生活很重要，更传承着中华民族的传统美德。

中国素以礼仪之邦自称，我们也是一个热情好客的民族，关于待客之道的习俗我们有很多，其中最基本最重要的莫过于凡有客进门必先敬茶，以茶示礼。若不敬茶，会被认为是没有礼貌、缺失教养。可以不吃饭却不可不敬茶，到今天依然如此。这是中华民族传统礼仪和美德的传承，也是茶承载了这份传承。除此之外，还有以茶设宴、以茶会友、以茶修身、以茶献艺等。

既然茶对我们如此重要，那么对它的梳理也就离不开茶具。茶具是品茗过程中的功能器具，是茶文化的重要组成部分。从茶具的历史发展脉络里不难看出茶文化的变迁。

茶具是随着“茶之为饮”应运而生，它的发生和发展经历了一个从无到有，从有到艺术文化多样化等，从共用到专一，从粗糙到精致的历程，并随着饮茶习俗的变化而不断变化和发展，在茶叶行业种类多样化，及品茶需求不同茶具艺术不断壮大带动下，茶具行业同样呈现良好的发展趋势，茶具产品未来发展方向向多样化，艺术化，年轻化转型快速占领市场，对于投资前景非常广阔。

（二）德化陶瓷茶具行业发展趋势分析

1. 现代礼品茶具流行趋势

提到茶具的流行趋势，茶具，顾名思义，乃用于茶事之器具。茶艺形成之初，先人将制茶工具和饮茶所用器具统称曰“茶具”。至晋朝开始遂将其稍加区分，而改称“茶器”，五代、南北朝、隋唐一直沿用此概念，茶圣陆羽在《茶经》中曾有记载。到了宋朝，国人又将制茶工具和饮茶器具重新称之“茶具”并沿用至今；而对于今天饮茶概念中的“茶具”则专指饮茶的器具了。

众所周知，茶和茶具，起源于中华。所谓“国饮”，便指中国茶叶，而中国茶配置以特有的茶具，形成了中国博大精深的茶文化，由此窥见一斑。

按现代礼品茶具来看，茶具的材质、款式、种类等特色，与时代特征、民风民俗乃至人们的审美中情趣均有着密切的关系，无论时代茶具的制作工艺精致抑或粗糙、造型特色抑或品种款式，从某种程度上，都能从一个侧面反映出中国各个时代的茶文化特征。

随着社会的发展，不同材质、不同式样的茶具可以说层出不穷。今天，人们不断创新发展，尤其是在材质的运用上可以说把现代科技进一步发挥到极致，想象力和创造力让我们今天看到了传统意义上的新型茶文化在现代生活中的传承。

“茶滋于水，水籍乎器，汤成于火，四者相须，缺一则废。”茶和茶具是珠联璧合的文化载体，更是人们物质和精神的双重享受。

随着茶文化的进一步普及与发展，百姓家居生活水平的稳步提高，茶文化在逐步成为我们的生活方式和消费主流的同时，茶具商务也成为文化和健康消费的新时尚及流行趋势。

2. 时尚化、个性化趋势

（1）时尚化　随着物质文化水平的不断提高，人们对精神生活的要求也越来越高。在茶具的欣赏上，人们更加追求茶具的审美性。茶具作为一种商品，它也必须紧跟时代潮流，才能不被市场所淘汰。在追随时代潮流过程中，时尚化是要关注的一个重点。时尚化不是肤浅的追求奢侈和时髦，而是一种生活态度，是人们在追求潮流中关注的一点。因而在茶具造型设计时要紧跟时代发展的潮流，不断使茶具设计时尚化，从而体现出茶具的美感。

（2）个性化　千篇一律的产品注定会被市场所淘汰，追求个性化是产品设计的要素之一。设计师在设计茶具造型中打开思维，从不同角度寻找立足点，充分运用中华文化中博大精深的一面，使茶具造型不仅适应时代要求，追求时尚性，还可以从茶具造型中展现中华文化。

附录

附录一　2018年中国茶产业数据

一、2018年全国各地区六大茶类产量

单位：吨

地区	绿茶	青茶	红茶	黑茶	黄茶	白茶
江苏	11045.00	96.00	3362.00	52.00	0.00	3.00
浙江	179579.00	0.00	2628.00	3793.00	0.00	0.00
安徽	121442.00	0.00	6496.00	179.00	6222.00	583.00
福建	114002.00	211574.00	48571.00	0.00	0.00	27473.00
江西	60655.00	173.00	8838.00	44.00	45.00	1145.00
山东	25092.00	0.00	3756.00	0.00	0.00	0.00
河南	63377.00	0.00	10003.00	649.00	0.00	0.00
湖北	222591.00	1372.00	37382.00	51308.00	246.00	1554.00
湖南	94812.00	2199.00	27320.00	87449.00	1262.00	584.00
广东	43716.00	45385.00	7347.00	11.00	0.00	0.00
广西	50848.00	327.00	17561.00	4230.00	0.00	33.00
海南	632.00	0.00	0.00	0.00	0.00	0.00
重庆	35538.00	48.00	3990.00	0.00	0.00	17.00
四川	247049.00	4563.00	16020.00	26922.00	86.00	359.00
贵州	160623.00	807.00	19741.00	16504.00	91.00	1561.00
云南	221073.00	4638.00	46369.00	125654.00	0.00	366.00
陕西	69029.00	2.00	2455.00	2061.00	0.00	0.00
甘肃	1282.00	0.00	106.00	0.00	0.00	0.00
总计	1722385.00	271184.00	261945.00	318856.00	7952.00	33678.00

注：缺少台湾省数据。

二、2018年全国各地区茶园面积

单位：万亩

地区	年末实有茶园面积		增加情况		本年采摘面积
	2018年	2017年	增加量	增加率/%	
江苏	50.57	50.57	0.00	0.00	45.69

续表

地区	年末实有茶园面积		增加情况		本年采摘面积
	2018年	2017年	增加量	增加率/%	
浙江	298.79	297.79	1.00	0.34	274.48
安徽	254.55	248.16	6.39	2.57	225.74
福建	310.77	310.67	0.10	0.03	293.44
江西	171.26	156.56	14.70	9.39	129.42
山东	33.02	31.01	2.01	6.48	26.49
河南	174.48	173.65	0.83	0.48	152.74
湖北	448.96	424.96	24.00	5.65	337.17
湖南	253.32	233.72	19.60	8.39	180.44
广东	92.96	87.63	5.33	6.08	73.10
广西	115.61	112.04	3.57	3.19	94.42
海南	3.60	3.10	0.50	16.13	1.96
重庆	67.27	59.91	7.36	12.29	49.72
四川	545.12	534.42	10.70	2.00	409.48
贵州	684.33	684.33	0.00	0.00	456.95
云南	666.79	656.79	10.00	1.52	573.27
陕西	206.96	189.86	17.10	9.01	142.17
甘肃	17.22	17.62	-0.40	-2.27	10.12
合计	4395.58	4272.79	122.79	2.87	3476.80

注：缺少台湾省数据。

三、2018年全国各地区茶叶产量

单位：吨

地区	茶叶产量		增加情况	
	2018年	2017年	增加量	增加率/%
江苏	14558.00	14428.00	130.00	0.90
浙江	186000.00	184231.00	1769.00	0.96
安徽	134922.00	132203.00	2719.00	2.06
福建	401620.00	398628.00	2992.00	0.75
江西	70900.00	63367.00	7533.00	11.89
山东	28848.00	25665.00	3183.00	12.40
河南	74029.00	67878.00	6151.00	9.06
湖北	314453.00	298878.00	15575.00	5.21
湖南	213626.00	197476.00	16150.00	8.18

续表

地区	茶叶产量		增加情况	
	2018年	2017年	增加量	增加率/%
广东	96459.00	91458.00	5001.00	5.47
广西	72999.00	70000.00	2999.00	4.28
海南	632.00	569.00	63.00	11.07
重庆	39593.00	36948.00	2645.00	7.16
四川	294999.00	280001.00	14998.00	5.36
贵州	199327.00	176498.00	22829.00	12.93
云南	398100.00	390265.00	7835.00	2.01
陕西	73547.00	66571.00	6976.00	10.48
甘肃	1388.00	1348.00	40.00	2.97
合计	2616000.00	2496412.00	119588.00	4.79

注：缺少台湾省数据。

附录二　2018年中国茶业价格指数综合分析

一、2018年安溪铁观音价格指数综合分析

根据市场交易实时数据统计，2018年全年安溪茶叶批发市场市场交易量18810.70吨，比去年同期19346.08吨，减少535.38吨，下降2.8%；交易额254182.50万元，比去年同期236606.74元，增加17575.76万元，上升7.4%；平均单价比去年同期高4.6%。产量较去年同期相比总体产量下降，主要原因：一是自然灾害的影响，4月份安溪一些主产茶区遭受了冰雹灾害，使得今年的铁观音春茶产量略有下降；二是全县继续加大取缔压茶机工作力度，推行茶树留高技术，部分茶园采取不采摘进行留养，部分茶园退茶还林、还耕、还蔬。质量价格与去年相比明显提升，主要原因：一是各乡镇组织专家队伍对冬春茶园管理情况进行大检查，培训指导，为铁观音茶叶质量提供坚实的保障；二是全面加大取缔压茶机工作力度，茶叶质量显著提高；三是2018年春、秋茶良好气候条件，为好茶的制作提供了必要的条件（附图1、附图2）。

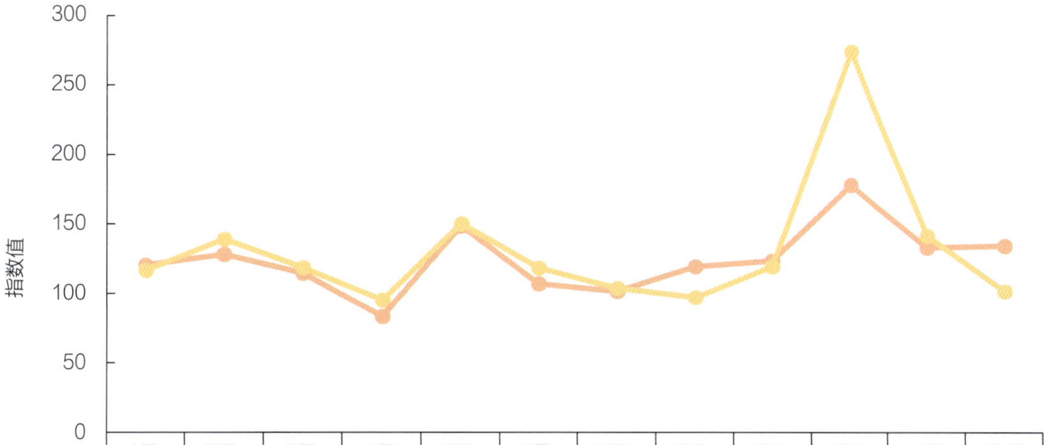

	1月	2月	3月	4月	5月	6月	7月	8月	9月	10月	11月	12月
2017年	122.5	129.9	116.7	86.1	149.8	109.1	103.9	121.2	125.5	178.6	134.8	136
2018年	118.8	140.7	120.6	97.8	151.5	120.3	106.1	99.6	121.2	272.7	142.9	103.9

附图1　2017—2018年中国茶叶指数之地方名茶指数——安溪铁观音

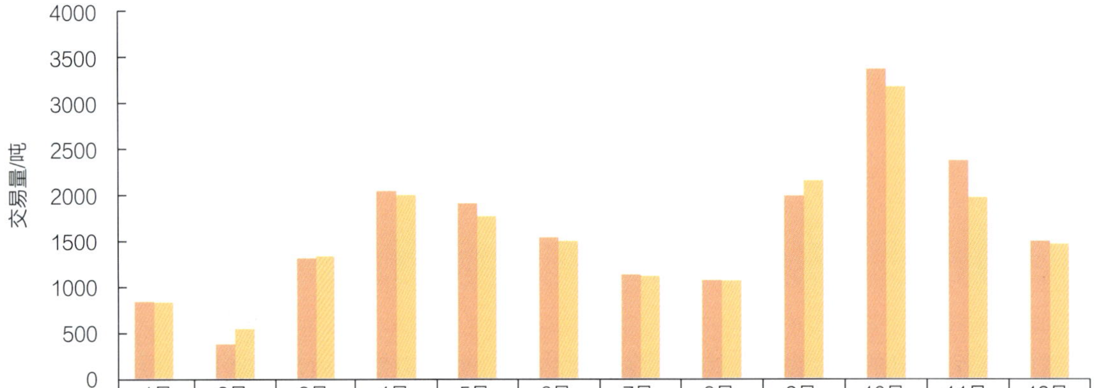

	1月	2月	3月	4月	5月	6月	7月	8月	9月	10月	11月	12月
2017年	833.18	370	1301.1	2033	1898	1530	1122	1060	1981	3361.7	2366.6	1489.5
2018年	824.6	533.7	1320.4	1989	1758	1489	1106	1055	2147	3168	1965	1455

附图2　2017—2018年安溪中国茶都铁观音交易量

二、2018年大佛龙井价格指数综合分析

中国茶市2018年交易总量为16922.74吨，比上年同期增长1.75%，交易总额达52.12亿元，比上年同期增长2.2%。其中，龙井茶交易总量为15413.42吨，交易总额为46.43亿元，分别比上年同期增长1.32%和1.29%；其他茶类交易量1509.32吨，交易额5.69亿元，分别比上年同期增长6.32%和10.27%。全年来看，一是春季气温忽冷忽热，使春茶明显减产，2018年，新昌春茶连续遭受三次低温二次高温灾害，不少茶园受灾，导致春茶减产；二是夏秋季风调雨顺，夏秋茶大幅增产，春茶结束后，茶农在茶叶专家的技术指导下，进行夏秋茶的肥培管理，不少受冻茶园因树制宜进行轻、重修剪与增施肥料，并在采制技术上下功夫，夏秋茶获得了大丰收，从而使茶农全年茶叶仍获得产量、产值的“双增”；三是名茶品牌效应彰显，高档茶交易价涨幅较好，新昌名优茶加工质量与品牌意识不断提高，中国茶市统计，2018年的春茶交易指数为553.85，比2017年春茶513.35，增幅达到了7.89%（附图3、附图4）。

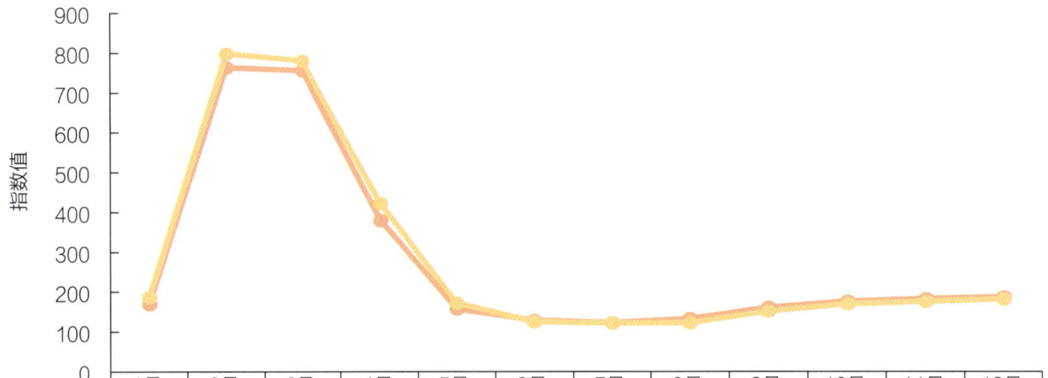

	1月	2月	3月	4月	5月	6月	7月	8月	9月	10月	11月	12月
2017年	168.76	763.17	755.93	379.27	156.14	127.9	121.82	132	159.75	175.13	182.08	186.42
2018年	186.9	797.6	780.12	421.76	171.88	124.02	120.54	121.01	150.05	168.69	175.09	181.25

附图3　2017—2018年中国茶叶指数之地方名茶指数——新昌大佛龙井

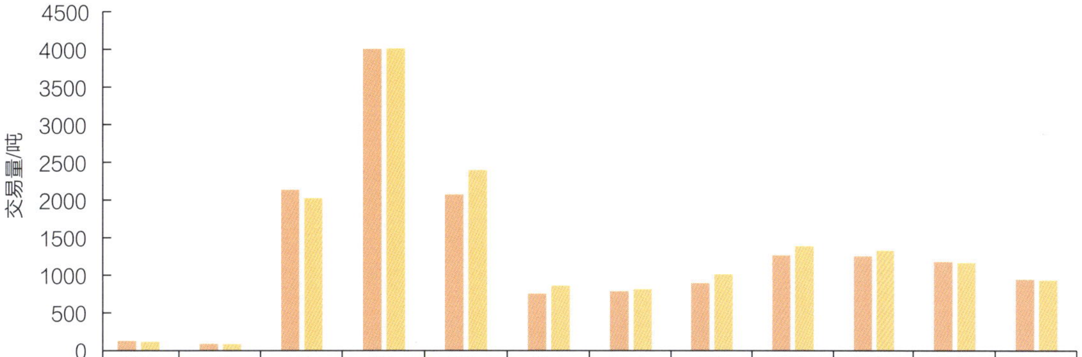

	1月	2月	3月	4月	5月	6月	7月	8月	9月	10月	11月	12月
2017年	119.26	83.4	2098.7	3948.0	2039.5	737.52	768.61	875.51	1238.3	1225.2	1154.2	923.63
2018年	109.54	76.89	1989.2	3949.2	2358.8	840.85	794.63	987.75	1355.7	1298.7	1138.9	912.86

附图4　2017—2018年新昌中国茶市交易量

三、2018年松阳绿茶价格指数综合分析

2018年浙南茶叶市场的交易量、交易额都是稳中有升。由于春茶开采时间延迟，浙南茶叶市场开市比2017年晚了1周左右。全年交易总量为7.91万吨，交易总额57.9亿元，同比增长2.97%和1.55%。经过15年的时间，浙南茶叶市场的影响力不断扩大，从大量的卷曲形绿茶到如今名茶比例占21.68%；从早期的单一绿茶到现在的多茶类；从初加工的茶叶到精深加工的茶制品。贵州、四川等地的外省茶叶涌入浙南茶叶市场的茶叶比例不断增长。2018年全年来看，松阳本地新茶开采推迟一星期左右，市场开市时间也有所推迟，3月份开始，气温较去年高且平稳，南北地域差距缩小，浙南早茶优势不明显，市场高档名茶生产时间缩短，春茶各茶树品种间效益不均，如去年效益显著的乌牛早品种今年的效益同比下降20%～50%，龙井43和白叶一号等品种效益同比较平稳。夏秋茶气候总体好于上年，6月份后气候正常，雨量分布均匀，夏秋茶生产顺利（附图5、附图6）。

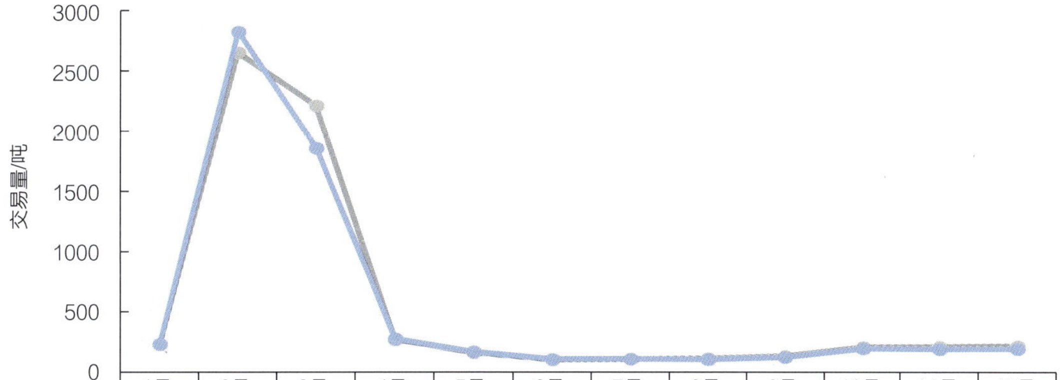

	1月	2月	3月	4月	5月	6月	7月	8月	9月	10月	11月	12月
2017年	265.6	2657.5	2224.2	306	199.8	140.5	146.6	150.2	170.6	241.9	244.9	251.7
2018年	268.2	2828	1876.3	311.8	205.4	144.9	148.8	143.6	161.2	232.9	227.6	230.6

附图5　2017—2018年中国茶叶指数之地方名茶指数——松阳绿茶

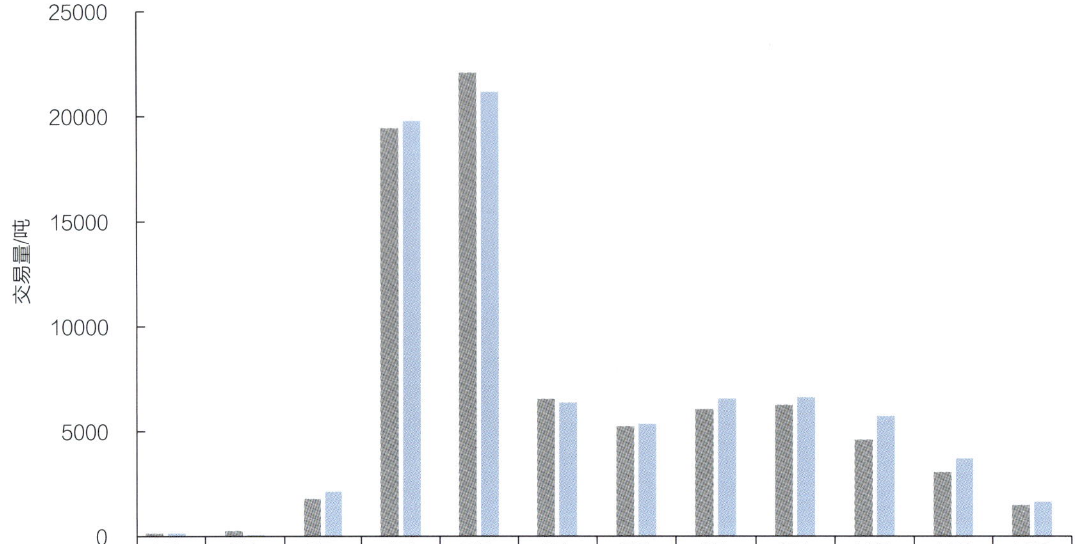

	1月	2月	3月	4月	5月	6月	7月	8月	9月	10月	11月	12月
2017年	146	261	1791	19435	22084	6535	5243	6040	6246	4593	3054	1492
2018年	138	42	2118	19752	21165	6349	5329	6525	6590	5712	3694	1643

附图6　2016—2017年浙南茶叶市场交易量

四、2018年信阳毛尖价格指数综合分析

2018年信阳毛尖市场交易量403.66吨，比去年同期439.05吨，减少了35.39吨，下降了8%；交易额57853.4万元，比去年同期47980.4元，增长了9873万元，增长了17%；平均单价比去年同期增高23.7%。

产量较去年同期相比总体产量下降，主要原因：一是由于天气影响，信阳毛尖产量受到不同程度的减产；二是采茶工工价继续呈现刚性增长态势，一定程度上影响了茶叶产量。质量价格与去年相比明显提升，主要原因：一是今年春茶良好的萌芽生长气候，保证了制作好茶最重要的茶青质量，且采制期间天气较好，又为好茶的制作提供了必要的条件；二是广大茶农较注重冬季茶园管理，特别是土壤改良的广泛推广，茶园肥力提高，使茶青内含物增加，茶叶肥厚，茶青原料质量大幅提高；三是举办全国名优（绿、红）茶评比、信阳毛尖传统手工炒制大赛，制好茶的氛围更加浓厚（附图7、附图8）。

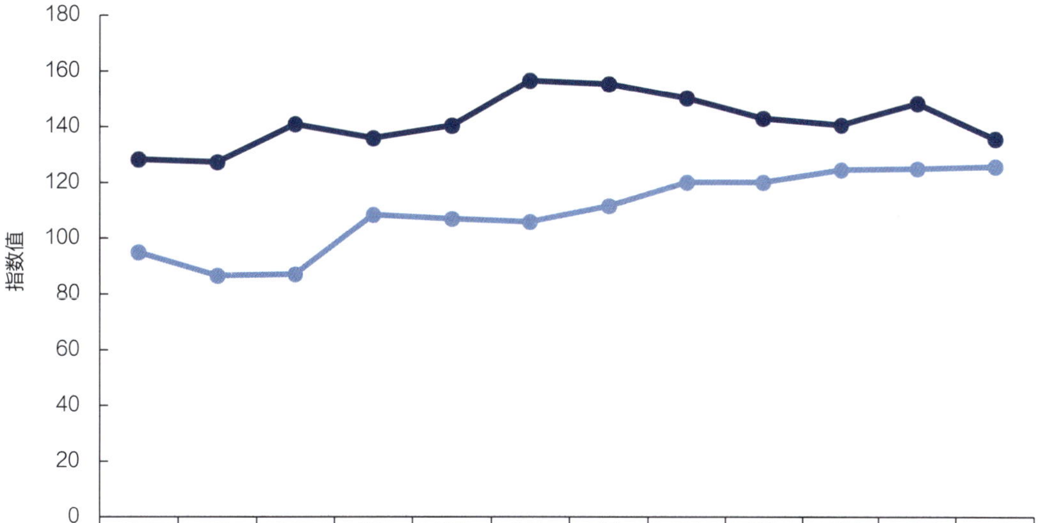

	1月	2月	3月	4月	5月	6月	7月	8月	9月	10月	11月	12月
2017年	95	86.65	87.06	108.44	107.08	105.9	111.59	120.09	120.09	124.59	124.98	125.67
2018年	128.3	127.42	140.95	135.93	140.41	156.52	155.25	150.23	142.94	140.55	148.26	135.53

附图7　2017—2018年中国茶业指数之地方名茶指数——信阳毛尖

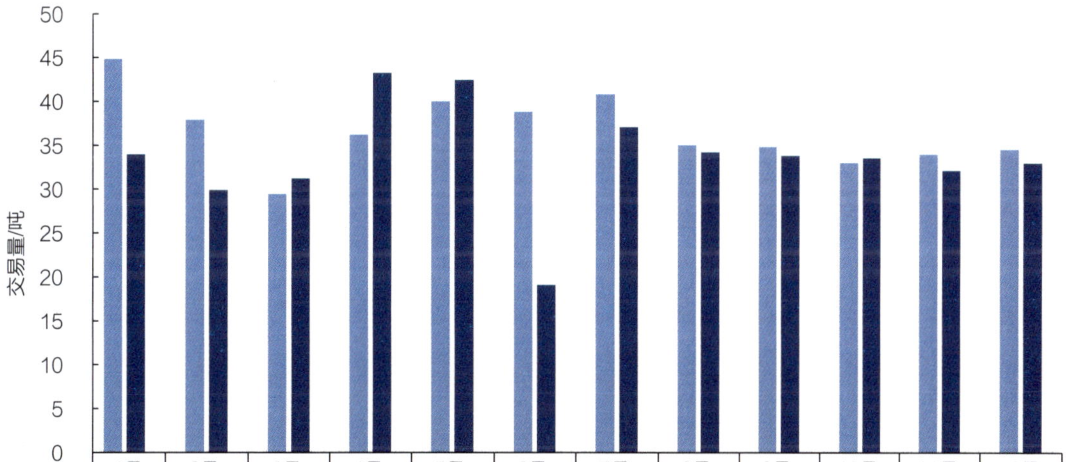

	1月	2月	3月	4月	5月	6月	7月	8月	9月	10月	11月	12月
2017年	44.8	37.89	29.4	36.2	39.97	38.79	40.8	35	34.8	33	33.98	34.5
2018年	33.97	29.86	31.24	43.23	42.43	19.07	37.07	34.19	33.82	33.54	32.09	32.96

附图8　2017—2018年信阳毛尖指数信息采集合作单位市场交易

五、2018年横县茉莉花价格指数综合分析

2018年茉莉花产量为9万吨，同比2017年8.5万吨增加了5.88%。2018年茉莉花平均价格23.13元/千克，同比2017年茉莉花平均价格20.6元/千克增加了12.28%。2018年的茉莉花产值为20亿元，2017年茉莉花产值17亿元。2018年横县茉莉花价格相比往年浮动较大，原因：一是2018年茉莉花受到了雨水的影响，价格波动较大；二是横县茶商对花茶品牌意识的提高，开始注重花茶产品的质量，窨制茉莉

花茶的用花量比往年高，对茉莉鲜花的需求量比往年大，使横县茉莉花的需求量增加，所以茶商会提高收花价格收很多的花来满足加工需求，推动了茉莉花价格的上涨（附图9、附图10）。

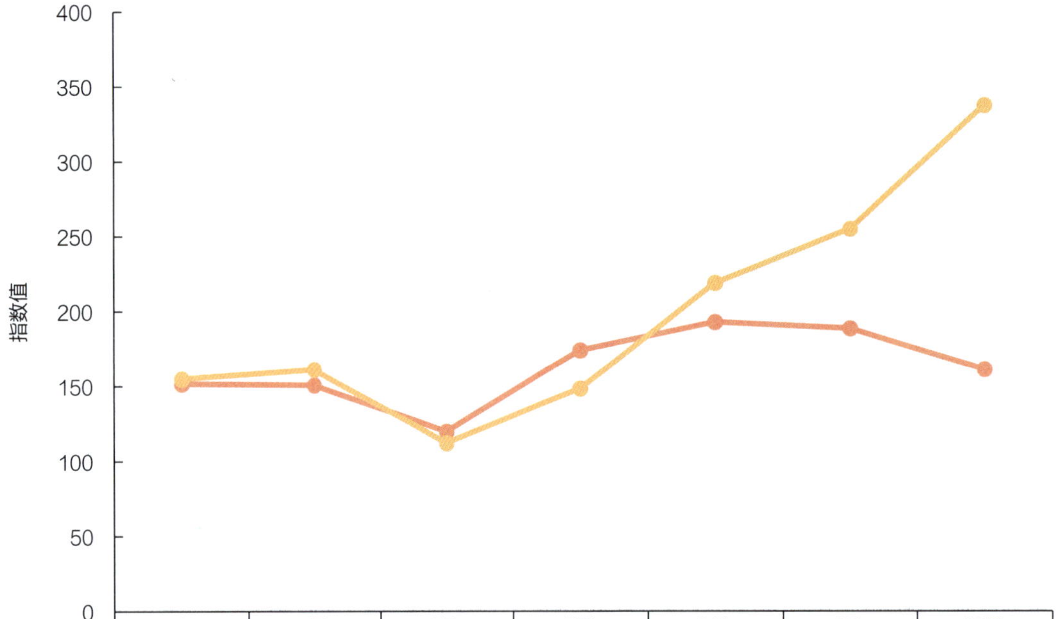

	4月	5月	6月	7月	8月	9月	10月
2017年	152.06	151.2	120.27	174.39	193.3	189	161.5
2018年	155.5	161.51	112.54	149.05	219.16	255.41	337.8

附图9　2017—2018年中国茶叶指数之主要辅料指数——横县茉莉鲜花

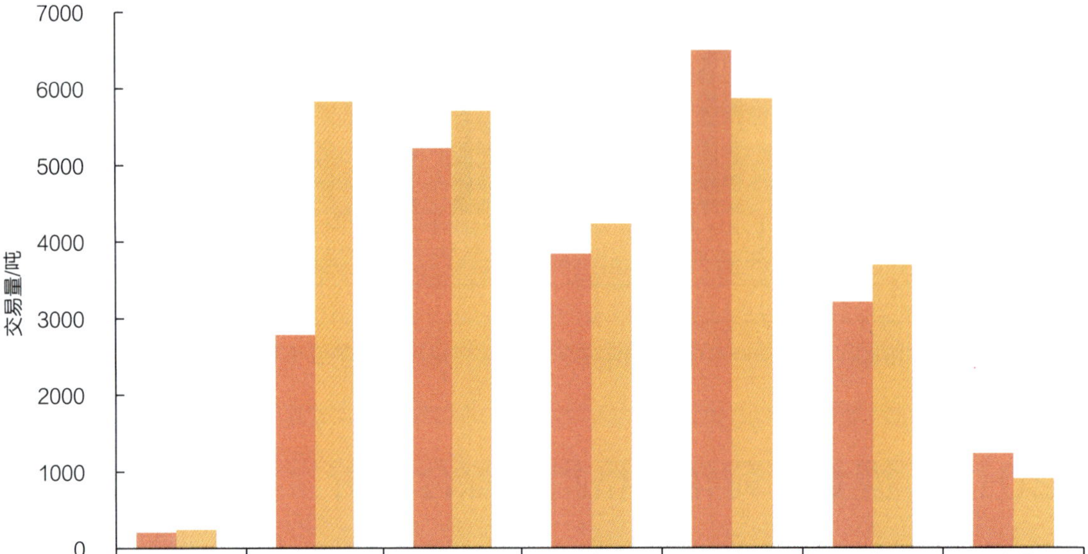

	4月	5月	6月	7月	8月	9月	10月
2017年	213	2790	5225	3845	6502	3216	1239.7
2018年	250	5833	5712	4236	5869	3698	910

附图10　2017—2018横县茉莉鲜花交易量

六、2018年横县茉莉花茶价格指数综合分析

2018年是横县茉莉花茶价格指数编制、发布的第二年，4—10月花茶价格指数较为平稳，与上年相比在后期有所上扬。从交易总量上看，2018年交易总量13620吨，比去年的12271吨增长11%。其中5月份交易量增加较明显，5—10月为交易高峰期，7月份出现波动，有所下降，8月交易量达到全年最高峰，而从9月开始交易量逐渐下降，全年横县茉莉花产销形势都较为平稳（附图11、附图12）。

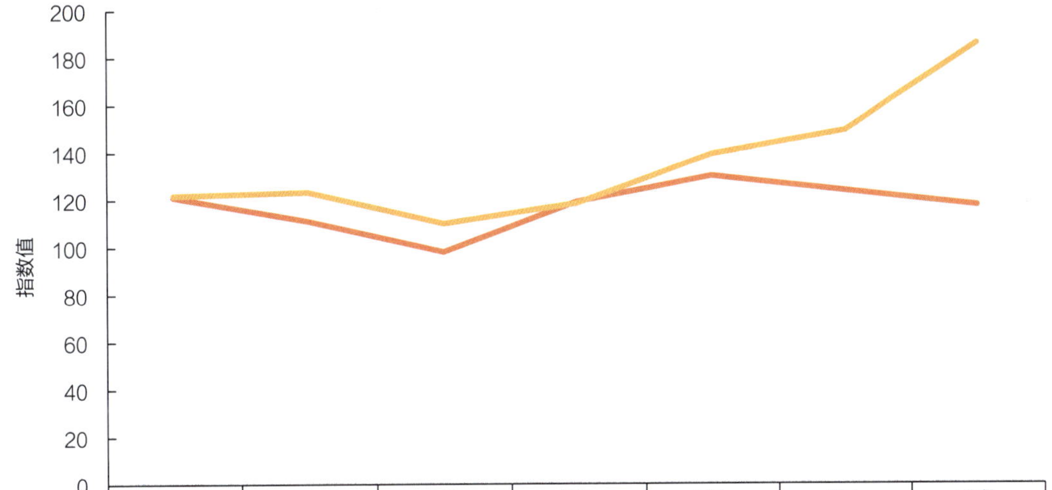

	4月	5月	6月	7月	8月	9月	10月
2017年	121.13	111.11	98.19	119.2	129.9	123.6	117.5
2018年	121.91	123.27	110.05	118.49	139.02	149.06	185.63

附图11　2017—2018年中国茶叶指数之地方名茶指数——横县茉莉花茶

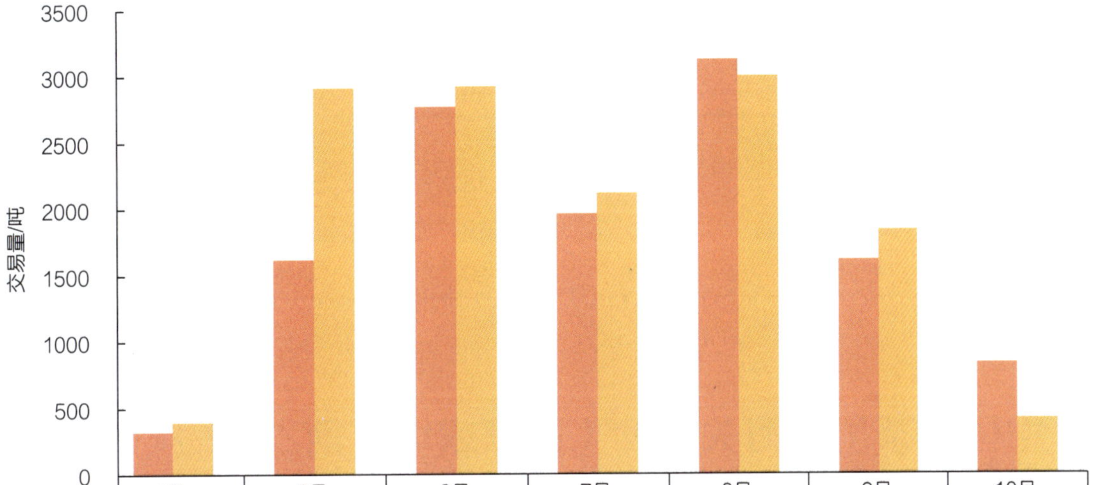

	4月	5月	6月	7月	8月	9月	10月
2017年	327	1623	2773	1965	3127	1617	839
2018年	400	2916.5	2925	2118	3000	1840	420

附图12　2017—2018年（10月）横县茉莉花茶指数信息采集合作单位市场交易量

附录三 2018年中国茶叶进出口数据

一、中国红茶出口海关统计（国家或地区前20位）（红茶内包装≤3千克)

名次	国家或地区	出口量/千克	名次	国际或地区	出口额/美元
1	中国香港	2408415	1	中国香港	48747418
2	澳大利亚	1203185	2	美国	16064657
3	美国	1007477	3	越南	15887750
4	蒙古	899832	4	缅甸	14274933
5	缅甸	331612	5	澳大利亚	12732751
6	越南	325826	6	马来西亚	10860895
7	马来西亚	206137	7	加拿大	3244590
8	加拿大	199226	8	菲律宾	1366946
9	利比亚	120800	9	智利	950768
10	俄罗斯联邦	84920	10	蒙古	919470
11	沙特阿拉伯	69060	11	沙特阿拉伯	706137
12	智利	65762	12	俄罗斯联邦	683635
13	阿联酋	55268	13	阿联酋	640293
14	波兰	38218	14	塔吉克斯坦	607176
15	英国	31219	15	韩国	542611
16	韩国	30528	16	阿根廷	533892
17	菲律宾	29830	17	巴西	299915
18	塔吉克斯坦	22488	18	利比亚	291946
19	荷兰	22141	19	英国	260890
20	巴西	17631	20	波兰	191501

二、中国花茶出口海关统计（国家或地区前20位）（花茶内包装≤3千克)

名次	国家或地区	出口量/千克	名次	国际或地区	出口额/美元
1	美国	604725	1	美国	11308721
2	中国香港	184059	2	中国香港	9932664

续表

名次	国家或地区	出口量/千克	名次	国际或地区	出口额/美元
3	日本	140144	3	加拿大	1208703
4	摩洛哥	94600	4	马来西亚	940290
5	塞内加尔	88647	5	澳大利亚	784945
6	加拿大	87703	6	日本	742239
7	澳大利亚	59609	7	越南	664578
8	新加坡	51108	8	塞内加尔	632038
9	法国	47154	9	南非	562487
10	马来西亚	45128	10	新加坡	499277
11	南非	38673	11	荷兰	329561
12	荷兰	37523	12	英国	317133
13	英国	30568	13	阿根廷	315225
14	韩国	25302	14	法国	295285
15	比利时	23844	15	摩洛哥	248230
16	墨西哥	18279	16	比利时	246706
17	缅甸	18024	17	缅甸	216242
18	乌兹别克斯坦	15018	18	墨西哥	202769
19	印度尼西亚	12267	19	菲律宾	186108
20	德国	10182	20	印度尼西亚	122184

三、中国绿茶出口海关统计（国家或地区前20位）（绿茶内包装≤3千克)

名次	国家或地区	出口量/千克	名次	国家或地区	出口额/美元
1	塞内加尔	16946544	1	中国香港	77050492
2	加纳	14883085	2	塞内加尔	71160248
3	多哥	13825680	3	加纳	64534540
4	毛里塔尼亚	13755064	4	多哥	61367476
5	阿尔及利亚	9901275	5	毛里塔尼亚	58644977
6	摩洛哥	9021615	6	阿尔及利亚	36659258
7	利比亚	6541181	7	摩洛哥	33847766
8	马里	5591195	8	西班牙	30284225
9	冈比亚	3843150	9	马里	24115944
10	法国	3612824	10	法国	20716357
11	几内亚	3171020	11	利比亚	19486142
12	贝宁	2738938	12	马来西亚	19188446

续表

名次	国家或地区	出口量/千克	名次	国家或地区	出口额/美元
13	西班牙	2537454	13	冈比亚	14315882
14	中国香港	1969682	14	美国	12761306
15	科特迪瓦	1649598	15	几内亚	10629293
16	尼日尔	1165480	16	贝宁	10207894
17	比利时	1059484	17	科特迪瓦	7451813
18	荷兰	1053288	18	韩国	6875941
19	美国	1028625	19	荷兰	5141921
20	马来西亚	664371	20	比利时	4704218

四、中国普洱茶出口海关统计（国家或地区前20位）（普洱茶内包装≤3千克)

名次	国家或地区	出口量/千克	名次	国家或地区	出口额/美元
1	蒙古	118560	1	缅甸	3309015
2	中国香港	75278	2	韩国	1751668
3	韩国	71164	3	中国香港	1703444
4	马来西亚	38648	4	马来西亚	1559625
5	缅甸	35900	5	台澎金马关税区	1061139
6	台澎金马关税区	34378	6	法国	569631
7	法国	26652	7	美国	191051
8	美国	20996	8	日本	116772
9	日本	18515	9	荷兰	92940
10	荷兰	7355	10	新加坡	82248
11	中国澳门	7348	11	加拿大	70687
12	澳大利亚	6559	12	中国澳门	63402
13	新加坡	6531	13	波兰	62224
14	波兰	5965	14	蒙古	58588
15	智利	4284	15	德国	56865
16	加拿大	4219	16	澳大利亚	51496
17	泰国	3386	17	越南	51422
18	沙特阿拉伯	3289	18	罗斯联邦	49424
19	俄罗斯联邦	3216	19	智利	40172
20	德国	1787	20	泰国	33358

五、中国乌龙茶出口海关统计（国家或地区前20位）（乌龙茶内包装≤3千克)

名次	国家或地区	出口量/千克	名次	国家或地区	出口额/美元
1	中国香港	750302	1	中国香港	34412352
2	日本	644794	2	美国	5969696
3	美国	290782	3	缅甸	5698001
4	缅甸	185895	4	马来西亚	5522686
5	马来西亚	123176	5	日本	2453796
6	泰国	63455	6	泰国	2425186
7	新加坡	53204	7	越南	2390605
8	越南	50502	8	菲律宾	1481925
9	墨西哥	35936	9	阿根廷	813990
10	菲律宾	26205	10	新加坡	537748
11	俄罗斯联邦	24854	11	柬埔寨	482758
12	阿根廷	22084	12	墨西哥	385569
13	加拿大	17029	13	加拿大	324970
14	澳大利亚	16935	14	澳大利亚	318676
15	印度尼西亚	15661	15	俄罗斯联邦	255347
16	南非	15014	16	南非	243393
17	柬埔寨	6170	17	印度尼西亚	167284
18	英国	4935	18	英国	43233
19	中国澳门	3470	19	中国澳门	40126
20	智利	2696	20	秘鲁	39945

六、中国红茶出口海关统计（国家或地区前20位）（红茶内包装＞3千克)

名次	国家或地区	出口量/千克	名次	国家或地区	出口额/美元
1	美国	7043254	1	中国香港	50573321
2	巴基斯坦	3281219	2	越南	23181141
3	中国香港	2841747	3	美国	17411462
4	德国	2502821	4	韩国	9425310
5	俄罗斯联邦	2154104	5	德国	8893420
6	缅甸	2126800	6	缅甸	6120801

续表

名次	国家或地区	出口量/千克	名次	国家或地区	出口额/美元
7	越南	691611	7	马来西亚	6038175
8	波兰	642740	8	俄罗斯联邦	5979414
9	日本	640979	9	日本	4034231
10	英国	639798	10	英国	2752903
11	泰国	532790	11	巴基斯坦	2301541
12	马来西亚	381234	12	伊朗	1755763
13	法国	364632	13	波兰	1658186
14	新加坡	251738	14	法国	1654392
15	乌兹别克斯坦	244692	15	泰国	1495491
16	韩国	199311	16	新加坡	1037287
17	中国澳门	152165	17	中国澳门	543528
18	乌克兰	117626	18	柬埔寨	487200
19	伊拉克	79800	19	加拿大	472689
20	秘鲁	79720	20	乌克兰	333380

七、中国花茶出口海关统计（国家或地区前20位）（花茶内包装＞3千克)

名次	国家或地区	出口量/千克	名次	国家或地区	出口额/美元
1	日本	2300035	1	日本	16620281
2	俄罗斯联邦	805426	2	德国	3530007
3	德国	360586	3	俄罗斯联邦	2876999
4	摩洛哥	243320	4	马来西亚	2157601
5	中国香港	215883	5	美国	2068350
6	新加坡	178653	6	中国香港	1501728
7	美国	137017	7	法国	1053600
8	马来西亚	128054	8	新加坡	859833
9	阿联酋	122980	9	摩洛哥	680874
10	斯里兰卡	122819	10	斯里兰卡	677206
11	法国	84842	11	阿联酋	499738
12	波兰	66690	12	英国	360264
13	乌兹别克斯坦	65200	13	荷兰	328803
14	英国	57675	14	波兰	244678
15	加拿大	31227	15	加拿大	239368

续表

名次	国家或地区	出口量/千克	名次	国家或地区	出口额/美元
16	泰国	31049	16	越南	192023
17	荷兰	29239	17	土耳其	186890
18	澳大利亚	25987	18	乌兹别克斯坦	160350
19	墨西哥	25185	19	泰国	159772
20	越南	23335	20	澳大利亚	146419

八、中国绿茶出口海关统计（国家或地区前20位）（绿茶内包装＞3千克)

名次	国家或地区	出口量/千克	名次	国家或地区	出口额/美元
1	摩洛哥	68200951	1	摩洛哥	202273516
2	乌兹别克斯坦	23863279	2	中国香港	60473030
3	俄罗斯联邦	10311305	3	乌兹别克斯坦	45648543
4	喀麦隆	8298237	4	德国	28305956
5	德国	7468563	5	俄罗斯联邦	26150784
6	贝宁	5964205	6	越南	25216050
7	美国	5065165	7	美国	21456459
8	巴基斯坦	4804423	8	马来西亚	18779044
9	阿尔及利亚	4559120	9	巴基斯坦	16654859
10	突尼斯	3431774	10	阿尔及利亚	13773313
11	中国香港	3279518	11	韩国	12240455
12	阿富汗	2816408	12	喀麦隆	7688523
13	泰国	2529156	13	泰国	6573680
14	塔吉克斯坦	2404284	14	贝宁	6266637
15	土库曼斯坦	2142110	15	阿富汗	6163801
16	斯里兰卡	2022696	16	乌克兰	5424104
17	乌克兰	1871830	17	塔吉克斯坦	5267494
18	英国	1753585	18	英国	5229802
19	波兰	1565578	19	斯里兰卡	4608442
20	越南	1470234	20	加拿大	4415158

九、中国普洱茶出口海关统计（国家或地区前20位）（普洱茶内包装 > 3千克）

名次	国家或地区	出口量/千克	名次	国家或地区	出口额/美元
1	中国香港	824192	1	中国香港	8012854
2	马来西亚	387290	2	马来西亚	3079325
3	日本	349606	3	德国	1303822
4	德国	272098	4	日本	1248348
5	韩国	138975	5	韩国	531821
6	新加坡	81921	6	美国	508229
7	西班牙	72190	7	新加坡	329547
8	中国台澎金马关税区	55642	8	俄罗斯联邦	257625
9	中国澳门	52605	9	越南	254412
10	波兰	50699	10	中国台澎金马关税区	236371
11	美国	43686	11	中国澳门	190117
12	俄罗斯联邦	27138	12	西班牙	188459
13	越南	26530	13	波兰	183941
14	智利	21460	14	加拿大	174201
15	加拿大	14236	15	法国	162085
16	法国	12806	16	智利	92067
17	阿联酋	8000	17	澳大利亚	53663
18	立陶宛	7037	18	荷兰	47645
19	荷兰	6600	19	立陶宛	43269
20	澳大利亚	5224	20	阿联酋	34090

十、中国乌龙茶出口海关统计（国家或地区前20位）（乌龙茶内包装 > 3千克）

名次	国家或地区	出口量/千克	名次	国家或地区	出口额/美元
1	日本	7780741	1	越南	31528265
2	泰国	2522635	2	日本	30855199
3	越南	1702721	3	中国香港	20849766
4	中国香港	1577107	4	泰国	14237402
5	俄罗斯联邦	1451936	5	马来西亚	8882465
6	马来西亚	439115	6	俄罗斯联邦	3999173

续表

名次	国家或地区	出口量/千克	名次	国家或地区	出口额/美元
7	印度	262668	7	美国	1691247
8	美国	252962	8	德国	1300946
9	德国	156831	9	新加坡	678896
10	新加坡	152380	10	斯里兰卡	529724
11	斯里兰卡	118117	11	印度	512615
12	乌克兰	44775	12	韩国	227328
13	韩国	25767	13	法国	222199
14	加拿大	25465	14	加拿大	189787
15	法国	19671	15	乌克兰	95491
16	波兰	17770	16	菲律宾	94788
17	中国澳门	16100	17	中国澳门	60281
18	荷兰	5123	18	波兰	59583
19	菲律宾	4550	19	荷兰	57568
20	澳大利亚	4490	20	澳大利亚	49161

附录四　2018年中国茶业行业调查结果

一、县域

（一）2018中国茶业百强县（市、区）名单（100个）

云南省勐海县、贵州省湄潭县、福建省安溪县、湖南省安化县、福建省福鼎市、河南省信阳市浉河区、浙江省新昌县、福建省武夷山市、浙江省松阳县、广西壮族自治区横县、贵州省凤冈县、湖北省赤壁市、云南省凤庆县、湖南省长沙县、湖北省五峰土家族自治县、安徽省祁门县、广东省英德市、浙江省建德市、湖北省宜昌市夷陵区、贵州省都匀市、江西省婺源县、安徽省黄山市徽州区、湖北省鹤峰县、山东省日照市岚山区、安徽省六安市裕安区、广西壮族自治区昭平县、湖北省恩施市、云南省昌宁县、福建省福安市、山东省日照市东港区、福建省政和县、陕西省紫阳县、云南省云县、浙江省嵊州市、云南省临沧市临翔区、湖南省石门县、湖北省宣恩县、江西省遂川县、湖南省沅陵县、四川省犍为县、河南省光山县、云南省普洱市思茅区、浙江省武义县、安徽省歙县、安徽省霍山县、江西省修水县、安徽省金寨县、福建省建瓯市、四川省泸州市纳溪区、河南省罗山县、福建省宁德市蕉城区、贵州省黎平县、云南省双江拉祜族佤族布朗族傣族自治县、湖北省保康县、四川省筠连县、福建省寿宁县、河南省新县、湖南省桃源县、云南省永德县、贵州省安顺市西秀区、湖北省谷城县、湖南省桃江县、安徽省黟县、湖北省宜都市、湖南省保靖县、浙江省磐安县、福建省松溪县、贵州省余庆县、浙江省景宁县、安徽省休宁县、河南省潢川县、河南省商城县、江西省浮梁县、湖北省巴东县、浙江省宁海县、福建省尤溪县、江西省庐山市、江西省铜鼓县、云南省景谷傣族彝族自治县、江西省上犹县、云南省南涧彝族自治县、福建省平和县、贵州省丹寨县、安徽省舒城县、江西省铅山县、云南省澜沧拉祜族自治县、湖南省宜章县、安徽省宁国市、云南省龙陵县、贵州省普安县、湖北省咸宁市咸安区、云南省镇康县、广东省大埔县、四川省夹江县、贵州省金沙县、云南省梁河县、浙江省江山市、云南省景东彝族自治县、湖南省吉首市、江苏省常州市金坛区

（二）2018中国茶旅融合竞争力全国十强县（市、区）

浙江省松阳县、安徽省黄山市徽州区、福建省武夷山市、江西省上犹县、河南省商城县、湖北省赤壁市、贵州省都匀市、云南省南涧彝族自治县、湖北省五峰土家族自治县、陕西省紫阳县

（三）2018中国茶业品牌影响力全国十强县（市、区）

浙江省新昌县、安徽省祁门县、福建省安溪县、河南省信阳市浉河区、湖南省安化县、广东省英德市、广西壮族自治区横县、贵州省湄潭县、云南省勐海县、浙江省建德市

二、企业

（一）2018中国茶叶百强企业名单

湖南省茶业集团股份有限公司、天福（开曼）控股有限公司、北京张一元茶叶有限责任公司、湘丰茶业集团有限公司、浙江华茗园茶业有限公司、北京小罐茶业有限公司、萧氏茶业集团有限公司、四川省峨眉山竹叶青茶业有限公司、湖南华莱生物科技有限公司、武夷星茶业有限公司、四川省茶业集团股份有限公司、北京吴裕泰茶业股份有限公司、福建品品香茶业有限公司、勐海雨林古茶坊茶叶有限责任公司、湖南省白沙溪茶厂股份有限公司、云南下关沱茶（集团）股份有限公司、云南滇红集团股份有限公司、安徽省六安瓜片茶业股份有限公司、湖北省茶业集团股份有限公司、云南白药天颐茶品有限公司、福建春伦集团有限公司、杭州艺福堂茶业有限公司、谢裕大茶叶股份有限公司、益阳茶厂有限公司、湖北采花茶业有限公司、云南双江勐库茶叶有限责任公司、安徽省祁门红茶发展有限公司、云南六大茶山茶业股份有限公司、湖北汉家刘氏茶业股份有限公司、天方茶业股份有限公司、陕西苍山秦茶集团有限公司、福建新坦洋集团股份有限公司、江西宁红集团有限公司、广东茶叶进出口有限公司、福建武夷山国家级自然保护区正山茶业有限公司、福建省天湖茶业有限公司、江门丽宫国际食品股份有限公司、大不同集团有限公司、武夷山香江茶业有限公司、安徽国润茶业有限公司、海南省农垦五指山茶业集团股份有限公司、勐海陈升茶业有限公司、四川省文君茶业有限公司、安徽省抱儿钟秀茶业股份有限公司、厦门山国饮艺茶业有限公司、河南新林茶业股份有限公司、黄山市猴坑茶业有限公司、黄山王光熙松萝茶业股份公司、湖北宜红茶业有限公司、广西梧州茂圣茶业有限公司、北京二商京华茶业有限公司、咸阳泾渭茯茶有限公司、信阳市文新茶叶有限责任公司、闽榕茶业有限公司、恩施州伍家台富硒贡茶有限责任公司、福州福民茶叶有限公司、湖北三品源茶业科技开发有限公司、黄山市新安源有机茶开发有限公司、江西省武夷源茶业股份有限公司、浙江诚茂控股集团有限公司、河南九华山茶业有限公司、广西农垦茶业集团有限公司、福建鼎白茶业有限公司、安徽舒绿茶业有限公司、广东凯达茶业股份有限公司、河南仰天雪绿茶叶有限公司、四川蒙顶山味独珍茶业有限公司、黄山紫霞茶业有限公司、云南普洱茶（集团）有限公司、广东省大埔县西岩茶叶集团有限公司、湖南古洞春茶业有限公司、安徽一笑堂茶业有限公司、湖北龙峡茶业集团有限公司、信阳申林茶业开发有限公司、苏州三万昌茶叶有限公司、黄山光明茶业有限公司、勐海合和昌茶业有限公司、福建福鼎东南白茶进出口有限公司、福建誉达茶业有限公司、黄山一品有机茶业有限公司、福建隽永

天香茶业有限公司、漳州天骏茗风生态农业发展有限公司、安徽良奇生态农业科技有限责任公司、浙江千岛银珍农业开发有限公司、福建省莲峰茶业有限公司、云南农垦集团勐海八角亭茶业有限公司、上犹犹江绿月食品有限公司、福建瑞达茶业有限公司、鑫鼎生物科技有限公司、济南博茗茶叶交易中心、霍山汉唐清茗茶叶有限公司、福建省广福茶业有限责任公司、福建省裕荣香茶业有限公司、浙江省武义茶业有限公司、广西金花茶业有限公司、广东茗皇茶业有限公司、云南中吉号茶业有限公司、四川蒙顶山跃华茶业集团有限公司、云南龙生茶业股份有限公司、婺源县鄣公山茶叶实业有限公司

（二）2018中国茶业品牌传播力十强企业

北京小罐茶业有限公司、杭州艺福堂茶业有限公司、北京吴裕泰茶业股份有限公司、黄山王光熙松萝茶业股份公司、天福（开曼）控股有限公司、四川省峨眉山竹叶青茶业有限公司、武夷星茶业有限公司、勐海陈升茶业有限公司、咸阳泾渭茯茶有限公司、湖南华莱生物科技有限公司

（三）2018中国茶业最受消费者认可十强企业

北京张一元茶叶有限责任公司、谢裕大茶叶股份有限公司、福建品品香茶业有限公司、江西宁红集团有限公司、福建春伦集团有限公司、萧氏茶业集团有限公司、湖南省白沙溪茶厂股份有限公司、云南下关沱茶（集团）股份有限公司、广西梧州茂圣茶业有限公司、云南滇红集团股份有限公司

附录五　2018年、2019年茶类相关法律、法规和标准汇总

一、茶类相关法律、法规

《中华人民共和国标准化法》于2017年11月4日由第十二届全国人民代表大会常委会第三十次会议修订通过，并已于2018年1月1日起施行。

二、茶类相关管理文件

（1）《国务院关于在市场监管领域全面推行部门联合“双随机、一公开”监管的意见》（国发〔2019〕5号）

（2）《市场监管总局关于做好电子商务经营者登记工作的意见》

（3）《关于进一步优化国家企业信用信息公示系统的通知》（国市监信〔2019〕142号）

（4）关于印发贯彻实施《深化标准化工作改革方案》重点任务分工（2019—2020年）的通知（国市监标技〔2019〕88号）

（5）《关于全面推进“双随机、一公开”监管工作的通知》（国市监信〔2019〕38号）

（6）《关于印发2019年食品安全监督抽检计划的通知》

（7）中共中央 国务院 关于开展质量提升行动的指导意见

（8）国家标准委、国务院扶贫办、国家认监委关于印发《关于开展标准化工作助推精准扶贫的指导意见》的通知

（9）《国务院关于加强质量认证体系建设促进全面质量管理的意见》（国发〔2018〕3号）

（10）《关于实施企业标准“领跑者”制度的意见》（国市监标准〔2018〕84号）

（11）《关于开展农产品电商标准体系建设工作的指导意见》

（12）市场监管总局等部门关于印发2018网络市场监管专项行动（网剑行动）方案的通知（国市监市〔2018〕67号）

（13）市场监管总局办公厅关于进一步规范食品安全监督抽检复检和异议工作的通知（市监食检〔2018〕48号）

（14）国务院食品安全办、农业部、食品药品监管总局关于进一步加强“双安双创”工作的意见（食安办〔2018〕3号）

（15）食药监总局办公厅关于印发国家食品安全监督抽检实施细则（2018年版）的通知（食药监办食监三〔2018〕14号）

（16）食药监总局办公厅关于进一步加强食品检验机构监督管理有关事项的通知（食药监办科〔2018〕17号）

（17）食药监总局关于印发2018年食品安全抽检计划的通知（食药监食监三〔2018〕1号）

附录六　2018年、2019年信用相关法律法规汇总

序号	颁发单位	时间	名称
1	民政部	2018年1月24日	《社会组织信用信息管理办法》
2	国家发展改革委办公厅	2018年1月19日	《关于加强和规范守信联合激励和失信联合惩戒对象名单管理工作的指导意见》
3	国家税务总局	2018年2月1日	《国家税务总局关于纳税信用评价有关事项的公告》
4	国家发展改革委办公厅	2018年2月2日	《关于充分发挥信用服务机构作用加快推进社会信用体系建设的通知》
5	国家发展改革委办公厅	2018年3月1日	《国家发展改革委办公厅关于在办理相关业务中使用统一社会信用代码的通知》
6	国家发展改革委 最高人民法院 国土资源部	2018年3月1日	《关于对失信被执行人实施限制不动产交易惩戒措施的通知》
7	海关总署	2018年3月3日	《中华人民共和国海关企业信用管理办法》
8	国家发展改革委 人民银行 中央组织部 中央编办 中央文明办 科技部 工业和信息化部 财政部 国土资源部 住房城乡建设部 交通运输部 水利部 商务部 卫生计生委 国资委 海关总署 税务总局 林业局 国管局 银监会 证监会 国家公务员局 国家铁路局 民航局	2018年3月21日	《关于对公共资源交易领域严重失信主题开展联合惩戒的备忘录》
9	中共中央办公厅 国务院办公厅	2018年5月21日	《关于进一步加强科研诚信建设的若干意见》
10	中共中央 国务院	2018年6月16日	《中共中央　国务院 关于全面加强生态环境保护　坚决打好污染防治攻坚战的意见》
11	国家发展改革委办公厅 人民银行办公厅	2018年7月24日	《关于对失信主体加强信用监管的通知》

续表

序号	颁发单位	时间	名称
12	中共中央办公厅 国务院办公厅	2018年8月24日	《防范和惩治统计造假、弄虚作假督察工作规定》
13	商务部办公厅	2018年12月19日	《关于深入推进商务信用建设的指导意见》
14	最高人民法院 最高人民检察院 公安部	2019年1月30日	《关于办理非法集资刑事案件若干问题的意见》
15	国家统计局	2019年3月20日	《统计从业人员统计信用档案管理办法》
16	国家统计局	2019年4月5日	《企业统计信用管理办法》
17	国家发展改革委 最高人民法院 国土资源部	2019年3月27日	《关于对失信被执行人实施限制不动产交易惩戒措施的通知》
18	国家知识产权局	2019年6月6日	《推动知识产权高质量发展年度工作指引（2019）》

图书在版编目（CIP）数据

2019中国茶叶行业发展报告 / 中国茶叶流通协会组织编写. —北京：中国轻工业出版社，2019.10
ISBN 978-7-5184-2648-5

Ⅰ.①2… Ⅱ.①中… Ⅲ.①茶叶—产业发展—研究报告—中国—2019 Ⅳ.①F326.12

中国版本图书馆CIP数据核字（2019）第193334号

责任编辑：贾　磊　　责任终审：劳国强　　封面设计：锋尚设计
版式设计：锋尚设计　　责任监印：张　可

出版发行：中国轻工业出版社（北京东长安街6号，邮编：100740）
印　　刷：北京富诚彩色印刷有限公司
经　　销：各地新华书店
版　　次：2019年10月第1版第1次印刷
开　　本：889×1194　1/16　印张：21.25
字　　数：500千字
书　　号：ISBN 978-7-5184-2648-5　定价：398.00元
邮购电话：010-65241695
发行电话：010-85119835　传真：85113293
网　　址：http://www.chlip.com.cn
Email：club@chlip.com.cn
如发现图书残缺请与我社邮购联系调换
190408K1X101HBW

吴裕泰有机茶
满足人民美好生活新期待
有机产品销售证
ORGANIC PRODUCTS TRANSACTION CERTIFICATE
有机产品认证证书
有机食品
绿色食品
无公害食品
WUYUTAI ORGANIC TEA
吴裕泰官方微信
吴裕泰微信商城
卖 老 百 姓 喝 得 起 的 放 心 茶
咨询热线：400-610-1887 / 加盟热线：400-630-1887
北京吴裕泰茶业股份有限公司
地址：北京市东城区交道口东大街4-17号
WWW.WUYUTAI.COM
吴裕泰